भारतीय
ज्ञानपीठ

साधना से संवाद

(साक्षात्कार)

साधना से संवाद

प्रेमकुमार

भारतीय ज्ञानपीठ

लोकोदय ग्रन्थमाला : ग्रन्थांक 1082
ग्रन्थमाला सम्पादक
रवीन्द्र कालिया
सह-सम्पादक
गुलाबचन्द्र जैन

साधना से संवाद
(साक्षात्कार)
प्रेम कुमार

प्रथम संस्करण : 2011
मूल्य : 240 रुपये

ISBN 978-81-263-3040-9

प्रकाशक : **भारतीय ज्ञानपीठ**
18, इन्स्टीट्यूशनल एरिया, लोदी रोड, नयी दिल्ली-110 003

मुद्रक : विकास कम्प्यूटर ऐंड प्रिंटर्स, दिल्ली-110032

आवरण-चित्र : राधेश्याम अग्रवाल
आवरण-सज्जा : ज्ञानपीठ कला प्रभाग

SADHNA SE SAMVAD
(Interview)
by Prem Kumar

Published by : **Bharatiya Jnanpith**
18, Institutional Area, Lodi Road, New Delhi-110 003

e-mail : jnanpith@satyam.net.in, sales@jnanpith.net
website : www.jnanpith.net

First Edition : 2011
Price : Rs. 240

संवाद का सच

इन्हें आप अन्तर्व्यूह, इंटरव्यू, बातचीत, साक्षात्कार, संवाद, कथा-साक्षात्कार...और भी जो नाम दना चाहें—यह आपकी मर्जी। मेरे लिए तो ये शिखर-साधकों के करीब तक पहुँच पाने, उन्हें सुनने-जानने के माध्यम और अद्‌भुत सुख की विपुल राशियाँ हैं। संयोग ही था कि शुरू के कुछ साक्षात्कार जब प्रकाशित हुए तो उन पर अच्छी, प्रेरक-उत्साहवर्द्धक प्रतिक्रियाएँ मिलीं। और यह सिलसिला चल पड़ा। शुरू में न कोई ख़ास योजना थी, न इरादा। जब एक-दो बार एक ख़ास सुख जी लिया तो फिर लोभ बढ़ता ही गया।

इन शिखरों तक की यात्राओं की अनुभूतियाँ-मन:स्थितियाँ भी कुछ कम अजब-गजब नहीं रहीं। जिनके सामीप्य और साथ पा सकने की कामना मैं छात्र-जीवन से ही करता रहा था—उनसे उनके लेखकीय जीवन के बारे में सुनना-जानना, नितान्त निजी-अन्तरंग हिस्सों पर बातचीत करना—स्वाभाविक है कि सुखद एवं रोमांचक रहा होगा। जिनसे सहज भाव से सहर्ष स्वीकृति मिल गयी—उनसे मिलने जाने में उछाह भी अधिक रहा—और लौटते वक्त लगता था कि सम्पन्न-समृद्ध किया है मुलाकात ने। जिन्होंने टालना-बचना चाहा—उनसे ज़िद भी नहीं की। ज़ाहिर है कि कोई भी संवाद किसी भी एक पक्ष के अनिच्छुक-अनमन होने भर से अधूरा-व्यर्थ हो जाता है। कई और नाम हो सकते थे—मन भी था... प्रयत्न भी किया... पर बात नहीं बनी!

हर संवाद के समय लगा कि जब तक उत्तरदाता उतने समय के लिए निश्चिन्त, सहज और आत्मीय नहीं होगा—प्रश्नकर्ता को संवाद का सुख नहीं मिल सकता। निश्चित ढर्रे पर आधारित, पहले से बनी, बोझिल-सी प्रश्नावली के साथ तयशुदा क्रम में यन्त्रवत प्रश्न करते जाना और उत्तर पाते जाना—इंटरव्यू हो सकता है—होता भी है।... पर बातचीत में आया वह बिन्दु, वह मोड़ जब उत्तरदाता अपनी ओर से बताने को आतुर-उत्सुक हो उठे... अपने विशिष्ट होने का भान ही उसे न रहे—बातचीत को ईमानदार, रचनात्मक और मूल्यवान बना

देता है। यदि प्रश्नकर्ता और उत्तरदाता मन के स्तर पर दूर-दूर रहे आते हैं—जुड़ नहीं पाते—तो बातचीत का सुख अनिश्चित, सीमित-बाधित ही रहता है। प्रश्नकर्ता के द्वारा सामने बैठे व्यक्ति के विश्वास को प्राप्त कर सकने की सामर्थ्य और मिक़दार तय करती है कि आगे के संवाद का स्वास्थ्य और उसकी उम्र क्या होगी! विश्वास मिल जाने मात्र से अनेक मुश्किलें आसानियों और उपलब्धियों में बदल जाती हैं। और... ऐसे इस विश्वास के पाने-मिल पाने के कोई निर्धारित सिद्धान्त या तरीके शायद बनाये—बताये नहीं जा सकते! संवादों के मध्य बहुत कुछ ऐसे घट जाता है कि उसकी पहले से कोई उम्मीद न प्रश्नकर्ता ने की होती है और न उत्तरदाता ने!

संवाद के लिए ललचते-तरसते, अभिशप्त से संकटग्रस्त इस दौर में—अगर कोई बातचीत सुख दे जाय... तो यह क्या किसी वरदान से कम है...?

—प्रेमकुमार

यह सिलसिला जारी रह ही नहीं पाता—यदि

- *डॉ. प्रभाकर श्रोत्रिय ने अनवरत प्रेरित-बाध्य न किया होता...*
- *अनुज अनिल ने यात्राओं के लिए कचोटा-धकियाया न होता...*
- *पुत्र प्रवीण, पंकज और अनुज पुत्र भावुक ने मुझे अपेक्षा से अधिक आज़ादी और सुविधाएँ उपलब्ध न कराई होतीं।*

अनुक्रम

क़ुर्रतुलऐन हैदर

क़ुर्रतुलऐन हैदर! नाम भी लेखन जैसा ही कड़क, दमदार! वर्तनी और उच्चारण आसान नहीं! आत्मीयता के अलावा शायद इसलिए भी उनके करीबी उन्हें 'ऐनी आपा' कहते हैं। बहुत पहले जब उन्हें और इस्मत चुगताई को पढ़ा था, तब मुस्लिम महिलाओं के लेखन की उस ऊँचाई को देखकर हैरानी हुई थी। अलीगढ़ से उनके सम्बन्ध के बारे में जानकर मिलने का मन हुआ था। लोगों से जो सुना, उसने मिलना कई बार स्थगित कराया। बहुत गुस्सा करती हैं, जिद्दी हैं, इंटरव्यू देती ही नहीं हैं... आदि, न जाने कितनी बातें! उर्दू के रचनाकार बातचीत में उनके लेखन की उत्कृष्टता से अधिक व्यक्तित्व के डरावने पक्षों का ज़िक्र करते। कुछ ने यह भी कहा कि इस्मत और क़ुर्रतुलऐन हैदर, दोनों के लेखन पर चोरी के आरोप भी लगे हैं। 'आग का दरिया' नार्वे के इसी नाम के उपन्यास की नक़ल है। उनके बारे में अनुमानों-अफ़वाहों की कमी नहीं रही। मरहूम आले अहमद सुरूर ने मुझसे बातों में कहा था कि मैं जिन तीन राइटर्स को मेजर राइटर मानता हूँ, उनमें हैदर एक हैं। काजी अब्दुस्सत्तार, जिनके बारे में आम है कि वे आसानी से किसी की तारीफ़ नहीं करते और ख़ुद से बड़ा अगर वे किसी को मान लें तो यह अजूबा होता है, एक दिन कह रहे थे, "हाँ, मैं उन्हें पसन्द करता हूँ। मानता हूँ। उनका फैन हूँ, उनकी इज़्ज़त करता हूँ। इस समय दो ही नॉविलिस्ट हैं भारत में उर्दू के—एक वे, एक मैं।"

मिलने का इरादा बना तो यह जानकर हैरानी हुई कि अलीगढ़ में उनका फोन नम्बर, पता या हालचाल बता सकनेवाले दो-चार लोग ही होंगे। अदीबों में दो-एक ही ऐसे होंगे जिन्हें उनके आज की ख़बर होगी। यह अलग बात है कि वे ख़ुद भी अपनी ख़बर देना नहीं चाहतीं—ख़बर देना नहीं चाहतीं; ख़बर बनना नहीं चाहतीं।

पहली बार फोन किया तो उधर एक कमउम्र महिला की आवाज़ थी। जिस भानजी के पास रहती हैं, शायद उनकी आवाज़ हो। तभी 'हलो' की बेहद कड़क,

रौबीली आवाज़ सुनाई दी। सहमते-सकुचाते आदाब के बाद परिचय दिया, इच्छा बताई, "आपको देखना, आपसे बातें करना चाहता हूँ।" सुनाई दिया, "आप जो लिखेंगे, पहले मुझे दिखा लेंगे।" वायदा किया, तरह-तरह से आश्वस्त किया। बोलीं, "ठीक है! आ जाएँ!" दोबारा से समय की सुविधा पूछी, देर तक बातें हुईं, उन्होंने कई बार, 'ठीक है, ठीक है' भी कहा, पर बाद में वह सब अजीब, उखड़ा, शुष्क-सा लगा। मिलने का उत्साह जैसे बाधित हुआ था। खुद को समझाया, एक दिन चलकर मिल आने में हर्ज़ ही क्या है!

तय तिथि से एक दिन पहले फिर फोन किया। वही महिला-स्वर था, "उनके रिश्तेदार बैठे हैं, उनसे बात कर लें।" पुरुष स्वर ने कहा, "नहीं, उनसे बात नहीं हो सकेगी। उनकी तबीयत ठीक नहीं है। कल ही अस्पताल से आयी हैं। आपको क्या बात करनी है? क्या काम है?" बड़ी मुश्किल से वे पूछकर बताने के लिए तैयार हुए। बताया कि वे मैडम की भानजी के पति हैं और थोड़ी देर में फोन कर देंगे। फोन आया, "वे कुछ भी सुनने या बताने की स्थिति में नहीं हैं। आप कुछ दिन बाद फिर फोन कर लीजिएगा। हाँ, प्रेम कुमार साहब, आप वहाँ बीमारी का किसी से ज़िक्र न करें।" तरह-तरह से सोचता रहा। बीमारी की बात को गुप्त रखने का ऐसा आग्रह क्यों? उत्साह कुछ और ठंडा हुआ।

कुछ दिन पहले एक शाम अचानक उनका नम्बर मिला बैठा। वही महिला स्वर, "जी, एक मिनट।" सुनाई दिया, "कोई प्रेम कुमार हैं।" कड़क आवाज़ ने झटके से बोला, "हलो!" "आदाब! आप कैसी हैं अब? मैं तब आनेवाला था। सुना कि आप अस्वस्थ हो गयीं।" तपाक और तेज़ी से कहा गया, "बिलकुल ठीक!" "मैंने भी दुआ की थी। मैं इस संडे को आना चाहता हूँ।" "हाँ आ जाएँ। ठीक है!" "आदाब! थैंक्यू वेरी मच!" "ओ. के.।"

घंटी बजाने के बाद सलवार-कुर्ते में आयी एक भोली-सी, शान्त लड़की के पीछे-पीछे चलकर मैंने उस घर में प्रवेश किया। अभिवादन के बाद सोफे पर बैठते-बैठते देखा कि मेरे दाहिनी ओर सीधा-सा एक युवक शान्त-सहमा, चुप बैठा था। दो अन्य लड़कियाँ सलवार-कुर्ते में थीं और इधर से उधर आ-जा रही थीं। एक प्रौढ़ा रसोई से निकलकर प्रवेशद्वार के पास की एक कुर्सी पर आ बैठी थीं।

"रेहाना, पानी लाओ, चाय लाओ!" मैडम मेरे ठीक सामने पैर लटकाये तख़्त पर बैठी थीं। बैठते ही पूछा, "कहाँ हैं? क्या करते हैं? अलीगढ़ की गन्दगी का क्या हाल है? उफ़, वहाँ की गन्दगी! वहाँ की सड़कें! इतने सारे सूअर वहाँ कहाँ से आते हैं? कोई रोकता क्यों नहीं उन्हें सड़कों पर घूमने से? आप बुलन्दशहर के हैं,...उन्हें जानते हैं? औरंगाबाद में हमारे अज़ीज़ रहते हैं। हाँ, क़ाज़ी साहब,

शहरयार कैसे हैं?''

एक लड़की ने उन्हें गिलास थमाते हुए कुछ पी लेने को कहा। ''रख दो! मेरे सर पर सवार मत हो।'' गुस्से की उस झलक ने सहमा दिया। चाय के साथ नमकीन, बिस्किट्स, सोनपपड़ी! कुछ लेने का कई बार रौबीला आदेश! महिलाओं की बहुसंख्या वाले उस घर में, अपने अलावा एक और सहमे-सकुचे, शान्त बैठकर चाय पीते युवक की उपस्थिति मुझे हिम्मत दे रही थी। धीमे से पूछ लिया, ''आप मैडम की भानजी के पति हैं?'' ''नहीं नहीं! मैं तो मैडम का राइटर हूँ।'' या ख़ुदा, राइटर का राइटर! अनुमान के ग़लत निकलने के झटके से बचना चाहा, ''तो यह रेहाना क्या इनकी भानजी है?'' ''नहीं, यह भानजी नहीं है। मैडम के यहाँ रहती है।'' ''क्या काम करती है?'' खुद को समझाकर खिसियाहट दूर करनी चाही—रहन-सहन, अन्दाज़-अधिकार के इस आचरण को देखकर कौन इस महिला को सेविका मान सकता है!

तभी बाहर किसी ने घंटी बजायी। श्वेतकेश, धवलवस्त्र, भद्र-सी एक महिला, हाथ में गुलदस्ता लिये रेहाना के साथ अन्दर प्रविष्ट हुईं। साधिकार, बिलकुल बग़ल में खड़े होकर पूछा, ''पहचाना नहीं? मैं फ़ातिमा हूँ।'' मैडम ज़ोर से हँसीं, ''ओफ़्फ़ो! मैं समझी कि कोई मिसेज खन्ना हैं।'' मुझे बताने लगीं, ''ये हमारे उर्दू के बुज़ुर्ग राइटर क़ाज़ी अब्दुल ग़फ़्फ़ार की बेटी हैं—फ़ातिमा! हम बचपन के साथी हैं।'' गुलदस्ता हाथ में लेते हुए हैरानी से पूछा, ''अरे, ये क्या! तुम गुलदस्ता लायी हो! तुम अँग्रेज़ हो क्या!'' उन दोनों पुरानी दोस्तों की बातचीत के बीच मैंने उस युवक का परिचय प्राप्त किया। उससे सहयोग का निवेदन किया। मालूम हुआ कि राशिद नाम का वह युवक उर्दू में पी-एच.डी. है और कई वर्ष से मैडम के लिखने-पढ़ने में सहयोग कर रहा है। मौका तलाश कर रेहाना से भी मदद की बात कही। दोनों ने बार-बार यही कहा, ''मुश्किल है। वे फोटो नहीं देतीं। आप ज़िद करेंगे तो गुस्सा हो सकती हैं।'' आपसी बातों के बीच अचानक आपा मेरी ओर मुखातिब हुईं और बोलीं, ''ये हमारी बचपन की दोस्त हैं। फ़ातिमा आलिम अली! 'लैला के ख़ुतूत' के लेखक क़ाज़ी अब्दुल ग़फ़्फ़ार की बेटी हैं। ये भी लिखती थीं बहुत उम्दा। इनके मज़ामीन की किताब छपी है। पता नहीं क्या ध्यान आया कि दोस्त से पूछने लगीं, ''तुम्हारी शादी कब हुई?'' ''उनचास में।'' ''तुम हैदराबादी हो गयी, पर लहज़ा नहीं बदला। तुम्हारे पुराने दोस्त हैं हैदराबाद में?'' दोस्त ने दो-तीन नाम बताये। विदेश और सर्दी की चर्चा चल पड़ी। मैडम कह रही थीं, ''सिवाय इंग्लैंड के इनसान कहीं नहीं रह सकता। कैनेडा हो या अमरीका—कहीं नहीं।'' दोस्त समर्थन करती हैं, ''हाँ बस वहाँ दुकानें देख लो, चेहरे देख लो।''

पाकिस्तान का ज़िक्र आया तो मैडम बताने लगीं, "वहाँ एक ट्राली आ जाती है हर घर में। सबके यहाँ एक ही-सा सामान। तरकारी वह नहीं खाते! सब्ज़ी! कहने लगे, 'अरे आप हिन्दुओं के यहाँ रहती हैं, उन्हीं की तरह हो गयी हैं कि आप तरकारी खाती हैं'।" दोस्त बोलीं, "अजीब बात है! हम हिन्दुस्तानियों को वे काफ़िर समझते हैं।" मैडम ने बताया, "वहाँ हमसे पूछा कि आपके यहाँ ईद मनाई जाती है?...मैंने सोचा इनका दिमाग़ क्या हो गया है? कहा कि हमें वहाँ हुक्म है कि रोज़ दो वक़्त मन्दिर में जाकर पूजा करनी पड़ेगी। ताज्जुब कि सब टीवी देखते हैं, अख़बार पढ़ते हैं, फिर भी ऐसे सवाल करते हैं!" रामपुर में तो हे अल्लाह, इतना शोर कि कान फट जाये! इतने कुन्द ज़हन हो गये हैं लोग! काले नक़ली बाल, नक़ली ज़ेवर, अजीब तरह से बन-सँवर के रहना, आना-जाना शादियों में...," दोनों बोले जा रही हैं। मैडम सुनाती हैं, "हमारे यहाँ एक अज़ीज़ा आयीं। पूछने लगीं कि आपके यहाँ रनिंग हीट एंड कोल्ड रनिंग वाटर है? मैंने कहा कि गीज़र है। आख़िर हुआ क्या है? उन लोगों में हुआ जो खानदानी हैं। ऐसा नहीं कि उन्होंने पहले कुछ देखा न हो।" मैडम की हैरत व्यक्त हुई, "ऐसे अजीब सवालात! किसी ने पूछा, आपके पास गाड़ी एक ही है? हिन्दुओं के साथ रहकर आप ये करते हैं, वो करते हैं। हिन्दू—उनके लिए एक लफ़्ज़, जो डरावना भी है और गुस्से-भरा भी है। नफ्सियात क्यों इतनी बदल गयीं? गाने इंडिया के सुनेंगे। फिल्मों के आशिक। फिर भी...। नेवी में है एक कज़िन। एक दिन पूछा कि दिल्ली में पक्की सड़कें हैं? मैंने कहा कि कच्ची सड़कें हैं और बैलगाड़ी चलती है। एम्बेसी के सामने पक्की करा दी हैं कुछ सड़कें सरकार ने। और देखो कि उसने मान भी लिया! हमारी एक कज़िन इंडिया से लाहौर गयी। उसकी भानजी ने अपनी माँ से कहा, अम्मा, आपा को कव्वाली सुनवा दीजिए। इन बेचारी को इंडिया में कव्वाली कहाँ सुनने को मिलती होगी। पूरी कौम का ब्रेनवाश कर दिया है ताकि कम्पेरीजन न कर सकें। उनसे मिलते हैं तो कोफ़्त होती है। समझदार, पढ़े-लिखे लोग नहीं हैं अब!"

रेहाना से भानजी को फोन मिलवाया, "हमारी दोस्त आयी हैं। आ जाओ!" तुरन्त छूटी बात के तार फिर जुड़ते हैं, "गुरबत की बात करते हैं, जैसे वहाँ सब बादशाह घूम रहे हैं। वे इस पर खुश हैं कि उन्हें ख़बर नहीं कि दूसरे मुल्कों में क्या हो रहा है! शादियों में इन्तहा से ज्यादा फिजूलखर्ची की जाती है। शादी के डिनर सात-सात दिन चलते रहते हैं।" मैडम का अफ़सोस मुखर होने लगा, "शादियाँ? उफ़, सात दिन तक चलती हैं! इतना फैला देते हैं शादियों को। फिल्मी अन्दाज़ में लड़कियाँ कतार में आती हैं, दिये जलाती हैं। थाली में सिन्दूर! कल्चरल एक्टिविटी बहुत कम है। अब रफ़्ता-रफ़्ता ज़हन कुन्द हो गया है। अब से चन्द

साल पहले तक यह हालत नहीं थी। गल्फ से आये हुए पैसों ने उनको बहुत अमीर कर दिया है।'' यकायक कुछ ध्यान आया हो जैसे। दोस्त से पूछने लगीं, ''हैदराबाद के हालचाल कैसे हैं?'' उसने बताया बंजारा हिल बुरा हो गया है अब। बम्बई लगता है। चट्टानें थीं न वहाँ, वे तोड़ दीं। अब न चट्टानें हैं, न वो हवा है।'' ''उफ़, चट्टानें तोड़ दीं। मैं तो उन्हें देखकर खुश होती थी। कितना बुरा किया! रोका नहीं किसी ने मैं तो उसे ख़ूबसूरत ओपन एयर सैरगाह मानती थी।''

दोस्त हैदराबाद में दाल पकाने का तरीका बता रही हैं। मैडम पूछे जा रही हैं। पूछने में अबोधता भी और विशेषज्ञता प्रदर्शित करने का-सा भाव भी। बातों को जैसे पंख लगे हों। इरफ़ान हबीब का ज़िक्र, तैयब जी के खानदान का ज़िक्र, उनकी बहन का ज़िक्र, सुरैया का ज़िक्र। फिर से पाकिस्तान का ज़िक्र। दोस्त बता रही हैं, कराची इच मिनिएचर इंडिया। यू.पी. व़गैरह के लोग वहाँ कसरत से आबाद हैं। किसी कहानी के हवाले से बताया जाता है—''उस कहानी में जब रफी चौधरी पाकिस्तान गये तो वहाँ चेकिंगवालों को अपने वालिद का नाम नबीजान बताया। चेकिंगवाले ने पूछा कि उनके कितने लड़के हैं? जो आता है अपने वालिद का यही नाम लिखाता है। किसे सही समझूँ?'' मैडम बोलती हैं, ''ग़लत हुआ। शुरू-शुरू में बहुत बन्दरबाँट हुई।'' सुनते-सुनते मैंने ग़ौर किया कि मैडम अनेक लोगों को नाम ले-लेकर याद कर रही हैं, उनके बारे में विस्तार से पूछ-सुन रही हैं। सामने सोफे पर चश्मा लगाए बैठी मैडम...सुनहरापन लिये बाल, दरम्यानी क़द, बार-बार जुड़ते हाथ, ज़ोर-ज़ोर से हँसना, उँगलियों को आपस में फँसाये, हाथ लटकाये देर तक शान्त रहकर सुनना...सब कुछ दिलचस्प, सुखद! सोचने लगा कि सामान्य से विषयों पर भी साहित्य से जुड़ी इन दो महिलाओं की बातचीत ओम पढ़ी-लिखी औरतों की बातचीत से कितनी अलग है, कितनी विशिष्ट है! तभी मैडम की ज़रा तेज़ आवाज़ सुनाई पड़ी, ''रेहाना! देख, बाहर से फूलों की खुशबू आ रही है! दरवाजा खोल दे ज़रा! हवा भी ठंडी हो गयी बूँदा-बाँदी के बाद!''

किसी की बीवी के मगरूर होने की बात चल पड़ी है। दोस्त कह रही हैं कि उसकी खुद की भानजी एक बार मिलने आयी तो उसको मना करा दिया। ''पता है क्यों? क्योंकि उसने अभी मेकअप नहीं किया था।'' इन दोनों महिलाओं ने मेकअप और औरतों के खर्च की हँसी-सी उड़ाई। हैदराबाद के कई खानदानों की बोलियों, नज़ाकतों, नफ़ासतों के किस्से सुने-सुनाए गये। दोस्त बताने लगीं, ''इस्मत के पुराने पर्चे मिले। बहुत अच्छे लगे अब पढ़े तो!'' मैडम ने कहा, ''उस ज़माने की बीवियाँ कितनी अवेयर थीं। घर-गृहस्थी बाल-बच्चे सब सँभाल

रही हैं। नाविल लिख रही हैं। गरीबों की तालीम के लिए स्कूल भी उन्होंने खोले। हमारी अम्मा ने शादी के बाद पहला काम यह किया कि उन्नीस सौ तेरह में लड़कियों के लिए एक स्कूल खोला। बाद में मसूरी में भी एक स्कूल खोला। पर संस्थापक की हैसियत से अपना नाम कभी ज़ाहिर नहीं किया।'' मैडम जैसे कुछ याद कर रही हों, ''तब दोस्ती थी, ख़तो-किताबत थी। औरतें लिखती थीं। आज की औरतों को यह नहीं मालूम कि कौन-कौन ने क्या-क्या किया!''

उनकी दृष्टि मुझ पर पड़ी। मेरी ओर देखकर वे ठहरीं, ''अरे, आप ये क्या लिख रहे हैं?...नहीं! अच्छा। हमें अभी सुनाना!...बाद में वहाँ से भेजना भूलना नहीं!'' एकदम चौकन्नी हो गयीं। मैं सहमा-ठहरा रहा। अगले क्षण मुझे सुनाने लगती हैं, ''आप भी सुनिए! ट्रेन का एक वाकया है। मैं जा रही थी स्लैक्स पहने थी। एक महिला से मुलाकात हुई। नाम से जाना कि मैं मुसलमान हूँ। बोली, तब तो आपने बड़ी तरक्की की फैशन में। मैंने कहा, तुमने भी बड़ी तरक्की की। तुम लोग भी पहले लम्बा घूँघट निकालती थीं। पता है पर्दे का आलम? पालकी को गंगा में थोड़ा-सा डालकर स्नान करवाया जाता था। मैंने बचपन में एक कायस्थ लड़की देखी थी। ताँगे में, पर्दे में स्कूल आती थी। हिन्दुओं में ये पर्दा नेशनल मूवमेंट के ज़माने से कम हुआ।''

फ़ातिमा जी पूछती हैं, ''नमाज़ पढ़ लूँ?'' मैडम पूछ बैठती हैं, ''नमाज़ पढ़ती हो?'' फिर जैसे उनकी भावना का ध्यान आया हो, कहती हैं, ''हमारे और अल्लाह मियाँ के बीच तो काहिली आ जाती है। तुम बहुत अच्छी लड़की हो। शाबाश, नमाज़ पढ़ती हो!'' रेहाना ने फ़ातिमा जी से पूछा है, ''आप नीचे बैठकर पढ़ती हैं? दरी कहाँ बिछाऊँ, तख़्त पर या ज़मीन पर?'' ''ज़मीन पर ही।'' मैडम सुनकर कहने लगी हैं, ''माशाअल्लाह! शाबाश!''

दोस्त के जाते ही मुझसे फिर वही सवाल, ''आप वहाँ क्या करते हैं? आप कहाँ के रहनेवाले हैं?'' मैंने सोचा-शायद उम्र के कारण ऐसा हो! यह स्मृति-लोप या स्मृति-भ्रंश का कोई परिणाम या याद न रख पाने की कोई कमज़ोरी तो नहीं? मेरा कहा उन्होंने सुना भी कि नहीं! कहने लगीं, ''यूनीवर्सिटी और अलीगढ़ शहर के कॉलिजों में राब्ता क्यों नहीं है?'' मैंने कहा, ''अब है।'' बोलीं, ''तास्सुबात मिलने-जुलने से कम होते हैं। किताबों से या और चीज़ों से नहीं होते।'' लिखते देखा तो फिर सवाल, ''क्या लिखा आपने?'' बाद में दिखाने के वायदे के बाद फौरन शान्त। पाकिस्तान फिर आ गया है—''पाकिस्तान में जो पहले राइटर्स थे, उनके पास स्टेटस का, कार का ख़्याल नहीं था। अब मैंने वहाँ देखा है, कार और बंगले का महत्त्व बढ़ गया है। यहाँ अभी इतना नहीं है। और अगर राइटर्स में भी इसका ख़्याल आ जाये, तो एक बुद्धिजीवी और दूसरों में

क्या फ़र्क़ रहा?''

''अच्छा! कर आयीं अल्लाह मियाँ से हलो, हलो!'' दोस्त से पूछती हैं, ''क्या पढ़ा?'' ''दो फर्ज़, दो सुन्नत।'' ''अच्छा, अच्छा! कितनी होती हैं? मुझे पक्का नहीं पता!'' अब हैदराबाद आ जाता है—''अदबी हालात क्या हैं हैदराबाद के? उर्दू में किताबें छप रही हैं? नये राइटर्स लिख रहे हैं?'' दोस्त बताती हैं, ''शायर बहुत हो गये हैं।'' मैडम कहती हैं, ''उर्दू ज़बान ऐसी है कि शेर ढले-ढलाए आ जाते हैं।'' दोस्त हँसती हैं, ''शायर को बुलाओ, मुशायरा रखो, तब श्रोता आएँगे! शायर गोया कव्वाल हो गया है।'' मैडम के स्वर में पीड़ा है, ''आज शायरी में कुछ लगता नहीं है। बाक़ायदा गाते हैं लोग।''

सलवार-कुर्ते में एक महिला प्रविष्ट हुई हैं। मैडम सबको सुनाकर कहती हैं—''हुमाँ! भानजी है मेरी!'' रेहाना ने गिलास में शरबत लाकर मेज पर रखा है। कुछ संवाद चला है दोनों के बीच। आवाज़ तुर्श हो उठी, ''इसको तुम ठंडा कहती हो? जाओ! मुझसे बहस मत करो!'' भानजी हस्तक्षेप कर पीने को कहती है। मैडम की बात के उत्तर में कहा गया है, ''आप मेरी ज़िम्मेदारी हैं।'' मैडम खुलकर हँसी हैं, ''मैंने कब कहा कि ये गर्म है!'' सब ठहाके लगाने लगते हैं। खुद भी। किसी खातून की चर्चा चल पड़ी है, ''टिपिकल सोसायटी लेडी है। ऐसों के यहाँ जाना भी बेवकूफ़ी है।'' कंज़्यूमरिज्म, शादी, दहेज की बातें करते-करते टीवी इश्तहारों, कार्यक्रमों पर इज़हारेख़याल मुसलसल जारी है। मैडम का ख़याल है, ''हर चीज़ तिज़ारत होती जा रही है। कंज़्यूमरिज्म हावी हो रही है। टीवी को देखो तो लगता है कि अफ़साने फुसफुस हो गये हैं। उनमें जान नहीं। हर शख़्स थक गया है। हर कहानी में महज़ एक ही पाराबल दिखाया जाता है—शादी। हर सीरियल का मसला केवल शादी है। जैसे हिन्दुस्तान में और प्रॉब्लम ही नहीं हैं। आजकल आदमी को ज़मीन से नापा जा रहा है। उनका मकान पाँच सौ गज़ में है, उनका हज़ार गज़ में, उनका...। यह पहले भी था, पर इतना तेज़ नहीं था। फारेन गुड्स का ऐसा मीनिया नहीं था।''

बातों का सिरा अब दोस्त के हाथ में है, ''मैं पाकिस्तान गयी तो देखा वहाँ हर चीज़ बाहर की; मिक्सी, ग्राइंडर, कास्मेटिक्स...।'' हुमाँ बोलीं, ''पहले हम बाहर की चीज़ों के इस्तेमाल की बात पर, पाकिस्तान पर हँसते थे। अब देखो इंडिया में भी अपनी चीज़ों के लिए पहले जैसा गर्व नहीं रहा।''

तभी ब्रीफकेस लटकाये एक युवा रेहाना के साथ तेज़ी से अन्दर आता है और अधिकारपूर्वक तख़्त पर आ बैठता है। हुमाँ चहककर बता रही हैं, ''डॉक्टर साहब, कल से आपको याद कर रही हैं! आपको देखकर पच्चीस पर्सेंट इम्प्रूवमेंट तो अपने आप हो जाता है।'' डॉक्टर उनके स्वास्थ्य में आये सुधार को देखकर

खुश है। मैडम डॉक्टर को देखकर खुश भी हैं, उत्साहित भी! बड़े जोश में कहती हैं, "आई कैन वॉक अराउंड..." खड़ी हुईं, चलके दिखाया। गजब का जोश, जज़्बा! कुछ इठलाती-हँसती चल रही हैं, "अब फैशन परेड, ब्यूटी परेड कर रही हूँ।" लौटते में हाथ नचाकर, हिलाती-लहराती-सी चलने लगी हैं! कमरे में हँसी गूँज उठी है। सब ओर ठहाके ही ठहाके। दुर्लभ था क़ुर्रतुलऐन हैदर—जितनी बड़ी लेखिका—को उस तरह चलते देखना। कैमरे के उपयोग का बहुत मन हुआ, पर हिम्मत नहीं हुई। फिर दुबई, वहाँ के मौसम, वहाँ की धूल और रेत की बातें। डॉक्टर कह रहे हैं, "इंडिया में जहाँ भी जाएँगी, धूल तो होगी।" भानजी सलाह देती हैं, "बॉम्बे चली जाइए! सुल्ताना खाला के पास!" अब डॉक्टर बातचीत में शामिल हैं। डस्ट के कारण व्यक्तियों की दुर्गति का ज़िक्र करते-करते उन्होंने कहा है कि "हमारे यहाँ जितना एक-एक नेता के जन्मदिन पर खर्च होता है, उतने में अस्पताल बन सकता है। कहा जाता था कि औरतें करैप्ट नहीं होंगी। पॉलिटिक्स में बेहूदगी नहीं करेंगी। पर देख लो कुछ ने तो मर्दों को भी पीछे छोड़ दिया है।" सबके साथ मैडम भी हँस रही हैं, खूब हँस रही हैं। मैंने खुद से पूछा कि हिन्दुस्तान के कितने घरों में ऐसी चर्चाएँ, ऐसी चिन्ताएँ, इतनी देर तक सुनने को मिल सकती हैं? संकीर्ण, व्यक्ति तो शायद किसी मुस्लिम घर में इस सबकी कल्पना भी न कर सके!

कमरे की रैक में करीने से किताबें लगी हैं। रेहाना ने डाइनिंग टेबिल पर बर्तन लगाना शुरू कर दिया है। रेहाना की स्थिति और व्यवहार उसके बारे में जानने की जिज्ञासा को निरन्तर बढ़ा रहे थे। राशिद से जाना कि वह बारह वर्ष की उम्र से वहीं है। पहले उसकी नानी यहाँ थी। अब भी वह खाना बनाती है। रेहाना अपने पति के साथ इसी घर में रहती है। कोई होटल चलाता है वह। ज़्यादा पढ़ी-लिखी नहीं है। मैडम ने बहुत कोशिश की पढ़ाने की, नहीं पढ़ी। साल भर पहले तक घर का सारा हिसाब-किताब वही देखती थी। दो बार मैडम के साथ इंग्लैंड की यात्रा कर चुकी है।

खाने की मेज पर चार लोग बैठे थे—मैडम, उनकी दोस्त, राशिद और मैं। वे दोनों बोले जा रही हैं, हम दोनों सुने जा रहे हैं। रेहाना प्लेट लगा चुकी है। खाने का सामान सामने सजा है। तरह-तरह की चीज़ें। मेरी प्लेट में गोश्त न देख मैडम ने रेहाना से पूछा था, "रेहाना, तुमने ये कैसे जाना कि ये गोश्त नहीं खाते? "इन्होंने सबसे पहले सब्ज़ी उठायी!" शान्त, शालीन रेहाना उस क्षण मुझे ज़हीन भी लगी। तो क्या लियाकत भी संक्रमित होती है?

बातों का सिलसिला जारी था। दहेज के बाद लड़कियों के जलाकर मारे

जाने की बातें। "रेहाना, देखो ये गर्म है। मैं गर्म रोटी नहीं खाऊँगी!" मैडम ने बायें हाथ से जग उठाकर औरों के गिलासों में पानी भरा है। छोटी-छोटी बात का ध्यान, तवज्जो, ख़ातिरदारी, ये लो, वो लो, आग्रह-आदेश! बायें हाथ से रोटी का टुकड़ा तोड़कर अपने मुँह तक ले जाती हैं। दोस्त ने महिलाओं की उर्दू पत्रिका 'इस्मत' के किसी अंक की चर्चा चलाकर एक ऐसी लड़की का ध्यान दिलाया है, जिसने शादी से इनकार कर दिया था। मैडम का खाना रुक गया। बोलीं, "1947 से बहुत पहले के ऐसे किस्से छापे जाएँ जिनसे मालूम हो कि उस समय लड़कियाँ कितनी प्रोग्रेसिव थीं। आजकल यह समझा जाता है कि आज़ादी के पहले कोई तरक्की नहीं हुई थी। 1936 में उर्दू की मशहूर लेखिका हेजाब इम्तियाज़ अली ने पायलट का लाइसेन्स लिया था। उर्दू का जमाना प्रेस और चालीस वर्ष पहले से ताक़तवर था और अनगिनत लेखिकाएँ उर्दू की मशहूर राइटर बन चुकी थीं। ये बातें उर्दू से अनजान लोगों को बहुत कम मालूम हैं। एक वाकया याद आया। एहतेशाम साहब गये थे अमरीका। मैं लन्दन में थी। मैंने पूछा, वहाँ प्रोग्रेसिव लोगों के क्या हाल हैं? बोले कि वे इंडिया की तरफ देखते हैं। हमसे डायरेक्टिव माँगते हैं।"

फोन की घंटी बजी। हुमाँ ने बताया कि कराची से था, ये बात हुई। फोन फिर बजा! "हुमन्न आपा से बात कीजिए! पिंडी से फोन है," कहती हुई हुमाँ फोन मैडम को पकड़ा देती हैं। "हाँ, हलो हुमन्न आपा!... ठीक हूँ!... माशाअल्लाह!... ठीक है।...ठीक है!" फोन फिर से भानजी को दे देती हैं। पासपोर्ट, वीज़ा, तारीख़, समय आदि की बातें। टेलीफोन के बाद देर तक दो देशों के आपसी रिश्तों में तनाव पर चर्चा होती रही। अपनों से न मिल पाने के दर्द की बातें होती रहीं। बँटवारे पर दुख और अफ़सोस की बातें की जाने लगीं। दोस्त और हुमाँ बोले जा रही थीं। मैडम चुप थीं, शान्त थीं। केवल सुन रही थीं। हुमाँ ने जब एक शिकायत तकलीफ़ भरी आवाज़ में की, "उफ़, गज़ब है कि अब कैसे-कैसे संगठनों के नाम अलकायदा, अलमदीना...रखे जा रहे हैं। रिलीजन का कैसा कबाड़ा कर रहे हैं लोग!" तो दोनों दोस्तों ने बड़ी लम्बी साँस ली थी।

लड़के-लड़की में अन्तर करने की कोई बात थी। भानजी बताने लगीं, "हम बिजनौर के एक कस्बे के रहनेवाले हैं। हमारे एक रिश्तेदार हैं। उनका एक लड़का है—अपाहिज! माँ-बाप दोनों खुश हैं। कहते हैं—माशाअल्लाह, लड़का तो दिया अल्लाहताला ने! अब आप देखिए, लड़का चाहिए, भले ही अपाहिज हो!" मैडम ने एक ऐसे आदमी का किस्सा सुनाया, जो अपनी लड़की के इन्तकाल पर अफ़सोस जतानेवालों से कहता था, कोई बात नहीं। वह लड़की थी। आवाज़ तेज़ हुई,

''लड़कियाँ जलें, दहेज माँगा जाये और फिर हम कहें कि हिन्दुस्तान ने तरक्की की है। उफ़, शादी न हुई, अजाबेजान हो गयी।''

सब खरबूजों के बेहद मीठे होने की बात कह रहे हैं। मैडम ने आम खाना शुरू किया, ''देखो, अब मैं आम खा रही हूँ! बदतमीज़ी से खाऊँगी! माफ़ करना!'' फोटो खींचने की इच्छा ने ज़ोर मारा। इजाज़त माँगने पर तुरन्त इनकार, ''नो, नो प्लीज नो! नॉट एट ऑल!'' मैंने इन्दिरा जी की आम खाने की ख़ासियत का ज़िक्र किया। नाम सुनते ही बोलीं, ''आप मिले हैं उनसे? वो अच्छी थीं, बड़ी थीं। हमेशा पहले सलाम करने में पहल करती थीं।''

खाने के तुरन्त बाद वे दोस्त और भानजी के साथ सोने के कमरे में चली गयीं। इरादा बनाया कि अब मैडम से बातें हों या न हों, उनके करीबियों से ढेर सारी बातें जाननी हैं।

किस करीबी से क्या जानने के लिए क्या प्रश्न किया, क्या युक्ति की, यह मुख्य नहीं है। उनका बताया मुख्य है। डाइनिंग टेबिल पर बैठे-बैठे राशिद से मैडम के जीवन और साहित्य पर बातें होती रहीं। बड़े उत्साह और अधिकार से उन्होंने कई जानकारियाँ दीं, ''किताबें, मैगजीन, अख़बार मैं पढ़कर सुनाता हूँ। आप जब आये थे, मैं खबरें पढ़कर सुना रहा था। हाँ, पूरी ख़बरें सुनती हैं। इराक, अफ़गानिस्तान, इंग्लैंड, अमरीका, चोरी, मर्डर, फसाद सब! बालातर-हिन्दू-मुसलमान, उन्हें न्यूज चाहिए। बुरे काम के साथ मुसलमान का नाम सुनकर अफ़सोस करती हैं कि मुसलमान होकर बुरा काम कर रहा है। बेरोज़गारों की न्यूज़ पर बहुत अफ़सोस ज़ाहिर करती हैं, ये सब इतने पढ़े-लिखे बच्चे कहाँ जाएँगे? जी उस दौर में बग़ावत करना आसान नहीं था। पर्दे की पाबन्दी की वजह से अलीगढ़ विश्वविद्यालय से एम.ए. नहीं किया। फिफ्थ में दाख़िल हुईं तो उस्तानी ने सिर पर दुपट्टा डालने को कहा। वह अकेली फ्रॉक में थीं। घर आकर अपने वालिद से कह दिया कि मैं यहाँ नहीं पढ़ूँगी। जब एम.ए. के लिए अलीगढ़ गयीं तो वहाँ सिर्फ एक ही लड़की। बुर्का पहनने की शर्त थी। उन्होंने कहा कि मेरी माँ ने 1920 में पर्दा करना छोड़ दिया था तो भला अब मैं क्या बुर्का पहनूँगी? इसलिए वह फिर वापस लखनऊ चली गयीं। फिर लखनऊ यूनिवर्सिटी से एम.ए. किया। इंग्लिश में एम.ए. हैं। उर्दू विषय नहीं है। इनके वालिद रौशन-ख़याल के थे। इनकी माँ हारमोनियम बजातीं, सितार बजाती थीं। 'कारे-जहाँ दराज है' इकबाल के शे'र पर है, तीन वॉल्यूम में है, आत्मकथात्मक है। कई विधाओं में लिखा, कई किताबें खूब मशहूर हुईं। पहला उपन्यास 'मेरे भी सनमखाने' 47 से पहले लिखा। इन्होंने सबसे पहले 'फूल' मैगजीन में मजामीन लिखे। पढ़ने-लिखने का उनके घर में माहौल था। कहानी लिखी। भेजी, छप गयी। लेखक हो गयीं।

ग़ालिब अवार्ड, बहादुरशाह ज़फ़र अवार्ड, साहित्य अकादेमी, ज्ञानपीठ जैसे पुरस्कार मिले। ज़फ़र अवार्ड मिला तो ले ही नहीं रही थीं। बहुतों ने कहा कि पैसा ग़रीबों में बाँट देना। मुश्किल से मानीं। पैसों के पीछे नहीं भागतीं। रेहाना को बहुत छोटे से रखा है। उसकी शादी की। घर में अब ड्राइवर है, रेहाना और उसकी नानी हैं, दो नर्सें हैं, मैं हूँ। यात्राएँ सेहत की वजह से बहुत कम करती हैं। साँस की तकलीफ़ रहती है। आने-जानेवाले काफी लोग हैं। राइटर्स बहुत आते हैं। ग़रीबों के लिए अकसर कुछ न कुछ करती रहती हैं। प्रकाशक जो थोड़ा-बहुत दे दें, वह ठीक है। पैसे की कभी चिन्ता नहीं की। बस लिखा हुआ पब्लिक तक पहुँच जाये। पब्लिसिटी की कभी चाह नहीं की। हाँ, हाँ, क्यों नहीं? गुस्सा भी करती हैं, प्यार भी। हाई ब्लड प्रेशर हो तो किताब पटक देती हैं। लिखने में ग़लती देखेंगी तो बिगड़ जाएँगी। थोड़ी देर बाद सँभलते ही प्यार करेंगी। अपने को कभी पोज नहीं किया। शुरू में हम समझते नहीं थे। गुस्सा आता तो कलम फेंक देतीं। कहतीं, "मैं लिख नहीं सकती। मेरी मजबूरी है।" बाद में समझातीं। बहुत गुस्से में भी गाली कभी नहीं। पाँच साल में मैंने उनके मुँह से एक भी गाली नहीं सुनी। अब देखिए, भाई से मिलने पाकिस्तान जाना है। किताबों की लिस्ट बनवा रही हैं। लोग किताबें ले जाते हैं और लौटाते नहीं हैं। जी, औरों को यही लगता है कि भूल जाती हैं! छोटी-मोटी बातें भूल जाएँगी, पर साहित्य की सब बातें तारीख़ के साथ याद रहती हैं। 1907 में इनकी नानी अकबरी बेग़म ने नॉवेल लिखा—'गूदड़ का लाल।' फिर-फिर छपा। अब नायाब है। आपा के पास एक कापी थी। उसके शुरू व आखिर के पेज फट गये थे। मैं लाइब्रेरी से जीरॉक्स कापी कराकर लाया। दोबारा छपवाने को कह रही हैं। अपनी माँ की किताब छपवा रही हैं। प्रेस में है—'कुल्लयात नज़र सज्जाद हैदर।' दो ज़िल्द में। जी हाँ, रिश्तों की याद और अक़ीदत का एक ढंग है यह! जी, 'आग का दरिया' पाकिस्तान में ही लिखा। मेरे रहते दो बार लन्दन और एक बार पाकिस्तान गयी हैं। इनके भाई जर्नलिस्ट हैं पाकिस्तान में। वालिद सज्जाद हैदर यल्दरम और माँ नज़र सज्जाद हैदर, दोनों मशहूर राइटर रहे हैं। वालिद ए. एम. यू. के पहले रजिस्ट्रार थे। वहीं रजिस्ट्रार हाउस, अलीगढ़ में इनका जन्म हुआ। वालिद की शादी '11 या '12 में हुई। वालिदा शादी से पहले एक नॉवेल लिख चुकी थीं—'अख़्तरुन्निसा बेग़म।'

दोबारा सोफे पर आकर बैठा तो राशिद ने प्रवेशद्वार के दाहिनी तरफ के एक शो केस में रखे एक हेड की ओर इशारा करते हुए कहा, "यह हर मुस्लिम घर में नहीं मिलेगा।" दाहिनी दीवार के कुछ फोटो बरबस ध्यान खींचते हैं। खुले, लम्बे, बिखरे बालों में एक बेहद हसीन, खूबसूरत लड़की का फोटो! पता लगा—ऐनी आपा हैं। जवानी का फोटो है! फिर से देखा, देर तक देखा! दंग करती

लाजवाब खूबसूरती! "दाढ़ी में ये बड़े सरकार हैं। सूफ़ी हैं। इनके यहाँ भी सूफ़ी की ख़ुसूसियत हैं। पैंट-सूट-टाई में ये इनके चचा हैं। इस वाले फोटो में दो चचा हैं और फादर सूट-टाई में चेयर पर बैठे हैं। ये इधर भाई-भाभी का फोटो है। ये माँ का है। माँ का ये स्केच खुद बनाया है। ये पेंटिंग भी खुद ही बनायी हैं माँ की। इस वाली रैक में इंग्लिश की किताबें। हर कमरे में किताबें। उर्दू की अलग। ख़ास किताबें सोनेवाले कमरे में।" राशिद को सुनता हुआ मैं आपा के जीने के ढंग के बारे में सोच रहा था। उनकी याद और अकीदत के तरीके पर मुग्ध हो रहा था।

रेहाना शायद अपने कमरे से आराम करके निकली थी। उसे बहलाया-फुसलाया। चुप-चुप बातें कीं। वह बोली तो, पर बेहद आहिस्ता-आहिस्ता, "जी, फोटो तो हैं, पर उनकी बिना इजाज़त के नहीं। उनसे इजाज़त ले लें। जी, छोटी थी मैं तब जब नानी काम करती थीं। उनके साथ आती थी मैं। बारह की हुई तो यहीं रहने लगी। अब तेईस की हूँ मैं! गुस्से में काफी फ़र्क़ आया है। शुरू में तो बेहद गुस्सा! डाँट! उफ़, कोई सामने खड़ा नहीं हो सकता था। कैसे बताऊँ! कभी ज़ाहिर नहीं हुआ प्यार! इनके प्यार का तरीका बिलकुल अलग है। औरों की तरह नहीं है। हाँ, मुझे अच्छी लगती हैं।" मन हुआ कि कहूँ—रेहाना जब वे खुद भी औरों की तरह नहीं हैं तो उनका प्यार का तरीका औरों जैसा क्योंकर होगा!

भानजी का घर मैडम के घर के पास ही है। पहुँचा। तब ड्राइंग रूम में हम दो लोग ही थे। "जी, वे मेरी खाला हैं। ज़्यादा उम्र नहीं थी जब वे पार्टीशन के समय पाकिस्तान गयीं। परिवार गया तो जाना पड़ा। वे क्या करतीं? पर वहाँ उन्हें एक मिनट अच्छा नहीं लगा। हमारी दादी-नानी बड़ी रौशन-ख़याल थीं। पर्दा नहीं करती थीं। हैदर खानदान उस ज़माने में भी सबसे अलग था। हम हमेशा अपनी जड़ों से जुड़े रहे। मैं बारह साल की थी जब मैंने ऐनी खाला को देखा। हमारे यहाँ अलीगढ़ में कुछ दिन रहीं। तब हमारे यहाँ राही मासूम रज़ा, आले अहमद सुरूर, जज़्बी वगैरह सब आते थे। बहुत कुछ सीखा साथ रहकर। जी हाँ, उनके अफ़सानों में औरत—पढ़ी-लिखी, चैतन्य। रोमांस से दूर तक ताल्लुक नहीं। सेक्स का दूर तक वास्ता नहीं। इंटलैक्चुअल—समूची औरत। जैसी खुद हैं, वैसी औरत। तसव्वुर है औरत का—तालीमयाफ्ता, सोशियली एंड पॉलिटीकली अवेयर। हमारे खानदान की ज़्यादातर औरतें बिलकुल इसी तरह की थीं और हैं, जो मेन स्ट्रीम ऑफ लाइफ में शेयर करती हैं। उनका कैनवस बहुत बड़ा है। कोई भी उम्र, कोई भी देश वहाँ आ सकता है। नहीं, नहीं! हमने कभी देखा-सुना नहीं किसी खास से लगाव के बारे में। शी इज ए वेरी स्ट्रांग लेडी। सबसे

अलग। लेकिन बहुत रहमदिल भी हैं। सच्ची कलाकार। अपने नौकरों की सारी तकलीफ़ देखना-समझना। आप सोच नहीं सकते कि वे इन लोगों पर कितना खर्च करती हैं!

गाँव में हमारी बहुत प्रॉपर्टी है। आम के बाग, इमारतें, ज़मीन वग़ैरह। मेरे अब्बा की मौत हुई तो बोलीं, ''इसे कभी बेचना नहीं। अपने रूट्स से मत कटना।'' आज तक वह प्रॉपटी यूँ ही है। बारहा कहती रहती हैं, ''मैं आज तक नहीं समझी कि लोग पाकिस्तान कैसे चले गये? अपने मकान, गली, मुहल्ले छोड़कर कोई भला जा सकता है?'' बदकिस्मती देखिए कि आज के इस दौर में मुसलमानों के सिम्बल कौन लोग माने जा रहे हैं? क्या बताऊँ और उनके बारे में! वे बहुत 'प्राइवेट' पर्सन हैं। सेंसिटिव, ग़रीबपरवर! इस हद तक कि अपने इंट्रेस्ट्स नहीं देखेंगी। हम ग़रीबपरवर बनते हैं, पर अपना मतलब ज़रूर देखते हैं। उन्हें टमाटर का भाव नहीं मालूम पर संस्कृति, तहज़ीब, इतिहास, भारत, यूनान, मक्का का कुछ बताने लगें, तो न तारीख़ भूलें, न साल! बताते समय दुनिया भूल जाएँगी।''

उनकी भानजी के घर से लौटा तो छः बज चुके थे। वे तब भी सोनेवाले कमरे में थीं। दोस्त जा चुकी थीं। हिम्मत कर दो बार मिलने का थोड़ा-सा समय देने के लिए ख़बर भिजवायी। उम्मीद छूट चुकी थी, पर अब आना अकारथ नहीं लग रहा था। अचानक तभी वे कमरे से बाहर आती दिखीं—''अरे, यह पंखा नहीं चलाया! उफ़, बिजली क्यों नहीं जलायी? मैंने कहा न तुमसे!'' सोफे पर बैठते-बैठते पूछा, ''चाय पिलवायी कि नहीं?'' बैठते ही प्रश्न, ''हाँ तो आप कहाँ हैं?...क्या करते हैं?...क्या करते हैं?...हाँ-हाँ! ठीक है। बताया था।'' खुद के बारे में एक-दो शब्दों में उत्तर! समाज, देश या पारिवारिक सम्बन्धों के बारे में विस्तार और गम्भीरता से जवाब! अपने लेखन या महत्त्व पर एक शब्द नहीं कहा! सुनना, रोककर फिर से पूछना। बोलना तेज़-तेज़ जल्दी-जल्दी! पूछा तब भी था कि आप क्या लिख रहे हैं? रोका भी था। 'अजाबेजान' जैसे कुछ शब्दों के याद न रहने की कहकर मैंने सफाई-सी दी थी, ''आप देखती हैं कि कितनी बेहूदी बातें आजकल रोज छापी-दिखाई जा रही हैं। तो वे बातें, ऐसी अच्छी बातें, जो मैंने यहाँ देखी-सुनी जिनकी लोग कल्पना भी नहीं करते, वे भी लोगों के सामने आनी चाहिए।'' ग़नीमत रही कि वे मान गयीं। यह सोचकर बड़ा भय-सा लगा कि यदि लिखने से एकदम रोक दिया होता तो?

याद नहीं पहल किस सवाल से हुई थी। लेकिन बेहद स्नेहिल, मुलायम, आवाज़ में वे बोले जा रही थीं—

''नहीं मैं कोई बड़ी अनोखी चीज़ नहीं हूँ। मैंने कभी नहीं सोचा कि मैं कुछ

ख़ास या अलग व्यक्ति हूँ। आप इतनी देर से यहाँ मौजूद हैं, क्या मैंने ख़ास की तरह कोई बात की?'' ''नहीं, बिलकुल नहीं।'' मैंने उत्तर दिया। ''आपने आत्मकथा पढ़ी है मेरी? अरे हाँ, हिन्दी में नहीं थी तो आप कैसे पढ़ते? अच्छा, अच्छा! आपने 'आग का दरिया' पढ़ा है? हाँ, आत्मकथा में अपना परिवार है, किताबों का ज़िक्र है। सातवीं शताब्दी से शुरू करके 2001 पर ख़त्म किया है। नहीं, नहीं, इसमें ताज्जुब की क्या बात है! तथ्य हैं। मैंने उनके बारे में पढ़ा है और उन्हें इस परिवार की कहानी के बैकग्राउंड के तौर पर पेश किया है। इसमें मेरे माँ-बाप के परिवारों की कहानियाँ हैं। इसमें उत्तर भारत के सात-आठ सौ साल की कहानी शामिल है। और ऐसी कहानी हर व्यक्ति अपने-अपने परिवार के बारे में लिख सकता है। इसके लिए केवल इतिहास की जानकारी ही शर्त है। आप देखिए, ग्रीक्स ने कार्बन डेटिंग शुरू कर दी और हमारे यहाँ पता नहीं चलता कि बहुत-सी पुरानी इमारतें कहाँ गयीं! एक्चुअल पत्थर है, ब्रिक भी है, नाम है, किताब है फिर भी! कारण है मौसम! शुरू होता है अजन्ता वग़ैरह से। ईसाईयत के बाद। साँची है, जिसकी करेक्ट डेटिंग है। अब कर रहे हैं इधर भी कार्बन डेटिंग! अरब लिखते थे, ग्रीक्स लिखते थे। रोजिस्टर स्टोन था कुंजी—हमारे यहाँ ताम्र पत्र थे, ताड़ के पत्ते। कब तक चलें? पत्र पर लिखते थे। हमारे यहाँ लिखने की परम्परा बहुत बाद में आयी। रटे जा रहे हैं उम्र भर! ज़िन्दगियाँ सिम्पिल थीं। दो चपातियाँ बनायीं, खा लीं। करना कुछ नहीं था ऐसा-वैसा। पढ़ने-लिखने का रिवाज़ था। अब वह माहौल नहीं। टीवी आ गया है। किताबों का भविष्य नहीं है ख़ास। ख़ासतौर से उर्दू का!

बहुत से लोग टीवी के आतंक के शोर की जगह इसकी अहम और बेहतर भूमिका की बात भी तो कहते हैं। इसकी भूमिका में यदि कहीं कमी और ख़राबी है भी, तो उसे बदलेगा कौन?

सबसे बड़ा मीडियम (माध्यम) था टीवी का! पर वो अच्छी बातें सिखाने की जगह लक्जरी गुड्स (विलासी उत्पादनों) के इश्तहार दिखाने में लगा है। पूरी कौम और पीढ़ियों की बस यही तमन्ना है कि हमारे पास ये चीज़ें ज़रूर हों। पूरे समाज में बहुत अमीर भी हैं, ग़रीब भी। इतनी विषमता है कि पूरा ढाँचा नहीं बदलेगा तो कुछ नहीं बदलेगा। बिल्ली के गले में कौन घंटी बाँधेगा? कौन बदल सकता है? कौन बदलेगा? हम ही लोग बदल सकते हैं। लिखने-पढ़नेवाले लोग। पर उन्हें पढ़ता कौन है? कितने पढ़े-लिखे हैं? कितनों को हिन्दी, बंग्ला, उर्दू, मराठी आती है? नब्बे फीसदी जाहिल हैं। वे सब टीवी देखते हैं। उन्हें पढ़ने-लिखने की ज़रूरत नहीं। तब! बड़ी ख़ौफ़नाक हालत है। अब पढ़ते कितने लोग हैं? किताबों का क्या होगा, अल्लाह जाने! पर हाँ, उर्दू की किताबों का

भविष्य सोचकर ज़रूर तकलीफ़ होती है। उर्दू लिपि ही नहीं रहेगी तो क्या होगा?

एक दौर में इस्मत चुगताई और आपके लेखन ने बड़े-बड़े पुरुषवादियों को चौंकाया, आहत किया था! लोगों को अलग तरह से सोचने को बाध्य किया था। आज के दौर की औरत की ज़िन्दगी को देखकर आप अपने नारी सम्बन्धी सोच को किस तरह आँकती-नापती हैं?

हाँ, इस्मत आपा एकदम एग्रेसिव हैं, बोल्ड हैं। वो चौंकाती हैं। ज़ाहिर है, जो चौंकाता है, उसे तवज्जो मिलेगी। पर अब आप वैसा लिखें तो कोई नहीं चौंकता। उससे भी अधिक लिखा जा रहा है और लोग ध्यान तक नहीं देते, क्योंकि ज़माना आगे बढ़ चुका है। और हाँ, औरत! किस तरह की औरत? औरत बेसिकली अपने लिए नहीं जीती है। बचपन में माँ-बाप, बहन-भाई, पति, बच्चे फिर पोते-नवासे। आमतौर पर औरत के मिज़ाज में खुदसरी नहीं है। अपने को बड़ा समझने का अहसास नहीं है। कम से कम एशिया की औरत को। इसका कारण पूरा माहौल है। आपकी पूरी हिस्ट्री का असर पड़ता है। अमरीका, इंग्लैंड में भी फर्स्ट वर्ल्ड वार के बाद उन्हें आजादी मिली। क्लब, डांस आज़ादी नहीं है। अपना पैसा, ज़ायदाद में हक़ कहाँ था? अभी थोड़े पहले तक नहीं था। और जहाँ तक इंडिया की बात है, इस लिहाज से इंडिया एक जैसा मुल्क नहीं है। कोई औरत फ्रंटियर में है, वह बन्दूक लेकर चल रही है। पंजाब में है, धान बो रही है। हर प्रान्त की औरतों के रिवाज़ और परम्पराएँ अलग-अलग हैं। केरल की औरत उत्तर प्रदेश से भिन्न है।

क्या आपको यह नहीं लगता कि आज औरत की ज़िन्दगी में बड़ा .फ़र्क़ आ गया है? उसकी स्थिति पहले से काफी बेहतर हुई है?

हाँ, यहाँ बहुत फ़र्क़ आया है। अब औरत की हालत अच्छी हो गयी है। अपने पैरों पर खड़ी भी हुई है। अब औरतें ज़्यादा 'असर्ट' करने लगी हैं। ख़ुदमुख़्तारी आ गयी है।... पर पहले क्या औरतें काफी दहेज न लाने पर जिन्दा जलाई जाती थीं? और कोई प्रोटेस्ट नहीं किया जाता था?

पिछले कुछ वर्षों में यह भी हुआ कि सामाजिक जीवन में सक्रिय कुछ औरतों द्वारा आज़ादी, अधिकार और स्थिति के दुरुपयोग के समाचारों ने आम आदमी को भिन्न तरह से सोचने के लिए बाध्य किया है। उसे ठेस पहुँचायी है। आप इस तरह के उदाहरणों को किस तरह लेती रही हैं?

आपको पता है मिसेज गाँधी के राज को बहुत से लोग 'विधवा राज' कहते थे। पुराने लोग बर्दाश्त नहीं कर पाते थे उस सबको। हाँ, अब कुछ ऐसी घटनाएँ सुनी हैं कि अमुक ने बेटे-बेटियों की शादियों में इतने लाख रुपये खर्च किये।

औरत हो या मर्द, असल चीज़ है पावर! पावर से इनसान की नफ़्सियात बदल जाती है। आप जानते हैं नफ़्सियात? साइकोलॉजी, टेम्परामेंट! ऐसी औरतों ने प्रमाण दिया है कि नेतागिरी करनेवाली औरत भी करेप्ट हो सकती है।

ग़ौरतलब है कि आज़ादी, खुदमुख़्तारी और आर्थिक आज़ादी के चलते औरतों में अकेले रहने का चलन बढ़ रहा है। परिवारों के टूटने की घटनाएँ भी बढ़ रही हैं। भारतीय समाज और भविष्य की दृष्टि से अकेले रहने की इस प्रवृत्ति से कैसे परिणामों की उम्मीद आप करती हैं?

यह अकेले रहना और बढ़ेगा। एक अरब की आबादी में हर तरह के लोग हैं, हर तरह की क्लास है। औरत की इतने बड़े मुल्क में सब जगह एक-सी हालत नहीं है। हर सूबे की अपनी रवायत। केरल में औरत इंडिपेंडेंट है, और आप पहाड़ पर देखिए, पंजाब में देखिए। नहीं लगता कि भारत में पश्चिम जैसा कुछ होगा। यह भी सही है कि फैमिली टूट रही है और आगे और ख़तरा है। बड़े शहरों में है यह, छोटे शहरों में नहीं। अभी अमरीका नहीं होंगे हम। भारत सारा गाँव है। अभी भी वह शहर नहीं है। शहर सोचना ग़लत है, गाँव ही है। पर गाँव में जहालत बहुत है, लेकिन वहाँ की परम्परा देखिए। अभी दो-तीन वर्ष पहले का वाकया है, मैं बिजनौर के एक गाँव की पगडंडी से गुजर रही थी। तभी तीन औरतें खड़ी मिलीं रास्ते में। मुझे देखा, उनमें से एक गयी और झटपट मँजे, चमचमाते गिलास में बग़ैर कहे पानी लेकर आ गयी। मैंने पानी पिया। बताइए, शहर में ऐसा कौन करेगा? ये रीयल इंडिया है। हाँ, अच्छा नहीं होगा। पर पूरी डेवलपमेंड सोसायटी का जो हाल है, उसमें यह सब बढ़ेगा। इंडस्ट्रियल सोसायटी में परिवार कहाँ? छोटे खानों में बँट गये हैं लोग। यह अच्छा नहीं होगा। देखिए, यह बहुत बड़ा मुल्क है। इसमें ऐसा नहीं होगा। सारा मुल्क शहर में नहीं आ जाएगा। गाँव, उन्नति के बावजूद गाँव तो रहेगा। फिर भी, पैसे की जो हवस बढ़ रही है, वह ख़तरनाक है। शायद आदमी मशीन बन जाएगा आगे। वैसे अल्लाह ही जानता है कि आगे क्या होगा?

मैंने शायद बाएँ हाथ से उनके खाना खाने का ज़िक्र किया था। एकदम से बाएँ हाथ को आगे करके दिखाती हैं— "सलाख पड़ी है इसमें। पैर में फ्रैक्चर हुआ था। एक्सीडेंट हुआ था न!" मैं दीवार पर टँगे फोटो की ओर इंगित करके पूछता हूँ, "ये दाढ़ी में बड़े सरकार की जो फोटो है..." वाक्य पूरा नहीं होने दिया, "आप इन्हें जानते हैं? इनसे मिले हैं क्या? सूफ़ी हैं पूरे। वे भैया जी हैं। ये मेरा भाई है, भावज हैं। ये हमारे बुजुर्ग हैं—बड़े सरकार! सूफ़ी! मुझे यह अन्दाज़ पसन्द है ज़िन्दगी का!"

बात आगे बढ़ाने के प्रयास में यूँ ही पूछ बैठा, ''इस्मत चुगताई तो आपसे बड़ी होंगी? पाकिस्तान आप जब शुरू में गयी थीं तब अठारह या उन्नीस साल की थीं केवल? वहाँ रुक न पाने की क्या वजह रही?

हाँ, इस्मत आपा की पैदाइश बारह की है, मेरी सत्ताइस की। अरे नहीं, तब उन्नीस की थी मैं चार बरस रही पाकिस्तान में। ठीक रही। वहाँ पर हालात—पॉलीटिकल हालात—ठीक नहीं लगे मुझे। ज़्यादातर यू.पी. में रही। हाँ, बम्बई अच्छा लगा था। वे दिन याद आते हैं।

हिन्दी या अन्य भाषाओं के किन रचनाकारों से आप परिचित हैं, किनसे नज़दीकी रही?

धर्मवीर भारती, कमलेश्वर को जानती हूँ। राजेन्द्र यादव, मन्नू भंडारी, अमृता प्रीतम से मिली हूँ लेकिन उनको ज़्यादा नहीं जानती। क्या नाम है उनका? उनसे करीबी रही है। हाँ कौर, शायद प्रभजोत कौर! नामवर सिंह से परिचित हूँ खूब! कहाँ हैं वो आजकल? अब तो रिटायर हो गये होंगे?

अपने समय के या बाद के किन लोगों के लेखन को आप अच्छा मानती हैं?

बहुत से लोगों ने बहुत अच्छा लिखा है!

सुना था कि आप कभी 'इलस्ट्रेटेड वीकली' की एडीटर भी रही थीं? आपने कभी कोई नौकरी भी की है क्या? आप अध्यापन में आ सकती थीं, अध्यापन में आने का क्या कभी मन नहीं हुआ?

'इलस्ट्रेटेड वीकली' में फिक्शन एडीटर आठ साल तक रही। उससे पहले 'इम्प्रिंट' की मैगजीन एडीटर और एडीटर रही। नौकरी मैंने की है न! वो क्या है... पब्लिकेशन ऑफीसर। नहीं, अध्यापक होने का मन नहीं हुआ। वैसे मैं अलीगढ़ यूनिवर्सिटी में विजिटिंग प्रोफ़ेसर रही हूँ। अमरीका की छह-सात यूनिवर्सिटियों में लेक्चर दिये हैं मैंने।

आपने शुरू में क्या कभी शायरी भी की थी?

शायरी नहीं की। कुछ कविताएँ अँग्रेज़ी में लिखी थीं। छपी भी थीं। उर्दू में नहीं लिखीं। आपने शायरी का कैसे सोचा?

बस यूँ ही। अकसर लोग शुरू में कविता लिखते हैं। आपकी अधिकतर किताबों के नाम किसी न किसी शेर पर हैं। इसका कुछ न कुछ ख़ास कारण तो ज़रूर होगा? शायरी और फिक्शन में से आप किसे अहमियत देना चाहेंगी?

ज़ाहिर है, उर्दू शायरी में एक शेर या मिसरे में पूरी दुनिया है। एक शेर में पूरी बात आ जाती है। जी, गागर में सागर! शेर—उर्दू शायरी का जौहर! मैं

दोनों को अहम मानती हूँ। फिक्शन में पूरी बात फैलाकर बतानी पड़ती है। बड़ा फ़र्क़ है। अब यह शेर है—"लाई हयात आयी कज़ा ले चली चले। अपनी खुशी न आये, न अपनी खुशी चले।" इसके लिए पूरा एक अफ़साना, पूरा एक नॉवेल लिखिए। उर्दू के शेर लाजवाब हैं! इसे देखिए—"अनीस दम का भरोसा नहीं, ठहर जाओ। चिराग़ लेके कहाँ सामने हवा के चला!" पिक्टोरियल देखिए! तस्वीर बन जाती है। मंज़र देखिए!

सिर्फ वजह जानने के लिए पूछ रहा हूँ। सुना है आप इंटरव्यू ही नहीं देतीं। कोई ख़ास कारण या घटना है इसके पीछे क्या?

हाँ, नहीं देती। आप बताइए, मैंने किसी के ख़िलाफ़ लिखा हो कभी? पर लोग हैं कि अपनी सोच, अपनी ज़हनियत पेश करते रहते हैं। हम क्या कर सकते हैं? हम कैसे गिरें? अरे भई, हम 'पीस' से रहना चाहते हैं। पर लोग हैं कि उन्हें कुछ कहना है। उन्हें दिखाना है कि हम उनसे मिलकर आये हैं। सो सनसनीख़ेज़ बनाकर लिखेंगे। ग़लत लिख देते हैं बहुत बार। अब मैं उन्हें कहाँ-कहाँ ढूँढ़ूँ या मुझे क्या पता कि उन्होंने क्या लिख दिया? वो कहते हैं, ये कहा। वह मैंने कहा नहीं। सनसनीख़ेज़ चाहिए अख़बारों को भी। अब मैं क्या करूँ? मैं इन बातों से, ऐसी बातों से बहुत डरती हूँ।

आप जैसी बोल्ड लेडी डर की बात करे! जो सुनेगा, हैरान होगा!

अरे भाई, लोग अंट-शंट लिखेंगे तो डर तो लगेगा न! मैंने कभी परवाह नहीं की इन चीज़ों की। अपनी पब्लिसिटी की या प्रचार की।

मिले पुरस्कारों का उन्होंने एक बार भी ज़िक्र नहीं किया। मैंने खुद से चर्चा चलायी। बोलीं— "हाँ, मिले। पर क्या फ़र्क़ पड़ता है!" "खुशी तो होती है?" "हाँ खुशी तो जरूर होती है।" एक फोटो खींच लेने की इजाज़त माँगी। साफ़ इनकार। घर आने में देर होने की सूचना देने के लिए मैंने जेब से मोबाइल सेट निकाला। एकदम से चौकन्नी होकर बैठ गयीं। "अरे भई, ये क्या है? कैमरा है? नहीं! प्लीज़, फोटो नहीं! मैं नहीं चाहती फोटो-वोटो! मुझे पब्लिसिटी नहीं करानी। कभी नहीं करायी।"

इन दिनों अतीत खूब याद आता होगा। क्या कुछ सोचती-याद करती हैं आप इन दिनों?

ज़ाहिर है, आदमी सोचेगा। मैं भी सोचती हूँ। पिछला बहुत कुछ याद आता है। ख़ासतौर से बचपन। लोग याद आते हैं, ज़माना याद आता है। मैं भी सोचती, याद करती हूँ। इसमें अजीब बात क्या है?

अपने किसी ख़ास निर्णय पर क्या कभी अफ़सोस होता है?

नहीं, मुझे कोई अफ़सोस नहीं है किसी निर्णय पर। पर मैं खुश हूँ, ठीक

हूँ। ज़ाहिर है, ज़िन्दगी है तो कुछ तकलीफ़ें तो आएँगी ही।

चला तो सुना, ''जो लिखें, वह दिखा जरूर दीजिएगा।'' वही वाक्य, जो फोन पर पहले दिन सुना था।

बाहर आने से पहले, रसोई के सामने खड़े होकर पानी पीते हुए देखा कि मैडम ने गर्दन घुमाकर मुझे देखा था, आशीर्वाद की मुद्रा में हाथ उठाया था। दरवाज़े पर 'ख़ुदा हाफ़िज़' रेहाना ने कहा था। बाहर बादल, बिजली, बरसात गर्जन-तर्जन और तेज़ हवाओं के बावजूद मौसम खुशगवार था। सामने शिवमन्दिर दिखा तो ख़्याल आया कि मैं जहाँ से आ रहा हूँ वह भी तो एक मन्दिर है। मन्दिर जहाँ कोई बुत नहीं, एक इनसान सूफ़ियाना अन्दाज़ में जिये जा रहा है। पोदीने जितने क़द वालों के इस युग में 'बरगद' या 'देवदार' दिख जाना सच में दिव्य और चमत्कारिक तो लगता ही है न!

निर्मल वर्मा

फरवरी की उस खिली धूप वाली खूबसूरत सुबह के सीमान्त पर मैं अचक-पचक चलता निर्मल वर्मा जी का आवास तलाश रहा था। किसी की उपस्थिति के आभास ने मुझे चौंकाया। पीछे मुड़कर देखा तो निर्मल जी सामने थे। मेरी निगाहों की भटकन उन्होंने शायद अन्दर से भाँप ली थी, और तरस खाकर या प्रसन्न होकर शोध्य जैसे स्वयं शोधक के करीब आ पहुँचा था। सकपकाया-सा मैं जब तक प्रणाम निवेदन करता उनके जुड़े हाथों और निजत्व की मिठास में लिपटी उनके होठों से बाहर आयी 'नमस्ते' ने मुझे और भी विन्रम बना दिया था। प्रवेशद्वार के बायीं ओर की दीवार पर बनी—गढ़ी कुछ आकृतियाँ-देव आकृतियाँ दिखीं, दायीं ओर जमीन पर रखा बड़ा-सा पानी भरा मिट्टी का एक पात्र—कूंडा दिखाई दिया। मुझे लगा कि निर्मल जी की बौद्धिकता और संवेदनशीलता से ज़रूर इनका कुछ न कुछ नाता होना चाहिए।

वे मेरे पास सोफे की कुर्सी पर सन्नद्ध, तत्पर मुद्रा में बैठ चुके थे। अपने शहर और पेशे से जुड़े छोटे-छोटे सवालों के कुछ बैरियर्स, चेक-पोस्ट्स मुझे पार करने पड़े थे। गगन जी ने पानी लाकर दिया तो परिचय कराया गया—अलीगढ़ से आये हैं...वहाँ पढ़ाते हैं। *झिझकते हुए मैंने शुरूआत की, उस क्षण विशेष के बारे में जानना चाहा जिसने उन्हें लेखन की ओर मोड़ा। गौर से सुना। प्रश्न पूरा हुआ कि तुरन्त बोलना शुरू— तेज़-तेज़, धारा प्रवाह! जैसे न कुछ सोचना पड़ रहा है न श्रम करना पड़ रहा है। पर हाँ, उससे पहले यह अवश्य हुआ कि उनकी पलकें दरवाज़ों के पटों की तरह चुप-चुप एक-दूसरे के करीब आयीं और सट गयीं...आकाश की तरफ मुँह किये, उड़ने को उत्सुक-सी उनकी दोनों हथेलियाँ हवा में अपना आसमान फैला चुकी थीं और ऊपर को उठी उनकी उँगलियाँ जैसे हिल-हिल कर बता रही थीं कि हम अब उड़े कि अब उड़े। ढंग से सुनने के लिए उधर से ध्यान हटाना पड़ा—*

ऐसा तो कोई फ़ैसला मैंने नहीं किया था कि लेखकीय पेशे के रूप में इसे

जारी रखूँगा। यह जरूर था कि बचपन में किताबों का परिवेश था। भाई रामकुमार जी पहले से लिखते ही थे। अधकचरी, कच्ची किस्म की कहानी कॉलिज-काल में मैंने लिखी। पहली कहानी तब लिखी जब मैं सेंट स्टीफंस कॉलिज दिल्ली में विद्यार्थी था। नहीं, उसका नाम अब याद नहीं। समकालीन हिन्दी लेखकों में रुचि थी। तब दिल्ली में नरेश मेहता, मनोहरश्याम जोशी, श्रीकान्त वर्मा मेरे दोस्त थे, उन्हीं के साथ रहता था। नरेश जी ने 'कृति' शुरू की तो उसमें सहयोग किया। उसके लिए लेख और कहानियाँ लिखीं। सबसे पहली कहानी 'कल्पना' (हैदराबाद) में छपी—'रिश्ते'। उस सबके कारण लिखने की तरफ झुकाव हो गया। ठंडे-ठंडे, धीमे-धीमे बैठकर सोचा हो, ऐसा नहीं था। और कोई काम न था—न बिजनिस, न नौकरी—इसलिए लिखना और पढ़ना जीवन को काटने का धन्धा बन गया।

—नहीं, ऐसा नहीं था, मेरी माँ या पिता ने यह आग्रह नहीं किया कि मैं नौकरी करूँ। उन्हें आर्थिक कठिनाई नहीं थी और उन्होंने मुझे कुछ भी करने या न करने की खुली छूट दे रखी थी। पार्टीशन के बाद करोल बाग में जहाँ हम रहते थे, वहीं मैं पढ़ता भी था। एक प्राइवेट कॉलिज में पढ़ाकर अपना जेब खर्च निकाल लेता था। हिस्ट्री मेरा विषय था, सो हिस्ट्री और पॉलिटिकल साइंस पढ़ाता था वहाँ। उन्हीं दिनों 'हिन्दुस्तान टाइम्स' और कुछ अन्य अँग्रेजी अख़बार चाहते थे कि मैं उनमें हिन्दी पर लिखूँ। अच्छा मानदेय देते थे। कई हिन्दी पुस्तकों की अँग्रेज़ी में समीक्षाएँ लिखी थीं तब। लेकिन मेरा मुख्य काम कम्युनिस्ट पार्टी में था। तब मैं पार्टी का सदस्य था। पचास-इक्यावन से तिरेपन-चौवन तक काफी समय पार्टी के कार्यों में ही बीता था। शुरूआती वर्षों में काफी कुछ लिखा, पर सब बिना योजना के लिखा। फिर उन्नीस सौ सत्तावन में राज्य सभा में अनुवादक का काम मिल गया। पहली सुचारु नौकरी-दस से पाँच काम लगा। स्नेही, मित्र बन गये। राज्य सभा में जो डिबेट होती थीं, मैं उनका हिन्दी अनुवाद करता था। उनसठ में चेकोस्लोवाकिया गया। ओरियंटल इंस्टीट्यूट ने आमन्त्रित किया था। तब वहाँ चेक सीखने, समकालीन चेक लेखकों के लेखन का अनुवाद करने का मुझे मौका मिला। वहाँ आठ वर्ष रहकर कई चेक लेखकों—मिलान कुन्देरा, इवान क्लीना, बासलाम, हर्विल आदि की रचनाओं का हिन्दी में अनुवाद किया। वहीं मेरा पहला उपन्यास, 'वे दिन' जो चेक पृष्ठभूमि पर था—आया।...नहीं, वह लिखा यहीं था दिल्ली में। तब दो साल की छुट्टी पर आया था मैं दिल्ली। चेकोस्लोवाकिया जाने से पहले 'परिन्दे' अट्ठावन में आ गयी थी। तो इस तरह आप देखें, मेरे लेखक और अनुवादक की ज़िन्दगी एक साथ शुरू होती है।

'परिन्दे' के ज़िक्र ने अगले प्रश्न की भूमिका बना दी थी। 'नयी कहानी'

आन्दोलन से उनके जुड़ाव, परिन्दे को उस आन्दोलन की प्रथम रचना घोषित किए जाने और उस आन्दोलन की पृष्ठभूमि, भूमिका व प्रदेय के बारे में तब मैंने निर्मल जी से कुछ सवाल पूछे थे। लगा कि उन्हें अच्छी तरह मालूम है कि किस सवाल पर क्या और कितना कहना है, कब रुककर अगला सवाल पूछे जाने के लिए अनकहे कहा जाना है। उस आन्दोलन से अपने जुड़ाव को याद करते हुए वे बोले— किसी एक घटना या क्षण के बारे में कहना तो मुश्किल है। जब आप किसी आन्दोलन के प्रवाह में होते हैं, तब पता नहीं चलता कि आप उसका हिस्सा हैं। बाद में इतिहासकार या आलोचक सिद्ध करते हैं कि आन्दोलन था या उसमें जो भी रहा हो। यह सोचकर मुझे उन्नीसवीं शताब्दी' के एक फ्रेंच उपन्यास—'ब्लैक ऐंड व्हाइट' का ख्याल आ जाता है। उसका एक पात्र वाटरलू के मैदान में घूमता चला आता है और अचानक देखता है कि वहाँ फ्रेंच और अँग्रेज़ी सेनाओं के बीच भिड़न्त हो रही है। उसे नहीं मालूम कि वह एक ऐतिहासिक घटना से गुजर रहा है। बाद में जब लोग उसे बताते हैं तो उसे लगता है ऐसा कुछ था! मेरी हालत उस दौरान कुछ वैसी ही थी, बाद में पता चला कि मैं 'नयी कहानी' आन्दोलन में शामिल था। उन दिनों साहित्य का केन्द्र दिल्ली नहीं था। नयी कहानी के बड़े लेखक इलाहाबाद में रहते थे। वे पत्रिकाएँ जिनकी उस आन्दोलन में प्रमुख भूमिका रही, वहीं से निकल रही थीं। नयी कहानी के लेखकों से मेरा खास मिलना-जुलना भी नहीं होता था। मेरी मित्र-मंडली कवियों की थी—नरेश मेहता, रघुवीर सहाय, मनोहरश्याम जोशी...। विरोधाभास ही जान पड़ता है यह कि मेरा मित्र-मंडल कवियों का ही अधिक था, कहानीकारों का नहीं। छप्पन-सत्तावन में 'कल्चरल फोरम' नाम से एक संस्था बनी थी जिसमें सांस्कृतिक कार्यक्रम हुआ करते थे। उस संगठन को चलाने में देवेन्द्र इस्सर ने मुख्य भूमिका निभायी थी। कृष्णबलदेव वैद, भीष्म साहनी, जोशी आदि सब लोग उसमें आया करते। मैं भी वहाँ कहानियाँ सुनाता था, सुनता था। खूब बहस होती उस फोरम में। नयी कहानी की जो मुख्य धारा मानी जाती थी, फोरम के लोग तब थोड़ा उससे अलग थे, पर बाद में तो सभी एक ही आन्दोलन के सदस्य माने गये।

कहानी के भीतर स्फूर्तिदायक, ताज़गी भरे अनुभवों को लाना इसका सबसे बड़ा योगदान रहा है। शैली और भाषा में भी एक तरह की ऐसी संवेदनशीलता आयी जो पहले मौजूद नहीं थी। स्वतन्त्रता के बाद मध्यवर्गीय परिवारों में जो विघटन हुआ, एक तरह की सुरक्षित जिन्दगी छिन्न-भिन्न होने लगी...उससे जो पीड़ा, उखड़ापन या टिपिकल विषाद दिखाई दिया, पिता-पुत्र के बीच का द्वन्द्व, स्वतन्त्र हो रही स्त्री, स्त्री-पुरुष सम्बन्धों में प्रथम बार हो रहे परिवर्तन, गाँवों

से उन्मूलित होकर शहरों में आ रहे लोगों के मन का अकेलापन, असुरक्षा...मूलभूत परितर्वन होने की आशा के मोहभंग की वेदना-व्यथा आदि...इन सब समस्याओं को कथ्यात्मक घेरे में लाने को काफी सार्थक सफल प्रयास किया था नयी कहानी ने। हाँ, सीमाएँ भी थीं। इनकी रचनाएँ, मूल्य, इनका कथ्य बहुत कुछ मध्यवर्गीय जीवन तक ही सीमित था। एक बड़े वर्ग का संवेदनात्मक पक्ष तब तक इससे बाहर रहा, जब तक रेणु का 'मैला आँचल' नहीं आया। 'मैला आँचल' ने नयी ज़मीन तोड़ी थी। भारतीय गाँवों में हो रहे महत्त्वपूर्ण परिवर्तनों, कांग्रेस, समाजवादी, साम्यवादी पार्टी के आपसी संघर्षों का इतना सुन्दर, नाटकीय, काव्यात्मक चित्रण रेणु से पहले किसी ने नहीं किया था। रेणु के उपन्यास और कहानियाँ प्रेमचन्द के ग्रामीण जीवन से अलग एक ऐसा पक्ष दिखाती थीं, जो प्रेमचन्द की औपनिवेशिक निराशा से बिलकुल अलग था। रेणु के उपन्यासों में जहाँ एक तरह की गरीबी थी, वहाँ दूसरी तरफ एक खास किस्म का लिरिकल उल्लास, लोकजीवन में पगे लोगों का जो आनन्द है, लोक संगीत है और ग्रामभाषा के भीतर जो बहुमुखी लचीलापन है, वह सब अलग और खास है। नये कहानीकारों की तुलना में रेणु ने हिन्दी कहानी के परिवेश को कहीं अधिक विस्तृत और प्रशस्त किया था। आगे शिवप्रसाद सिंह, मार्कण्डेय आदि ने भी इन विषयों पर अच्छी कथाएँ लिखी हैं, पर उतने विशाल पटल पर, पैमाने पर वे मन पर इतना गहरा असर नहीं छोड़ते। रेणु ने यथार्थवादी उपन्यास की सीमाओं का अतिक्रमण किया था और एक नये उपन्यास की ऐसे समय में संरचना की थी जब भिन्न जातियों, वर्णों के लोगों, उनकी मन:स्थितियों, उनके मानस के परिवर्तनों में स्वतन्त्र भारत में उत्पन्न होने वाले उन्मेष आदि को, इसकी रवानी और बहुमुखी संश्लिष्टता को प्रकट करने के लिए नये औपन्यासिक ढाँचे की जरूरत थी। इस ढाँचे का रेणु ने बहुत काव्यात्मक संवेदनशीलता के साथ निर्माण किया था। अगर हम प्रेमचन्द और रेणु के उपन्यास के अन्तर को देखें तो रेणु की देन स्पष्टत: हमारे सामने उजागर हो जाएगी। उनके दूसरे उपन्यास 'परती परिकथा' में लिरिकल काव्यात्मकता और भी मुखर होकर आती है। हिन्दी के कथ्यात्मक ढाँचे को बदलने में जितना योगदान रेणु का रहा है, उतना शहरों में रहने वाले मध्यवर्गीय कथाकारों का नहीं। सच कहें तो 'नयी कहानी' का आन्दोलन सिर्फ कहानी तक ही सीमित था। इस समय जो उपन्यास लिखे गये वे कलात्मक-रूप से उतने सफल नहीं थे, जितनी इन लेखकों की कहानियाँ सफल थीं। कहना न होगा कि गद्य की केन्द्रीय विधा उपन्यास है, कहानी नहीं और उपन्यास में परिवर्तन का श्रेय रेणु को है। इससे नयी कहानी आन्दोलन का महत्त्व कम नहीं हो जाता, मैं यहाँ सिर्फ उसकी सीमाओं की ओर संकेत करना चाहता हूँ।

मैंने जानना चाहा कि क्या उन्होंने कभी कविताएँ भी लिखी हैं—

शुरू-शुरू में कभी अँग्रेज़ी में कविताएँ लिखा करता था। 'गीतांजलि' के असर में लिखी थीं।—नहीं, छपी नहीं। सौभाग्य से वह कॉपी खो गयी।'' काव्य-सृजन के उस समय को याद किया जा रहा है—''हायर सेकेंड्री के बाद कुछ मित्रों के साथ कश्मीर गया था। हाउस बोट में ठहरे थे। बड़ी शान्त जगह थी वह। ऊपर छत पर जाकर डल के सौन्दर्य को देखा करता था और 'गीतांजलि' का जो रहस्यवादी दर्शन हावी था—उन दोनों के मिश्रण से, प्रकृति के सौन्दर्य के प्रभाव में वे कविताएँ लिखी गयी थीं।

—नहीं, इसमें गद्य या पद्य की बात नहीं। मैं नहीं समझता कि काव्यात्मक रूप केवल कविता तक सीमित रहता है। वह हर विधा की भाषा में प्रकट होता है—चाहे वह नाटक हो या कहानी हो या कुछ और। अँग्रेज़ी का ही उदाहरण लें तो लारेंस, वर्जीनियावुल्फ, फॉस्टर के उपन्यास हालाँकि शुद्ध गद्य की ज़मीन पर चलते हैं, पर अपने भीतर कहीं ज़्यादा प्राणवत्ता गद्य के घेरे में काव्यात्मक ऊर्जा प्राप्त करने से आती है। कैथरीन मैंसफील्ड की सबसे विख्यात कहानियाँ इसी लिरिकल फॉर्म में लिखी गयीं। काव्यात्मक का यह अर्थ नहीं है कि सुन्दर बिम्बों को आभूषणों की तरह सजाकर लाने की चेष्टा करें। मेरा काव्यात्मक से मतलब भाषा और शब्दों के प्रति एक ऐसी गहन संवेदनशीलता को प्राप्त करना है जिससे हमारी अनुभूतियों के वे पक्ष उजागर हो सकें जो अधिकतर आत्म से बोझिल रहते हैं, अँधेरे में रहते हैं।

नयी कहानी आन्दोलन के कुछ अन्य प्रमुख रचनाकारों की तरह आपने आलोचना के क्षेत्र में स्वयं को सक्रिय स्थापित करने की कोशिश क्यों नहीं की? लेखक द्वारा आलोचना करने के ऐसे प्रयत्नों को आप कैसे देखते रहे हैं।

—मैंने आलोचना-पुस्तक नहीं, अधिकतर निबन्ध ही लिखे। नयी कहानी की वकालत करने के लिए निबन्ध लिखना जरूरी समझा। आलोचना कभी-कभी करनी पड़ती है, जरूरी नहीं कि हर लेखक करे। अपने दौर की कहानियों-कविताओं में ऐसे जो परिवर्तन आ रहे हैं, जिनके कारण लेखक ने पिछली पीढ़ी के लेखन से अपने को अलग किया है, इस अलगाव को दिखाने के लिए कभी-कभी खुद भी लिखना पड़ता है। इसका सबसे बड़ा उदाहरण इलियट हैं, जिन्होंने कविता के साथ अपनी कविता के बारे में विचारवान निबन्ध भी लिखे हैं। जरूरी नहीं कि हर लेखक ऐसा करे। नये लेखक को आलोचक आलोकित करते हैं इसलिए सामान्यत: लेखक को ऐसा करने की जरूरत नहीं पड़ती।

कई बार ऐसे आलोचक भी होते हैं जो ऐसी नयी धारा या परिवर्तन को दिखाते हैं, जो पाठक की दृष्टि से अलग रहता है। लेविस ने अँग्रेज़ी उपन्यासों

में होने वाले परिवर्तनों का सुन्दर रेखांकन किया था। हिन्दी में नामवर सिंह के निबन्ध इस दिशा में उल्लेखनीय हैं। 'नयी कविता' के आन्दोलन में अज्ञेय, जो स्वयं कवि थे, की आलोचना की भूमिका भुलाई नहीं जा सकती। तार सप्तकों की भूमिका से हमें जितनी जानकारी मिलती है, उतनी आलोचकों से नहीं मिलती। हाँ, इसके अपने ख़तरे भी होते हैं। कई बार कवि लेखक अपनी चीज़ को बहुत बढ़ा-चढ़ाकर प्रस्तुत करते हैं।—हाँ, नयी कहानी के लेखकों ने भी ऐसा किया। उन्होंने स्वयं को जैनेन्द्र, अज्ञेय से अधिक महत्त्वपूर्ण सिद्ध किया। मैं इसे गलत समझता हूँ। नयी कहानी के कई शक्तिशाली तत्त्व हम जैनेन्द्र, अश्क, नागर, यशपाल आदि में देखते हैं। 'नयी कहानी' अपने को पुरानी कहानी से बिलकुल अलग कर सकी, यह कहना काफी अतिशयोक्तिपूर्ण जान पड़ता है। दोनों स्थितियाँ हैं—कुछ हैं जो चीज़ों को पहचान लेते हैं, कुछ बढ़ा-चढ़ाकर कहते हैं—सन्तुलित नहीं रह पाते। इसीलिए आलोचक की वस्तुपरक दृष्टि अधिक महत्त्वपूर्ण होती है बजाय लेखक की खुद की अपनी घोषणा या आलोचना के।

इसी क्रम में मैंने उनसे निबन्ध लेखन के प्रति एक खास तरह की उनकी रुचि और उसका कारण जानना चाहा। उसी मुद्रा में बैठे-बैठे वे बता रहे हैं—

एक सीमा पर हमेशा मुझे यह महसूस हुआ है कि अनेक ऐसी बातें, समस्याएँ-प्रश्न मुझे परेशान करते हैं जिनका देश व जाति की नियति तथा अस्मिता से सीधा-सीधा सम्बन्ध होता है। भारतीय दृष्टि और भारतीयता की समझ के बारे में ग़लतफ़हमी, जो औपनिवेशिक सत्ता की देन थी, अतीत और परम्परा का वह महत्त्व जिसे आधुनिकता के आन्दोलन ने कहीं पीछे ठेल दिया था, प्रगतिशील आन्दोलन की सीमाएँ और उनकी भ्रान्तियाँ—ये सब ऐसे प्रश्न थे जिन्हें मैं कहानियों या उपन्यासों में वस्तुपरकता के साथ प्रकट नहीं कर सकता था। इसके लिए एक नयी विधा चुनने की बाध्यता मेरे सामने आयी। मुझे लगा कि शुद्ध रूप से जिसे आलोचनात्मक कहा जा सकता है, परम्परागत अर्थ में अकादमिक आलोचना कही जा सकती है, वह सब तो नहीं, पर तीसरा—चिन्तनपरक निबन्धों का रास्ता अपनाना उचित होगा। इसलिए मैं अपने लेखन के इस चिन्तन पक्ष को उतना ही महत्त्वपूर्ण मानता हूँ जितना कि तथाकथित सृजनात्मक पक्ष को। *बोलना रुका तो नज़र ऊपर उठी। बेआवाज़ चुपचुप हँसती उनकी हँसी अभी बोले 'तथाकथित' शब्द की ओर इशारा किए जा रही थी। हँसी थमी तो फिर कहना शुरू हुआ—*

यदि मैं निबन्ध न लिखता तो ऐसी कई चीज़ों को अपनी कहानियों में, उपन्यासों में ज़बर्दस्ती लाने की कोशिश करता। वह एकतरफ कहानी उपन्यास को अशक्त बनाता, दूसरी तरफ ये प्रश्न भी वहाँ पूरी स्पष्टता और संश्लिष्टता के साथ अभिव्यक्त न हो पाते। मैं समझता हूँ कि भारतीय लेखक को समय-

समय पर उन प्रश्नों को व्यक्त करना चाहिए, प्रकाश में लाना चाहिए, जिसे राजनीति उपेक्षित, अनदेखा कर देती है।

चिन्तनपरक निबन्ध-लेखन की परम्परा और मौलिकता के प्रश्न पर बात हो रही थी। निर्मलजी का पूर्ववत विशिष्ट लय में तन्मयता के साथ बोलना जारी था—

स्वतन्त्रता के बाद दुर्भाग्य से भारत में मौलिक चिन्तन का वह विकास अवरुद्ध हो गया, एक समय जिसका गाँधी, अरविन्द, रवीन्द्रनाथ ठाकुर, शुक्ल आदि के लेखन में इतनी प्रगल्भता के साथ सूत्रपात किया गया था। तकाजा तो यह था कि हमारे राजनीतिज्ञ स्वतन्त्र चिन्तन की परम्परा को अधिक नये सन्दर्भों में अधिक स्पष्टता के साथ मुखरित करते। भारतीयता क्या है, परम्परा से हमारा विच्छेद कैसे हुआ, दो सौ वर्षों की औपनिवेशिक गुलामी से किस तरह के दोष आये, हम कैसे मानसिक दासता के उत्तरोत्तर शिकार होते चले गये, अँग्रेजी के प्रभुत्व से किस तरह से स्वतन्त्र होने के बाद भी आत्मनिर्वासन की स्थिति जीने को अभिशप्त हुए—ऐसे सारे प्रश्न, जिन पर बीसवीं शताब्दी के शुरू में विचार होना शुरू हो गया था, एक अधूरे एजेंडे की तरह रह गये। स्वतन्त्रता से पहले मालूम था कि हमें क्या करना चाहिए, पर कैसे अपने जीवन में वह करना है या आना चाहिए—यह उस एजेंडे का अधूरा भाग था। हमारे राजनीतिक मनीषियों ने यह अधूरा छोड़ दिया। नेहरू के औद्योगीकरण के ढाँचे को यथावत रखकर, अँग्रेज़ों द्वारा स्थापित संस्थाओं को उसी रूप में रखकर, शिक्षा या शासन जैसी पद्धतियों में किसी तरह के परिवर्तन की जरूरत न मानकर हमने वह सब नहीं किया जो हम अधूरे एजेंडे को पूरा करने के लिए कर सकते थे। यह अपने दायित्व से भागना ही था। अकल्पनीय है यह कि हमारी शिक्षा-पद्धति का ढाँचा आज भी पूर्ववत है। चीन, जापान जैसे देशों ने साहित्य व टेक्नोलॉजी का विकास अपनी भाषा में किया। हम हैं कि अँग्रेज़ी के गुलाम बने रहेंगे। जिन दायित्वों से राजनीतिज्ञ बचते-भागते रहे, उन्हें पूरा करने की ज़िम्मेदारी अन्ततः हमारे लेखकों और बुद्धिजीवियों पर आनी ही थी। और मुझे दुख के साथ कहना पड़ता है कि हमारे बुद्धिजीवी इस कर्त्तव्य को पूरा करने में केवल असमर्थ ही नहीं रहे, उन्होंने अपनी सभ्यता और संस्कृति के बारे में पश्चिमी वैचारिक ढाँचे के अनुसार भ्रान्तिपूर्ण धारणाएँ प्रचारित कीं। जैसी कि एक ज़माने में मैकाले और अँग्रेज़ी शासक प्रचारित करते आये थे। यह ऐसी दयनीय स्थिति थी कि राजनीतिक रूप से स्वतन्त्र होने के बावजूद हम वैचारिक रूप से उतने ही पराधीन रहे जितने स्वतन्त्रता मिलने से पहले थे। इसीलिए निबन्धों का क्षेत्र चुनना मेरे लिए कुछ हद तक इस अभाव को दूर करने का प्रयास था, जिसे मैं अपने सामाजिक-राजनीतिक जीवन में महसूस

करता था। मुझे नहीं मालूम कि मैं किस हद तक अपना दायित्व पूरा कर सका हूँ। किन्तु यदि मैं उन प्रश्नों पर निगाह न डालता जिनके बारे में ज़्यादातर लोग चुप रहने से ही स्वयं को सुरक्षित मान लेते हैं, तो यह भाव मेरे भीतर अपराधबोध की तरह जमा रहता।

चिन्तनपरक और सृजनात्मक लेखन के क्षणों में प्रक्रिया के स्तर पर आप क्या और कैसा अन्तर महसूस करते हैं?

—यह अन्तर स्पष्ट है। इन निबन्धों के लिखने से पहले एक तरह की बौद्धिक परेशानी, एक तरह की मानसिक उलझन मैं महसूस करता हूँ और सोचता हूँ कि अपने इस चिन्तन को निबन्ध, डायरी या जनरल लिखकर इन प्रश्नों का अधिक ठोस और स्पष्ट रूप से मैं सामना कर सकूँगा। यदि यह मानसिक-बौद्धिक परेशानी न होती, यदि अखबारों में इस तरह का झूठ न फैलाया जाता, यदि हमारे हिन्दी लेखक अपनी तथाकथित क्रान्तिकारी और वामपन्थी रिटॉरिक की रौ मैं आकर कई प्रश्नों को ग़लत रूप से प्रस्तुत न करते या ऐसी प्रस्तुतियों पर चुप न रहते...। उनकी चुप्पी, उनकी ग़लत प्रस्तुति से मानसिक परेशानी होती है, उन्हें सुलझाने, शान्त करने को मैंने निबन्ध लिखे। जबकि कहानियाँ-उपन्यास लिखने के पीछे जिन स्पष्ट चीजों को रूपायित करने की आकांक्षा होती है, उसका क्षेत्र बिलकुल अलग है। वह हमारी स्मृतियों, अनुभूतियों से कहीं गहरा सम्बन्ध रखता है। यह नहीं कि स्मृति और अनुभूति निबन्धों में नहीं आती। यह विभाजन मैं नहीं कर रहा, पर हाँ उनमें अधिक होती हैं। उन स्मृतियों को जो हमारे अतीत जीवन का हिस्सा बनी थीं स्पष्ट करने का मन होता है। यूँ कहें कि कहानियों के बीच में जो खाली जगह बच जाती है, उसे निबन्ध पूरा करते हैं, निबन्धों के बीच में जो निराशाएँ, पीड़ाएँ वाणी नहीं पातीं, शब्द नहीं पातीं, वे कहानी में परोक्ष रूप से आती हैं। इन दोनों के सम्बन्ध में मैं इतना कह सकता हूँ कि आलोचकों के इस कथन से सहमत नहीं हूँ कि निबन्ध एक दिशा में और कहानी दूसरी दिशा में। निबन्ध में क्या होना चाहिए यह प्रश्न प्रमुख है, जबकि कहानी में क्या है, यह प्रमुख है। भारतीय परम्परा में हमेशा यह रहा है। महाभारत में भगवद् गीता का परिवेश है। मनुष्य क्या है? वहाँ उदात्त पाशविकता, अँधेरा, मनुष्य सब सामने आता है और अचानक महाभारत के बीच में गीता के प्रवचन हमें बताते हैं कि मनुष्य का आदर्श क्या होना चाहिए, किस तरह वह महाभारत की भूल-भुलइयों से मुक्ति पा सकता है। कृष्ण-अर्जुन को यही बताते हैं कि तुम जिन्हें कहते हो कि वे मरेंगे, वे पहले से ही मृत हैं। यह चीज मुझे बहुत आकर्षित करती है। मनुष्य क्या है, यह हम तभी जान सकते हैं, जब हम जानें कि उसे क्या होना चाहिए। और यह तब कह सकेंगे जब यह जानते हों कि वह क्या

है। दोनों चीजें एक-दूसरे से अन्तस्सम्बन्धित हैं।

उन्हें बोलते सुनने के साथ-साथ देखने का भी मन हो रहा था। उस बोलने में शोर बिलकुल नहीं, खामोशी ही अधिक थी। कभी आँखें बन्द किये कुछ न देखते-से बैठे हुए तो कभी खुली आँखों से सामने ऐसे देखते हुए जैसे कुछ न देख रहे हों, सिर्फ बोल रहे हों। अचानक तेजी से आवेशित से उठकर गये हैं। लौटे तो हाथ में पानी का गिलास था। लेखकों के आचरण-व्यवहार और उनके सम्बन्ध में पाठकों की जिज्ञासाओं-अपेक्षाओं के बारे में जब मैंने उनका मन जानना चाहा तो बड़ा संक्षिप्त-सा उत्तर देकर वे रुके—

यह हर लेखक पर निर्भर है कि वह कैसे अपना दायित्व पूरा करता है। एक नैतिक न्याय-संहिता इस बारे में पहले से बनी है, जो तोड़ते हैं वे भी जानते हैं इस बारे में।''

तब मैंने निर्मलजी की विदेश-यात्राओं और प्रवास की चर्चा चलाकर इस सबके उनके लेखन पर पड़ने वाले प्रभाव के बारे में जानना चाहा।

धैर्यपूर्वक प्रश्न सुना और ऐसे बोलना शुरू किया जैसे उन्हें पता था कि अब यही पूछा जाना है—विदेश जाकर एक बात ज़रूर होती है कि आदमी को परिवेश से बाहर जाकर देखने का मौका होता है। जातीय समस्याओं को तब वह तुलनात्मकता से आँक सकता है। अपनी आदतों से मुक्त होकर स्वतन्त्र रूप से अपने देश-समाज को आँकने-समझने का उसे मौका मिलता है। पहले जो बुराई या शक्ति उसे नहीं दिखती थी, अब दिखने लगती है। वहाँ जाकर व्यक्ति को अपने समाज की शक्ति और उन मूल्यों के पुनःअन्वेषण का मौका मिलता है, जिनके काले-उजले पक्षों को ऊपर उठकर देखने का अवकाश अपने देश में रहते न मिलता। मेरे लिए यूरोप का प्रवास-आवास इन अर्थों में बहुत महत्त्व रखता है। यदि मैं भारत में ही रहता तो शायद यह सब न हो पाता।

—स्वीकार-अस्वीकार का प्रश्न नहीं है यह। मैं समझता हूँ कि यूरोप की समृद्ध सभ्यता है, सांस्कृतिक देन है। मैं स्वयं को कृतज्ञ मानता हूँ कि मैं उस सभ्यता और संस्कृति के सम्पर्क में आया। अगर मैं उस संस्कृति के परिचय में नहीं आता तो मेरे जीवन के कई क्षेत्र सूखे पड़े रहते। उसी तरह भारतीय संस्कृति के कुछ ऐसे उत्पादान हैं, जो अन्य संस्कृतियों में दुर्लभ हैं। जैसे मनुष्य के आत्म और प्रकृति के साथ सम्बन्ध, अद्वैत की यह भावना कि मनुष्य, सृष्टि की और अन्य चीजों में भेद-भ्रम है—इल्यूजन है, अलगाव में समष्टि को देखना और समष्टि में हर व्यक्ति की जो अलग विशिष्टताएँ हैं, उन्हें पहचानना—ये सारे ऐसे उपादान, अंग, अवयव हैं जो मुझे केवल भारतीय मनुष्य के लिए ही नहीं, बल्कि मनुष्य मात्र के लिए महत्वपूर्ण जान पड़ते हैं। अपने बारे में यही कह सकता हूँ

कि जीवन के बारे में एक समग्र दृष्टि प्राप्त करने लिए यूरोप की सभ्यता और संस्कृति को पहचानना उतना ही महत्त्वपूर्ण है जितना कि जीवन के प्रति भारतीय दृष्टि को जानना। दोनों में से एक-दूसरे को अलग-अलग करके देखना मानसिक विपन्नता का प्रमाण है।

आपकी रचनाओं में एक खास किस्म के वातावरण-निर्माण की कोशिशें बड़ी साफ दिखती हैं। अकेलेपन, अलगाव, आत्मनिर्वासन, उदासी या पीड़ा अथवा पश्चिमी जगत के अन्य अनुभवों से सम्बन्धित चित्रों की अधिकाधिक उपस्थिति के मूल में आपके विदेश के अनुभवों और वहाँ से प्राप्त दृष्टि का क्या कुछ अवदान है?

—मेरे ख्याल से इसमें कई चीजों का अवदान है। परिवार और उसके सदस्यों का अवदान। हमारा परिवार एक तरह से स्वायत्त इकाई की तरह रहा। उसका यानी हमारे माता-पिता के परिवार का सम्बन्ध अन्य लोगों से उतना नहीं रहा। अन्य लोगों से एक तरह से कटकर ही रहा परिवार। पिताजी का रेल का दफ्तर कभी शिमला, कभी दिल्ली। इसलिए कभी वहाँ, कभी यहाँ का रहना। शायद इस तरह की एकान्तप्रियता का कारण शिमला है जहाँ मेरा बचपन पहाड़ों के बीच बीता। दूसरी चीज जो मुझे हमेशा आकर्षित करती रही वह है अध्ययन-पुस्तकें। कॉलिजों, में, यूनिवर्सिटी में स्वाध्याय से जो प्राप्त हुआ वह इन्हीं से। तीसरा यह कि सात-आठ वर्ष के यूरोप प्रवास में मैं अलग-अलग व्यक्तियों के विचारों के सम्पर्क में आया। ये सब चीज़ें थीं जिन्होंने मेरी दो चीज़ों को—जो बाहर से परस्पर प्रतिकूल हैं, पर हैं परपूरक-शक्ति दी, मज़बूती दी। ये दो चीज़ें हैं—अपने भीतर रहने की शक्ति और अपने से बाहर जाने का ज़ोखिम, अपने को बाहर से देखने की चुनौती। शायद यही है जो आप जानना चाह रहे हैं, इससे मेरे स्वभाव की बनावट बनती है।

फोन बजा तो तुरन्त उठकर गये हैं—'हलो, हाँ, बस एक मिनट...गगन!' वापस आने पर मैंने उनके लेखन में काव्य, कला, संगीत आदि की उपस्थिति के बारे में सवाल किया है।

परिवार के अतीत को याद करते हुए अपने लेखन में उसकी भूमिका और प्रभाव को आँका-जाँचा जा रहा है—हमारे परिवार का व्यापक परिवेश मौजूद नहीं था तब। परिवार में माँ, पिता, बहिन, भाई-बस कुटुम्ब से ज्यादा सम्बन्ध नहीं था। हमारे बड़े भाई रामकुमार ने अपना जीवन-लेखन से शुरू किया था। बड़े चित्रकार बने। फ्रांस गये तो वहाँ से कई चित्रकारों के मेनीफेस्टोज, पेम्फलेट्स भेजते रहते थे। उनके आर्टिस्ट का जीवन मेरे लेखन का एक हिस्सा बन गया। यह बड़ी चीज है कि आपके बड़े भाई या बहिन आपको नये अनुभव क्षेत्र में

लाने का प्रयत्न करते हैं। यूरोप के बारे में उनके अनुभव, यात्रा-वृतान्त मैंने तब पहली बार पढ़े थे। थियेटर, कला, संगीत का ज्ञान पेरिस से भेजी उनकी चिट्ठियों से ही होता था। मेरी बड़ी बहिन बड़ी प्रगल्भ छात्रा थी। उसे छात्र जीवन में पुरस्कार बहुत मिलते थे और पुरस्कार रूप में अक्सर किताबें ही मिलती थीं। उन किताबों पर सबसे पहले मैं कब्जा कर लेता था। वे तब तक उन्हें ढंग से देख भी नहीं पाती थीं। मैं तब तक पढ़ लेता था। मेरी माँ की ननिहाल पुराने कटरे में थी। दिल्ली में। मैं कई बार उनके साथ जाता। उनके सम्बन्धियों से मिलने, परिवार का एक नया आयाम देखने को मिलता था। इससे—परिवार में रहने से वैयक्तिक जीवन की सीमाएँ बढ़ती हैं, अनुभव बढ़ते हैं। इस तरह अपने को जानने का जो मौका मिलता है, उस दृष्टि से मैं स्वयं को काफी सौभाग्यशाली मानता हूँ।

एकदम से बोलना रुका तो निर्मलजी की तरफ देखा। मन्द-नीरव-सी एक हँसी वहाँ विराजमान थी। सुनाई पड़ा—"हाँ, अब आप भी थक गये होंगे। मेरा भी सिर भारी हो रहा है। एक बजे पुस्तक मेले में जाना है। हाँ, कल जाना था, जा नहीं पाया।"

इतनी जल्दी समापन की घोषणा सुन मैं अवाक, भौंचक। अधूरा छूटा-सा लगा सब। कल दोबारा समय दिए जाने के लिए आग्रह किया तो हाँ कुछ इस तरह कहा गया जैसे वे ना कह नहीं पा रहे हों—'ठीक है, अब कल दस बजे देख लें। ज्यादा नहीं हो पाता अब। आप सवाल सिलेक्ट कर लें!' वाणी में सरल-तरल-सा स्नेह प्रदर्शन। मन रखने की उदार सदाशयता को मैंने महसूस किया। गगनजी से कुछ देर बात करने की मैंने इच्छा जताई तो बगल वाले कमरे पर वे दस्तक देते दिखाई दिये। दस्तक क्या दी—उँगलियों को आहिस्ता-आहिस्ता ऐसे दरवाज़े से छुलाया जैसे वह दरवाज़ा न होकर कोई वाद्ययन्त्र हो—"गगन, तुमसे बात करना चाहते हैं।"...चश्मा लगाये वे आयीं। उनकी उपस्थिति के आकर्षण को मैं देख रहा था। कहा गया—"आज तो अभी झा साहब आएँगे...फिर मुझे जाना भी है, कुछ काम करना है...आप कल दस बजे फिर आ रहे हैं न?...कल ठीक रहेगा, फ़ुर्सत से बैठ लेंगे"...कहने-बोलने में एक लय, एक अनुशासन, अच्छी कविता की तरह शब्दक्रम, आरोह-अवरोह-शीरी-सी मिठास। दोनों को पास-पास, साथ-साथ देखा तो एक खास तरह की शान्ति, अनुशासन और सबसे अधिक गजब के सम्मोहन को अपने आस-पास पाया। लगा कि अपने सृष्टा के मन और आत्मा के सौन्दर्य तथा जादू की कोई कृति यूँ ही आपको खूबसूरत-सम्मोहक नहीं लग सकती।

लेकिन अगले दिन बातों का अवसर आसानी से नहीं मिल पाना था—"कल आप साढ़े चार तक आ सकते हैं क्या?" सुबह का समय चाहा तो व्यस्तता बताई गयी। अन्ततः गगन जी के साथ बातचीत के अपने लोभ का उल्लेख करते हुए मैंने तीन बजे तक पहुँचने की कहकर कार्यक्रम तय कर लिया था। अगले दिन चलने से पहले आश्वस्त हो लेना चाहा। उधर फोन पर गगन जी थीं—नपा-तुला, सधा स्वर। निर्मलजी के समय की सूचना देकर मैंने उससे पहले उनसे समय चाहा। 'आप तीन बजे आ सकते हैं?' मैं खुश। हाँ, कहा और फोन रखते-रखते सोच लिया कि मिलने पर गगन जी से यह कहना ही है कि आपको कविता पढ़ते तो मैंने नहीं सुना, पर फोन पर आवाज़ सुनकर भी उस कशिश का अन्दाज़ लग सकता है।

दरवाज़ा गगन जी ने ही खोला। पानी, चाय फिर बातें। आत्मलीन, चिन्तन की-सी मुद्रा में पास की कुर्सी पर बैठी हैं। कटे, खुले, बिखरे बालों का वामांश आगे की तरफ लटक-झूल रहा है और दक्षिणांश गर्दन की सहायता से पीठ की ओर मुड़ चला है। स्टील के बड़े-से फ्रेम का चश्मा, उसके उस पार दिखती बड़ी-सी आँखों का अन्तःमन और बाह्य जगत को देखते समय का अलग, निजी, ख़ास अन्दाज़। उनके बचपन, कविता, रचना-प्रक्रिया, स्त्री स्वातन्त्र्य, दलित व नारी-विमर्श, उनसे हिली-मिली बिल्लियों, पक्षियों, बच्चों पर, कई मुद्दों पर कई तरह की देर तक बातें हुईं। आज की लपड़-झपड़, तड़ाक-धड़ाक शैली में बोलने वाली कई संन्यासिनियों-साध्वियों से भिन्न, एकदम अलग अन्दाज़ में बोल रही थीं—शान्त, शब्द-ब-शब्द गहरे उतरते, ऊँचाइयाँ चढ़ते हुए। प्रश्न सुनतीं, वहाँ बैठे-बैठे जैसे कहीं जातीं, कुछ देर वहाँ ठहरकर फिर वापस आतीं। उस दिन उनके स्वभाव के बारे में सुनी कुछ बातें तब मुझे केवल अनुमान, भ्रम और कल्पना लगी थीं। *निर्मल जी के बारे में मैंने जितना पूछा, वे सहज, आत्मीय, निश्छल भाव से बताती रहीं। तब मैंने दोनों लोगों के साहित्यकार होने से गृह-संचालन में आने वाली दिक्कतों-मुश्किलों के बारे में जानना चाहा था। अपने लेखन के शुरूआती दौर की चर्चा करने के बाद वे कह रही थीं*—हाँ, मुझ पर अभी भी बीच-बीच में बाहरी चीजों का दबाव आ जाता है—नहीं, पति का नहीं होता वह दबाव। मैंने अपनी इतनी रक्षा कर ली है, इतनी म्युचुअल अंडरस्टैंडिंग है कि वह दबाव नहीं है। जैसे अब कोई रिपेयरिंग का काम है, कुछ ठीक कराना है, बाहर का काम है, कहूँ तो मुझे यह भी लगता है कि निर्मल जी काफी अव्यावहारिक व्यक्ति हैं। स्वयं से कुछ कराना इनके वश का नहीं है। जो बता दिया जाये वो कर लेंगे। उनके अव्यावहारिक होने से कोई समस्या नहीं है। पर लगता है कि ये ऐसे व्यक्ति होते जिनकी मुझसे स्पष्ट-सी माँगे होतीं। मुझे किसी

रोलमॉडल में बाँधकर रखते। मुझे खुशी है निर्मलजी को मुझसे ऐसी अपेक्षा नहीं रही। उनकी सारी अव्यावहारिकता इससे साफ हो जाती है कि वे हर सुबह चाय बनाकर मेरे सिरहाने रख जाते हैं। उसके बाद फिर चाहे थैला भरकर सब्ज़ी लाओ, मकान की टूट-फूट ठीक कराओ या और कुछ। सुबह इतना कर देने से लगता है कि उन्होंने भी कुछ किया है। अभी दो दिन पहले सब्ज़ी लेकर लौटी तो इन्हें कहा मैंने—देखो, मैं इतना सारा बोझ लटकाकर लायी थी दोपहर में...। एकदम से बोले—मैं भी तो टिक्की लाया था तुम्हारे लिए दोपहर में! मैंने पूछा—तो क्या टिक्की का वजन इसके बराबर था? फौरन उत्तर मिला, पर एक सवाल के साथ—हाँ, टिक्की का वजन तो कम था, इस भूसे का वजन अधिक था...पर क्या मेरी लायी टिक्की खराब थी? अब क्या उत्तर दे सकते हैं आप? *उस क्षण उनके मन की खीझ, खुशी, तृप्ति, छिपी नहीं रह पा रही थी।*

"निर्मलजी के साथ रहकर घर में जो मुझे परेशानी होती है, वह यह नहीं कि मेरे लिखने में कोई व्यवधान हो रहा है। परेशानी यह होती है कि वे बहुत डिसीप्लिंड ढंग से लिखते हैं। सुबह सात बजे वे मेज पर बैठ जाते हैं, फिर जब तक जैसा चले। नहाने-धोने नाश्ते को उठेंगे एक घंटे को। डेढ़ बजे तक काफी सॉलिड काम होता है उनका। अर्ली ईवनिंग का समय ऐसा रखते हैं कि उसमें कहीं बाहर जाना है या मिलना है किसी को। जब वे दुनिया से मिलते हैं तो उससे पहले पाँच-छह घंटे अपनी मेज पर बैठ चुके होते हैं। सारा समय पढ़ना-लिखना। चिट्ठियों के जवाब देने हैं। एक बड़ी नियमित-सी दिनचर्या रहती है। इसमें कहीं व्यवधान नहीं। अराजकता कहीं होती होगी तो भीतर मन में होती होगी कि क्या कथानक चल रहा है, कौन पात्र क्या रूप ले रहा है। पर बाहर एक डिसीप्लिन। यह सब देखकर मुझे जो दिक़्क़त होती है, वह यह कि मैं रोज बैठकर नहीं लिख सकती। मेरे लिखने के फेजेस होते हैं। मैं लिख रही होती हूँ तो लिख ही रही होती हूँ। कम्प्यूटर पर बैठी रहती हूँ...अधिक समय उस क्षण के इन्तज़ार में...कि पकने-बनने पर शुरू करूँ...। निर्मल जी पहले मेरी इन चीज़ों को नहीं समझते थे। कहते थे कि ये कामचोरी की बातें हैं। जब तक आप मेज पर नहीं बैठेंगे, नहीं लिखेंगे। पर इन चौदह-पन्द्रह वर्षों में वे धीरे-धीरे समझ गये हैं कि इनका ग्राफ अलग तरह से चढ़ता-उतरता है और मेरा कुछ अलग तरह से।

निर्मलजी की रचनाओं की पहली पाठिका होने के बारे में गगन जी से पूछा गया तो बताने लगीं—सब जरूरी नहीं। कुछ चीजों की मैं पहली पाठक इसलिए कि मैं उनकी टाइपिस्ट हूँ। निर्मलजी कहते हैं कि उनके हैंडराइटिंग को भारत में केवल दो लोग पढ़ समझ पाते हैं—एक मैं, एक मदन सोनी। इतना

बारीक लिखते हैं कि एक डॉट में तीन अक्षर छिपे रहते हैं। पिछले सात-आठ वर्षों से, जबसे मैं कम्प्यूटर पर काम करने लगी हूँ, मेरे पास उनका ड्राफ्ट आ जाता है। मदन सोनी के पास नहीं जाना है तो ड्राफ्ट मेरे पास ही आएगा। 'अन्तिम अरण्य' के लिए कम्प्यूटर पर काम कर रही थी तो बीच में एक बार लगा कि मेरी तो आँखें ही चली जाएँगी। मैंने निर्मलजी से कहा कि यदि आप बड़ा नहीं लिख सकते तो मैग्नीफाइंग ग्लास ही ला दें। बड़ा तो नहीं लिख सके, पर दो घंटे बाद मैग्नीफाइंग ग्लास आ गया। *शब्दों के साथ निसृत होती चहक ने उनके चेहरे पर एक कान्ति, एक तेज ला दिया था। निर्मल वर्मा जी के अपने होने के भाव पर वे प्रमुदित-प्रफुल्लित-गर्वित-सी दिखी थीं।* 'कामायनी' की श्रद्धा की एक पंक्ति अपनी याद दिलाकर चली गयी—'दया, माया, ममता लो आज/ मधुरिमा लो, अगाध विश्वास...।'

ऐसे उस खास क्षण में मैंने पूछा था...निर्मलजी पर गर्व करने जैसा भाव कब-कब आता है आपके मन में? थोड़ी देर चुप रहीं, जैसे मन की गहराइयों में डुबकी लगाई जा रही हो। बोलना शुरू हुआ तो लगा कि वे जितना बोलकर बोल रही थीं, उससे अधिक शब्दों-वाक्यों के बीच के अन्तराल और मौन के माध्यम से बोल रही थीं। बहुत दूर कहीं देखती-सी वे बता रही थीं—मुझे निर्मल जी के साथी होने पर जिस चीज की सबसे बड़ी हैरानी होती है वह तब जब मैं इन्हें अध्यक्षीय बात कहते हुए सुनती हूँ।'' मैं उनके बोले शब्द साथी पर रुका था कुछ समय। सहधर्मिणी, धर्मांगिनी या सहचर जैसे शब्द तो मैंने भी नहीं सुनने चाहे थे। पर ऐसा क्यों लगा कि उन्होंने साथी नहीं सारथि कहा है शायद। बिना उनके कहे भी मान लिया कि सारथि ही कहा होगा...''ये किसी सभा में गये हैं। इन्हें बोलना है। मुझे लगता है कि इन्हें जानती हूँ। मेरे आमने-सामने चल रहे हैं। पर जब ये बोलते हैं—इतनी सारी चीज़ें इकट्ठा करके कह रहे होते हैं—तब देखती-सुनती हूँ तो सोचती हूँ कि इसका मतलब तो यह है कि जिस चीज़ को मैं देख रही थी—कि आमने-सामने घूम रहे हैं—तो मैं सही चीज़ नहीं देख रही थी। शायद हो सकता है कि एक लेखक सबके लिए इतना पराया होता हो...या इतना ही अपना होता हो...।''

साढ़े चार से थोड़ा पहले निर्मल जी आ चुके थे। स्वेटर-पैंट, कढ़े बाल...लगा कि उस दिन से अधिक सँवरे-से, स्मार्ट-से दिख रहे हैं आज। हिमाचल की प्रकृति जैसी सौम्य स्निग्धता। कुर्सी पर बैठने तक हाथ जुड़े हैं। प्रश्न पूछे जाने से पहले ही सुनने जैसी एकाग्रता और सुनकर अपनी उस विशिष्ट मुद्रा में ऐसे बोलना शुरू जैसे पहले से तैयार कोई ड्राफ्ट उनके मन के अन्दर रखा हो। शुरूआत

के लिए यूँ ही पूछ लिया कि आप अपने वर्तमान का, लेखक होने का श्रेय किसे देना चाहेंगे? मेरा मन्तव्य जानना चाहा है पहले। फिर कहा गया है—

आपका मतलब लेखकों से है क्या? मेरे लिए यह कहना तो मुश्किल है कि मैं जो जैसा भी आज हूँ वह किस वजह से हूँ। उसके लिए मैं अनेक व्यक्तियों, सम्बन्धियों, मित्रों के प्रति गहरी कृतज्ञता महसूस करता हूँ। उनका नाम लेने से कोई खास फायदा नहीं है, पर चेतन और अचेतन मानस में उनकी उपस्थिति मेरे लिए कितनी फ़लप्रद रही, यह कल्पनातीत है। भारतीय परम्परा में यह माना गया है कि हमें जीवन में तीन तरह के ऋण चुकाने पड़ते हैं। अगर हम इन शब्दों को व्यापक अर्थ में लें तो मेरी कृतज्ञता की सूची बहुत कुछ इन तीन ऋणों के बीच समा सकती है। देव ऋण इस मायने में कि मैंने जिस परम्परा में जन्म लिया है उसमें पवित्रता का एक अद्‌भुत आभास था। वह जो भी है— चाहे पर्वत, धरती, आकाश कुछ भी है। जो चीज भी हमारा पोषण करती है, जिसके माध्यम से हम इस जीवन के यथार्थ के परे किसी सार्वभौमिक शक्ति से साक्षात करते रहते हैं, अनुभव-उपस्थिति से अधिक समग्र-सम्पूर्ण बातें हैं उसमें। यह संयोग नहीं कि परम्पराओं में इन समस्त को, इन उपकरणों को देवी-देवताओं के रूप में स्वीकार किया गया है। उसी तरह ऋषि ऋण के अर्थ में वे सब विद्वान, लेखक, चिन्तक जिन्होंने प्रत्यक्ष रूप से या पुस्तकों के माध्यम से मुझे अच्छे-बुरे, सत्य-असत्य, न्यायसंगत-अन्याय संगत, नीति-अनीति के बीच में भेद करना सिखाया और यह सिखाया कि मनुष्य के भीतर जन्म से ही मनुष्य नहीं होता, उसे मनुष्यत्व को अर्जित करना होता है। मुझे इस बहुमूल्य चीज़ को सिखाने में ऋषिऋण का गहरा योगदान है। तीसरा पितृऋण मेरे भीतर जिस तरह की चिन्ताएँ, जिज्ञासाएँ, और आकांक्षाएँ निवास करती हैं, जो मुझे एक विशिष्ट व्यक्ति के रूप में रूपायित करती हैं, उसके लिए मैं उन सब पुरखों-पूर्वजों का कृतज्ञ हूँ। पितृ का अर्थ ही पूर्व है। वे सजग रूप से तो नहीं पर अचेतन रूप से मेरी स्मृतियों, मेरे अचेतन मानस में वास करते हैं और उनका होना मेरे अस्तित्व को वर्तमान से ऊपर उठाकर अतीत और भविष्य की एक श्रृंखला में संयोजित करता है। यहाँ भी यह देखिए कि भारतीय परम्परा में श्राद्ध पुरखों के प्रति कृतज्ञता प्रकट करने को किया जाता है। शायद दुनिया में कहीं नहीं है यह परम्परा। तीनों ऋणों को चुकाने की प्रक्रिया में दुनिया का अजनबी परिवेश हमारा आत्मीय आवास स्थल बनता है। जिस तरह मकान को घर में बदलने के लिए अनेक पीढ़ियों का आवास जरूरी होता है, उसी प्रकार से संसार को अपनी संस्कृति में बदलने-परिवर्तित करने की प्रक्रिया तभी पूरी होती है, जब हम ऋणों को चुकाने में समर्थ होते हैं।

सूचना तन्त्र, टीवी, मीडिया आदि की भूमिका तथा प्रभाव और साहित्य के भविष्य के बारे में किये गये सवालों के उत्तर में निर्मल जी ने कहा—

एक तरह से इसे आधुनिक युग की विडम्बना और विरोधाभास मानना चाहिए कि टीवी, इंटरनेट आदि की प्रविधियाँ इतनी परिष्कृत और व्यापक हो गयी हैं कि हम तुरन्त एक-दूसरे के बारे में सूचना प्राप्त कर सकते हैं, लेकिन अन्य का बोध—और आपके बीच का बोध उत्तरोत्तर क्षीण, कमजोर पड़ता जा रहा है। क्या यह अजीब बात नहीं कि सुदूर देशों की जनता की आकांक्षाओं-यातनाओं के बारे में मैं आसानी से रेडियो, अख़बारों से ख़बर पा सकता हूँ, मगर इस धरती पर मानवता के बीच मनुष्यों से मेरा रिश्ता उतना ही अजनबी और कहीं-कहीं तो आतंकित और भयभीत करने वाली चीज़ बन गया है। सार्त्र ने कहा था कि अन्य की अवधारणा यानि, मनुष्य में जो अदर है वह नरक की तरह है। आज इस नरक की भयावहता सूचना तन्त्रों के इतने व्यापक होने के बावजूद कम नहीं हुई है। मनुष्य उत्तरोत्तर छोटे-छोटे गुटों, संघों में बँटता जाता है। धर्म, राजनीति, टेक्नालॉजी, सामाजिक-राजनीतिक संस्थाएँ हर कदम पर मनुष्यों के बीच वैमनस्य और शत्रुता यदि नहीं तो दूरी, भय और अजनबीपन उत्पन्न करती जाती हैं। इसलिए मैं कभी-कभी सोचता हूँ कि एक मनुष्य को जानने के लिए ज़रूरी नहीं कि हम सारी दुनिया की मानव जाति की ख़बरों को तात्कालिक रूप में जान सकें, अपितु सान्निध्य में रहने वाले लोगों के भीतर की मानवता के सूत्रों में अपने को जोड़ सकें। यह बड़ी बात होगी। क्राइस्ट ने कहा था—अपने पड़ोसी से वैसा ही प्रेम करो जैसा तुम अपने से करते हो। जब तक यह दुनिया हमारा पड़ोस नहीं बनती, हम इसे पड़ोसी की तरह आत्मीय स्नेह नहीं दे सकते, तब तक सूचना तन्त्रों का प्रसार किसी भी तरह मनुष्यों को एक-दूसरे के नजदीक ला पाएगा, उन्हें एक-दूसरे के बारे में ईमानदारी के साथ समझदारी दे सकेगा, मुझे सन्देह है।

जहाँ तक साहित्य के भविष्य की बात है, इस तरह की आशंकाएँ, हर उस समय में जब नयी कला विधा का प्रादुर्भाव होता है, उत्पन्न होती हैं। उन्नीसवीं शताब्दी में जब फोटोग्राफी ईजाद हुई, कहा गया कि पेंटिंग, चित्रकारी का भविष्य अन्धकारमय है। क्या ऐसा हुआ? चित्रकारी ने अपनी कला में अधिक संस्कार, अधिक संश्लिष्टता, अधिक कलात्मक क्षमताओं को अर्जित किया और फोटोग्राफी दूसरी दिशाओं में अग्रसर होती गयी। इसी तरह बीसवीं शताब्दी के शुरू में जब सिनेमा आया, तब भी यह आशंका प्रकट की जाती थी कि थियेटर की जो परम्परागत कला है, नाट्य कला है, उसकी अब कोई ज़रूरत महसूस नहीं होगी। जब मनुष्य दो-ढाई घंटे में फिल्म के चलायमान बिम्बों द्वारा इतना ज्ञान और आनन्द

प्राप्त कर सकता है तो फिर थियेटर जैसे अपेक्षाकृत स्थिर मंचीय माध्यम की तरफ वह क्यों झुकेगा? लेकिन यह भी नहीं हुआ क्योंकि जिस तरह का दर्शक और नाटक के बीच साक्षात संवाद का परिवेश थियेटर उपस्थित कर सकता था, कलात्मक रूप से और जिस गहराई से नाटकीय कला के माध्यम से उन समस्याओं को उजागर कर सकता था, उन्हें सिनेमा कभी छूने का साहस भी नहीं करता। इसलिए हम देखते हैं कि बीसवीं शताब्दी में जहाँ सिनेमा जैसी कलात्मक विधा का आविष्कार हुआ, वहाँ इब्सन जैसे महान नाटक लेखक और रंगकर्मी हमारे सामने आये और हमें पता चला कि नाट्यकला को सिनेमा कभी अपदस्थ ही नहीं कर सकता। क्योंकि दोनों ही अपने-अपने माध्यम से मनुष्य के जीवन-सत्यों को उद्घाटित करते हैं, क्या कभी टेलीविजन या मीडिया के दूसरे साधन ऐसा करने के कलात्मक साधन जुटा पाते हैं? सिनेमा में, टीवी में हम फ्लेशबैक का टेकनीक अपनाते हैं, लेकिन वह बहुत सतही रूप में, तकनीकी फार्मूले के रूप में हमारे सामने आता है। जबकि साहित्य में अन्ना कैरनिना जैसी नारी आत्महत्या करने से पहले जिस भावनात्मक उन्मेष के साथ अपने अतीत का विश्लेषण छिलके-छिलके करके करती है, क्या कभी कोई मीडिया-माध्यम ऐसा कर पाने में समर्थ हो सकता है? मैं नहीं समझता कि पुस्तक का कोई भी पर्याय कभी भी कोई अन्य चीज़ हो सकती है। उसका सीधा सा कारण यह है कि पुस्तक-उपन्यास, कविता, नाटक, आध्यात्मिक-दार्शनिक ग्रन्थ—अपने शब्दों के माध्यम से कोई बना-बनाया सत्य किसी बिम्ब या इमेज के द्वारा अभिव्यक्त नहीं करते, जैसा हम सिनेमा-टीवी में देखते हैं, जो हमेशा अधूरा और सतही होता है। जबकि हर पुस्तक मनुष्य की स्वाधीन चेतना पर विश्वास करती है कि वो किसी भी कविता या उपन्यास को एक विशिष्ट अर्थ में न बाँधकर, अनेक अर्थों में, बिम्बों में उसे प्राप्त करने, उसका रसास्वादन करने में समर्थ हो सकती है। मार्क्वेज से जब किसी ने पूछा कि आप अपने उपन्यास—'एकान्त के सौ वर्ष'—का फिल्मीकरण कराने की अनुमति क्यों नहीं देते, जबकि बॉलीवुड के अनेक प्रोड्यूसर आपको लाखों डॉलर्स देने को तैयार हैं? तो उनका उत्तर यह था कि आज जब लोग मेरी पुस्तक पढ़ते हैं तो हर पात्र या घटना का अपने व्यक्तिगत अनुभव के माध्यम से अर्थ लगाते हैं। मेरी पुस्तक हर पाठक के लिए एक अलग अर्थ रखती है। वह किसी सामान्य ढर्रे में नहीं बँधी। मेरे हर पाठक के भीतर मेरे उपन्यास के हर पात्र का एक अलग बिम्ब है। जब ये ही पाठक मेरे उपन्यास की फिल्म देखेंगे तो उन पाठकों के भीतर पात्रों-बिम्बों और अर्थों की बहुलता का जो संसार होगा, वह हास्य एक्टर की मुद्रा और एक हास्य बिम्ब में जड़ित होकर रह जाएगा। मैं नहीं

चाहता कि फिल्म मेरी पुस्तक के बहुआयामी अर्थों को फिल्म में ढले हुए एक खास सिनेमाई बिम्ब में सिकोड़कर रख दे। मेरे ख्याल में सुन्दर है यह बात। यही कारण है। हम पुस्तक से जो सुख प्राप्त करते हैं उसमें हमारा निजी योगदान उतना ही है जितना लेखक का। यही कारण है कि एक पुस्तक हर युग में हर पाठक की एक नयी पुस्तक होती है, जबकि उसका टेक्स्ट वही रहता है।

सम्प्रेषण की समस्या कहाँ है? आज भी किताबें पढ़ी जाती हैं, लाखों की संख्या में पुस्तकें आज भी छपती हैं, आज भी पाबन्दी लगती है पुस्तक पर। ऐसे भी देश हैं जहाँ के शासक डरते हैं कि पुस्तक छपेगी तो उनके झूठ का पता लगेगा। यदि पुस्तक में शक्ति न होती तो तसलीमा की किताब पर बांग्लादेश में या यहाँ पाबन्दी क्यों लगती? यदि छपने पर वही स्थिति रहती है तो पाकिस्तान, चीन, सोवियत संघ जैसे देशों में पुस्तक पर पाबन्दी क्यों लगाई जाती है? मतलब यही है कि पुस्तक में मानस को परिवर्तित कर सकने की अदम्य शक्ति है। बीसवीं सदी की जहाँ अनेक उपलब्धियाँ हैं, वहाँ सबसे बड़ा अभिशाप शायद यह है कि सबसे अधिक संख्या में पुस्तकें जलाई गयीं, पाबन्दियाँ लगाई गयीं—क्योंकि शासक शब्द से डरते थे। यह कहना गलत है कि सम्प्रेषण का संकट है। भारत जैसे देश में जहाँ साक्षरता की कमी है, अधिक लोग बहुत किताबें नहीं पढ़ सकते, आज भी हजारों लाखों लोग सत्संग, धार्मिक समारोहों, उत्सवों आदि के माध्यम से रामायण, महाभारत आदि लिखित पुस्तकों से शक्ति व ज्ञान प्राप्त करते हैं, इन महाकाव्यों की कहानियों से अनुप्राणित होते हैं।

तब मैंने आज के लेखन में भाषा के स्तर पर व्याप्त लापरवाही और अन्य दुर्बलताओं के बारे में निर्मल जी की राय जाननी चाही थी। प्रश्न पूरा होते-होते सुनने को मिला—

संकट यह नहीं है। सही प्रश्न नहीं है यह। सही प्रश्न आपको यह पूछना चाहिए कि पचास-पचपन वर्ष बाद भी हम भारतीय भाषाओं के भीतर उतनी स्वावलम्बी चेतना पैदा क्यों नहीं कर सके कि सृजन, चिन्तन, संचार, दफ्तर आदि के कामों के लिए सीधे-सीधे अँग्रेज़ी पर निर्भर न करके, वह सब स्वयं सम्पन्न कर पा सकने की स्थिति में होते? यह सबसे बड़ा संकट है, भारतीय संस्कृति के लिए और लज्जास्पद बात है। जहाँ चीन, जापान, वियतनाम जैसे देश भी अपनी भाषाओं में दूसरी भाषाओं के साथ संवाद कर पाते हैं, वहाँ आज भी हम अपने को अँग्रेज़ी पर निर्भर पाते हैं। वर्ष में केवल एक दिन हम हिन्दी दिवस मनाकर अपनी ज़िम्मेदारी से छुटकारा पा लेते हैं, जबकि तकाजा यह है कि हम हर दिन अपनी भाषा में काम करने में समर्थ हो सकें ताकि हर दिन हिन्दी-दिन मनाया

जा सके। यहाँ अँग्रेजी या उसके साहित्य की अवहेलना करना मेरा आशय नहीं है और न उन लेखकों को किसी भी तरह नीचा दिखाने की इच्छा है जो अँग्रेज़ी में कविताएँ या उपन्यास लिखते हैं। उनमें से अनेक उत्कृष्ट कवि और लेखक हैं। पर भाषा का प्रश्न केवल साहित्य तक ही सीमित नहीं है। एक पूरी संस्कृति के मर्म और अर्थों को सम्प्रेषित करने की सम्भावना उसके भीतर अन्तर्निहित है। भारत में एक समय में समूची संस्कृति के सार्वभौमिक सत्य को संस्कृत भाषा में व्यक्त किया जाता था। उन्नीसवीं शताब्दी में जब यह प्रश्न अंग्रेजी शासकों के समक्ष आया कि कौन भाषा शासकीय हो, तो उनमें से कुछ लोग संस्कृत को शासकीय भाषा बनाना चाहते थे। पर फिर कुछ औपनिवेशिक शासकों ने कुछ स्वार्थों के कारण अँग्रेज़ी को ही शासकीय भाषा बनाना सही समझा क्योंकि वे भारत के शिक्षित वर्ग को अपनी परम्परा से उन्मीलित करके पश्चिम की वैचारिक दासता से मुक्त नहीं करवा सके हैं। इसके बारे में समूचे बुद्धिजीवी वर्ग और हमारे शासक वर्ग को गम्भीरता से सोचना चाहिए। यदि हम वैचारिक रूप से स्वयं अपनी भाषा में सोचने-सृजन करने की सामर्थ्य नहीं जुटा पाते, तो हमारी राजनीतिक स्वतन्त्रता का क्या मूल्य रह जाएगा?

कुछ दिन पहले मैंने निर्मलजी के उपन्यास अंश के साथ यह घोषणा पढ़ी थी कि वे इन दिनों 'लाली बुआ' उपन्यास पर काम कर रहे हैं। शीर्षक के बुआ शब्द के आधार पर मैंने निर्मलजी से जानना चाहा था कि क्या अब उनका लेखन अतीत से जुड़े कुछ खास रिश्तों पर केन्द्रित होना चाह रहा है?

—एक अंश से समूचे उपन्यास के बारे में धारणा नहीं बना सकते। अभी अधूरा है वह। पहला ड्राफ्ट है। लिख रहा हूँ, अन्तिम रूप क्या होगा, अभी यह कहना नामुमकिन है। उतना अंश पढ़कर पूरे का अनुमान नहीं लगाया जा सकता। उसमें विभिन्न परिवारों के सदस्यों के वैयक्तिक जीवन और उनके अन्त:सम्बन्धों को व्यक्त करने का मैंने प्रयास किया है। लेकिन वह अभी कच्ची और अधूरी शक्ल में मौजूद है। वह छोटा, अधूरा हिस्सा पढ़ा है आपने...

आपके लेखन में कुछ अनुभव, स्थितियाँ, चित्र, दृश्य बार-बार, बहुत बार आते हैं—जैसे प्रकृति, अकेलापन, निर्वासन, उदासी, प्रतीक्षा, करुणा, मृत्यु...?

इतना सुनकर ही हँसने लगे हैं। देर तक हँसे हैं। पहले दिन यह नहीं सोच सका था कि निर्मलजी को इस तरह हँसते हुए भी मैं देख सकूँगा। लगा कुछ ग़लत पूछ लिया क्या? पर उनके बोलने के साथ ही यह लगना स्वयं ही बन्द हो गया।

—मृत्यु! मृत्यु भी बार-बार आती है। पात्रों का जीवन अनवरत रूप से चलता

है। मैं किसी ख़ास विषय पर केन्द्रित नहीं करना चाहता—प्रेम, मृत्यु या अन्य किसी अभाव पर। ये सारे प्रसंग मनुष्य के जीवन में केन्द्रित अर्थ रखते हैं। बीमारी, बुढ़ापे, मृत्यु को देखकर गौतम बुद्ध का सारा जीवन बदल गया था। कथा-साहित्य में आप इन तीन चीजों की उपेक्षा कैसे कर सकते हैं? यदि मैं इन विषयों पर बार-बार लौटता हूँ तो यह वैसा ही है जैसे एक पक्षी अपने घोंसले से सुबह उड़ता है और शाम को वापस लौट आता है...तब अगर कोई आलोचक कहे कि पक्षी कैसा है, बड़ा मूर्ख है—शाम-सुबह इसके अलावा और कुछ आता नहीं इसको। इस तरह की साहित्यिक आलोचना के बारे में सोचना चाहिए। ऐसी सतही बातें नहीं करनी चाहिए साहित्य के बारे में। शाश्वत प्रश्न हैं ये—प्रेम, मृत्यु, सम्बन्ध, सम्बन्ध-विश्रृंखलता, सम्बन्धों की उपस्थिति, अभाव। हम इन प्रश्नों से कैसे छुटकारा पा सकते हैं? देखना यह है कि लेखक इनको नये सम्बन्धों में उजागर कर पाता है या नहीं। हर लेखन करता रहा है इनकी अभिव्यक्ति। सृजनात्मकता इसी में निहित है कि वह पुराने सन्दर्भों को नया अर्थ दे सके। शान्ति, अहिंसा की बातें उपनिषदों में भी कही गयी हैं, महाभारत में भी है, बहुत वर्षों बाद गौतम बुद्ध ने भी दोहरायी, शताब्दियों के अन्तराल के बाद गाँधी ने नया अर्थ दिया। तो क्या आप इसे दोहराना कहेंगे। वे दोहरा भी रहे थे, सृजनात्मकता भी दे रहे थे। गाँधी की रचनात्मकता ही इसमें निहित है कि अहिंसा को उन्होंने सत्याग्रह के अस्त्र के रूप में पहली बार प्रस्तुत किया। मेरे विचार में यह आविष्कार उतना ही महत्त्वपूर्ण है जितना कि किसी वैज्ञानिक का। हम परम्परा से अलग होकर लिखते हैं, न कि उसकी नकल करते हैं। उसके भीतर रहते हुए उसमें अपने समय की परिस्थितियों के अनुकूल नया अर्थ ढूँढ़ते हैं। तो आपको देखना यह है कि लेखन ने ऐसा किया है या नहीं? यदि नकल है तो किसी लेखक की किताब आप क्यों पढ़ें? वह सब पहले ही पढ़ चुके हैं आप। पर यदि पाते हैं कि उसने मानवीय संवेदनाओं को नया रूप दिया है तो वह पुरानी होते हुए भी नयी चीज़ बन जाती है। मृत्यु शाश्वत है, पर हर मृत्यु अलग विशिष्ट है। मृत्यु के प्रश्न को अनेक साहित्यकारों ने उठाया। जैनेन्द्र उठाते रहे, पुराने साहित्य ने उठाया—तो पूछना, देखना यही चाहिए कि उसने नया क्या दिया, नया क्या जोड़ा? मनुष्य जन्म लेता है तो उसके दो हाथ, दो पैर, दो कान...ही तो होंगे। अब आप कहें कि अरे यह तो हर बार वही मनुष्य है। अरे भई वो अलग थोड़े ही होगा...।

भाषा-अलंकरण के अवयवों, दृश्यों, रंगों आदि को लेकर रचनाकार की अपनी रुचियाँ और पसन्दें कभी-कभी इतनी प्रभावी हो जाती हैं कि उसके लेखन

में वे बार-बार आ उपस्थित होती हैं। कुछ खास रंगों, शब्दों, बिम्बों आदि के सन्दर्भ में क्या अपने लेखन के बारे में कभी इस दृष्टि से आपने सोचा है?

—मेरे लिए यह बताना मुश्किल है। मैं अपने बारे में अधिक नहीं सोचता। जब मैं लिखता हूँ, एक विषय के अनुरूप लिखने की उस प्रक्रिया में जो शब्द, बिम्ब आते हैं, उनका इस्तेमाल करता हूँ। शुरू में कोई बिम्ब लेकर नहीं चलता कि उसे ही इस्तेमाल करूँ। नहीं, कोई प्रिय-अप्रिय उपमा-बिम्ब नहीं—वही जो उपयुक्त है और मेरे भावों को व्यक्त करने में समर्थ हो सके। न मैं यह चाहता हूँ कि भाषा में अलंकारों, बिम्बों की बहुत भरमार रहे। मैं ऐसा समझता हूँ कि भाषा में जितनी अधिक सादगी रहेगी, उतनी ही अधिक मार्मिक रूपों में वह भावों को शब्दों में व्यक्त कर पाएगी। जिस सीमा तक वह लेखक के प्रयोजन को पूरा करती है, उसका प्रयोग सार्थक होता है। यह कहते दुख होता है कि जिस भाषा में हमारे साहित्य का सृजन होता है, जिसके माध्मय से एक साहित्यिक कृति अपना वैशिष्ट्य प्राप्त करती है, हममें से अधिकांश अपनी उसी हिन्दी भाषा के प्रति उदासीन और असावधान रहते हैं और सोचते हैं कि भाषा के बारे में सोचना एक कलावादी विलास है। यह वैसी ही दृष्टि है कि कोई मोटर में सैर करना चाहे पर मोटर के भीतर की मशीनरी को मैला-कुचैला रखे और उस पर ध्यान न दे। भाषा में एक सृजनात्मक कृति की समस्त चालक शक्तियाँ निहित होती हैं, जिनके प्रति उदासीन होने का मतलब है स्वयं कला के प्रति उदासीन होना। साहित्य-भाषा सिर्फ एक माध्यम मात्र नहीं है, माध्यम होने पर भी वह एक स्वायत्त शक्ति रखती है। इसलिए हम उसकी ओर बार-बार लौटते हैं। किसी ख़ास कृति को बार-बार पढ़ते हैं। एक बार के बाद यह नहीं कहते कि इस कलाकृति की उपयोगिता समाप्त। प्रसाद, पन्त, निराला या अज्ञेय की कविताओं की ओर यदि हम बार-बार लौटते हैं तो मतलब यह है कि वह सब हमें आलोचकों से नहीं मिलेगा, जो हमें उन शब्दों, उन रचनाओं से गुज़रने से मिलेगा।

स्वायत्त शक्ति...कैसे...? मैं पूरी तरह कह भी नहीं पाया था कि जैसे वे मेरा आशय समझ चुके थे। बताना जारी था—

भाषा सीखनी नहीं, इसके प्रति संवेदनशीलता उत्पन्न करनी पड़ती है। हर शब्द की अनेक अर्थ ध्वनियाँ निकलती हैं और वह अलग-अलग सन्दर्भों में अपना रचनात्मक रूप बदलता रहता है। उस शब्द को किसी स्थान पर रखकर, प्रयुक्त करके अचानक एक अप्रत्याशित अर्थ प्रकट कर देने की क्षमता यदि किसी के पास होती है तो वह बड़ी क्षमता है, उपलब्धि है। तब पाठक के तौर पर हम सोचते हैं कि हमने सोचा नहीं था कि ऐसा भी प्रयोग सम्भव है। पारम्परिक रूप

में हम शब्दों को एक ढाँचे में रखते हैं। दुकानदार से कुछ खरीदते समय, डॉक्टर से इलाज कराते समय या दफ्तर में हम इसी तरह की पारम्पारिक, टकसाली भाषा प्रयोग करते हैं। साहित्यिक कृति में शब्दों की भूमिका बदल जाती है। वह सिर्फ उपयोगितावादी नहीं रहती। साहित्यिक कृति में शब्द माध्यम से ऊपर उठकर शक्ति का स्रोत बन जाता है। यह सबसे बड़ी बात है। सत्य पाने का माध्यम न होकर वह अपने में एक सत्य रूपायित करता है और उस सत्य को पाने के लिए हमें कविता में उसी शब्द के पास जाना होगा। अगर हमें निराला के काव्य में इन शब्दों के आनन्द के पास जाना है तो निराला की इस कविता के पास बार-बार जाना होगा—'बाँधो न नाव इस ठाँव बन्धु/ पूछेगा सारा गाँव बन्धु...।' और कहीं इसका विकल्प नहीं मिलेगा।

कलाइयाँ ऊपर की ओर उठकर हथेलियों को ऊँचे, और ऊँचे ले जा रही हैं। संधि स्थल से ऊपर की ओर मुड़ी उँगलियाँ हिल-झूम कर नृत्य-सा करती लग रही हैं। चेहरे पर भावभरी मुद्रा निर्मलजी की रीझ को बता रही है। कई बार दोहरायी गयी हैं ये पंक्तियाँ। और कुछ सुनाना चाह रहे हैं। याद करने में समय लगा है। रीझ और बढ़ चली है। सुनाने में दाद देने जैसा भाव आ मिला है। बन्द आँखों, कलाइयों, हथेलियों और उँगलियों की मुद्राएँ—सुनाई पड़ता है— 'वो पंक्ति है न—हाँ, हाँ, देखिए, देखिए—प्रभु जी मोरे अवगुन चित न धरौ...।' विगलित-से, गलदश्रु-से। श्रद्धा-पगा स्वर। ख़ास हो गया था वह क्षण! मैं एक रीझ को रीझते देख रहा था।

—देख रहे हैं आप? हर शब्द में रस, सौन्दर्य और सत्य है। ये तीनों अविच्छिन्न रूप से एक दूसरे के साथ जुड़े हैं। क्या कला के इस अनुपम सत्य को हम कलावादी कहकर ख़ारिज कर सकते हैं?

बोलना रुका तो, क्या हुआ देखने को सामने देखा। उनकी निगाह चुप-चुप घड़ी के पास से लौट रही थी—"अब थक गया हूँ। बस, दस मिनट और। आप भी तो थक गये होंगे।" *थकने की बात पर पूछ बैठा कि आप टहलने जाते हैं क्या?*

"—हाँ, पहले जाता था। बाहर रहा तो रूटीन बिगड़ गया। अब घूमने नहीं जा पा रहा हूँ।"

समय की आपात कटौती की अचानक घोषणा ने मुझे हड़बड़ा दिया है। जल्दबाज़ी में तब मैंने उनसे उनके लिखने की प्रक्रिया, लेखन सम्बन्धी अनुकूलताओं-प्रतिकूलताओं, लेखन के सर्वाधिक सन्तोषप्रद क्षण तथा भावी योजनाओं एवं महत्त्वाकांक्षाओं के बारे में छोटे-छोटे सवाल किये थे। बीच में कई बार उन्होंने

घड़ी की तरफ देखा था। बातचीत को रोक दिए जाने की अपनी इच्छा पर रोक लगाते हुए मेरा मन रखा था, मेरी जिद रखी थी। वे तब कहानी व उपन्यास के लिखने के समय के अपने अनुभव और अन्तर के बारे में बता रहे थे—"सच यह है कि एक बना बनाया आकार एक ब्लूप्रिंट के रूप में मेरे सामने कभी नहीं आता, अपनी कहानी के कलेवर को मैं टुकड़ों-टुकड़ों में ही देख पाता हूँ। कभी एक कहानी को शुरू करते ही अन्त का आभास मिलता है, पर कभी यह अन्त वही नहीं रहता जिसका मुझे आभास हुआ था। कहानी मेरे लिए लगे—बँधे विचार से उत्पन्न नहीं होती और शायद ही कभी इस बात से कहानी का सूत्रपात होता हो कि मैंने सचेतन रूप से किसी विशेष विषय के बारे में लिखने का संकल्प किया हो। एक वाक्य में कहा जाए तो मेरे लिए कहानी धुँधली अनुभूतियों के प्रदेश को शब्दों के आलोक में देखना है। दूसरी इसके साथ जुड़ी चीज यह है कि ये अनुभूतियाँ, जुड़ने के बाद कोई ऐसा खास पैटर्न या अर्थव्यस्था बन सकती है, जो मेरे द्वारा आरोपित न होकर स्वयं इन अनुभूतियों के भीतर से सहज गति से उजागर होती हो। और तीसरी चीज़ जो अन्ततः मुझे सन्तोष देती है, वह यह कि अगर अनुभूतियों के इस पैटर्न या अर्थव्यवस्था के भीतर से मनुष्य जीवन के बारे में कोई ऐसा सत्य उपलब्ध हो सके जो केवल इन्हीं अनुभूतियों के अन्तस्सम्बन्धों से उत्पन्न हो सकता था। इस सत्य का सम्बन्ध किसी ऐसे आनन्द, शान्ति या समाधान को प्राप्त करने के सुख से नहीं है, जो अक्सर हमें आध्यात्मिक, धार्मिक या दार्शनिक पुस्तकों में मिलता है। मेरे लिए यह पर्याप्त होगा कि यदि यह सत्य हमें मनुष्य के भीतर उमगने वाली अजीब विडम्बनाओं और अन्तर्द्वन्द्वों से साक्षात करवा सके, जो अभी तक अँधेरे में छिपी थीं। उन्हें अँधेरे से उजाले में लाना, चाहे उनका चेहरा कितना ही वीभत्स, भयानक या कटु क्यों न हो। यही महत्त्वपूर्ण नहीं है, महत्त्वपूर्ण यह है कि उजाले में आकर क्या ये मनुष्य के बिम्ब या मनुष्य के स्वरूप के बारे में कुछ ऐसा जोड़ पाता है—जिस सत्य के बारे में मनुष्य ने कभी सोचा नहीं था। आपके दूसरे प्रश्न का उत्तर है—वह कहानी मुझे सन्तोष दे पाती है जो इस तरह उजाले में लाने में समर्थ हो पाती है। तब मुझे लगता है कि मैंने उस बिम्ब को थोड़ा-सा मूर्तिमान कर लिया जिसका आभास कहानी लिखने से पहले मैंने किया था।

हाँ, आजकल—यह जो उपन्यास है अभी अधूरा—उसे पूरा कर रहा हूँ। पुणे में साहित्य सम्मेलन का अधिवेशन होने वाला है, वहाँ अध्यक्षीय वक्तव्य देना है, उस पर काम कर रहा हूँ। एक कहानी संग्रह तैयार करने की गहरी इच्छा है। पिछले महीने भोपाल में—साहित्य में विचार कैसे प्रवेश करता है—इस विषय

पर एक निबन्ध पढ़ा था। अक्सर कहा जाता है कि साहित्य, कला अनुभूति का क्षेत्र है और दर्शन-चिन्तन विचार को। इस निबन्ध में मैंने यह बताने की कोशिश की कि अनुभव और विचार में इस तरह वर्गीकरण करना ग़लत है। इससे सृजन और कलात्मक कृति कमज़ोर पड़ती है। पर विचार उसी रूप में कला में प्रविष्ट नहीं होता जैसा कि दर्शन-चिन्तन में वह होता है। कविता और कहानी में उसकी छाया अत्यन्त परोक्ष व सूक्ष्म ढंग से पड़ती है। वहाँ वह किसी सिद्धान्त को साबित करने के लिए नहीं प्रवेश करता, बल्कि किसी अनुभव को एक अप्रत्याशित दिशा में मोड़ सकने में ज़रूर योगदान देता है।

देखिए, अब बस!

6:30 में अभी पाँच मिनट बाकी थे। और उस दिन का आखिरी सवाल निर्मल जी ने ही किया था। शायद, शायद इसलिए कि मैं अब और सवाल न करूँ।..."आप टेपरिकॉर्डर नहीं रखते?... अच्छा है, ठीक है... इतना लिख ही लेते हैं... बहुत अच्छा है...।"

निर्मल जी अपनी लय, फुर्ती, अनुशासन और प्रसन्न मुस्कान के साथ हाथ जुड़ी मुद्रा में दरवाज़े पर खड़े थे। प्रणाम निवेदन और आभार प्रदर्शन के बाद जब मैं बाहर आया तो मेरी निगाहें एक बार फिर दीवार की उन आकृतियों और पानी भरे मिट्टी के उस पात्र तक गयी थीं। यह सोचकर सिहरन-सी हुई कि मैं एक नहीं दो-दो साहित्य-साधकों की साधना स्थली के, एक पवित्र तीर्थ के दर्शन करके लौट रहा हूँ।

श्रीलाल शुक्ल

तिथि और समय तय करने के लिए कई बार फोन किया। हर बार लगा जैसे टाला-बचा जा रहा है, पर प्रत्येक बार अधिकाधिक आत्मीय, अपनत्व और स्नेहपूर्ण आवाज़! अभी रुको...तब फोन कर लेना, आपको मेरे पास ऐसा कुछ नहीं मिलेगा...अभी तो बहुत ठंड है...अभी मुझे कलकत्ता जाना है, फिर...! जब तिथि तय हो गयी तो हर बार घर पहुँचने के मार्ग और साधन आदि के बारे में विस्तार से बताया जाना। तय तिथि से पहले की रात जब मैंने लखनऊ से ही उन्हें फोन किया तो मैं दुविधा में पड़ गया, लगभग पस्त—"हाँ, आपका यहाँ का कॉन्टैक्ट नम्बर मेरे पास नहीं था। मैं आपको फोन करना चाहता था।" मैंने सोच लिया कि अगला वाक्य यह होना है कि आज आप न आएँ, पर घर आने के बारे में विस्तार से बताया जाने लगा। मैंने पहले बताए जाने की याद दिलानी चाही, बड़े अधिकार-भाव से, लगभग डाँटते से मुझे रोक दिया गया—"पहले सुनिए! ढंग से समझ लीजिए!" फिर कहाँ से क्या सवारी मिलेगी, कितना किराया और किस वाहन से पहुँचने में कितना समय लगेगा...। यह भी कि इन्दिरा नगर के उस चौराहे से आप जब उस दिशा में चलेंगे तो बाईं ओर को नवाँ घर मेरा ही है। नम्बर लिखा है बाहर। नेम प्लेट भी है। और हाँ, साढ़े तीन बजे यहाँ एक कार्यक्रम है, उसमें मुझे जाना है। आप ठीक साढ़े नौ बजे आ जाएँ। दोपहर का खाना यहीं खाएँगे। नहीं, नहीं, खाना यहीं साथ खाना है। बिलकुल फैमिली मेम्बर की तरह।

आवास पर पहुँचकर जब मैंने कॉलबेल बजायी तो नौ बजे थे। दरवाजा भोली-प्यारी-सी एक बच्ची ने खोला था। बाद में जाना कि वह उनकी नातिन है। ड्राइंग रूम का हर हिस्सा, वहाँ रखी-सजी हर चीज़, मेन रोड के पास के उस आवास में प्रवेश के साथ ही दिखने वाली घास, गमले, पौधे, सड़क पर के वृक्ष, कक्ष में रखी वनस्पतियाँ और सजे फूल—सब तरफ सुरुचि, स्तरीयता, सम्पन्नता—और एक खास किस्म का अफसरी अन्दाज़ भी! एक तरफ रैक्स के बड़े खाने में भाषा और विषयवार रखी मोटी-मोटी पुस्तकें...बंकिम समग्र, निराला

की साहित्य-साधना, भारतेन्दु ग्रन्थावली, अभिनन्दन ग्रन्थ! अपेक्षाकृत छोटे दो खानों में संस्कृत, अँग्रेज़ी की पुस्तकें...रामायण मीमांसा...।

कुर्ता-पायजामा, स्वेटर-शॉल, फुर्तीली चाल से श्रीलाल जी ने कमरे में प्रवेश किया। आइए, आइए, बैठिए, बैठिए, कहते हुए सामने सोफे पर बैठ गये। मौसम की चर्चा के बाद मुझसे पढ़ाई-लिखाई, कॉलिज, शहर आदि के बारे में पूछा—'हाँ, डी.एस. कॉलिज—मुझे मालूम है, बहुत सम्मानित कॉलिज है।' पन्द्रह मिनट में चाय-नाश्ते के नाम पर कई प्लेट्स! बैग में से कागज, कैमरा आदि निकालकर मैंने पास के सोफे पर रखना चाहा। सुनाई पड़ा—"अरे, कैमरा! आप तो सारी तैयारी के साथ आये हैं। मुझे अजीब लगता है यह सब! कमलेश्वर आदि की बात अलग है, वे मीडिया के लोग हैं!" लगा जैसे उनकी सहजता बाधित हुई। वे कुछ सजग, सचेत होते दिखे। इधर-उधर आ जा रहे हैं कमरे में। 'आप जहाँ रुके हैं, वहाँ टीवी था? ऑस्ट्रेलिया का क्या हुआ सुबह?' जानने को इतने आतुर, अधीर कि टीवी के पास पहुँचकर उसे चालू कर दिया। सोफे से उठते समय पूछते हैं—"इजाज़त हो तो ज़रा टीवी देख लूँ?"

साहित्य की जब बात हुई तो श्रीलाल शुक्ल जी साहित्य के व्यतीत को याद करने लगे। पीढ़ियों के अन्तराल और अन्तर के बारे में बताना शुरू किया—
"उन्नीस सौ पिचहत्तर-छिहत्तर तक, जब तक भगवती चरण वर्मा, यशपाल, नागर यहाँ थे, उनसे बातें करते पीढ़ी का अन्तराल नहीं लगता था। साठ में जब मैं यहाँ आया तो वे सब सत्तावन-अट्ठावन के आसपास होंगे। सबसे छोटे नागर जी थे। यशपाल जी व वर्मा जी बराबर के थे। व्यवहार बिलकुल सामान्य! बातें करते, सामाजिक शिष्टाचार में ज़रा भी अहसास नहीं होता था उम्र के अन्तर का। अस्सी से पहले तक ऐसा ही था। पर अब नहीं होता है? कई बिन्दु हैं इस अन्तर के। सबसे बड़ा बिन्दु साहित्य की दृष्टि से यह है कि तब साहित्य में 'ऐस्टेब्लिश' होने के लिए विशेष प्रयास की ज़रूरत नहीं थी। दूसरे, ख़ासतौर से यू.पी. में शिक्षा-पद्धति इतनी नष्ट नहीं हुई थी। 'रेडीमेड कांस्टीटुएंसी' मिली होती थी लेखक को। नया हो या पुराना लेखक, कॉलेजों और विश्वविद्यालयों में पाठक समुदाय अच्छी किताब की प्रतीक्षा कर रहा होता था। आज वह और चीज़ों में फँसा है। विद्यार्थी टेक्स्ट बुक तक खरीदता-पढ़ता नहीं है और अध्यापक कुंजी लिखने में व्यस्त है। मैं हाईस्कूल में था तब, जब मेरे अध्यापक ने 'शेखर : एक जीवनी' का पहला भाग पढ़ने को दिया था मुझे; यह कहकर कि नये ढंग का उपन्यास है यह, इसे पढ़ना तुम श्रीलाल!' आज लेखक को स्थापित होने में एक पीढ़ी गुज़र जाती है। स्थापित होने तक ही एक पीढ़ी का अन्तराल आ जाता है। इसलिए पहले जैसा परस्पर संवाद नहीं है। सोचिए, भगवती चरण वर्मा ने 'चित्रलेखा'

शायद उनतीस-तीस में लिखा। इसका मतलब कि जब वे छब्बीस-सत्ताईस साल के थे। छपा बत्तीस में। कितना यश पाया उसके सहारे! धर्मवीर भारती का 'गुनाहों का देवता'—अच्छा है या बुरा, यह अलग बात है, पर शायद बावन में आया। पच्चीस साल के रहे होंगे वे। पर लीजेंड है वह। वृन्दावन लाल वर्मा देश की राजधानी में नहीं थे, छत्तीस-सैंतीस साल की उम्र में पहला उपन्यास आया था 'गढ़कुंडार'। उसी से हिन्दी के 'वाल्टर स्कॉट' हो गये। तब पाठकों का एक उत्सुक समुदाय मौजूद था। जैसे आज की पीढ़ी फिल्मों के लिए उत्सुक दिखती है, वैसी परिस्थिति थी। इस परिस्थिति का लाभ मेरी जेनरेशन तक मिला है। लखनऊ में हिन्दी संस्थान है—वह सरकारी तन्त्र का एक साहित्यिक इदारा है। वहाँ के कर्त्ता-धर्ताओं से आज आप बात करें! पूछें कि शिवमूर्ति या अखिलेश नाम के लेखक लखनऊ में हैं तो वे सुनकर चक्कर में पड़ जाएँगे। यशपाल जी जेल से छूटकर आये, अड़तीस में विप्लव कार्यालय स्थापित किया। बयालीस तक 'वो दुनिया', 'देशद्रोही', 'दादा कामरेड' छप चुके थे। दो-तीन वर्ष के लेखन से फ्रंटलाइन पर ज़िक्र, और विवादास्पद भी रहे। उम्र के पक्ष में हिन्दी में आज जैसा आतंक है, पहले नहीं था। उन्नीस सौ उनहत्तर में जब मुझे साहित्य अकादमी पुरस्कार मिला, मैं तैंतालीस-चवालीस वर्ष का था। इसे हिन्दी ने सहज ढंग से ग्रहण किया। उसके बरख़िलाफ़ लगभग उसी उम्र के अरुण कमल को मिला तो बहुतों को आपत्ति हुई। अब लेखक की पूरी ज़िन्दगी बीत जाती है। उन्नीस सौ साठ में जब सरकारी तौर पर नियुक्त होकर मैं लखनऊ आया तो नागर जी, यशपाल जी, वर्मा जी को मुझे अपना परिचय देने की ज़रूरत नहीं पड़ी थी। एक व्यंग्य संग्रह 'अंगद का पाँव' और एक छोटा-सा उपन्यास 'सूनी घाटी का सूरज' छपा था। 'ज्ञानोदय' आदि में छपा था केवल। और आज मैं ही आप से पूछ रहा हूँ कि क्या-क्या लिखा है आपने?

आजकल लेखक का स्थापित होना बड़ा कठिन है। लम्बे सर्कुलेशन वाली पत्रिकाएँ भी अब लगभग ख़त्म हैं। तब 'सारिका' में दो-तीन कहानियाँ निकल गयीं तो आप लेखकों में ही नहीं, विराट पाठक समुदाय में पहुँचते थे। 'साप्ताहिक हिन्दुस्तान', 'धर्मयुग' की भी यही स्थिति थी। आज 'हंस' की शायद वह स्थिति हो। वैसे यह भी है कि हमेशा जिसे सम्पादक के आशीर्वाद के साथ पेश किया जाता है, ज़रूरी नहीं कि वह असली सिक्का है, असली सिक्का पाठक को ढूँढ़ना पड़ता है।

चूँकि वे हिन्दी साहित्य के अतीत को याद कर रहे थे, इसलिए मुझे उनके लेखन के प्रारम्भिक दौर के बारे में उनसे कुछ सवाल किए जाने का यह उचित अवसर लगा। सवाल सुनकर वे अपने लेखन के शुरूआती दिनों की ओर मुड़

चले थे।

नियमित लेखन तो मैंने चौवन-पचपन से शुरू किया। अट्ठाईस-उन्तीस का रहा होऊँगा। वैसे लिखने की ललक, धुन छात्र-जीवन से ही रही। तब भी बहुत लिखा था। अपनी उन रचनाओं को मैं प्रागैतिहासिक काल की रचनाएँ कहता हूँ। इंटर पास करते-करते दो-तीन उपन्यास और कई कविता-संग्रह लिख चुका था। सौभाग्य है कि वे अब उपलब्ध नहीं हैं। घर में भी कुछ साहित्यिक वातावरण था। उस समय जो अर्धशिक्षित परिवार होते थे, उनमें भी वाचिक परम्परा से कविता के संस्कार तो होते ही थे। मेरे पिताजी को औपचारिक शिक्षा नहीं मिली थी। हिन्दी, उर्दू, संस्कृत बस काम भर जानते थे, पर उन्हें मध्यकालीन हिन्दी कविता और संस्कृत के सैकड़ों छन्द याद थे। हमारे बाबा संस्कृत के विद्वान थे, वे स्कूल टीचर थे। उनके हस्तलेख में संस्कृत के कुछ क्लासिक्स हैं। उनमें अन्त में संस्कृत में पुष्पिका के रूप में उन्होंने अपनी बात कही है। पं. चन्द्रमौलि सुकुल मेरे चाचा थे और वे टीचर्स ट्रेनिंग कॉलिज बनारस में प्रिंसीपल थे। वे साहित्यकार थे। उन्होंने उन्नीस सौ बारह से बाईस के बीच में कई पुस्तकें लिखीं। एक पुस्तक 'नाट्य कथा जगत'—अब उपलब्ध नहीं है—में संस्कृत के बारह नाटकों का कथा-सार दिया गया था। उन्नीस सौ तेरह-चौदह की छपी है। नहीं, वह मुझे तो उपलब्ध है, पर वैसे उपलब्ध नहीं है। मनोविज्ञान पर उन्होंने सम्भवत: हिन्दी की पहली पुस्तक लिखी थी। गर्मी की छुट्ठी में जब वे गाँव आते तो उनकी कार की डिक्की में वर्ष भर की हिन्दी पुस्तकें और पत्रिकाएँ भरी होतीं। छत्तीस, सैंतीस, अड़तीस, उनचालीस, चालीस की बात बता रहा हूँ। ग्यारह से पन्द्रह के आयु वर्ग में था तब मैं। उन्नीस सौ अट्ठावन में प्रकाशित मेरा पहला व्यंग्य-संग्रह पं. चन्द्रमौलि सुकुल को ही समर्पित है। उससे पहले 'सूनी घाटी का सूरज' उपन्यास प्रकाशित हुआ था, वह धर्मवीर भारती, केशवचन्द्र वर्मा, विजयदेव नारायण साही—तीनों मित्रों को समर्पित था। इन मित्रों ने ही मुझे जल्दी से जल्दी उपन्यास लिखकर समाप्त करने के लिए मजबूर किया था। ये तीनों मित्र 'परिमल' के स्तम्भ बने रहते थे। शायद यही कारण है कि बहुत से लोग मुझे भी 'परिमल' से सम्बद्ध मान लेते हैं। जबकि उस संस्था से मेरा कोई लेना-देना नहीं रहा।

बोलते-बोलते यकायक रुके। लगा जैसे उन्हें बोझ लग रहा था वह सब। कहने लगे—कहने को कोई नयी बात जीवन में ही नहीं है अब! आपने 'मेरे साक्षात्कार' पढ़ी थी क्या? मैं वहाँ कह चुका हूँ यह। यह कोई नयी बात नहीं है।

कविता को लेकर मैंने शुरूआत करनी चाही, उनके लेखन की प्रेरणा एवं प्रभाव आदि के बारे में कुछ सवाल किये। देर लगी दोबारा से कुछ कहने की

मुद्रा में आने में—

ऐसा था कि उन्नीस सौ छत्तीस का जो वह ज़माना था, स्वतन्त्रता आन्दोलन की सरगर्मियों का था। लखनऊ और उसके आस-पास अवध के जिले हैं। इनमें किसान आन्दोलन बड़े उभार पर था। तो कुछ हद तक राष्ट्रीय चेतना जगाने की दृष्टि से और वैसे भी साहित्यिक वातावरण के कारण पूरा क्षेत्र कवि सम्मेलनों का क्षेत्र था। इसलिए बैठने-सुनने के बहुत मौके थे। जैसा सुनते थे, वैसा सुनाने भी लगे थे। लेकिन वह 'फाल्स स्टार्ट' था। गम्भीर किस्म की काव्यात्मकता लेकर जो चीज़ निकलती है, वह नहीं थी। अच्छे पद्य थे, उस जमाने की कविता के फैशन के हिसाब से पढ़ लिये जाते थे। मुझ पर व्यक्ति या पुस्तक विशेष का नहीं, वातावरण का प्रभाव ज़्यादा रहा। यह ज़रूर है कि बारह साल की उम्र तक पढ़ा काफी कुछ था बहुत कुछ उपलब्ध था। पढ़ने को। 'सुधा', 'माधुरी', 'वीणा', 'काव्य कलाधर', 'सनेही सम्पादित सुकवि', बिहार से निकलती थी' 'गंगा'— सब आगे-पीछे पढ़ने को मिल जाती थीं। यह वातावरण मुझे ही नहीं मेरे चचेरे भाई-बहिनों को भी प्रभावित कर रहा था। छियालीस से पचास के बीच पत्र-पत्रिकाओं में मेरा बहुत कुछ प्रकाशित भी हुआ। कुछ कहानियाँ आयी थीं पर वो ऐसी हैं जिनसे मैं बहुत आश्वस्त नहीं हूँ। 'अपनी पहचान' ('यह घर मेरा नहीं' नामक संग्रह में है) तैंतालीस-चवालीस के समय की कहानी है। छियालीस-सैंतालीस में 'माधुरी' में मेरी कुछ पुरानी कविताएँ निकलीं। बाद में 'संगम' में भी। उन्हें लिखे ज़माना गुज़र गया, फिर से देखा नहीं उन्हें। वास्तव में जिस पहली रचना को लेकर मेरी कुछ पहचान बनी साहित्यिकों में, वह व्यंग्य रचना ही थी—नाम है 'स्वर्णग्राम और वर्षा'। इसे धर्मवीर भारती ने सम्भवत: उन्नीस सौ चौवन में अपनी पत्रिका 'निकष' में छापा था। बहुत महत्त्वपूर्ण प्रकाशन था यह। कृष्णा सोबती की 'डार से बिछुड़ी', सर्वेश्वर का 'सोया हुआ जल', अज्ञेय की 'साँप' जैसी महत्त्वपूर्ण रचनाएँ इसमें संकलित हुई थीं। इसके आधार पर मुझे कई ज्ञात-अज्ञात साहित्यकारों के प्रशंसा पत्र मिले।

तब मैंने व्यंग्य विधा के प्रति उनके आकर्षण के कारण के साथ यह भी जानना चाहा था कि उन्हें व्यंग्य की ओर मोड़ने में या इस विधा का चयन कराने में क्या किसी ख़ास क्षण, घटना या व्यक्ति की कोई भूमिका रही है?

एक संयोग था कि इस रचना ने ज़्यादा ध्यान आकृष्ट किया। इसके साथ-साथ, आगे-पीछे मैं कहानियाँ भी लिखता रहा। यह जानते हुए भी कि हिन्दी में साहित्यकारों का एक समुदाय व्यंग्य को विधा के रूप में ग्रहण करता है, व्यक्तिगत रूप से मेरे लिए यह शैली के स्तर पर अभिव्यक्ति की एक भंगिमा भर है तथा कथ्य के स्तर पर सामाजिक आलोचना की एक प्रविधि है।—देखिए,

आपका यह प्रश्न—विस्तार में ले जा रहे हैं आप! एक रचनाकार की हैसियत से मुझे यह लगता है कि व्यंग्य के सम्बन्ध में भारतीय एवं पाश्चात्य अवधारणाओं में मौलिक अन्तर है। यूरोपीय साहित्य में इसकी शताब्दियों पुरानी एक परम्परा है और उसका अलग से साहित्य-शास्त्र विकसित है। उपन्यास के आरम्भिक दौर की 'डॉनक्विगजोट', रैब्ले की 'गरगंटुवा' और 'पेंटागुएल' या 'गुलिवर्स ट्रैवल' जैसी अनेक रचनाएँ निश्चित रूप से उपन्यास की उस रोमानी धारणा से अलग हैं, जो आरम्भिक स्थिति में उपन्यास की सहज दिशा थी। संस्कृत या हिन्दी में व्यंग्य का यह स्वरूप, जिसके उपादान विडम्बना, वक्रोक्ति, पैरोडी—यहाँ तक कि फूहड़पन आदि हैं, स्वतन्त्र रूप से पल्लवित-पुष्पित नहीं हुआ। यही कारण है कि हिन्दी में हास्य और व्यंग्य अलग-अलग स्वतन्त्र रूप से विकसित नहीं हुए। शरद जोशी, रवीन्द्रनाथ त्यागी, हरिशंकर परसाई आदि तक के साहित्य के व्यंग्य में प्रखरता होते हुए भी कहीं-कहीं परिहास का तत्त्व इतना आनन्दपूर्ण हो जाता है कि हास्य और व्यंग्य की सीमा रेखा समाप्त होती दिखती है। आज यह सम्भव नहीं है कि थैकरे या हार्डी की शैली में उपन्यास लिखे जाएँ। अब उपन्यास का ढाँचा ही खतरे में है तो सारी पुरानी आजमूदा शैलियाँ और भी ज्यादा ख़तरे में आ गयी हैं। तभी लेखक को अपनी अभिव्यक्ति के लिए नयी युक्तियाँ तलाशनी होती हैं—जिसके सर्वोत्तम उदाहरण हिन्दी में नागर, रेणु, मनोहरश्याम जोशी हैं। आप चाहें तो 'राग दरबारी', 'मकान' या 'पहला पड़ाव', जैसे उपन्यासों को याद करके सबसे आखिर में मुझे भी गिन लीजिए।

आपने कई विधाओं में लिखा है, पर आपको ख्याति मुख्यत: और विशेषत: व्यंग्य लेखन से ही मिली। इस प्रविधि के चयन के पीछे आप क्या कारण देखते हैं—सामर्थ्य की कोई सीमा या ताक़त, कोई विवशता या बाध्यता या फिर कोई ख़ास रुचि या चुनौती?

मैंने नहीं चुनी यह प्रविधि! मेरे सम्पूर्ण साहित्य को केन्द्र में रखें आप। अज्ञेय को केन्द्र में रखकर दिये गये तीन व्याख्यान आलोचनात्मक पुस्तक के रूप में छपे—इनमें से एक व्यंग्य को केन्द्र में रखकर भी था। मेरे निबन्धों या कहानियों के संग्रहों में दर्जनों रचनाओं में व्यंग्य से कोई ताल्लुक नहीं है। 'सीमाएँ टूटती हैं' या 'बिस्रामपुर का सन्त' जैसी कई ऐसी रचनाएँ हैं जिनकी विषय-वस्तु मुझे व्यंग्यात्मक भंगिमा अपनाने की इजाज़त नहीं देती। कहानियों का यदि आप विश्लेषण करें तो आसानी से देख सकेंगे कि कुछ में व्यंग्य का स्वर प्रमुख है, कुछ में पूर्णतया अनुपस्थित। ऐसा केवल इस कारण कि कहानी विशेष की अन्तर्वस्तु मुझे एक ख़ास किस्म की शैली चुनने के लिए बाध्य करती है।

व्यंग्यकार माने जाने की जहाँ तक बात है तो मेरा ख़याल है कि मेरे उपन्यासों

की चर्चा कम नहीं होती। जितना मैंने अपने बारे में लिखा हुआ पढ़ा है, उस आधार पर कह रहा हूँ। हिन्दी में व्यंग्य लेखक की कोई कैटेगरी है क्या? आप रखना चाहते हैं रखें।

पर जिस अर्थ में परसाई व्यंग्य लेखक माने जाते हैं, उस अर्थ में आप मुझे मानेंगे? यानी विश्वनाथ त्रिपाठी की एक उल्लेखनीय आलोचनात्मक पुस्तक है, उसमें परसाई को सामाजिक चेतना से युक्त, उत्कृष्ट निबन्धकार के रूप में चित्रित किया है। इस दृष्टि से जो भी व्यंग्य लेखक है, उसे आप केवल इस शब्द के द्वारा पूरी तरह वर्णित नहीं कर सकते। क्योंकि उसमें भी एक चिन्तनपरक, आस्वादपरक और अनुभूतिपरक लेखक के रूप में अन्तर किया जा सकता है—जो आप परसाई और त्यागी के बीच कर सकते हैं। पाश्चात्य लेखकों में आप सॉल बैलो, गुंटरग्रास या फिर सलमान रुश्दी को उदाहरणार्थ देख सकते हैं। इन सबके उपन्यासों में व्यंग्य का तत्त्व अत्यन्त प्रखर है। ये उपन्यासकार सामाजिक स्थितियों के प्रति अत्यन्त संवेदनशील और गम्भीर दृष्टिकोण रखने वाले लेखक हैं, पर उन्होंने जो शैली अपनायी है उसे केवल व्यंग्य कहकर समेटा नहीं जा सकता। अभिधात्मक लेखन से अधिक सम्भावनाशील शैली की तलाश के ये नये-नये आयाम हैं, जिसे हिन्दी में सबसे ज्यादा मनोहरश्याम जोशी में देखा जा सकता है। स्वयं मेरे लेखन में ऐसे ही नये आयामों को अपनाने की कोशिश आप 'मकान' या 'पहला पड़ाव' में देख सकते हैं। 'राग दरबारी' का मैं ज़िक्र नहीं कर रहा हूँ क्योंकि वह स्पष्ट रूप से आजादी के बाद के दो दशकों में विकसित होती हुई व्यंग्य-परम्परा को अपनाकर लिखी गयी कुछ ग्रामीण कथाओं की औपन्यासिक श्रृंखला है और उसमें जान-बूझकर व्यंग्य के उन सभी उपादानों का उपयोग किया गया है जिनसे शैली की पहचान होती है।

'राग दरबारी' से मिली ख्याति और प्रतिष्ठा ने आपके लेखक को कहाँ, कितना रोका-टोका या बाँधा है?

अगर बाँधा होता तो शायद मैं अपने को दोहराता। सम्भवतः ऐसा नहीं हुआ। सीमा-रेखा बनने की जहाँ तक बात है तो एक बड़ी रचना लिखने की इच्छा 'रागदरबारी' से पहले की है। उसके बाद यह इच्छा हुई हो, ऐसा नहीं है। यह उपन्यास लिखने से पहले यह इच्छा जिस मनःस्थिति में उत्पन्न हुई वह स्पष्ट कर दूँ। पिछली शताब्दी के छठे दशक में हिन्दी हास्य-व्यंग्य में कथा-लेखन और निबन्ध लेखन की वह शैली बहुत लोकप्रिय हुई जिसका प्रयोग कभी सम्पूर्णानन्द वर्मा—उनसे भी पहले बालमुकुन्द गुप्त ने किया था। परिणामतः हिन्दी में उन दिनों काफी सशक्त साहित्य की रचना हुई। केवल केशवचन्द्र वर्मा, परसाई, कुछ बाद में शरद जोशी, रवीन्द्रनाथ त्यागी आदि ने ही इस दिशा में उल्लेखनीय

योगदान नहीं किया, बल्कि धर्मवीर भारती, विजयदेव नारायण साही, प्रभाकर माचवे आदि ने भी इस कोटि की अनेक व्यंग्य रचनाएँ कीं। उन दिनों इन्हीं लेखकों में मैं भी शामिल था। किन्तु पैंसठ तक आते-आते मुझे अनुभव होने लगा कि किसी एक छोटी-सी विसंगति को लेकर पाँच पृष्ठ की व्यंग्य-कथा या टिप्पणी लिखने भर से बात नहीं बनती। अगर सामाजिक स्थितियों की एक सर्वांगीण और प्रखरतापूर्ण आलोचना करनी है तो इधर-उधर चुटकियाँ काटने के बजाय समाज के प्रति सामग्रिक रूप से आलोचनात्मक दृष्टि अपना कर एक सम्पूर्ण कृति की रचना की जा सकती है। 'राग दरबारी' की रचना के पीछे यही प्रेरणा-स्रोत रहा। यह भी मैंने सचेत रूप से तय किया कि सीधे सरकार या सरकार द्वारा संचालित अन्य बड़े-बड़े नागरिक इरादों को अपना लक्ष्य न बनाकर एक छोटे गाँव की छोटी संस्थाओं के माध्यम से देश की विराट संस्थाओं के ह्रास की कहानी कही जाये। स्पष्ट है कि ऐसी कृति लिखकर, वह सफल है या असफल यह अलग बात है, आप उसी मन:स्थिति को अपने लेखन का आजीवन पाथेय नहीं बना सकते। रचानाशीलता के ऊपर दूसरी प्रवृत्तियाँ और दूसरे प्रकार की अनुभूतियाँ भी अपना हक जताने लगती हैं। उसी का परिणाम यह है कि 'राग दरबारी' के परवर्ती मेरे लेखन में भिन्न-भिन्न कोटि की प्रवृत्तियों का विकास हुआ।

आपने अभी एक अन्य उपन्यास लिखने की अपनी छटपटाहट का ज़िक्र किया। आप यह बताना चाहेंगे कि यह इच्छा किस प्रकार के उपन्यास को लिखने से सम्बन्धित है?

इच्छा है, उसे छटपटाहट नहीं कह रहा मैं। मेरे स्वभाव में छटपटाहट नहीं है। यदि छटपटाहट होती तो शायद मेरे लेखन का आकार बड़ा होता। स्वभावत: मैं बहुत ठंडे मिज़ाज से लिखने वाला लेखक हूँ। यह छटपटाहट का नहीं, रचना को बेहतर बनाने का आग्रह और साहित्यिक विवेक के ठंडेपन का प्रश्न है।

अब बातें परसाई जी के लेखन की हो रही थी।

—एम.पी. में काफी लोगों ने परसाई की नकल में लिखा। उनके निबन्ध कमजोर हैं, कथाएँ उत्कृष्ट। आपको उधार की विचारधारा उपलब्ध है, उसके आधार पर सारी दूसरी स्थितियों, विचारों को आप खंडित कर सकते हैं, पर अगर उसे प्रतिबद्ध होकर नहीं अपनाया तो आपको अपने निजी चिन्तन के आधार पर 'क्रिटिसाइज' करना मुश्किल होगा। बी.जे.पी. या जयप्रकाश की आलोचना करते समय परसाई को मौलिक चिन्तन की नहीं, मौलिक मुहावरों को गढ़ने की आवश्यकता पड़ती है। तभी मुझे परसाई की कहानियाँ सुपीरियर लगती हैं, बमुकाबिले निबन्धों के।

आपके प्रशासनिक अधिकारी होने का लेखन पर क्या प्रभाव पड़ा? अधिकारी होना आपके लेखक के लिए बाधक बना यह सहायक?

बहुत पहले लिख चुका हूँ। मैं अपने बारे में ही नहीं कहता हूँ बल्कि वे सभी लेखक जो किसी प्रतिष्ठान से जुड़े हैं, उन सबकी यह समस्या है। लेखन पर कोई प्रत्यक्ष रोक नहीं लगती, मगर प्रतिष्ठान की नौकरी करते-करते सरकारी तन्त्र की ताक़त का अन्य प्रकार से प्रभाव पड़ता है। प्रतिष्ठान की नौकरी करते-करते आपका सम्पूर्ण व्यक्तित्व बनता या बिगड़ता है। वही आप के लेखन की स्वतन्त्रता का सबसे बड़ा बाधक है। जितना अधिक आप उस तन्त्र से जुड़े रहेंगे, उतना ही अधिक प्रत्यक्ष रूप से आपके व्यक्तित्व का ह्रास होता जाएगा। ऐसा भी हो सकता है कि तब एक स्वतन्त्रचेता लेखक को जो घटना झकझोर दे या पूरी तरह विचलित कर दे और किसी अत्यन्त संवेदनशील लेखन की अन्तर्वस्तु वह बने, वह सत्तातन्त्र से जुड़े लेखक के लिए किसी फाइल की टिप्पणी या कॉफी के प्याले से ऊपर की गयी बहस का हिस्सा बनकर ख़त्म हो जाये। संवेदना के ह्रास का ख़तरा ही असली ख़तरा है। बाकी प्रत्यक्ष रूप से बाधाएँ बहुत कम आती हैं। अब तो उत्तरोत्तर रूप से सरकारी नौकरों को भी स्वतन्त्र रूप से लिखने-बोलने की ज़्यादा छूट मिली हुई है। स्वयं मेरे अनुभव में केवल एक घटना हुई 'राग दरबारी' के प्रकाशन को लेकर, जब सरकार ने अप्रत्यक्ष रूप से उसमें अड़चन डाली। मैंने 'टाइम्स ऑफ इंडिया' ग्रुप में अपने लिए नौकरी की एक वैकल्पिक व्यवस्था करके इसका समाधान ढूँढ़ लिया था, पर अन्त में उसकी ज़रूरत नहीं पड़ी। इसे छोड़कर मुझे सरकारी नौकरी में प्रत्यक्ष बाधा का अनुभव कभी नहीं हुआ।

पुलिस और प्रशासन से जुड़े कुछ अधिकारियों के लेखन-सम्पादन व साहित्यिक कार्यक्रमों के आयोजन की चर्चा चलाकर मैंने जानना चाहा था कि इस तरह के प्रयासों को वे एक साहित्यिक की दृष्टि से किस तरह देखते हैं!

हँसने लगे। हँसते हुए ही कह रहे थे—यानी लेखकों को संरक्षण, उनके खाने-पीने के लिए शिविरों का आयोजन! स्वतन्त्र हिन्दी लेखकों के लिए अच्छी स्थिति है यह। हिन्दी लेखकों का सौभाग्य है। ग़रीब लेखकों को सितारा होटलों, बड़े शहरों में खाने-रहने को मिलता है, बड़े-बड़े अधिकारियों के साथ उनका सम्पर्क है, सम्बन्ध है। हर लेखक महसूस करता है तब कि वह राजा भोज का सखा है। पहले कहाँ था यह?

बातचीत पत्र-पत्रिकाओं तथा क्षेत्र, वर्ग, स्त्री-पुरुष, दलित-गैरदलित आदि के आधारों पर साहित्य को विभाजित कर देखने-दिखाने की कोशिशों और परिणामों के आकलन की दिशा में मुड़ चली थी।

अब जब राजनीतिक-सामाजिक संगठन सिकुड़कर छोटे हो गये तो यह कल्पना करना कि अँग्रेज़ी को छोड़कर भाषा विशेष की कोई पत्रिका राष्ट्रीय स्तर

पर व्यापक पहुँच बनायेगी व्यर्थ है। वह समय गया। साहित्य के क्षेत्र में ही नहीं सब जगह बढ़ रही है सिकुड़ने की यह मानसिकता! जब हमने क्षेत्रीय भाषाओं के आधार पर राज्यों के बँटवारे को स्वीकार कर लिया तो कई दूरगामी परिणाम भी अप्रत्यक्ष रूप से होंगे, जिन्हें हम पत्र-पत्रिकाओं की वर्तमान स्थितियों के प्रसंग में देख सकते हैं।

दलित साहित्य या नारी-विमर्श? नहीं, इसे बँटवारा क्यों कहें? प्रवृत्ति विशेष का साहित्य क्यों नहीं कहते? आज जिसे बँटवारे का साहित्य कह रहे हैं, शायद बीस वर्ष बाद यही आपकी मूलधारा की एक प्रवृत्ति के रूप में विकसित हो। ऐसा हुआ भी है। छायावादी कविता का युग एकदम ख़त्म नहीं हुआ। छायावादी काव्य—आरम्भिक चरणों में कुछ कविताएँ अध्यात्मपरक रही हों, पर प्रयोगवाद, नयी कविता आदि के विभिन्न रूपों को अपनाता हुआ किस प्रकार से सम्पूर्ण हिन्दी कविता में समाहित हुआ, यह विचार की बात है। विभिन्न रूपों का उत्स वही है। इसीलिए दलित साहित्य या उसके अन्तर्गत रचित आत्मकथा साहित्य, आज भले ही आपको स्वयं अपने आग्रह से या दलित साहित्यकारों के आग्रहों के कारण कुछ अलग सा जान पड़े, मगर अन्ततः यह समग्र हिन्दी साहित्य की एक विशिष्ट चेतना का संवाहक बनकर ही ग्रहण किया जाएगा और आज जिस अलगाव की बात हो रही है वह अपने आप धुँधला हो जाएगा। वास्तव में दलित विमर्श और नारी-विमर्श जैसी प्रवृत्तियों को एक जीवन्त साहित्यिक परिदृश्य की एक सहज स्थिति न मानकर उसके अलगाव को समीक्षकों और आलोचकों ने भी अनजाने ही प्रोत्साहित किया है। जबकि उनकी भूमिका विभिन्न घटनाओं वाले एक विराट साहित्यिक परिदृश्य की एकात्मकता को स्थापित करने की होनी चाहिए थी। मुझे लगता है कि इस सबके बावजूद जैसे-जैसे साहित्य की प्रगति होगी, विभिन्न समुदायों और वर्गों को लेकर लिखा जाने वाला साहित्य भी सहज रूप में अपना स्थान बनाता चलेगा। संजीव ने 'सूत्रधार' लिखा, उसे स्थापित करने का प्रयास सवर्ण लेखकों ने भी तो किया।

दलित आत्मकथाओं से शुरू होकर बात इस विधा के सैद्धान्तिक पक्ष तथा कुछ आत्मकथाओं से जुड़े कुछ विवादों की ओर मुड़ गयी थी। आत्मकथा लिखने के बारे में जब मैंने उनसे उनकी इच्छा और इरादे की बावत पूछा तो बोले—

नहीं, जिसे लगता है कि आत्मकथा की दृष्टि से उसका जीवन महत्त्वपूर्ण है, वह लिख रहा है। विवाद? हिन्दी जगत में इतनी 'मैच्योरिटी' है कि बड़ा विवाद नहीं उठता। बच्चन की आत्मकथा पर केवल प्रकाशवती जी ने उठाया। हाँ, परम्परा है एक। खिझाने के लिए या चटपटी चीज लाने के लिए भी लिखते

हैं लोग। ऐसी बहुत-सी चीजों पर भी लिखते हैं जिन्हें छोड़ा भी जा सकता है, नहीं भी। अब यह सब लेखक की निजी मनोवृत्ति पर निर्भर है। अँग्रेज़ी-युग में एक पुराना कंसेप्ट चलता था कि किसी महिला के साथ अपने सम्बन्ध को उजागर करना 'कैड'—सी.ए.डी.—कैड—अशालीन—'अनजेंटिल—मैनली एक्ट' कहलाता था। देखें, इस शब्द का अर्थ क्या है...?' उठ कर गये हैं। डिक्शनरी देखने। तुरन्त लौटकर आये हैं तेज चाल से डिक्शनरी में उस शब्द को ढूँढ़ते हुए। खड़े-खड़े बोलकर अर्थ गिना रहे हैं—'पर्सन ऑफ लो मैनर्स'—निकृष्ट आचरण माना जाता था खुद को सुखी करने वाली महिला का नाम उजागर करना। यह विलायती कंसेप्ट था। अपने भारतीय समाज में इसे एक पुरुष की विजय का लक्षण मानते हैं। हमारे अधिकांश ऐसे लेखक इसी भाव से पीड़ित दिखते हैं। स्वयं विदेश में अब वह पहले वाली धारणा खत्म है। एच.जी. वेल्स की जो जीवनी उनके अवैध पुत्र रिचर्ड वेस्ट ने लिखी है, उसे देखें। एक लेखिका थीं—रिबैका वेस्ट, उनसे अवैध पुत्र हुए, उन्होंने पिता की बायोग्राफी लिखी। डायना के बारे में उनके बटलर ने लिखा। विक्टोरियन कल्चर के सब कंसेप्ट्स अब वहाँ भी समाप्त। वहाँ लेखक लिखते हैं, लिखाते हैं इस सब पर। तो ऐसा है कि आप समझ लें कि वहाँ एक अच्छा उपन्यास पढ़ रहे हैं आप। मैं बहुत गम्भीरता से नहीं लेता इन बातों को। संयम कहाँ बरतें, इस बारे में पंडितों का एक सिद्धान्त है कि मित्रों की अच्छाइयाँ व्यक्त करें, बुराई छिपाएँ। यह पुरानी धारणा है जिसे आप पाखंड भी कह सकते हैं।

—व्यक्तिगत आचरण की बात आप कह रहे हैं, तो इतना, यह सब तो हमेशा से रहा है। साहित्यकला में जो संलग्न है, नये विचारों से जिनका दिन-रात सम्बन्ध है, उनके लिए ऐसे सम्बन्ध ऐसा आचरण सम्भव है जो पारम्परिक न हो। बर्टेंड रसेल 'मैरिज ऐंड मॉरल्स' लिखते हैं, विवाहेतर सम्बन्धों को सामान्य मानते हैं। 'क्यों फँसे', 'बारह घंटे' में यही है, ऐसे सम्बन्धों का समर्थन है। सामान्य के मुकाबले साहित्यकार की स्थिति अलग है। उसका जीवन औरों की अपेक्षा ज्यादा सार्वजनिक होता है। एक क्लर्क के बारे में हमारी ज्यादा जिज्ञासा नहीं होगी, लेकिन एक लेखक के बारे में स्वाभाविक है कि जिज्ञासा होगी। यह जिज्ञासा होना या इसे शान्त करने का प्रयास असहज नहीं है।

हाँ, पुलिस व प्रशासन के अधिकारियों के जीवन में अन्तर आया है। नहीं, वह अन्तर कई कारणों से है। हरेक वर्ग में जल्दी से जल्दी सम्पन्न होने की इच्छा बढ़ रही है। सादगी की अब जिन्दगी में 'वैल्यू' नहीं है। कंज्यूमरिज़्म का ज़माना है यह। एक समय कानपुर में कलेक्टर थे सतीश चन्द्र। बड़े ईमानदार।

तब सामान्य बड़ी गाड़ी की कीमत साढ़े नौ हजार थी। उन्होंने एक ब्यूक खरीदी, जो तब लगभग ग्यारह हजार की थी। बड़ी चर्चा हुई उनके द्वारा उस गाड़ी के खरीदे जाने की। आज कोई कुछ भी खरीदे पर चर्चा नहीं होगी। मामूली अफसरों मे भी पूँजीपति मित्र की सहायता से हवाई यात्रा आम है। 'कॉरपोरेट सेक्टर' में उछाल या 'कंज्यूमरिज्म' आदि से ब्यूरोक्रेसी अछूती नहीं है। हाई स्टेंडर्ड लिविंग चाहिए सबको। पहले ऐसा था कि कोई यदि घूस नहीं लेता तो उल्टे-सीधे काम भी नहीं करेगा। ईमानदार होना था। जब दूसरों के दबाव में सब गलत ही करना है तो मैं अपने लाभ के लिए भी ग़लत क्यों न करूँ? यह सब साथियों से सुनता हूँ तो दुख होता है।

भाषा के आधार पर जब हिन्दी साहित्य के मूल्यांकन की बात चली तो श्रीलाल शुक्ल जी तीन पीढ़ियों के रचनाकारों की कृतियों की भाषा के उदाहरण देकर देर तक उनकी शक्ति और सीमा को रेखांकित करते रहे थे। भाषा-प्रयोगों में सावधानी-असावधानी के कारण सम्भावित सुपरिणामों-कुपरिणामों की देर तक हम लोग चर्चा करते रहे। तब गालियों के प्रयोग पर चर्चा चल रही थी

—काशीनाथ सिंह से मैंने कहा कि उन रचनाकारों के लिए, जो स्थानीय गाली का प्रयोग करके अपने संवाद में धार पैदा कर रहे हैं, यह एक रचनात्मक चुनौती है कि बिना गाली उसे कैसे पैदा किया जाये? जब लेखक के पास उसका समाधान नहीं रहता तो उसे पाने के लिए वह 'शॉर्टकट' अपनाता है। मैंने उनसे पूछा कि क्या ऐसा नहीं लगता कि 'शॉर्टकट' इस्तेमाल किया है? उनके उत्तर का उत्तर मेरे पास नहीं था। उन्होंने कहा कि यदि यह रचनात्मक समस्या है तो आपकी पीढ़ी ने समाधान अपनी तरह ढूँढ़ा, मेरी पीढ़ी अपनी तरह ढूँढ़ रही है।

एक विशेष प्रकार की शब्दावली को बहिष्कृत करने, दूसरे प्रकार की शब्दावली का ही आग्रह मानने से किसी जीवन्त साहित्य में अभिव्यक्ति की विविधता नहीं आती। और जिसे भद्रों में शिष्टाचार की भाषा कहते हैं, वही भाषा हमेशा रचनात्मक साहित्य की मानक भाषा नहीं होती। मूलतः यह लेखक का अपना चुनाव है और हमें मानना चाहिए कि इसके पक्ष-प्रतिपक्ष को लेखक स्वयं समझता है। मैं व्यक्तिगत अपने लिए सोचता हूँ, सार्वजनिक संहिता के रूप में प्रचारित करने की बात भी नहीं सोच पाऊँगा। संस्कृत का कुछ संस्कार होने के कारण शब्द-प्रयोग के समय मैं यथासम्भव सजग रहता हूँ। किन्तु सजगता की इस भावना को मैं सार्वजनिक संहिता का रूप हर्गिज नहीं देना चाहता। आज हिन्दी की स्थिति यह है कि उसमें विभिन्न क्षेत्रों, बोलियों तथा दूसरी भाषाओं तक के लोग साहित्य-रचना कर रहे हैं। जहाँ तक रचनात्मक साहित्य का सम्बन्ध है, यह सम्भव नहीं है कि यह साहित्य, जिसे परिनिष्ठित भाषा कहा जाता है, उसी में रचा जाए।

विभिन्न बोलियों और भाषाओं की ध्वनियाँ, भंगिमाएँ और शब्द अपने हिन्दी के अभिव्यक्ति संसार में प्रवेश करते रहेंगे।

एक विशिष्ट मन:स्थिति और मुद्रा में वे कह रहे थे—एक घटना याद आती है। कृष्णा सोबती का 'जिन्दगीनामा' प्रकाशित हुआ तो राजकमल प्रकाशन की श्रीमती शीला सन्धू ने मुझसे अपनी राय पूछी। पंजाबी के प्रयोगों की बहुलता के कारण मैं उसे ठीक से पढ़ नहीं सका था और यही मैंने उनसे कहा। शीलाजी का कहना था कि आप यूपी वाले 'राग दरबारी' में अवधी का मनमाना प्रयोग करके खुश हो जाते हैं और यही काम जब कृष्णा सोबती अपनी मातृभाषा के लिए करती हैं, तब आप नाक-भौंह सिकोड़ते हैं। रचनात्मक साहित्य में प्रत्यक्षत: जहाँ हम भाषा-प्रयोगों की अराजकता पाते हैं, वहीं यह देखना चाहिए कि वहाँ विविधता के कितने नये स्वरूप हमें उपलब्ध हो रहे हैं। 'मैला आँचल' हमें एक नयी भाषा और नयी शैली ही नहीं देता, वह हमारे सामने हिन्दी कथा-साहित्य के लिए एक सर्वथा नया परिदृश्य भी प्रस्तुत करता है।

मीडिया—विशेषत: टीवी की भूमिका और उसके साहित्य पर पड़ने वाले प्रभाव के बारे में उनका कहना था—इसका समाजशास्त्रीय विवेचन मेरे वश की बात नहीं। पर जो मैं आँखों से देख रहा हूँ, वह स्थिति इस आशंका को निर्मूल सिद्ध करती है। पश्चिम में भी यह देखा जा चुका है कि टीवी और मीडिया के दूसरे स्वरूपों के कारण न तो पुस्तकों का चलन कम हुआ है, न प्रकाशन व्यवसाय की क्षति हुई है। बल्कि कहीं-कहीं उसमें उछाल भी आया है। हमारे देश में भी कई भारतीय भाषाओं में पुस्तक-व्यवसाय में वृद्धि हुई है। मलयालम, बांग्ला, मराठी विशेष रूप से उल्लेखनीय हैं। हिन्दी में पाठक समुदाय की स्थिति को लेकर आशंका जताई जाती है, पर हिन्दी क्षेत्र में भी विभिन्न राज्यों में स्थितियाँ अलग-अलग हैं। मध्य प्रदेश के सुदूर और छोटे जिलों में भी समकालीन साहित्य के प्रति जो आग्रह है, वह उत्तर प्रदेश में नहीं है। बिहार में नयी पत्रिकाओं, पत्रों और पुस्तकों के प्रति लोगों में जो आकर्षण है, वह मध्य प्रदेश में भी नहीं है। अगर हिन्दी-भाषी कुछ क्षेत्रों में पुस्तक खरीदकर पढ़ने वाले पाठकों की कमी है तो इसका दोष टेलीविजन या दूसरे मीडिया पर न थोपकर इस स्थिति के कारण की हमें सामाजिक-मनोवैज्ञानिक दृष्टि से और अधिक गहराई से छानबीन करनी चाहिए।

किस प्रकार लिखकर आपने सर्वाधिक सुख या सन्तोष पाया? पहली रचना या फिर...?

नहीं, पहली रचना या कोई और रचना पूरी की हो और एक विशेष प्रकार के सन्तोष की अनुभूति हुई हो, ऐसा तो कभी नहीं हुआ। फिर धीरे-धीरे ये

स्थितियाँ जीवन का अंग बन गयीं और उनकी नवीनता जाती रही। जिस अनुपात से ख्याति मिली, उसी अनुपात से अपने लेखन की प्रशंसा और निन्दा भी मिलनी शुरू हो गयी। बाद में यह जीवन का सहज अंग बन गया।

क्या कभी कुछ यूँ भी हुआ कि किसी रचना या कृति के बारे में पाठकों की प्रतिक्रिया आपके अनुमान या अपेक्षा से एकदम विपरीत रही हो?

नहीं, मुझे ऐसा झटका बहुत कम लगा है। कारण यह है कि मैं अपनी रचनाओं को, विशेषत: उपन्यासों को, काफी अरसे तक माँजता रहता हूँ। उसके प्रेस में जाते-जाते उसके विषय में मेरी आलोचनात्मक वृत्ति इतनी सक्रिय हो जाती है कि बाद में समीक्षकों और पाठकों की प्रतिक्रिया तथा मेरी स्वयं की प्रतिक्रिया के बीच कोई बड़ा अन्तर नहीं रह जाता।

एक पाठक के रूप में आप पढ़ने की रुचि, अभ्यास या पढ़ने की सामग्री के चयन के तरीके आदि के बारे में क्या कुछ कहना चाहेंगे?

हिन्दी में तो बहुत स्पष्ट स्थिति है कि जितने महत्त्वपूर्ण विख्यात लेखक हैं उनकी रचनाएँ कर्तव्यवश पढ़ता हूँ। नये लेखकों की सब कृतियाँ नहीं पढ़ी जा सकतीं। मगर उनमें जो पठनीय है, उनका पता नये लेखक मित्रों से चल जाता है। अँग्रेजी में भी लगभग वे सभी पुस्तकें पढ़ने में आ जाती हैं जो चर्चा में होती हैं। इसके अलावा लखनऊ में रहते हुए समकालीन विश्व साहित्य से परिचय बनाए रखना बड़ा कठिन हो गया है। कुछ समय पहले तक ब्रिटिश लाइब्रेरी यहाँ इस कमी को पूरा कर देती थी और कुँवर नारायण का साथ भी, जिनके पास नयी से नयी महत्त्वपूर्ण विदेशी पत्रिकाएँ और पुस्तकें बराबर आती रहती थीं। ब्रिटिश लाइब्रेरी समाप्त हो गयी और कुँवर नारायण अब दिल्लीवासी हो गये। कुछ यह भी है कि नवीनतम साहित्य से परिचित बने रहने की इच्छा के मुकाबले पुराने क्लासिक साहित्य के प्रति अभिरुचि बढ़ी है। इस समय यही स्थिति है। रचनात्मक साहित्य की जितनी भी विधाएँ हैं, पहले सभी में मेरी रुचि रही है। इसके अलावा मेरे अध्ययन क्षेत्र में इतिहास, राजनीति, पुरातत्त्व, समाजशास्त्र, संगीत आदि भी शामिल रहे हैं।

साहित्य से अर्जित अनेक आनुषंगिकताओं के अलाव कुल मिलाकर मेरा जीवन—जैसा प्रेमचन्द ने अपने लिए कहा था—एक सपाट मैदान जैसा रहा है।

—अब इसे आप चाहे नियतिवाद के रूप में ग्रहण करें या इस रूप में कि सामाजिक स्थितियों के अनुसार जो भी एक व्यक्ति या समुदाय के साथ होता है, असामान्य नहीं है। संयोग तत्त्व भी काफी प्रबल रहता है, जैसे दुर्घटना हो या रोड एक्सीडेंट। उसका शिकार अगर 'क' या 'ग' नहीं 'ख' होता है, तो इसे ही संयोग कह सकते हैं। दुर्घटना होगी तो कोई न कोई शिकार होगा ही।

इसमें दैवी विधान या भाग्यवाद की कोई अनिवार्य भूमिका नहीं है। जीवनतन्त्र जैसा है, यह उसी का अनुषंग है। आस्तिक होते हुए भी मैं मानव जीवन की छोटी-बड़ी सभी घटनाओं को इसी रूप में ग्रहण करने का आदी हूँ।

एक युवक ने आकर खाना मेज पर लगे होने की सूचना दी है। मेज पर पहुँचते ही लगा कि श्रीलाल जी अब अपेक्षाकृत अधिक अनौपचारिक और आत्मीय हो गये हैं। एक-एक चीज अपने हाथ से मेरी प्लेट तक पहुँचाने की शिष्ट उदारता। पसन्द पूछने से लेकर गिलास में पानी न होने तक की चिन्ता करते वे हँसते-खिलखिलाते कई साहित्यिक हस्तियों और घटनाओं के बारे में मुक्त-मन अपने अनुभव और प्रतिक्रियाएँ सुनाते रहे थे। श्रेष्ठ वक्ता के रूप में मैंने द्विवेदी जी, महादेवी जी, नामवरजी का ज़िक्र किया है, वे कह रहे हैं—

—द्विवेदी जी के बोलने में बंगाली भावुकता थी, नामवर का बोलना बौद्धिक है। वे बहुश्रुत हैं, बहुपठित हैं। बोलते समय बड़े सहज ढंग से बड़ी जटिल बात भी प्रस्तुत करने की क्षमता रखते हैं।

अतिथि कक्ष के उस सोफे पर आकर उनके बैठते ही सुनाई दिया—"अब बहुत हो गया। इसमें देख लेना, अरेंज कर लेना!" तभी फोन बजा। पास रखा फोन खड़े-खड़े सुना जा रहा है—'हाँ, ठीक है! दोबारा कर लें!' सोफे पर बैठते-बैठते कह रहे हैं—'अजीब जोकर हैं।' मैंने जिज्ञासा प्रकट की तो बताया सरकार में कोई सचिव हैं। अपने सेक्रेटरी को मुझे फोन मिलाने का हुक्म दिया, हुक्म देकर साहब ट्वायलेट चले गये। हँसते-झुंझलाते आज के अधिकारियों की कार्यशैली, अहमन्यता, कमअक्ली के अलावा उनमें दहेज और पैसे की बढ़ती भूख के कई उदाहरण उन्होंने सुनाये।

तब मैंने श्रीलाल जी से सेवानिवृत्ति के बाद की दिनचर्या तथा यात्राओं के बारे में पूछा। लगा जैसे थोड़ी देर पहले के बताने से बचने वाले अपने भाव को ही वे भूल गये हैं। कहने से पहले कुछ सोचकर हँसे—सर्विस पीरियड में साहित्यिक सेमिनार शायद ही अटेंड किया हो। सेमिनार हंटिंग रिटायरमेंट के बाद ही शुरू हुई। वैसे कम से कम ही भाग लिया। मजबूरी में ही जाता हूँ। अब भी घर पर रहना, इष्ट-मित्रों से बात करना और पढ़ना-लिखना ज्यादा अच्छा लगता है। बाहरी चीज़ों में रुचि नहीं है। आपको मालूम है कल अठहत्तर वर्ष पूरे कर रहा हूँ। *मैंने कहा था कि अपने जन्मदिन की पूर्व सन्ध्या में मेरी यह 'पहली' बधाई स्वीकार करें।* 'धन्यवाद' कहकर उन्होंने बताया था—"कल इकतीस दिसम्बर है। यहाँ यह परम्परा हो गयी है कि लखनऊ के साहित्यकार इकट्ठा होते हैं इकतीस को। पहले मैं पत्नी को इकतीस को बाहर किसी होटल या क्लब में

ले जाया करता था।"

संस्कृत में गाँव वालों के बारे में साहित्य के लोगों के विचार, ग्राम्य-दोष आदि के बारे में हँसते हुए उदाहरण पर उदारहण सुनाए जा रहे हैं। एकदम मुक्त-प्रफुल्लित मन से। अपने-आप से लौटे हैं अपना 'रूटीन' और लिखने से सम्बन्धित भाव बताने की ओर—मुझे मार्निंग वॉक हमेशा अच्छा लगता है। अब तो समय भी है। सीवियर नहीं है, पर मुझे डायबिटीज है।

जब मैं लिखने की ओर प्रवृत्त हुआ, तो जैसा मैंने पहले कहा—मुक्ति की इच्छा से। तेईस की उम्र में शादी हुई। जिम्मेदारियाँ तब ज्यादा थीं—परिवार चलाने की, और फिर सरकारी नौकरी के अपने अलग बन्धन। यानी कि बन्धन ही अधिक थे। लेखन ऐसा क्षेत्र था जहाँ पूर्ण स्वतन्त्र था मैं।

ठीक है व्यंग्य लेखन में मुझे ख्याति मिली, पर एक विधा से मैंने खुद को आबद्ध नहीं किया। आबद्ध कर लिया तो फिर स्वतन्त्रता किस बात की? तब भी आप ग़ुलाम हुए अपनी युक्तियों के। कविता की जटिलता और जादू को पकड़ने की हिम्मत न हुई हो शायद। वयस्कता के साथ यह सोचें की आलोचना, जीवनी या निबन्ध ही लिखेंगे, तो लेखक होकर भी आप अपने पर खुद कतर रहे हैं। यह समझ में नहीं आता और जब बन्धनों से छुटकारा पाने को लेखक-वृत्ति अपनाई तो फिर मैं कहीं किसी लेखकीय संगठन में भी क्यों बँधूँ? बन्धनों से लेखक का एटीट्यूट इतना सीमित हो जाता है कि उनकी रचनात्मकता और समझ प्रभावित हो जाती है।

ज्ञान चतुर्वेदी ने एक बहुत अच्छा उपन्यास 'बारहमासी' लिखा है। मैंने उसकी लम्बी समीक्षा लिखी। अच्छे उपन्यास के रूप में उसकी व्याख्या की, पर उन्हीं के द्वारा भूमिका में उसे व्यंग्य उपन्यास घोषित किए जाने पर मैंने आपत्ति की। पता नहीं मेरी यह आपत्ति वहाँ पसन्द की गयी या नहीं? सच तो यह है कि लेखक जब किसी विधा से बँधकर अपनी वृहत्तर सम्भावनाओं की पड़ताल बन्द कर देता है तो उसमें ठहराव आ जाता है।

उसके बाद तो अतीत के कितने ही प्रसंग उन्हें याद आते गये थे।

फोटों खींचने की अनुमति चाही तो सुनकर कुछ देर चुप रहे, फिर बोले—"आपका भी साथ खिंचेगा!" आवाज़ देकर अन्दर से खाना खिलाने वाले युवक को बुलाया गया है—"यह हमारे पुराने सर्वेंट का बेटा है। हाँ, शादी हो गयी है। जब तक कहीं नौकरी नहीं मिल रही है, यहाँ घर का काम देख लेता है आकर।" स्नेहपूर्वक मुझे अपने पास बिठाकर फोटो खिंचवाया गया। सन्तानों के बारे में विस्तार से सूचना दी फिर—"हाँ, एक बेटा है। जब पत्नी बीमार थीं,

तब यहीं ट्रांसफर कराना पड़ा उसे।''

चलने को उठते-उठते दाईं ओर ऊँचाई पर रखे एक बड़े से फोटो पर मेरी दृष्टि फिर पड़ी। पहले भी कई बार उसने मेरी निगाहों को अपनी ओर खींचा था। उम्र, मुद्रा और अन्दाज के आधार पर किसी अभिनेत्री का चित्र मान लिया था उसे मैंने। श्रीलाल जी ने मुझे देखते हुए देख लिया—''हाँ, पत्नी का है। यह फोटो! बहुत पुराना है। बिन्दी नहीं लगी। नहाकर आयी थीं। बाथरूम से बाहर आते-आते यूँ ही खींच लिया गया था। कितना विशेष है! है न? बहुत बड़े फोटोग्राफर—कान्तिचन्द्र सोनरेक्सा का खींचा हुआ फोटो है यह।'' आवाज़ में भारीपन आ गया है। आँखों में नमी तो नहीं दिखी थी, पर आवाज़ में भीगापन था। कसक की एक कौंध-सी भी थी—जैसे पुरवाई के किसी झोंके ने पुरानी चोट की याद दिला दी हो। बोलने की गति मन्द और स्वर धीमा हो गया है—''हाँ, बीमार रहीं। न्यूरेलॉजिस्ट ने कह दिया था। हम मान चुके थे। बस, उसके बाद उन्हें दूर-दूर यात्राएँ कराना शुरू कर दिया था। कहाँ-कहाँ नहीं घुमाया उन्हें...।''

मैं चलने-चलने को हूँ। पता नहीं क्या उमड़ा, क्या ध्यान आया कि वे टेलीफोन के पास रखी डायरी उठा लाए—''अरे हाँ, अब सम्पर्क तो रहना चाहिए। आपका पता लिख लूँ। फोन नम्बर क्या है?'' लगा नारियल में का कोमल और तरल अब बाहर हो गया है। पूरे कमरे में कोमलता और तरलता का अहसास आ भरा है। दरवाज़े से बाहर दूर तक साथ-साथ आये हैं। समझाना जारी है—''हाँ, आप चौराहे के उस तरफ खड़े होना!'' ...बिलकुल ऐसे जैसे कोई बुजुर्ग अपने घर के किसी बहुत लाड़ले बच्चे को घर से बाहर भेज रहा हो—विदा कर रहा हो!

मनोहर श्याम जोशी

मनोहर श्याम जोशी के निवास पर जाते हुए मैं जोशी जी के उस रूप और अन्दाज़ को याद कर रहा था, जो मैंने 'साप्ताहिक हिन्दुस्तान' के कार्यालय में वर्षों पहले देखा था। अपने सहकर्मी की मेज के पास खड़े-खड़े कुछ निर्देश देते जोशी जी! सफारी सूट में लकदक, सीधी-तनी, लम्बी, गर्वीली-सी देह! मुँह में लगी धुआँ-धुआँ होती सिगरेट।...उनके फ्लैट की घंटी बजाने पर दरवाज़ा उन्होंने ही खोला था। मैं याद वाली अपनी तस्वीर और सामने खड़े व्यक्ति में आये अन्तर को जब तक चीन्हता-पहचानता, वे आइए, आइए कहते हुए अन्दर की ओर मुड़ चले थे। मैंने तब सीधे, तने-तने तेज चलकर उनका अन्दर जाना गौर से देखा था। अतिथि कक्ष के सोफे की ओर इशारा कर वे 'अभी बस, एक मिनट में आता हूँ' कहकर बगल वाले कमरे में चले गये थे। मैं सँभलकर बैठ भी नहीं पाया था कि वे मेरे सामने की कुर्सी पर आ बैठे। कुछ और औपचारिकता के बाद, अचानक आदेशात्मक मुद्रा में कहा गया, "हाँ शुरू करिए! क्या पूछना है आपको?"

इतनी जल्दी की मुझे उम्मीद नहीं थी। जल्दबाजी में एकदम से यही दिमाग में आया कि पहले मैं उनसे उनके सम्पादन काल के अनुभवों के बारे में पूछूँ। मैंने जैसे ही उस काल के अनुभवों और सम्पादन तथा पत्रकारिता के वर्तमान पर कुछ कहने का अनुरोध किया, देखा कि उनकी आँखें धीरे-धीरे बन्द होने लगीं। प्रश्न सुनते ही एकदम से बोलना शुरू! जैसे रिमोट का कोई बटन प्रश्न से दब गया हो और यन्त्र ने काम करना शुरू कर दिया हो।

देखिए, मुझसे पहले वालों से या उनसे और पहली वाली पीढ़ी से आपने यह पूछा होता तो वो हमारे बारे में यही कहते कि ये नये लौंडे-लपाड़े आ गये हैं पत्रकारिता को ख़राब करने। उस दृष्टि से हमने दो ख़राब काम किए। पहला यह कि परम्परागत साहित्य की जगह नये और प्रयोगवादी साहित्य को जगह दी। यह भारती और हमने समान रूप से किया। मुझे आज भी याद है, हमारे मित्र मोहन रोकश ने 'साप्ताहिक हिन्दुस्तान' में छापने के लिए मुझे अपना उपन्यास

'अँधेरे बन्द कमरे' थमाया। हमने छापा भी। पर वहाँ मेरे जो मुख्य सहायक थे, जिनके सम्पादक बनने के सारे सपने मुझ कम उम्र वाले सम्पादक के कारण ख़त्म हो रहे थे, कुपित हो गये। हमारे यहाँ दूर-दूर तक के रिश्ते माने जाते हैं। सौभाग्य से शिवानी मेरी बहिन थीं। मैंने उनका उपन्यास 'क्षतिपूर्ति' छापा तो यह भी ग़ुनाह हो गया।

अन्य कई और ख़राबियाँ हमने कीं। जैसे उत्तर भारत में हिन्दी-अँग्रेज़ी में मैं पहला सम्पादक था जिसने क्रिकेट पर विशेषांक निकाला। क्रिकेट में खुद मेरी रुचि भी थी। मैंने तब 'क्रिकेट सीखिए-नुमा' एक किताब भी लिखी थी, हालाँकि उसका हमें कुछ मिला नहीं। पुरानों के हिसाब से एक और ख़राबी की हमने। एक दिन कवि भूपेन्द्र कुमार 'स्नेही' मिलने आये। परम्परागत साहित्य, दिनकर, जैनेन्द्र आदि पर बातें होती रहीं। मैंने उनसे कहा कि कुछ नया करिए! उन दिनों मीना टंडन-मर्डर की अख़बारों में ख़बरें छपी थीं। मैंने कहा कि इसके पीछे पड़ जाओ। हिन्दी में क्राइम-रिपोर्टिंग होती है, पर ख़बर पीछे के पृष्ठ पर छप जाती है। आप इसे पश्चिम की तरह लम्बा लिखिए। पुलिस के पीछे पड़ जाइए। उसके बाद 'स्नेही' जी का जीवन बदल गया। एक अन्य पत्रकार मित्र थे—कैलाश शाह, डॉक्टरों के पास आते-जाते रहते थे, डॉक्टरों से सम्बन्धित काम पर उन्हें लगवा दिया। बड़े उत्साहित हुए वे। मन की उलझन या डॉक्टरों की सलाह जैसी चीजें साप्ताहिक से चलीं। एक-एक रोग पर विशेषांक निकाले। उदासी के रोग पर कवर स्टोरी छपी थी—मेरा मन वनवास दिया सा। 'साप्ताहिक' में लोकप्रिय चिकित्सक डॉ. आत्म प्रकाश ने धारावाहिक संस्मरण लिखे। ज्योतिषियों को छापा, उन्हें खूब लड़वाया आपस में। खूब विरोध और भर्त्सना हुई उनकी ग़लतियों और दोषों को लेकर।

मैं पहले 'दिनमान' में अज्ञेय जी का सहायक रहा। रघुवीर ने क्या किया, यहाँ इस बात की बहस में नहीं पड़ रहा, पर बहुत कम लोगों को जो पता है, ऐसी दो ख़ास बातों का ज़िक्र करना चाहता हूँ। इन बातों के लिए 'दिनमान' अज्ञेय के काल से उल्लेखनीय रहा है। यह बात मैं बहुत लोगों से बातें करने के बाद कह रहा हूँ। मेरी जानकारी में किसी भी (भारतीय) भाषा में 'दिनमान' पहला समाचार साप्ताहिक था। देश में साहित्यिक पत्रिकाएँ तो और भी थीं ऐसी, जिनमें समाचाराधिक्य लेख होते थे पर पूरा साप्ताहिक समाचार का और नहीं था। दूसरी बात कि 'दिनमान' ने वह शैली अपनायी जो तब पश्चिम के लिए भी नयी थी और जिसे 'न्यू जर्नेलिज़्म' कहा जाता है। इसमें पत्रकार साहित्येतर विषयों पर लिखते समय भी साहित्यकार के तेवर अपनाए रहता था। बहुत मशहूर किस्सा है पत्रकारिता का। एक जगह आग लग गयी। नये, सिखनौरी पत्रकार को भेजा

गया। समझा दिया कि इतनी लाइनों में लिखना है। उसने कुछ ऐसे शुरू किया कि धुआँ उठ रहा था, चीखें सुनाई दे रही थीं, भगदड़ मच गयी थी...। सिटी रिपोर्टर ने देखा तो माथा ठोक लिया। ये क्या है? उसने कहा कि असली पत्रकारिता है पढ़े-लिखों की। झल्लाये सिटी रिपोर्टर ने समझाया कि पत्रकारिता की किताब सिखाती है कि पहली पंक्ति में खबर और उल्लेखनीय बात आ जानी चाहिए। इसकी शुरूआत यूँ होनी चाहिए कि तीन व्यक्ति मरे, करोड़ों की सम्पत्ति स्वाहा...। पर 'नवपत्रकारिता' वालों ने तब जिसे 'रिपोर्ताज जर्नेलिज़्म' कहते हैं, का आन्दोलन-सा छेड़ दिया। मैंने स्वयं ऐसी चीजें लिखीं। 'दिनमान' में पाँच अंकों तक यमुना बाजार के स्लम और वहाँ बन गयी समाधियों के बारे में विस्तृत रिपोर्ताज लिखा।

योगेश गुप्त एक बार मिलने आये तो उन्होंने बताया कि वे 'मियानी' में रहते हैं। मियानी कम किराये पर मिल जाती थी। शब्द सुनकर मैं चमत्कृत। उनसे कहा कि इस पर तीन-चार अंकों में लिख दो। संघर्षरत निम्न-मध्यवर्ग के लोगों की बहुत अच्छी चीज़ बन पड़ी। यह सब हम 'दिनमान' से 'साप्ताहिक' में लाये। आज तो पश्चिम में जो होता है, होने लगता है, टीवी के माध्यम से तुरन्त लोगों तक पहुँच जाता है। 'दिनमान' में रहने के दिनों में हमने आधुनिक जीवन के नये सरोकारों के बारे में निरन्तर लिखा। वहाँ भी नियमित स्तम्भ लिखा और साप्ताहिक में भी 'गपशप' लिखता था। हिन्दी वालों को यह सब साहित्य से बाहर की चीज़ लगती थी। साहित्य हो या न हो पर पत्रकारिता को समाज का दर्पण होना चाहिए। मुझे आज भी याद है, मीना टंडन-मर्डर के बारे में छपने पर नगेन्द्र जी बहुत नाराज़ हुए थे। ख़ास तौर से मिलने आये यह कहने कि क्या तुम लोग पागल हो गये हो? एक साहित्यिक पत्रिका की हत्या करने पर तुले हो!

देखिए, आपको यह बता दूँ कि भारत में, हिन्दी पत्रकारिता में ख़ास तौर से, सम्पादक की कुर्सी छीनने का अभियान निरन्तर चलता रहता है। अधिक से अधिक समय सम्पादक को बदलवाने में जाता है। के.के. बिरला जी को मेरे विरुद्ध बार-बार लिखकर भेजा गया कि आधुनिक हैं, कम उम्र हैं, मॉड हैं, विदेशी और अँग्रेज़ियत-पसन्द हैं तथा वहाँ की बातें लिखते हैं। समझ रहे हैं जैसे अमेरिका में पत्रकारिता कर रहे हैं। विधि का विधान कितना पेचीदा, विचित्र और विडम्बनापूर्ण होता है कि इसकी एक अद्‌भुत परिणति हुई। आपातकाल से ठीक पहले किसी ने बिरला जी को नौजवानों के लिए एक 'टेबलॉयड' निकालने का सुझाव दिया। 'मार्निंग ईको' निकालने का इरादा बना। एडिटर रखे गये। इन्हीं दिनों मेरी शिकायतें हुईं। पत्रिका निकली तो विमोचन करने वी.सी.शुक्ला आये। प्रकाशन की तारीफ़ करते हुए उन्होंने ग्रामीण युवाओं के लिए अख़बार निकालने के लिए प्रबन्धन को

बधाई दी। उन्होंने ध्यान नहीं दिया कि ग्रामीण युवा अँग्रेज़ी कैसे पढ़ने लगे? एक गड़बड़ और हुई। सब कुछ देखे जाने के बावजूद गाज़ियाबाद के समलैंगिकों के बारे में एक समाचार उसमें चला गया। प्रबन्धन को लगा कि बंटाढार हो गया। अब दूसरे से निकलवाओ। तब मुझे मलेरिया हो गया था। एक दिन गाड़ी आयी और मुझसे कहा गया कि बिरला जी बुला रहे हैं। मैं चमत्कृत! होटल में थे। मैं गया तो बोले—आप इसे सँभालो। मैं नाम दे रहा हूँ। मैंने कहा कि यह अँग्रेज़ी की पत्रिका है। इसमें मैं क्या करूँगा? बोले—लोग बताते हैं कि तुम मॉड हो। अब आप देखिए, एक साथ दो पत्रों का सम्पादक! मेरी तनख़्वाह बढ़ गयी, भत्ते बढ़ गये। मेरी तरक्की हो गयी। और यह मेरी बदनामी और दुश्मनी ने करायी।

वह ज़माना हमसे पहले लद गया था, जब छोटी ही सही पर पत्रिका अपनी थी या सम्पादक आदि मालिक के मित्र होते थे। आज मीडिया एम्पायर है। हमारे समय में भी मीडिया बड़ा था, पर ऐसा नहीं। मैं कुछ कहूँ या व्यंग्य करूँ, पर मुझे यह सच मालूम है। पूर्व राष्ट्रपति जैल सिंह जी के बारे में छपने पर जब हमारी तरफ से पहला कष्ट हुआ, प्रबन्धन ने एक क्षण नहीं लगाया हमें हटाने में। विरोधियों के सत्रह सालों के प्रयासों से जो नहीं हुआ, वह एक क्षण में हो गया। 'नेताजी कहिन' मैं लिखता था, रोक दिया। मैं झूठी हीरोइज्म नहीं करना चाहता। बन्द कर दिया। लेकिन यह जो पूर्व राष्ट्रपति के बारे में लेख था, मैंने नहीं लिखा था। मैं था भी नहीं, छुट्टी पर था। पर कहा गया कि मैंने फोन पर कहकर लिखवाया। उसमें 'चतुर्थ श्रेणी कर्मचारी की भी योग्यता नही' वाली पंक्ति छप गयी थी। 'आर्गनाइजर' में भी देने-छपवाने का आरोप लगाया गया। पूरी साज़िश थी। बड़ा आसान था वह सब। निकालने में हल्ला-गुल्ला होता। कह दिया गया कि आप पर 'लोड' बहुत है। अब आप अँग्रेज़ी वाला सम्पादन करो। आज अख़बार 'ब्रांड' बाजी में तो यह होगा ही कि साहित्य छोड़ो। जितना बदल सके, हमने तो बदला। जिसे 'उच्चभ्रू' कहते हैं, पढ़े-लिखों के लिए सामग्री दी। आज के अधिकांश लोग तो जैसे, जो कर रहे हैं, सीधे सड़कछापों को देने के लिए कर रहे हैं। जी हाँ, एक अद्‌भुत क्षमता है आज की पत्रकारिता में। लोग चिढ़ें तो चिढ़ें, मुझे ऐसा बयान देना है। यह ऐसी पत्रकारिता है कि तमाम राजनीतिक मामलों में वामपन्थी होने का दावा करती है, हिन्दुत्व या बीजेपी आदि तो हौवा हैं जैसे, लेकिन आर्थिक-सांस्कृतिक मामलों में मुक्त मंडी के साथ है। मैं वहाँ लिख रहा हूँ, पर 'आउटलुक' भी यही कर रहा है। आज का मीडिया पूरी तरह विज्ञापनदाता पर आश्रित है। था पहले भी पर अब जितना नहीं। हमारी पीढ़ी से पहले, ख़ास तौर से हिन्दी में, ऐसे अभागे ही पत्रकार होते थे, जो चुंगी में भी नहीं लग पाते थे। हमारी पीढ़ी पहली थी जिसमें पत्रकारों की तनख़्वाह

बढ़ी। मेरे और घरवालों के भी अनुसार कितने वर्षों की बेरोज़गारी, छँटनी और नौकरी के बाद मैं भारत सरकार के क्लास वन जॉब पर गया। तीन वर्षों में उसे छोड़ आया। ठीक है कि कोई आर्थिक क्षति नहीं थी। पर लम्बा सोचने पर मैं ज्वाइंट सेक्रेटरी या कम से कम डिप्टी सेक्रेटरी तो हो सकता था। वहाँ सब मिलाकर मुझे सात सौ बीस मिलते थे, जबकि इधर मुझे पन्द्रह सौ कुछ मिले। तब वहाँ से दोगुनी तनख़्वाह। बहुत सारी सुविधाएँ। हम जैसे पढ़ने-लिखने वालों को तो यह भी एक बड़ी सुविधा थी कि जितनी चाहो पत्र-पत्रिकाएँ घर मँगा लो। रद्दी भी बेचो तो काफी पैसों की हो। तीन साल में, जब साप्ताहिक में आ गया तो पच्चीस सौ हो गयी। फिर बढ़ती ही गयी। नीचे वालों की बढ़ती तो हमारी भी बढ़ती। आज स्थिति यह है कि कोई सम्पादक पचास-साठ हजार से कम नहीं ले रहा होगा। हमने छह सौ सोलह से शुरू किया, टूटी-सी बिल्डिंग, प्रेस ऐसा। आज आलीशान बिल्डिंगें! हवाई यात्राएँ! विदेश-दौरे! वो भी तो कहीं से निकालेंगे अपने खर्चे! खर्चे निकलते हैं प्रायोजकों से, विज्ञापनों से। इसलिए उनका अहित नहीं कर सकते, अटैक नहीं कर सकते और उनकी उपभोक्तावादी जीवन-दृष्टि को बढ़ावा देते हैं। विज्ञापनदाताओं का एक मुहावरा है—ब्रांड की 'अपराइट प्रोफाइल' होनी चाहिए।

हिन्दी पत्रकारिता के पिटे रहने का कारण यह है कि उत्तर भारत इस मायने में अद्‌भुत, अपूर्व है कि यहाँ का श्रेष्ठि वर्ग अपने को अँग्रेज़ीदाँ बताना चाहता है। इसलिए हमारी पत्रकारिता कोशिश करती है कि उन्हीं की तरह सब कुछ करे। कानपुर, इटावा में 'वेलेंटाइन डे' मनने लगा तो अब वहाँ के लिए भी विज्ञापन मिलेगा। हिन्दी के शुभचिन्तक के नाते इंग्लैंड का एक अनुभव मुझे अच्छा लगा। वहाँ पर्यटन विभाग की एक संस्था ने स्कॉटलैंड देखने की सुविधा उपलब्ध करायी। मैंने पूछा कि आपने सुविधा दी है तो आप चाहेंगे कि मैं इस पर कुछ लिखूँ। मैं अँग्रेज़ी में भी लिख दूँगा। उन्होंने कहा कि आप ऐसी हिन्दी पत्रिका में छपवा दें, जिसका 'मास सर्कुलेशन' हो। उनका फीडबैक यह है कि हिन्दी में छपने पर वहाँ भी 'मार्किट क्रिएट' होगा।

आप जान लीजिए कि पत्रकारिता का एक पक्ष तब भी दलालीवाला और सत्ता के गालियारों में घूमने वाला था। किसी हद तक विश्व में हर जगह है यह। अजब-सा सम्बन्ध बन जाता है नेता और पत्रकार का। रात-दिन का साथ है। तोकू और न मोकू ठौर। नेता भीतर का कुछ न दे तो आप क्या 'एक्सक्लूसिव' कर देंगे? नेता के पास पढ़ाया हुआ पत्रकार न हो तो वह कैसे प्लांट कराएगा कुछ? यह सब जगह है। पुराना चला आ रहा है। हमारे यहाँ घूस कहते हैं, अमेरिका में इसके लिए अच्छा शब्द है 'लॉबिंग'। जन सम्पर्क कहते हैं जिसे,

उसमें भी तो धन्धे के लिए पत्रकार को लेते हैं। उनकी नौकरी पटाने, जुगाड़ कराने की होती है। एजेंसियाँ छपवाने-प्रचार कराने का ठेका लेती हैं। उनका काम पैरोकारी—पीछे पड़ना है। अच्छी-बुरी चीजों को, व्यापार, उद्योग और जातियों-समूहों तक को प्रभावित-प्रचारित करना है। उसमें यह भी शामिल है कि 'इन्फ्लुएंस' करो, पैसा दो। आपसे कहा जायेगा कि ये तथ्य हैं, ऐसा लिख दो। आपको क्रेडिट मिलेगा, हमारा काम बनेगा। संसद में सवाल उठेगा, हंगामा होगा। पश्चिम में जाइए और देखिए! वहाँ अब इतने और ऐसे तरीके अपनाने लगे हैं कि सुविधा दिये जाने के आरोप लगे भी तो सिद्ध न हो पाए। अमेरिका में तो इस सबके लिए शर्म का भाव भी नहीं है। कई जगह खुलेआम है सब कुछ। ऐसे में पत्रकार और नेता का सम्बन्ध प्रेस की तथाकथित स्वतन्त्रता के आड़े आता है।

पहले यह प्रमाण था, विश्वास था कि 'न्यूयॉर्क टाइम्स' जैसे पत्र इतने बड़े हैं कि उन्हें कोई खरीद नहीं सकता। पर इनसान के घटियापन की कोई सीमा नहीं है। सिद्धान्ततः अब मीडिया की विराटता है। नवपूँजीवाद के दौर में वह किसी एक मालिक का नहीं है, अब मीडिया 'एम्पायर' का है। वह जीवन-शैली पंगा नहीं चाहती। राजनेता को 'टोटली जेब' में रखना चाहती है। जो हम कहें, करो। यह आश्वस्ति भी देती है कि तेरा जयगान होता रहेगा। आश्चर्य का विषय है, आप 'न्यूयॉर्क टाइम्स' तक में देख लें! बुश की कोई ख़ास आलोचना नहीं हुई अभी इराक में हुई बम वर्षा में मरे नौ बच्चों वाली घटना पर। समाचार छपा पर बावेला नहीं मचा। जब लगेगा कि बुश हारेगा तो स्वर बदल जाएगा। सभी लोग बौने हो गये हैं। आज कोई नीति बदल के तो देखे!

बुनियादी फ़र्क़ आज यह आया है कि कोई बात दब-छिप नहीं सकती। एक तरफ मीडिया दूसरी तरफ इंटरनेट। हरेक की साइट्स आती, दिखती, बिकती रहती है। मीडिया कितना भी मैनेज कर ले, इंटरनेट के आगे लाचार है, क्षणिक होता जा रहा है। उसे भला कोई सँभाल कर रखेगा? हवा में उड़ जायेगा। कितने कांड हुए, सब महाकाश में विलीन हो गये। आज बेशर्मी बढ़ने का यह भी कारण है कि कोई खबर दो-चार दिन से ज़्यादा नहीं रहती। इतना समय झेल जाइए, फिर बस! इसलिए कोई आशा वैसे तो नज़र नहीं आती, पर लगता है कि बदलेगा। जैसे साम्यवाद हार गया, वैसे ही पूँजीवाद भी हार जाएगा।

जोशी जी ने इतना लम्बा जवाब देने के बाद आँखें खोलीं। आँखों से मुझे अगला सवाल पूछने का संकेत किया।

मैंने उनसे लेखन की शुरूआती विधा के बारे में जानने की इच्छा के साथ पूछा, नये कवि के रूप में आपका कई बार ज़िक्र हुआ है फिर बाद में कविता न लिखने के पीछे आख़िर कौन से कारण रहे हैं?

लिखना मैंने कहानी से शुरू किया। लखनऊ विश्वविद्यालय के पास एक चाय की दुकान थी। वहाँ बैठा मैं दोस्तों से बात कर रहा था। एक अपरिचित सरदार मेरे पास आया जो 'सुनो डियर' कहकर बोलता था। उसने पूछा कि क्या तुम शॉर्ट स्टोरी लिखते हो? मैंने कहा कि नहीं। बोला—तुम्हें लिखनी चाहिए। जैसा बोलते हो, वैसा लिख दो! मेरे लिए यह वाक्य प्रेरणादायी बना। पिता के बारे में भावुक-सा एक संस्मरण लिख मारा। वह कहीं छपा नहीं। पहली रचना मानकर उसे रखे रहा। तीसरी कहानी थी एक गाड़ी के बारे में। भावुक नहीं, हास्य प्रधान थी—मैडीरा मैरून। शैवरलेट कार का नया-नया रंग चला था। तब रंगों के ऐसे नामों को कितने लोग जानते थे? वह कहानी लखनऊ लेखक संघ में सुनायी थी। कविता इसलिए लिखी कि मेरे जो साथी थे, वे कवि थे। आज भी कवियों को ज़्यादा लिफ्ट है। हर चीज़ में उनका जलवा। पुरस्कार तो उन्हें। हर्र लगे न फिटकरी, रंग चोखा आ जाता है। मैंने भी कविता लिखना शुरू किया। पर मैं स्वयं को मूलत: कवि नहीं मान रहा था—सो 'पूर्वांचली' नाम से छपवायी। मानता हूँ कि मेरी कविताएँ ख़राब हैं। मुझे उनसे सन्तोष नहीं है। आकार-प्रकार भी ऐसा पकड़ा कि अपनी मुश्किलें खुद बढ़ा लीं। कभी सोचा कि बहुत छोटी कविता लिख दूँ और अमर हो जाऊँ याकि 'वेस्ट लैंड' जैसी बेहद लम्बी कविता लिखूँ। कवियों को मैं जब कोसता हूँ तो इसलिए कि वे पहले वाली चीज़ तो अपनाये हैं, पर लम्बा लिखकर दिखाने का दुस्साहस कोई नहीं कर रहा है। तब एक कविता 'निर्मल के नाम' छपवा दी थी। एक और थी—निवृत्ति। उसके साथ विचित्र बात यह हुई कि वह 'कल्पना' में धारावाहिक छपी। तीन अंकों के बाद मैंने ही रोक दिया और उसे फाड़-फूड़ कर फेंक दिया। कविता से संन्यास ले लिया। लगा कि कविता मेरे वश की नहीं है। इन नये कवियों की छोटी कविताओं को देखो तो दो बातें समझ में नहीं आतीं। पहली कि यदि कविता भाषा का विशिष्टतम प्रयोग नहीं है तो क्या है? बाप रे बाप! ऐसा कर डाला! कुछ तो निकले पढ़कर। कम से कम एक पंक्ति तो पूरी कविता पढ़ जाने के बाद अटकी रह जाए। भाषा देखकर यह क्या कर दिया जैसा कुछ लगे तो बात है! कठिन-जटिल भाषा की बात नहीं है। उसमें कुछ हो ही नहीं और आप कहें कि कविता है। किसी के लिए होगी तो होगी, पर मैं कैसे कहूँ? दूसरी बात कि यह समझ में आता है कि आधुनिकता का सारा अभियान रूढ़ि-बन्धन तोड़ने का अभियान है। क्या इसका यह मतलब है कि जिसने छन्दबद्ध लिख दिया वह पहले ही गैर आधुनिक और घटिया हो गया? फिर यह भी तो आपकी रूढ़ि ही हुई न! आप यदि आधुनिक हैं तो यह क्यों? इनसे जुड़ी तीसरी बात यह कि कुछ भी लिखा जाये, गद्य या पद्य, उसमें कहीं एक बुनियादी लयात्मकता होती है। मैं

अच्छा गद्य उसे मानता हूँ जो ऊबड़-खाबड़ न हो। देखना चाहिए कि लय कहाँ से आ रही है? वह लय भले ही बोलचाल की ही हो, पर हो तो। द्विवेदी जी को देखिए आप! यह भी कि यदि आप छन्द जानते हैं और तोड़ रहे हैं, तो ठीक है कि बन्धन तोड़ रहे हैं। पर यदि छन्द जानते न हों और फिर भी कहें तो?

आखिरी बात जो इस सबसे जुड़ी है, यह कि आधुनिकता पश्चिम से आयी। वहाँ की जटिल से जटिल नीरस से नीरस कविता में एक आवेश है, पैशन है। बिना पैशन के, भावनाओं के, भावोत्तेजना के कविता कैसे होती है? पर हिन्दी में होती है। तभी थोक के भाव कविता लिखी जा सकती है। हिन्दी में जो होती भी है, झूठी-सी लगती है। झेला-भोगा नहीं लगता। भावना हो और झूठी हो तो कई बार पैथॉस हो जाता है। घरों की लड़ाइयों में भी यादगार डायलॉग्स बोलने की कोशिश होती है। अन्य जगह की जो आधुनिक कविता है, आधुनिकता का जो जटिल स्कूल है, वहाँ भी आज की जटिलता दर्शाने के लिए बिम्ब पर बिम्ब, प्रतीक पर प्रतीक आते हैं, पर फिर उनकी व्याख्या होती है। अपने यहाँ अधिकतर नये कवि रूपक पर रूपक बाँधते चले जाते हैं। इससे अधिक रूढ़िवादी कविता नहीं हो सकती। आप समझते हैं हमने प्रतीकात्मक कह दिया, पर आप तो संस्कृत में पहुँच गये। लोग समझें तो! नहीं तो यह रूढ़िवाद का भी बाप हो गया।

...रघुवीर सहाय ने टिप्पणी की है। साहित्य के सन्दर्भ में हिन्दी क्षेत्र का यह दुर्भाग्य है कि भक्ति आन्दोलन के बाद ऐसा कोई नशा नहीं हुआ जिसने समाज के हर वर्ग का स्पर्श किया हो और साहित्यकारों की उसमें कोई भूमिका रही हो। इसीलिए हमारे सारे आन्दोलन आयातित हैं। आधुनिकता, पुनर्जागरण या अन्य सन्दर्भ में जब आयात की हम बात करते हैं तो उस हद तक तो सारा चक्कर पश्चिम से आयात का है।

"कथा-कहानी में उत्तर आधुनिकता की जो बात है उस पर सोचिए! जिस तरह के साहित्य को उत्तर आधुनिक कहा गया, वह बहुत कुछ मिथक कथा, दन्तकथा, लन्तरानी, गपबाज़ी, किस्सागोई आदि पुराने लटके झटकों से प्रभावित है। प्रमुख नाम है होर्जे बोर्खेज, उन्होंने 'कथा सरित्सागर' को अपना प्रेरणा-स्रोत बताया है। उनसे सुनकर हम शुरू हो रहे हैं। अब यहाँ कई लोग व्यायाम कर रहे हैं। हमें, किसी एक को तो सोचना-टटोलना चाहिए कि हम उनका यथार्थ क्यों मान रहे हैं? वैसे ही क्यों करें? अफ्रीका को देखें! उनका जो दृष्टिकोण है कबीले वाला, टोने-टोटके आदि से जुड़ा। उन्होंने उसे ही आधुनिकता प्रदान कर दी। (इस सन्दर्भ में किसी उपन्यास का जिक्र किया) अपने यहाँ भूत-प्रेत, डाकिनी-बावड़ी की कमी थी क्या? हमने क्यों नहीं सोचा इस तरफ? वह पर्सनैलिटी नहीं है न! दुर्भाग्य कि हमने काम में पहल नहीं की।"

व्यंग्य लेखन सम्बन्धी धारणाओं और समकालीन रचनाकारों के बारे में उनकी प्रतिक्रिया जानने के उद्देश्य से भी कुछ सवाल मैंने किये।

जवाब में उन्होंने कहा—कहने को तो कहा जाता है कि दुखी मन की उपज कविता है—'आह से उपजा होगा गान।' कवि दुखी किस्म का मानव रहा होगा। पर मनोविज्ञान बताता है कि निर्बल की हाय हास्य-व्यंग्य के रूप में प्रकट होती है। वैसे हाय करेगा तो वह पिटेगा। दुखी होकर भी कोई कहता जाये कि मैं सुखी हूँ तो अपने में यह व्यंग्य है। जहाँ तानाशाह था, नृशंस शासन था, वहाँ कई कृतियों के बारे में कहा गया कि वे लिखी ही इस कारण गयीं, पर व्यंग्य कुछ ज़्यादा हो गया उनमें। इसलिए 'बुद्धिमान' किस्म के तानाशाह के कान पहले ही खड़े हो जाने चाहिए! बड़ी खुशी से नहीं, ज़रा दुखी हो, अभावग्रस्त हो तो कोई व्यंग्य लिखता है। तानाशाह नहीं तो उपभोक्ता संस्कृति ही सही, मैं रोऊँ-गाऊँ, कौन सुनेगा? हास्य-व्यंग्य करेंगे तो लोग सुनेंगे। सीधा सामाजिक कारण यह कि साहस नहीं कर पा रहे, बोर नहीं करना चाहते रोकर। मनोविज्ञान यह कि जो व्यक्ति बड़ा हिला हो भीतर से, अपनी भावनाएँ सार्वजनिक करने में संकोच करता है, वह हास्य-व्यंग्य हो जाएगा। जिस साहित्य को उत्तर आधुनिक कहा जा रहा है, उसमें इसीलिए हास्य-व्यंग्य विधा, अलग विधान न होकर, साहित्य का प्रमुख अंग बन गयी है। वहाँ अलग से व्यंग्य नहीं लिखते, उनकी कृतियों में हास्य-व्यंग्य है। हिन्दी में मैं भले ही अजूबा हूँ, पर हास्य-व्यंग्य का एक स्वरूप है जिसे अँग्रेजी में 'ब्लैक' का विशेषण दिया है, हिन्दी में 'वीभत्स' कहा जा सकता है, उसमें है ही यह कि भावुकता की जगह क्रूरता कर दें। बिलकुल निर्मम क्रूर और उस पर हँसते रहिए कि यह तो रोज़मर्रा की चीज़ है। इसमें किसी को क्या कष्ट है? मुझे लगता है, मेरी जीवनदृष्टि है यह कि मानव जीवन अपने आप में बड़ा बेतुका, दिलचस्प और हास्यास्पद है।

जैसे एक का 'टैररिस्ट' दूसरे का 'फ्रीडम फायटर' वैसे ही एक की 'ट्रेजेडी' दूसरे के लिए 'कॉमेडी'। एक की मृत्यु, दूसरे का जन्म। हर घटना पर सोचिए, इन विरोधाभासों के चलते लगता है कि पूरा मानव जीवन ब्रह्मांड व्यापी स्तर पर घटित होने वाली दुःखद-सुखद घटना है। अब जैसे यौन विकार हैं। ये कल्पनाशीलता की उपज हैं और हममें ही हो सकते हैं। इनके चलते होने वाली चीजों को 'ट्रेजिक कॉमेडी' न कहें तो क्या कहें? जैसे समलैंगिकों के अधिकार की लड़ाई है—सबको अधिकार। सोचने लगो तो हर सोच बेतुकेपन पर पहुँचता है।

मैं खुद को देखता हूँ। मैं कोई वेदान्ती आत्मसजग नहीं, पर सजग हूँ। इस समय भी सजग हूँ कि मैं लेखकीय मुद्रा में बोल रहा हूँ। गला ख़राब है, पर

बोल रहा हूँ। यही मेरे लिए काव्य है। गुस्सा आता है, तब लगता है—सिद्ध नहीं कर पाएँगे फिर भी तापमान बढ़ा रहे हैं। अपनी ही नेक सलाह नहीं मानेंगे। दूसरे को देखते हैं तो बड़ा हास्यास्पद लगता है। बदनाम औरतें हैं पर दूसरों के यहाँ से जब पुरुष भी आते हैं तो खाका खींचते हैं। नकलें उतारते हैं, चाय-पानी तक में कमी निकालते हैं। मामला ट्रेजिक कॉमेडी ही है। यह मेरी दृष्टि है जो लेखन में हावी हो जाती है। शुरू की एकाध भावुक कहानी को छोड़कर 'मैडीरा मैरून' से ही व्यंग्य मुखर होने लगा। अलग से भी व्यंग्य लिखा है, पर ऐसा बड़ा नियमित नहीं लिखा। ह्यूमर तो हम लोगों के परिवार में है।

फ़ितरत है हमारी। हँसते-हँसाते थे, नकलें उतारते थे। किस्से सुनते-सुनाते थे। यह सायास नहीं अनायास है। आ नहीं जाती ये चीज़ें। आदमी जन्म से पहले ही बन चुका है। वैसा नियतिवाद न मानें पर वैज्ञानिक नियतिवाद तो है।

अपने बारे में क्या कहूँ? मुझे यह सुविधा है कि मुझे व्यंग्यकारों में नहीं गिना गया। श्रीलाल जी ने कोई ज़्यादा नहीं लिखा, रवीन्द्रनाथ त्यागी आदि का बहुत अधिक साहित्य नहीं है, पर दोनों नाम आ जाते हैं; परसाई, जोशी और ज़्यादा आ जाते हैं। हमने वैसे भी ऐसा कुछ ख़ास किया नहीं।

उनकी रचनात्मकता के टीवी सीरियल वाले पक्ष को जानने के लिए मैंने 'हम लोग', 'बुनियाद' का ज़िक्र किया। टीवी लेखन के कारणों, परिस्थितियों, अनुभवों को लेकर कुछ सवाल किये।

सामने सीधे, तने बैठे जोशी जी के दोनों हाथ कुर्सी के हत्थों से घुटनों की ओर बढ़ते हैं। अँगुलियों में पहनी अँगूठियों पर मेरी नज़र पड़ी। कुछ रुककर जोशी जी ने कहा—दृश्य-श्रव्य माध्यम के प्रति मेरी रुचि पुरानी थी। बचपन में फिल्मों का बड़ा चाव था। कम बनती थीं तब फिल्में और देखने जाना भी घटना हुआ करती थी। हमने इंटर पास करने तक पिक्चर नहीं देखी। खानदानी घर अल्मोड़ा में है, पर हम अजमेर में पले-बढ़े। यूनिवर्सिटी जाने से पहले उनचास की बात है। अड़तालीस में लन्दन में ओलम्पिक गेम्स हुए थे। उस पर दो घंटे की एक कलर्ड डाक्यूमेंट्री बनी थी। सभी देशों के थियेटर्स में दिखाई गयी थी। टीवी तो तब था नहीं।

हाँ, तो वह फिल्म आयी। लोगों से सुना उसके बारे में। पब्लिक स्कूल के एक मास्टर के घर ठहरा था। उन्होंने कहा, हमने छात्रों के लिए शो बुक किया है, तुम चले चलो। मैं चला गया। उन्हीं छुट्टियों में आठ-दस अँग्रेज़ी हिन्दी फिल्में देखीं। बहुत आकृष्ट हुए फिर इस माध्यम से। हमारे जो पहले कथागुरु थे नागरजी, तब फिल्मों से लौटे थे। पढ़ाई-लिखाई मेरी चौपट हो गयी थी या

मैंने कर दी थी। उनसे फिल्मों में जाने के लिए पत्र माँगा। वे बोले कि हम छोड़ के आये हैं बेटा, तब तुम क्यों जाओगे? तब तो नहीं पर बाद में मैंने फिल्म डिवीजन में काम किया टैक्नीकल। तभी 'दिनमान' में आ गया। 'साप्ताहिक' से बयासी में मुझे हटाया जा चुका था। बाद में तो बेशर्मों की तरह बना रहा। 'हम लोग' की बात 84 की है। यह मौका था। मुझे लिखने को मिल रहा था। मैंने 'साप्ताहिक' से त्याग-पत्र दे दिया।

'सोप ओपेरा' स्वयं विदेशी विधा है, लेकिन एक मायने में जबर्दस्त तरीके से देसी या कहूँ कि सनातनी विधा है। भले ही 'सोप ओपेरा' आधुनिक पश्चिम के प्रतीक अमेरिका की विशिष्ट देन हो। 'सोप ओपेरा', यानी अतिनाटकीयता से ओत-प्रोत माध्यम। उस हद तक वह मध्ययुगीन भी है और इसीलिए मनोरंजन के देसी पैमाने से मेल खाता है। नौटंकी जो होती है, वहाँ अपने में यह अवधारणा कि लोग गा-गाकर रोएँगे, प्रेम निवेदन करेंगे। हर भाव गाकर। यही अपने में बेमेल है। सही है कि इसमें गा नहीं रहे होते, पर 'सोप ओपेरा' में थियेटर से एक स्वर ऊँचा रहता है। रंगमंच में होने वाले, यथार्थवादी नाटक से कई स्वर ऊपर। रोना, चीखना, चिल्लाना, झल्लाना, हाथ-पैर पटकना, सब देसी-देहाती। सिर पर चढ़कर बोले नाटक। वही परम्परागत धारणा है न यह। तब ठीक है। सनातनी शब्द दो कारणों से। पहला यह कि वह नवरस प्रधान है। सभी रस चाहिए। करेक्टर बनाते समय आपको सोचना पड़ता है कि एक लल्लू डाल दें। बाप पियक्कड़ बना दिया। एक घुट घुट कर रोने वाली चाहिए तो माता जी डाल दें। दूसरा इस अर्थ में सनातनी कि उसका न आदि है न अन्त। सिनेमा में कथानक इस प्रकार होता है कि नायक या नायिका लक्ष्य सिद्धि को निकलता है। कहानी तीर की तरह चलती है। हारा या जीता, कहानी ख़त्म हो गयी। वहाँ कभी ख़त्म नहीं होता। यह सनातनी दृष्टि है। उतार-चढ़ाव आते हैं, पर जीवन कहीं रुकता नहीं। आवृत्तियाँ होती हैं, घूम-घूमकर वही बातें आती हैं। इसलिए यह विचित्र बात है कि बीस एपीसोड मिस करने पर भी आप इसे इक्कीसवें से शुरू कर सकते हैं। कुछ नहीं बदलता अथवा जितना बदलता है उतना ही वैसा का वैसा रह जाता है। 'सोप ओपेरा' में यह है। दर्शकों के भाव वही—चुप रहो! यह कहाँ से आ गयी? वो कहाँ चली गयी? बात वहीं की वहीं। आप कहीं से भी देख सकते हैं क्योंकि वही सब हो रहा है। इस घर में जब वह थी तब भी कलह थी, अब चली गयी तब भी है। बड़ा शास्त्र रचा गया है इस सब पर। एक और ग़ौरतलब चीज़ है कि सिनेमाई कथानक की जो दृष्टि है, वह मैस्कुलिन नैरेशन—पुरुष सत्तात्मक कथानक है। वह पुरुष का जीवन दर्शन है। आर-पार की लड़ाई, जीवन-मरण का प्रश्न है। एक लक्ष्य है। 'सोप ओपेरा' इसीलिए स्त्री

सत्तात्मक नैरेशन कहलाता है। पुरुष भी भावुक होते हैं, पर स्त्री बहुत भावुक। अन्तर यह कि वह रो लेगी, पर घर के सब काम तुरन्त उठकर करती रहेगी। 'यह जीवन चलता रहता है' का दृष्टिकोण है। विश्व में ज़्यादातर 'सोप ओपेरा' औरतों ने ही लिखे हैं। वे अच्छी 'सोप ओपेरा' लेखक मानी जाती हैं। मुझे यह सौभाग्य मिला। मैं संयुक्त परिवार में पला। बहनों व अन्य बहुत-सी स्त्रियों के बीच बढ़ा। शायद इसीलिए लिख सका। लोग पत्नी से पूछते थे कि क्या जोशी जी आपसे पूछकर यह सब लिखते हैं? पत्नी बतातीं कि इस बारे में वे मुझसे ज्यादा जानते हैं।

मैंने इस विधा के लेखन की प्राप्तियों, कठिनाइयों के बारे में प्रश्न किया तो जोशी जी ने कहा—अभिव्यक्ति के माध्यमों में भी एक अलग तरह की क्रम-वर्ण-व्यवस्था है। जिस माध्यम की पहुँच जितनी व्यापक होगी, उतना अधिक आपका नाम होगा। उसमें ख्याति का सारा खेल पहुँच का है। फ़र्ज़ करें कि मैंने, निर्मल या अन्य किसी ने अँग्रेज़ी में लिखा होता। उनका नाम इसलिए कि वे सक्षम हैं। मैं भी कोशिश करता तो लिख सकता था। अँग्रेज़ी की पहुँच ज़्यादा है, हिन्दी की सीमित, तो वैसे ही पूछ ज़्यादा होनी चाहिए थी। जिस तर्क से विज्ञापन एजेंसियाँ अँग्रेज़ी माध्यम का समर्थन करती हैं, उसी तर्क से किसी भी कला-माध्यम से यह होना चाहिए कि अँग्रेज़ी पढ़ने वाले ज़्यादा पैसे वाले होते हैं और उन्हें भारत में ज्यादा महत्त्वपूर्ण भी समझा जाता है। अँग्रेज़ी में लिखने पर अधिक चर्चा ज़रूर होती यहाँ। विदेश से छपने का जुगाड़ कर लेता तो कमाल ही हो जाता। एक ही माध्यम—उपन्यास में इतना अन्तर कि किस भाषा में लिख रहे हैं? जितनी पहुँच, उतनी पूछ। कितनी तुरत-फुरत, कितनी जल्दी! इस दृष्टि से टीवी पर भी शुरू होते ही होने लगती है पूछ। सिनेमा बनने में सालों लग जाएँ, पर यहाँ फौरन। आज विदेशों में भी इसीलिए समाचारों के एंकर सबसे ज़्यादा जाने जाते हैं। वे रोज़ दिखते हैं। लेखक, डायरेक्टर, कैमरामैन आदि का भारी योगदान होता है, पर जो पर्दे पर आता है गुणगान उसी का होता है। विदेश में भी यही है। एक आदमी जो कार्यक्रम की कल्पना करता है उसे 'क्रिएटिड बाई' का क्रैडिट मिलता है। दस-बीस कार्यक्रम लिखकर वह अलग। बाद में और लोग लिखते रहें। अच्छे लोग आगे प्रोडयूसर हो जाते हैं। लेखन का श्रेय भी उन्हें मिल जाता है। अब अपने यहाँ के निर्माता, एकता कपूर जैसे लोग खुद को 'क्रिएटर' भी बता रहे हैं। हो सकता है उन्होंने किया भी हो, पर इसमें राइटर का महत्त्व नहीं रहा। मेरा सौभाग्य है कि 'हम लोग' और 'बुनियाद' मेरी योजनाएँ थीं। इस कार्य को कराने के लिए बड़ी संख्या में लेखकों की एक सभा आयोजित की गयी थी। घटिया काम मानकर कोई तैयार नहीं हुआ। मेरी नौकरी जा रही

थी, मुझे ज्ञान था, कुछ पढ़ रखा था, मैं तैयार हो गया। 'हम लोग' में शुरू से अन्त तक मेरा हाथ रहा। 'बुनियाद' शुरू में मुझे मिला, निर्माण करने वाला मैं था, पर दूरदर्शन निर्माता न बनने देने की एक अलग कहानी है। कहा गया कि पैसे ले लो और एक बड़े डायरेक्टर को दे दो। रमेश सिप्पी हमारे दोस्त हैं, अच्छा साथ रहा। उन्होंने इतना इनसाफ़ बरता कि लेखन का श्रेय मुझे दिया। मेरा नाम होना था, हुआ। कहीं तो कुछ ऐसा लिखा होगा। ऐतिहासिक क्षण था, मुझे मिल गया। ओलम्पिक से कलर्ड टीवी की शुरूआत थी। 'साप्ताहिक' से न निकाला होता तो दस बार सोचता। रिस्क न लेता शायद कि बच्चे छोटे हैं। अब नहीं मिलता राइटिंग का श्रेय। संयोग था, मुझे मिल गया। टीवी, सिनेमा दोनों में लेखक महत्त्वपूर्ण होता है, पर पर्दे के पीछे होने के कारण उसका कलाकारों जैसा जलवा नहीं होता। रोचक बात बताऊँ? उन दिनों घर में जन्मदिन जैसी भी कोई चीज़ होती तो टीम के सब लोग आमन्त्रित होते। वो मेरी बिरादरी थी। जब मेरा जन्मदिन मना—सैट पर नहीं घर पर। हमारे यहाँ उपस्थिति बढ़ गयी। नयी पीढ़ी, जो न पहले आती थी और न अब आती है, बड़ी-बड़ी दूर से तब लोग आये। हमारे कारण नहीं, उन कलाकारों के कारण। तो ख्याति हमारी नहीं उनकी हुई। और सुनिए, बम्बई में 'फिल्म सिटी' में कलाकारों की झलक पाने के लिए सैलानी टाइप लोगों की भीड़ बाहर खड़ी हो जाती थी। सेट पर आने का लोग जुगाड़ करते। आती-जाती गाड़ियों को झाँक-उचक कर ध्यान से देखते। कई बार हुआ यह और मैंने रमेश सिप्पी से कहा भी। मुझे मारुति मिली थी, पर वे अपनी शानदार गाड़ी में मुझे साथ बिठाते। लोग देखते (वही मुद्रा बनाकर दिखा रहे हैं)—यूँ हाथ आँखों पर रखकर ये वो, ये वो! हमें देखकर ऐसे हाथ झटकार देते जैसे हम कोई लल्लू-फल्लू हों।

हँसते हुए बता रहे हैं—ख्याति का पता इससे भी चलता है कि लोग जलते हैं। आज तक कहते हैं लोग कि आपने करोड़ों कमा लिये हैं। कमलेश्वर मेरे दोस्त हैं, उन्होंने काम भी ज़्यादा किया है, उनके बारे में करोड़ों की बात सच हो सकती है, पर मैं तो लाखों भी नहीं वसूल सका। दूसरी बात यह कि उन दिनों हिन्दी में जहाँ भी कुछ आया, इतना ख़िलाफ़ कि जैसे सीरियल में सब कुछ बकवास हो। वे ही लोग आज लिख रहे हैं कि वैसे सीरियल नहीं आ रहे। यह उनका भी पतन है और माध्यम का भी। ऐसे-ऐसे नुक्ते निकाल कर लाये लोग कि क्या कहें। एक ने लिखा कि 'हम लोग' का परिवार मेरठ का बताया गया है पर लेखक कभी अलीगढ़ की भाषा, कभी बुलन्दशहर की तो कभी हरियाणवी लिख जाते हैं। मैं स्वयं को बड़ा भाषाविद् नहीं मानता, पर

नागरजी का शिष्य होने के नाते जिन पर लिखना है, पहले उनके बारे में सीखने में विश्वास रखता हूँ। इसका इलाज मुझ पर नहीं कि जो दादाजी बना है, वह एक अच्छा हरियाणवी है। उसके मुँह से जो निकलेगा उसमें हरियाणवी की झलक आ सकती है। विनोद नागपाल पंजाबी हैं। वे मेरठ वाली बोली को फॉलो कर रहे थे। सुषमा सेठ पर दिल्ली वालों की बोली का प्रभाव था। मेरे पात्रों की भाषा हिन्दी ही थी, पर उनका मैं क्या करूँ? जहाँ जाऊँ, आलोचक लोग शुरू! 'बुनियाद' के दौर की बात है। अज्ञेय जी के दाह-संस्कार के समय लोग मेरे पीछे पड़ गये। क्या अवसर है और आपको क्या सूझी है? मैंने नहीं छेड़ा था। लोग लट्ठ लेकर मेरे पीछे पड़ गये। तो यह भी कि ख्याति महँगी पड़ती है। साहित्य के लिए आप थर्ड रेट मान लिए जाते हैं। एक तरुण कवि 'हम लोग' की कटु आलोचना करते थे। मैंने उनसे कहलवाया कि टीवी देखने में इतना समय क्यों बर्बाद करते हो? हमारी पीढ़ी किताब लेकर बैठा करती थी, पढ़ती थी। ये जो नॉन वर्बल जेनेरेशन है, यह टीवी की तरफ आकर्षित है। मैंने रोजी-रोटी के लिए लिखा। लिखने के बाद मैं खुद सीरियल देखता भी नहीं था। बहुत कम एपीसोड्स देखे। अभी ध्यान दिया आपने? मैंने न्यूज सुनी, बस और चला आया। देखो तो कई बार ग़लतियों पर गुस्सा आता है। कहने से हो क्या जाएगा? कहो तो बुरा लगता है। आलोचना किसे अच्छी लगती है?

मैंने जोशी जी का ध्यान उनके लेखन को अतिवादिता का शिकार बताने वाली कुछ टिप्पणियों की ओर आकृष्ट किया। जानना चाहा कि वे इस सम्बन्ध में आज अपनी मजबूरियों, प्रभावों-परिणामों का मूल्यांकन किस रूप में करना चाहेंगे? व्यावसायिक दृष्टि ने उनके लेखन को कितना प्रभावित किया है?

थोड़ी खामोशी के बाद उन्होंने जवाब दिया—मुझे दुःख है, पश्चात्ताप है! मैं निःसंकोच स्वीकारता हूँ कि लिखकर कमाना आरम्भ से मेरी मजबूरी रही। कारण कि मैं विज्ञान पढ़ने गया, पर इंजीनियरिंग नहीं की। इधर पहली कहानी लिखी, उधर अँग्रेज़ी पत्रिका 'रिवैल' के लिए भी लिखना शुरू कर दिया। मैं विद्रोही था शुरू से। भगवती चरण वर्मा ने मेरा एक संस्मरण छाप दिया तो उनसे लड़ आया एक बार। मेरे पिताजी नहीं थे। दिल्ली चला आया। कोई नौकरी नहीं थी। साल भर फ्रीलांसिंग से तब तो गुज़र-बसर हो नहीं सकती थी। नाप से पेमेंट होता। परिवार साथ था। पैसे की आवश्यकता थी। अनुवाद किया। पत्रकार हो गया, 'दिनमान' के अंक के अंक भर दिये। 'साप्ताहिक' में भी उपनामों, दूसरों के नामों से लिखा। केवल पैसे के लिए नहीं, सोचा, मेरी पत्रिका अच्छी निकले। मुश्किल से उपन्यास लिखना शुरू हुआ। इतने साल तक समय नहीं मिला तरह-

तरह के कामों से। असुरक्षा की भावना के तहत यह सब किया। नौकरी पूरे मन और सावधानी के साथ की। किसी तरह किया, खटे। मन में यह धारणा रही कि साथी लोग बकवास लिख रहे हैं। हम भी बकवास लिख रहे हैं। मोहन राकेश, राजेन्द्र यादव तब बकवास, बकवास कहते रहते थे लेखन को। राजेन्द्र यादव को मैं अब याद दिला देता हूँ। लगता था, मौलिकता नहीं है, पश्चिम की नकल कर रहे हैं सब। फुर्सत मिलेगी तो मैं कुछ नवीन करूँगा, बेहतर लिखने वाला बन सकूँगा। जब पचासवाँ साल आता दिखा तो सोचा कि कुछ लिखा नहीं, कोई उपलब्धि नहीं। बेहतर हो ही नहीं रहा है। उदासी में डूबा। उससे उबरने के लिए पहला उपन्यास 'कुरु कुरु स्वाहा' लिखा। उसी के बाद मेरा कुरु कुरु स्वाहा हुआ। कुर्सी छिनी, साप्ताहिक से हटा दिया गया। जिस तरह छिनी, मेरे मन में बड़ी कटुता थी। दुखी हुआ। आहत, तिक्त, मन खट्टा था। उस वक्त मैंने प्रेम का उपन्यास 'कसप' लिखा। अजब लग सकता है यह। पर यही तो ट्रेजिक-कॉमेडी है। उसके हीरो की बड़ी बिटर डेस्टिनी है। उसमें हालाँकि और भी काल्पनिक कहानी है, पर लिख मारा। दोनों उपन्यासों का अच्छा स्वागत हुआ था। पत्नी शुरू से अच्छी नौकरी में थीं। यदि मुझमें साहस होता तो टाइपिस्ट लगाकर मैं नॉविल्स लिखता रह सकता था। हम भी जींस पहनकर, शॉल ओढ़कर, दारू पीते-पिलाते, इंडिया इंटरनेशनल सेंटर में बैठते-बिठाते, तो अब तक छोटे-मोटे मठाधीश हो जाते। पर हमारी शामत आनी थी। असुरक्षा के मारे थे कि इस उम्र में निकाल दिये जाएँगे तो क्या जुगाड़ होगा? अच्छा भी रहा वह। पर उस समय के अधूरे उपन्यास अभी तक अधूरे हैं। जो पूरे हुए हैं, वे मेरी योजना के अंग नहीं थे तब। हर बार हैक वर्क बीच में आया। किसी विशेषांक के लिए कहानी माँगी गयी। मैंने सम्पादक को कहा कि कहानी नहीं, यह उपन्यास हुआ जा रहा है। और उपन्यास हो गया। छप गया। 'हमजाद' को कहानी की तरह शुरू किया था, पर नहीं रह सका। होने को तो 'कसप' भी, यूनिवर्सिटी के दिनों की अधूरी लिखी एक कहानी है। उसके जो पुराने कागज थे, अब ग़ायब हो गये हैं, उनमें से एक ड्राफ्ट में नाम था 'रोशनी की परछाइयाँ'। दूसरे ड्राफ्ट में नाम था 'इन्हें भूल जाना' उस अधूरी कहानी को उठाया और एक निरन्तर प्रवाह में लिखना शुरू। वॉकमैन तब नया-नया चला था। बेटे लाये थे। कान में वॉक मैन लगाया और बिना छुट्टी लिये रोज तीन-चार घंटे बैठा। तीस-चालीस दिन में लिख गया। लेकिन मेरे जो बड़े उपन्यास हैं उनके लिए समय नहीं मिलता। कभी लगता है मिलेगा, कभी लगता है नहीं मिलेगा। जोड़ दूँ यह भी कि अब ज़िन्दगी में टाइम नहीं बचा है। लिख दो जो लिख सको। अब इससे बेहतर नहीं होना, तुम लिख दो! शैली-भाषा जो जैसी है, तुम लिख दो।

बोलने का अन्दाज़ कुछ ऐसा था कि आँख उठाकर सामने बैठे वक्ता को देखने की इच्छा हुई। मेरा देखना उनका अनदेखा रहा। वे जैसे वहाँ नहीं थे। जैसे स्वयं को सम्बोधित कर रहे थे। कुछ लम्हों की चुप्पी के बाद मुझे सुनाई दिया—

एक यह घटना घटी कि मैं अपने मित्र श्रीकान्त वर्मा के घर गया था उस दिन। बोर्खेज का कहानी संग्रह 'फिक्शस' वहाँ उपेक्षित-सा पड़ा दिखाई दिया। जैसे उन्होंने पढ़ा न हो। वे अमेरिका से साहित्य आयात करते थे। मैं उसे ले आया। पढ़ा तो बहुत प्रभावित हुआ। बोर्खेज से मुझे दृष्टि मिली। जाना-सोचा कि आज की तारीख में मौलिकता कैसे आती है? या दुनिया के लोग, पश्चिम के लोग मौलिकता कहाँ से ला सकते हैं? ग़लत या सही मिली, यह अलग बात है, पर वहाँ दृष्टि मिली। यह जाना कि अपने में से, अपने अन्दर से हम मौलिकता कैसे ला सकते हैं? आत्मविनोद, विडम्बना, हास्य-व्यंग्य जो मुझमें है, उसे खुलकर खेलने दिया। इसी प्रभाव में एक उपन्यास 'किस्सा पौने चार यार' शुरू किया था। 'विग्रह' में कुछ अंश छपे थे। पूरा नहीं हुआ। बोर्खेज को पढ़कर लगा कि वह उपन्यास कथानक निरूपण का एक प्रयोग था। बुरा नहीं कर रहे थे, हम भी तो यही कर रहे थे। लेखक आत्मचरित ही तो नहीं लिखता केवल। जिस चरित्र को वह सर्वाधिक जानता है, वह स्वयं होता है और नज़र उसकी अपनी होती है। इसलिए आत्मचरितात्मक भी होता है उसका लेखन। वह संसार को अपने ही नज़रिये से देख सकता है। सो लगा कि आत्मचरितात्मकता वाला किस्सा सबसे पहले निपटा दो। मेरे बारे में नहीं है वह, पर वह जो पूरी पीढ़ी थी, उसकी प्रतिबद्धता, सन्दिग्ध रही। ऐसी जो भावना मेरे मन में थी, उसी के बारे में है वह। मैंने 'किस्सा पौने चार यार' की एक बात इसमें डाल दी। हर परिच्छेद को एक मज़ेदार-सा नाम दे दिया। यह विधि अब बहुत लोगों द्वारा अपनाई जा रही है। मैं इसे कॉपी राइट का उल्लंघन नहीं मान रहा और न यह कह रहा हूँ कि मैंने चलाया, पर ऐसी चीज़ चल पड़ी है। इसी तरह मैं अपने को विफल कवि मानता हूँ, पर जो मेरे तेवर थे, कई लटके-झटके बाद में और कइयों में दिखाई दिये। पश्चात्ताप है कि समय इस तरह बर्बाद किया। बहाने पचास हैं पर उम्मीद करता हूँ कि दो बड़ी योजनाएँ पूरी होंगी। एक 'कपीशजी' नाम से है उपन्यास, वह पूरा होगा और दूसरा कम्बोडिया की पृष्ठभूमि पर है। अगले वर्ष में हो जाये, यह पर्याप्त है।

मैंने जानना चाहा कि आप आजकल क्या पढ़ रहे हैं? क्या कुछ ख़ास पढ़ने में आपकी रुचि रहती है और पढ़ने के लिए चयन करने का आपका तरीका क्या है?

हिन्दी का ज़्यादा कुछ नहीं पढ़ रहा। ज़्यादा पढ़ने का समय नहीं, समय हो तब साहित्य की जगह इतिहास, समाजशास्त्र पढ़ने में रुचि। विज्ञान, ख़ासतौर से ज्ञान-साहित्य पढ़ना अच्छा लगता है। हिन्दी में मैं कभी भी ज़्यादा नहीं पढ़ता था। पत्रिकाएँ इतनी ज़्यादा आती हैं कि ढेर लग जाता है। कभी अगर पता चलता है कि कोई चीज़ अच्छी है या विवाद है, तो देखते हैं। नियमित रूप से, कई धाकड़ पढ़नेवालों की तरह, मैं नहीं पढ़ पाता।

'डिक्टेशन' देने की यह आदत कब से और कैसे पड़ी? हाथ से लिखने और डिक्टेशन देकर लिखाने में आप एकाग्रता आदि की दृष्टि से क्या अन्तर पाते हैं?

हाथ से हम लिख सकते हैं। 'कसप' में अधिकांश हिस्से हाथ से लिखे हैं। नागरजी को देखा, उनसे सीखा। ऑल इंडिया रेडियो में थे, तब वहाँ न्यूज में थे। टाइपराइटर और टाइपिस्ट अँग्रेज़ी में होते। मैंने और रघुवीर सहाय ने जब वहाँ हिन्दी में शुरू किया तो हिन्दी में भी रखवा दिया गया एक टाइपिस्ट। एक हाथ में सिगरेट, बस बोलते जाओ। अनुवाद ही तो बोलना है। मैं जहाँ गया, वहाँ स्टेनो मिला। आदत पड़ती गयी। स्वयं टाइप करना आता मुझे तो और सुविधा हो जाती। सीखी नहीं, सीख लेता तो अच्छा रहता। अलग-अलग लोगों का लेखन का अलग-अलग ढंग होता है। मोहन राकेश, कृष्णा सोबती को लिखने के लिए एकान्त ज़रूरी लगता रहा। हमसे एकान्त में लिखा नहीं जाता। नियन्त्रित शोर—चाहिए हमें, जब चाहें हो जब न चाहें न हो। जब यूनिवर्सिटी में था और लेखक हो गया था, तब रेस्त्राँ के पीछे जाकर लिखता था। गाना जोर से बजवाते और लिखते। ऊबे तो गप्पें और सिगरेट। हमें एकाग्रता के लिए एकान्त की ज़रूरत नहीं पड़ी। अच्छे लेखन के लिए निरन्तरता चाहिए। दुख है वह मुझे नहीं मिलती। अब तक कम्बोडिया वाला मेरा उपन्यास छप जाता, पर नहीं छप पाया। इसे अपना दुर्भाग्य या हिन्दी का सौभाग्य—क्या कहूँ?

टीवी के बढ़ते प्रभाव और साहित्य के भविष्य के बारे में आप किस तरह सोचते रहे हैं?

अब ख़त्म करिए पूछना। आप बाकी प्रश्न अलीगढ़ से लिखकर भेज देना मैं उत्तर भेज दूँगा। *मेरे आग्रह पर धीरे-धीरे बोलना शुरू किया फिर अपने मूड में आ गये। बोले*—टीवी और साहित्य का उस तरह लेना-देना नहीं है। टीवी पर जो होता है, वह साहित्य नहीं है। साहित्य और दृश्य-श्रव्य साहित्य में अन्तर यह है कि 'देवदास' फिल्म न देखी हो तो इसके उपन्यास को पढ़ने के लिए यह अच्छा ही है। साहित्य में पाठक की सक्रिय भागीदारी होती है। यहाँ तो सब पका-पकाया है। बिम्बों, पिक्चर्स की वापसी है, नॉन वर्बल फेज है। भाषा

ख़त्म है। ये ख़तरे हैं टीवी के। तभी तो मना करते हैं देखने को। यह ख़तरा नहीं की वह साहित्य की जगह ले लेगा। वहाँ कल्पनाशीलता नहीं होती। साहित्य ख़त्म नहीं होगा। टीवी साहित्य की जगह नहीं ले सकता। यह जो बाज़ारवाद है, वह हर कला के लिए है। उसके कारण ही टीवी है। सांस्कृतिक उत्पाद भी अब एक माल है। माल पब्लिसिटी से बिकता है। इसलिए टीवी की वजह से संस्कृति के क्षेत्र में आज सेलीब्रिटीवाद पनपता है। टीवी कहता है ये लोग महान हैं। महेश भट्ट की फिल्में फेल होती रहें, पर मीडिया में दिखाई दे रहे हैं तो महत्त्वपूर्ण बने रहेंगे। लोगों के लिए वह सेलीब्रिटी हैं। भले ही आप विक्रम सेठ के उपन्यास को कभी न पढ़ें, लाएँ भी तो ऊबकर अलग रख दें, पर ये समाचार, टीवी, मीडिया आपको बता रहे हैं कि तोप चीज़ हैं। 'न भूतो न भविष्यत' किस्म के लेखक। पेशगी मिलती है और इस बार भी मिली है। बस, आप के लिए यादगार चीज़ हो जाती है। आप डालरों को रुपये में बदलकर हैरान होते हैं। प्रिंट मीडिया से ही आ गयी थी यह स्थिति, टीवी से और अधिक आती जा रही है। और भी यह हो जाएगा कि कोई भी साहित्यिक-सांस्कृतिक कृति किसी भी कारण से मीडिया द्वारा चर्चा में आने पर ही महत्त्व पाएगी। कारण प्रतिबन्ध लगना हो या कोई और, बिना पढ़े ही कृति महत्त्वपूर्ण हो जाएगी। लिखित साहित्य और भाषा से लोग किनारा कर ही रहे हैं। नयी पीढ़ी का भाषा ज्ञान सिमट रहा है। इशारों से काम चला रही है वह। एस.एम.एस., टेलीफोन, इंटरनेट की भाषा अब अलग है। ज़्यादातर 'साइन' है वहाँ। हँसने, रोने, चुम्बन, आलिंगन के अर्थ 'साइन' से। धड़ाधड़ चल रही है यह भाषा। साहित्य 'कमोडिटी' बन जाएगा और साहित्यकार 'सेलीब्रिटी' बन जाएगा। तस्लीमा कैसी भी हों, पर कन्ट्रोवर्सी हो गयी तो सेलीब्रिटी हैं। न्यूयॉर्क, स्वीडन में रह रही हैं तो कुछ तो जुगाड़ होगा। हिन्दी में भी सुना है, बहुत बिक्री है उनकी।

आप अपने व्यक्तिगत, राष्ट्रीय और अन्तरराष्ट्रीय स्तर पर घटनेवाली ऐसी किसी घटना के बारे में बताइए जिसने आपको बेहद विचलित किया हो। ऐसी स्थितियाँ आयी हैं जब आपका मोहभंग हुआ हो?

मेरी निजी ज़िन्दगी में पिता का गुज़रना। वैसे तो रोज़ विचलित होते हैं। पूरी सदी से विचलित हूँ। ज्यों-ज्यों बूढ़े हो रहे हैं, और भी अधिक विचलित! ऐसे आदर्शों से निकले और यह दुर्गति। आधुनिकता ने कुल मिलाकर जो स्वरूप लिया, उससे विचलित हुआ। विश्वास है कि आने वाले वर्ष भले ही बहुत ख़राब हों, पर उन्हीं में से सन्तुलित दृष्टि निकलेगी। लगभग चार-पाँच सदियों के यूरोपीय वर्चस्व के बाद फिर से एशियाई समग्रतावादी दर्शन का वर्चस्व होगा। कम्युनिस्ट पार्टी का मैं सदस्य रहा होऊँ, ऐसा नहीं था, पर मैं कम्युनिस्टों का

सिम्पैथाइजर था या अभी भी हूँ। वामपन्थ से कुछ लोगों का मोहभंग उस समय भी हो गया था पहले, जब हम पढ़ते थे। लोग हैं जो आज भी मानते हैं। जहाँ तक मेरा प्रश्न है, मैं चिरन्तन संशयात्मा हूँ। मेरा मोहभंग क्यों होगा!

कुछ लोगों का कहना है कि आपने आपातकाल का समर्थन किया था?

बकवास करते हैं ऐसे लोग। न मैंने आपातकाल का समर्थन किया और न...। ऐसे तो किसने नहीं किया था? भारती ने या...।

घंटी ने बजकर किसी के आने की सूचना दी। आगन्तुक को देखकर एकदम चौंके थे वे—"अरे, आप आ गये! साढ़े चार बज गये! भयंकर इंटरव्यू!" साढ़े चार सुनकर हैरान मैं भी हुआ था।

सीढ़ियों से उतरते समय दायें हाथ के अगूँठे ने दर्द की शिकायत की और देर तक मुड़े-मुड़े लटके रहे पैरों ने थक जाने की। सोचकर हैरानी हुई कि मेरे अँगूठे या उँगलियों ने इससे पहले हाँफने जैसी तेज़ी के साथ दौड़-दौड़कर, अनवरत इतनी देर कभी नहीं लिखा था। गाड़ी में बैठा तो पता नहीं क्यों जोशी जी की मुद्राएँ, भंगिमाएँ, वाणी के आरोह-अवरोह को याद कर लगा कि जैसे मैं किसी 'यन्त्रमानव' के पास से आ रहा हूँ। उसी क्रम में उनकी अधूरी रचनाओं का ख़्याल आया और तुरन्त बाणभट्ट याद आये! बाण और भट्ट के अलग-अलग अर्थ निकालते तब यकायक अपने से पूछा कि क्या मैं हिन्दी के किसी 'बाणभट्ट' से मिलकर आ रहा हूँ?

कमलेश्वर

भीषण ठंड और घने कोहरे में तय समय से पहले पहुँचने के बावजूद कमलेश्वर जी ने ज़रा भी प्रतीक्षा नहीं करायी। डनहिल के पैकेट से सिगरेट निकालते हुए वे अतिथि कक्ष में मेरे सामने आकर बैठ गये थे। केन का सोफा, दीवान, मेज, गद्दे, पर्दे, एकाधिक ऐशट्रे, गमले, पौधे, फूल, ढेर सारे प्रतीक चिह्न, प्रशस्ति पत्र, सब अपनी सुरुचि सम्पन्नता और कलात्मकता की बातें बताने को उत्सुक-से थे। कमलेश्वर जी की चाल-ढाल, बातचीत में चुस्ती-फुर्ती, उनके उल्लास, उत्साह आदि ने उस समय अलग से ध्यान आकर्षित किया था।

सबसे पहले मैंने कमलेश्वर जी से उस क्षण या घटना विशेष के बारे में जानना चाहा था, जिसने उन्हें लेखन के रास्ते की ओर मोड़ा। सुदूर अतीत की दूरी को पारकर वे तुरन्त उस कालखंड में पहुँच गये थे—

देखिए, बचपन में मैं समाजवादी क्रान्तिकारी पार्टी से जुड़ गया था। पार्टी का आदेश हमारे लिए अन्तिम होता था। किसान आन्दोलन चल रहा था तब। योगेश चटर्जी दिल्ली में थे। केशव प्रसाद कहीं और गये हुए थे। हम कुछ लोग ऑफिस में बैठे हुए थे। पुलिस आयी और हमें गिरफ़्तार कर लिया गया। थोड़ा भय का क्षण भी था वह। नैनी जेल की खपरैल की कोठरी में उन्नीस दिन बन्द रहे। खेतों की निराई का काम मिला वहाँ। घास की जगह अन्न उखाड़कर हम अपना आक्रोश व्यक्त करते। उन्नीसवें दिन जेलर राउंड पर आया। हमें देखा तो स्टाफ से पूछा कि इन नाबालिग लड़कों को क्यों पकड़ा? पकड़ा भी तो अब तक कोर्ट में पेश क्यों नहीं किए गये? उसने कहा कि इन्हें तुरन्त छोड़ दो! अन्यथा फँस जाओगे। हमें निकलने के लिए मनाया गया। तब हमें बीड़ी का चस्का लग चुका था। लाल मोहम्मद बीड़ी बड़ी 'फेमस' थी तब। एक बंडल, पम्पशू और रिक्शे से लौटने के लिए छह आने पैसे लेकर हम बाहर आये। पैसा बचाने की गर्ज से पैदल चल पड़े। बादशाही मंडी में रहते थे तब। यमुना पुल पारकर जैसे ही गऊघाट से थोड़ा पहले पहुँचे, सोचा कि अब जाना कहाँ है? लौटना कहाँ

है? अचानक आत्महत्या की एक 'इंस्टिंक्ट' जागी। 'इंस्टिंक्ट', इरादा नहीं। डर तो आत्महत्या से भी लगता था न! घर की ओर बढ़े तो साहित्य सम्मेलन की इमारत पर नजर पड़ी। पैसे थे ही, एक चाय पी पहले। साहित्य सम्मेलन के सभागार में देखा कि तमाम लेखकों की तस्वीरें लगी हैं वहाँ। तब उन तस्वीरों की पहचान नहीं थी मुझे, पर घर की बैठक की तस्वीरों की समानता दिखी उनमें। अजीब-सी अनुभूति हुई, लगाव पैदा हुआ उनसे। परिवार की पहचान-सी उभरी उनमें। बस, उस क्षण से मेरा वंश ही बदल गया। क्रान्तिकारी पार्टी के पत्र में थोड़ा बहुत लिखते थे तब। उसके बाद तो रास्ता ही बदल गया।

सात भाई, बहिन कोई नहीं। सबसे छोटा। बड़े भाई रेलवे में। उन्तीस रुपये तनख़्वाह। माँ की आमदनी का जरिया दुकानें और मकान। किराया बेहद कम। माँ सब्ज़ी लाने भेजती तो, तब, जब बाज़ार बन्द होने को होता। सस्ती मिलने की उम्मीद होती तब। मुझसे बड़े एक भाई थे सिद्धार्थ। तात्कालिक मित्र थे मेरे। इटावा में थे तब, उनका देहान्त हो गया। मेरे लिए वह बर्दाश्त न कर सकने वाली स्थिति थी। उस हाल में एकदम अन्तर्मन की तरफ चला गया मैं। चुप बैठे रहने के लिए पढ़ना ज़रूरी हो गया। यहीं से पढ़ने की आदत पड़ी। सिद्धार्थ की मौत से जैसे परिवार का भविष्य ही ख़त्म हो गया। कम से कम में काम चलाना, रहना-सहना, बर्दाश्त करना, ख़ास किस्म की समझदारी-सब उसी दौर की देन हैं। माँ अपनी मजबूरी, बदहाली कभी ज़ाहिर नहीं होने देती थीं। उनका बड़ा असर पड़ा मुझ पर। विज्ञान का छात्र था। रेलवे में एक ट्रेनिंग के लिए चुन लिया गया था। वहाँ से मैकेनिकल इंजीनियर बनाकर ही निकालते थे वे। ट्रेनिंग को गया, पर लोहा-लंगड़, खराद देखा तो लौट आया।

तब लिखना शुरू किया। क्या लिख रहे हैं, यह पता नहीं होता था तब। तीज-त्यौहारों पर माँ से सुनी कहानियाँ प्रभावित करती थीं। क्रान्तिकारी पार्टी में गुज़ारा वक़्त अनुभव में था। अजीब गड्मड्ड-सी चीज़ें। माँ से सुना हुआ और पार्टी से प्राप्त शौर्य, वीरता की चीजें। सब मिलकर अजीब-सा मानस बना। लिखने को लेकर कोई रास्ता नहीं था।

पहली रचना की बात चली तो बोले—

अब लगता है कि मेरे साहित्य के इतिहास को लेकर एक गलती हुई है। 'कामरेड' को पहली कहानी बताया जाता रहा है। वह अड़तालीस में छपी थी। सही यह है कि कानपुर की एक पत्रिका, नाम याद नहीं आ रहा, में 'फरार' छियालीस में छप चुकी थी। उन दिनों सामाजिक-राजनीतिक चेतना मुझे पार्टी के अनुभवों से मिलती थी और माँ की पौराणिक कहानियों से भी मेरा मानस बन रहा था। उन दोनों से मिलकर जो रचना आयी, जिससे मुझे स्वीकृति मिली,

वह थी 'राजा निरबंसिया'। मज़ेदार इतिहास है उसका। दुष्यन्त तब इलाहाबाद में कानपुर रोड पर रहता था। वह मुरादाबाद से 'शीरा पड़ी', हुक्के की तम्बाकू लाता और हम लोग—दुष्यन्त, मार्कण्डेय और मैं, हुक्का पीते। याद आता है कि वह कहानी लिखी तो दुष्यन्त को दी होगी। उन्होंने श्रीपत राय, जो 'कहानी' निकालते थे, को दी होगी। उन्होंने वह जैसे छापी, लगभग पुरस्कृत ही की थी। एक दिन मुझे बुलाया, अपनी राय बतायी। उस अंक में तीन कहानियों—'डिप्टी कलक्टरी' (अमरकान्त), 'आटे का सिपाही' (आनन्द प्रकाश जैन), और 'राजा निरबंसिया' (कमलेश्वर), को उन्होंने विशेष रूप से रेखांकित किया था। तब तक कहानी और अपनी परम्परा की समझ आ गयी थी। मेरा साहित्यिक बपतिस्मा इसी रचना से हुआ।"

कविता लिखने के बारे में जब कमलेश्वर जी से पूछा गया तो बताने लगे— नहीं, कविता कभी नहीं लिखी। शुरूआत कहानी से ही की। अब लगता है कि शायद इसलिए नहीं लिखी कि तब महादेवी, पन्त, प्रसाद, निराला, फ़िराक़ जैसे बड़े कवि कविता लिख रहे थे। हिम्मत ही नहीं पड़ी होगी। यह भी कि इन्हें पढ़ने के बाद शायद इतनी सन्तुष्टि मिलती थी और लगता था कि जो मैं सोचता था, वह वहाँ मिल जाता था। 'तोड़ती पत्थर', 'ग्राम्या', 'कामायनी'—इतनी कुछ कि मुझे कविता लिखने की ज़रूरत नहीं लगी। मैं अपने अतीत की आवृत्ति तब की कविता में देख रहा था। उसे पढ़कर मेरे सोच को जो आयाम मिलते थे, मेरी इच्छा वहीं पूरी हो जाती थी; महादेवी की रोमांटिक, छायावादी कविता; बच्चनजी की मस्ती, फ़िराक़ की—'तक़दीर तो कौमों की हुआ करती है', नेहरू का गहरा मानवतावाद, मार्क्सवाद की जो पसीने की प्रांजलता थी, ये सब मिलकर मेरा मानस बना रहे थे। यह कि मैंने तब जो लिखा, उसे कहानी कहा गया। यह भी कि अब उसके अलावा मुझ पर कुछ आता न था।

तब मैंने कमलेश्वर जी से उनकी पढ़ने की रुचि व पसन्द और आज की स्थिति में आये अन्तर के बारे में जानना चाहा था। वे फिर से जैसे अतीत में लौट रहे थे—अब तो पढ़ना क्या है? शुरू में पढ़ने की बेहद ललक थी। इलाहाबाद का माहौल ही कुछ ऐसा था। बिना पढ़े साहित्यिक बैठकबाज़ी में आदमी अस्पृश्य ही रहता था। नेमिचन्द्र जैन तब 'इप्टा' में थे। जो लेटेस्ट आता, उनसे हम लाते। वे बताते रहते कि यह पढ़ो, वह पढ़ो। आपने यदि वह सब नहीं पढ़ा तो अगले दिन कॉफी हाउस में आपको जगह नहीं मिलेगी। बैठे रहो अलग, अस्पृश्य की तरह। विदेशी साहित्य तो पढ़ते ही थे, समकालीनों और निकट अँग्रेज़ी का साहित्य बहुत पढ़ते थे। ऐसा कुछ न था, जो न पढ़ा हो। एक-एक विम्ब साफ था कि कौन क्या कह रहा है! साहित्य की जीवन्त और साँस लेती दुनिया हमारे सामने

थी। पठन-पाठन की संस्कृति इतनी ज़बर्दस्त थी कि किसी की कोई रचना छपे, पढ़नी है और रुचे तो सराहनी है। हम लोगों में ईर्ष्या नहीं थी। मानते थे कि दूसरे की रचना हमारी पूरक है। सब कुछ तो हम लिख नहीं सकते। पढ़ना एक जुनून था जैसे। तब का हाल बताऊँ आपको? 'सारिका' से पहले मैं 'नयी कहानियाँ' में था। जैनेन्द्र जी व वात्स्यायन जी से मेरी सोच मेल नहीं खाती थी। वीरेन्द्र जैन कहानी पर इंटरव्यू के सिलसिले में जैनेन्द्र जी के पास गये। बात करने से पहले जैनेन्द्र जी ने उनसे पूछा क्या तुमने नयी कहानी के औरंगजेब का इंटरव्यू ले लिया? वीरेन्द्रजी ने मुझे बताया। मैंने कहा कि तुम उन्हें इंटरव्यू दिखाने उनके पास तो जाओगे ही। कहना कि कमलेश्वर ने पूछा है कि उनके और वात्स्यायन के बीच शाहजहाँ कौन है, पहले यह तो तय हो जाये। पर इसमें बड़े लेखकों की कहीं अवज्ञा नहीं थी। इलाहाबाद में सबसे गम्भीर मज़ाक़ें, तू-तू-मैं-मैं होती, बड़े-बड़े साहित्यिक सिद्धान्तों, प्रगतिशील लेखक संघ और परिमल वालों की खूब बहसें चलतीं, यहाँ तक कि खूब तू-तड़ाक हो जाती, पर शाम को सब एक साथ बैठे दीखते।

ख़ास विधा की जो बात है, तो यात्रा विवरण और डायरी पढ़ने में मेरी खास रुचि है। व्यक्तिगत भी हो तो ऐसा जो पूरी सामाजिक संचेतना से जुड़ा हो, उसे व्यक्त करे। इलाहाबाद के बाद मुम्बई में मेरे पास पढ़ने का बड़ा खजाना था। नये से नये लेखकों की महीने में हज़ार-डेढ़ हज़ार कहानियाँ आती थीं। मैं खुद पढ़ता था उन्हें। उनमें कुछ दिखता तो समझने की कोशिश करता था। तब भारतीय कहानियों तक महदूद रहा। दलित मूवमेंट को शुरू में मराठी का सवर्ण संचेतना वाला वर्ग मंजूर नहीं करता था। उच्छिष्ट मानता था उसे। मुझे उन्हें पढ़ने-सुनने का मौका मिला। पढ़कर लगा कि वह भारतीय आत्मा को पहचानने का अचूक अवसर था मेरे लिए। तब फिल्में भी लिख रहा था मैं।

आज अन्तर यह आया है कि एक अच्छी किताब, जिसे हम पढ़ना चाह रहे हैं, उसे एक कम अच्छी किताब विस्थापित कर रही है। प्रकाशन-लेखन का इतना विस्तार हुआ है कि पढ़ने को मन से किताबें छाँटता रहता हूँ, शाम होते-होते संख्या आठ-दस हो जाती है। घबरा जाता हूँ और सब एक तरफ रखी रह जाती हैं। फिर यह लोकार्पण की परम्परा है। आपको वहाँ बोलना भी है। पिछले दस महीनों में जब किसी ने मुझसे लिखने के बारे में पूछा है, मैंने यही कहा है कि केवल भूमिकाएँ लिख रहा हूँ। बिना पढ़े लिख नहीं सकते। पढ़ते हैं तो लिख नहीं सकते। रचना-दृष्टि का एक संकट उभरता रहता है।''

उपन्यास लेखन की ओर आप कब और कैसे प्रेरित हुए?

उपन्यास लेखन के लिए मुझे अमृतराय ने प्रेरित किया। तब कस्बे की कहानी

का मुहावरा चल पड़ा था और मुझे कस्बे का कथाकार माना जाने लगा था। अमृतराय से मेरी दोस्ती थी। मुलाकातें, आना-जाना होता रहता। ज़ीरो रोड पर रहते थे वे। एक दिन अमृतभाई बोले कि तुम कस्बे की पृष्ठभूमि पर उपन्यास क्यों नहीं लिखते? तब 'एक सड़क सत्तावन गलियाँ', लिखा। 'हंस' में ही छपा पूरा। उस समय की दुनिया इतनी अच्छी थी कि लोग खुद से बताते कि तुम अच्छा और नया कर रहे हो। हम नहीं जानते थे कि क्या नया हुआ। छपते ही प्रचारक संस्थान के बेरी साहब ने कहा कि इसे हम छापेंगे और उन्होंने छापा। हम अचम्भित। रचना के लिए समर्पित हो जाने की कहीं ज़्यादा अच्छी स्थिति। बस फिर हम चालू हो गये। हम पर कोई और विकल्प भी तो नहीं था।

इतना कुछ लिखा है आपने। क्या आप बताएँगे कि किस रचना को लिखने के बाद सर्वाधिक सुख जिया आपने?

निश्चित रूप से 'राजा निरबंसिया'। मैं भूल नहीं पाता उस सुख को। श्रीपत राय जैसे सम्पादक। तब तक उनसे मेरी मुलाकात नहीं हुई थी। इलाहाबाद की साहित्यिक संस्कृति की देन थी यह कि बाद में रचनात्मकता का एक सिलसिला ही चल पड़ा।

हम लोग फिल्म और टीवी लेखन के बारे में बात कर रहे थे। कमलेश्वर जी देर तक अपने अनुभवों-धारणाओं के बारे में बताते रहे थे—'नया समान्तर आन्दोलन शुरू हुआ था तब। मणिकौल, बासु आदि ने साहित्य की तरफ रुख किया तो हम लोगों ने हिन्दी की अच्छी रचनाओं की स्क्रिप्ट्स का एक बैंक बनाया था। बंगाल, केरल, में जो एक परम्परा थी, उसी की तरह हम चाहते थे कि साहित्य से हिन्दी सिनेमा जुड़े। दूरदर्शन का मेरा अनुभव इसमें काम आया। वहाँ मेरी पहली नौकरी स्क्रिप्टराइटर की ही थी। तभी यह चेतना मिली कि यह कला का ऐसा फॉर्म है जो एकान्तिक नहीं है, सामूहिक है। इसमें साथ बैठने वाले सभी लोग कंट्रीब्यूट करते थे। जैसे नाटकों में होता है। हालाँकि मूल रूप से लिखता एक ही लेखक था। तब तीन-चार फिल्में लिखीं। तभी कहानी का भी समान्तर मूवमेंट चल रहा था। आम आदमी या सामान्यजन शब्द जो आज इतना 'राइज' हो गया है, वहीं से आया। वह भी एक तरह से दलित आन्दोलन था।

देखिए, आधारभूत चीज़ साहित्य ही है। यदि समाचार अलग कर दें तो टीवी की शुरूआत भी साहित्य से हुई। उसके सांस्कृतिक कार्यक्रम की शुरूआत प्रसिद्ध मराठी नाटक 'चाँद चकोरी' से हुई। तब पी.एल. देशपांडे इंचार्ज थे। कह सकते हैं कि दूरदर्शन का बपतिस्मा साहित्य में हुआ। वहीं मैंने 'पत्रिका' कार्यक्रम शुरू किया, जिसका विकास आज भी देखा जा सकता है। पहला कार्यक्रम वात्स्यायन,

मोहन राकेश और पत्रकार इन्दर मल्होत्रा को लेकर बनाया गया था। यहीं से मुझ पर कार्यक्रम पेश करने की ज़िम्मेदारी आती चली गयी। कह सकते हैं कि यहाँ कला-रूपों का बड़ा भारी सांस्कृतिक समन्वय हुआ। तकनीक के स्तर पर टीवी और फिल्म के लेखन में बहुत फ़र्क़ नहीं है। फ़र्क़ यह है कि टीवी में कमेंट्री काम आती है जबकि फिल्म में नहीं। टीवी में धारावाहिकों को लेकर आपके पास स्पेस होता है जबकि फिल्म ढाई घंटे में पूरी होनी है। उसके लिए आपको काफी कुछ काटना, छाँटना, तराशना पड़ता है। जहाँ तक तकनीकी लेखन का सवाल है, दोनों एक हैं। फिल्म के लिए बहुत सतर्क रहना होता है कि कथा सूत्र टूटने न पाए। दर्शक को बाँधे रखने के लिए कुछ न कुछ ऐसा भी हो जो उसे ऊबने न दे। फिल्म की स्क्रिप्ट में आप ज्यादा क्रूर होते हैं अपने लिखे को काटने के समय। जी, मैंने हर रचना उतने ही ईमान से लिखी है। वह चाहे कहानी या उपन्यास हो अथवा धारावाहिक या फिल्म हो।

इतनी विधाओं में इतने स्तरों पर लिखते रहने का निर्वाह आप कैसे करते रहे हैं?

प्रश्न सुनकर हँसे हैं। हँसते हुए कहते हैं—जब लिखते-लिखते सन्तोष नहीं मिलता, तो मैं डायरी लिखता हूँ। फिर वह अधूरी छूट जाती है। आख़िर कितना लिखे आदमी? महीनों से पड़े ज़रूरी पत्र जिनका उत्तर नहीं जा पाता, उनके उत्तर देने में लग जाता हूँ। हर पत्र का समुचित सम्मानजनक उत्तर देना मैं फ़र्ज़ मानता हूँ। छपा या टाइप पत्र मेरे पास से कभी नहीं गया। लिफ़ाफ़े पर अपना स्टिकर लगाकर पत्र भेजता हूँ। जी, मैं क्या करुँ मेरी यह आदत है। कभी-कभी नाराज़गी में भी पत्र लिखता हूँ, पर उसमें भी एक सांस्कारिक संयम रहता है। जो मुझे साहित्य ने ही दिया है। पाठकों के स्नेह का जहाँ तक सवाल है, मैं बहुत भरा-पूरा लेखक हूँ। ऐसी-ऐसी छोटी-छोटी जगहों से पत्र आते रहते हैं, मैं उनके उत्तर देता हूँ। फेंकता एक भी पत्र नहीं हूँ। कभी-कभी इतने सारे पत्रों का पढ़ना भी एक संकट हो जाता है। सोम, मंगल, बुध को समय मिलता है मुझे। बृहस्पति, शुक्र, शनि पत्रकारिता लेखन के लिए है। यह परम्परा मुझे अपने गुरु बच्चनजी से मिली। जी, मेरे दीक्षा गुरु यशपाल जी थे और शिक्षा गुरु बच्चनजी।

और साहित्य-गुरु?

साहित्य-गुरु तो परम्परा ही रही है। कहीं पर प्रेमचन्द की 'ईदगाह' गुरु बन गयी तो कहीं पर 'कफ़न'। यशपाल की कहानियाँ, 'रश्मिरथी', 'कामायनी', 'निराला', 'बच्चन', चेखव, मोपासां, टाल्सटॉय आदि की कृतियाँ। साहित्य गुरु साहित्य की कृतियाँ ही रहीं। उस तरह का लिखने का सवाल नहीं, पर लिखने

की दृष्टि वहाँ से मिली। अब जैसे ब्रेख्त के 'खड़िया का घेरा' का अनुवाद किया तो वहाँ से दृष्टि मिली। प्रेरणा के बहुत से स्रोत रहे। जो जब सही, सार्थक, अच्छा लगा, वही प्रेरणा का स्रोत बना।

किसी रचना या लेखक को पढ़ने के बाद क्या कभी उस जैसा लिखने का भी मन हुआ?

मैं अपने लेखन से काफी सन्तुष्ट हूँ। मन से ही लिखता हूँ। मेरी कमज़ोर कहानियाँ भी मन से लिखी कहानियाँ हैं।

कमज़ोर? किन कहानियों को कमज़ोर मानकर आप यह कह रहे हैं? किन कारणों से आज आप उन्हें कमजोर कह रहे हैं?

रचना हर समय जिस सर्जनात्मक सन्तुलन की अपेक्षा करती है, कभी-कभी वह नहीं होता। इसलिए कहीं कुछ कमी रह गयी होगी लिखने में। नहीं लिख सका। मेरी दृष्टि में 'पानी की तस्वीर' है, बहुत कमज़ोर है। 'पीला गुलाब' या और भी कई हैं।

और ताक़तवर?

जैसे 'नीली झील' है, 'मांस का दरिया' है, 'देवा की माँ' है...। ताक़तवर की बात नहीं, इन्हें पाठकों की खूब स्वीकृति मिली।

आप अपने लेखन की मूल विधा कौन-सी मानते हैं?

मूल विधा मेरी कहानी है। अधिक धैर्य और धीरज के साथ जो कहानी लिखी गयी, वह उपन्यास के रूप में आयी। वैसे मेरे कहानीकार और उपन्यासकार को अलग-अलग करने की ज़रूरत भी नहीं है।

इस बीच टेलीफोन, दरवाजे की घंटी अनेक बार बजी। धेवते-धेवती ने कई बार आकर क्रिकेट मैच और बाहर आने-जाने के बारे में बातें कीं। उनकी पत्नी ने घर के कामों के बारे में पूछा-बताया। कभी ड्राइवर तो कभी कूरियर वालों को अटेंड किया गया। क्रिकेट-मैच की ताज़ा सूचनाएँ प्राप्त की गयीं। एक प्रकाशक और एक शुभेच्छु से भी बातें की गयीं। तमाम तरह के व्यवधानों के बावजूद वे एकदम सहज, सजग, निरुद्विग्न। नयी कहानी आन्दोलन, उससे कमलेश्वर जी के जुड़ाव, प्रभाव और परिणाम आदि के बारे में मैंने आज की स्थिति में फिर से विचार करने का जब उनसे आग्रह किया, तो अलग-अलग बिन्दुओं पर उनकी प्रतिक्रिया कुछ इस प्रकार थी—आप जो कहें, पर मुझे लगता है कि साहित्य की चेतना को बदलने का बहुत बड़ा आन्दोलन था वह। ख्याति या स्थापना की बात थी तो निर्मल, मन्नू, उषा, रेणु, जोशी जैसे रचनाकार क्यों याद किए जाते हैं?...नहीं, तीन लोगों की कहाँ बात थी? अगर आलोचक ही दृष्टि इतनी सीमित कर लें

कि उसे तीन में केन्द्रित कर दें तो मैं क्या करूँ? उस आन्दोलन में पिचहत्तर-अस्सी लेखक साथ चले। कौन कहाँ रुक गया, यह अलग बात है। कृष्ण बलदेव वैद, नरेश मेहता, कृष्णा सोबती, धर्मवीर भारती आदि को आप कैसे ख़ारिज करेंगे?

...नहीं, गुटबन्दी नहीं थी। मैं समझता हूँ कि वह विचारों की प्रस्तुति और स्पष्टीकरण का एक प्रयास था। आजादी के बाद बहुत बड़ा वैचारिक फलक खुला था। उस समय तक साहित्य की जो परिभाषा चली आ रही थी, उसमें आप देखिए कि जैनेन्द्र का स्याद्‌वाद या वात्स्यायन का क्षणवाद, सार्त्र का अस्तित्ववाद, भूखी पीढ़ी, नंगी पीढ़ी आदि और निश्चित रूप से जैनेन्द्र द्वारा शुरू कराया गया 'सचेतन' आन्दोलन जो थोड़ा-सा हिन्दुवादी था, उसकी कुछ-न-कुछ भूमिका थी। आप अपने समय के यथार्थ को देखने से कैसे इनकार कर सकते हैं? गिंसबर्ग आया तो जैसे हंगामा आया था—शमशानी पीढ़ी। इतनी तरह के वैचारिक, सांस्कारिक या अतीतजीवी, यथार्थ को नकारने वाले आन्दोलनों के बीच में अपने समय के मनुष्य को पहचानने का इतना बड़ा आन्दोलन था 'नयी कहानी' आन्दोलन। इतना बड़ा विभाजन, विस्थापन हम झेल चुके थे। शब्द अपने अर्थ खो चुके थे। मनुष्य की आत्मा में जो विचलन आया था, हमने उपनिवेशवादी-साम्राज्यवादी शक्तियों द्वारा कराए गये नरसंहार को भुगता था। सोबती, राकेश की कहानियाँ आप लीजिए, मंटो, इन्तज़ार हुसैन आदि की कहानियाँ हमारे पास थीं। सब एक हो चुकी थीं। 'नीलमदेश की राजकन्या' से हम कैसे काम चलाते? छप्पन वर्ष बाद आज भी उस बेचैनी को याद करके दिल घबराता है। (आवेश के कारण चेहरे का रंग बदल गया है) इसमें स्याद्‌वाद या क्षणवाद कैसे चलेगा? पहले मौत से तो लड़ने दीजिए। उस समय की मानसिकता तो सोचिए। अणुबम हिरोशिमा और नागासाकी का दिल धड़का चुके थे। हमारे दिल तो फिर भी इनसान के दिल थे। लोग यदि कहें कि वह आन्दोलन व्यक्तिगत था तो यह आपकी कमी है। जितना कटा-फटा यथार्थ, रोते-सिसकते लोग हमने देखे, अब क्या कहें? इराक की यातना को मैं कम नहीं कर रहा, पर उसकी समानता वहाँ नहीं दिखाई जा सकती। आज इतने वर्षों बाद भी हम उतने सभ्य नहीं हुए। आज भी साम्राज्यवादी-उपनिवेशवादी दौर को, उस बोझ को ढो रहे हैं। आज की स्थितियाँ और भी भयानक हैं। वह देश अमेरिका जिसने क्रान्ति से प्रेरणा ली, उपनिवेशवाद समाप्त किया, आज सबसे बड़े उपनिवेशवादी साम्राज्यवादी के रूप में जाकर बैठ गया। ये मामूली नहीं, बहुत बड़ी घटनाएँ हैं। आज 'सभ्य' बनने और 'सभ्यता' का साथ निभाने की कितनी बड़ी कीमत पाकिस्तान चुका रहा है। हम बस यही सोचते रहें कि हमने लिख लिया। मेरे लिए लेखन एक माध्यम है, मेरी मंज़िल नहीं। मेरी मंज़िल अपने समय की अभावग्रस्त, शापग्रस्त दुनिया को शापों से मुक्त देखने की है।

ऐसी किसी मुक्ति की आपको उम्मीद है?

निश्चित रूप से। मुझे उम्मीद है। मजबूर हो सकती है दुनिया, पर आज जागरूकता बहुत बढ़ी है।

आपकी इस उम्मीद का आधार साहित्य है क्या? साहित्य से किस हद तक बदलाव की उम्मीद रखते हैं आप?

साहित्य ने बहुत बार बहुत कुछ किया है। यहीं नहीं, तमाम देशों के साहित्य ने। आज आप अपने देश में गुजरात जैसे नरसंहार के बाद पैदा की गयी चेतना पर ग़ौर करें! हिम्मत नहीं कि अब उस तरह से दूसरा गुजरात पैदा हो जाए। कोसोवो, चेचन्या में क्या हुआ। वहाँ सारा कुछ विभाजित कर दिया गया। इससे बड़ी साम्राज्यवादी, औपनिवेशिक, बाज़ारवादी ज़्यादती और क्या हो सकती है? अफ़गानिस्तान, चलो मान लो कि आतंकवाद का ख़ात्मा था। पर इसका यह अर्थ नहीं कि सनक में कहीं भी कुछ करने लगें। इसलिए यह कह रहा हूँ कि वे आन्दोलन जो अर्द्ध राजनीतिक, अर्द्ध सामाजिक-सांस्कृतिक दिख रहे हैं, अगर साहित्य उनसे प्राणवायु नहीं लेता तो वह अख़बारों के परिशिष्ट में पड़ा रह जाएगा।

तब वे टीवी के बढ़ते प्रभाव और साहित्य के भविष्य को लेकर अपने प्रतिक्रिया व्यक्त कर रहे थे— यह ग्लैमर की एक बड़ी ज़बर्दस्त बाजारवादी मानसिकता पैदा हुई है। इसका सामना हमारी अपनी भाषा—लोक भाषाएँ और संस्कृति ही करेंगी। मध्य और कुलीन वर्गीय साहित्य से लौटकर हमें लोकसंस्कृति की तरफ गहरी नज़र से देखना पड़ेगा। वहाँ अभी भी सामूहिक गान है, सामूहिक नृत्य है। व्यक्तिवाद जो बढ़ा है, वह उस ग्राम्य संस्कृति को नष्ट नहीं कर पा रहा है, नहीं कर पाएगा। यहीं हारेगा वह। चाहे जो भी वक्त लगे। मनुष्य के संवेगों और संवेदनाओं की जो परस्परता है, उसके मन का जो उछाह-उल्लास है, वह हमारी सभ्यता की बहुत बड़ी ताक़त है। इससे स्थितियाँ बदलेंगी। विश्व के इतिहास में इसे जो कृषि केन्द्रित देश हैं, वे बदलेंगे...नहीं, यह मेरी उम्मीद नहीं, विश्वास है मेरा।

आज के हिन्दी लेखन में शब्द प्रयोगों, भाषा-रूपों, व्याकरणिक अशुद्धियों पर बात हो रही थी। कमलेश्वर जी की धारणा थी—दूरदर्शन और सिनेमा की भाषा से जो विकृतियाँ आयी हैं, वह इसलिए कि हिन्दी अब केवल हिन्दी वालों की भाषा नहीं रही। कितना अच्छा लगता है जब इराक से कोई बनर्जी रिपोर्टिंग कर रहा होता है। अरे भई, उसे बोलने दो। यह तो ऐसा ही हुआ कि कोई दावत करे और कहे कि पत्तल पर रसे की एक बूँद भी न गिरे। यह भाषा के महाभोज का उत्सव चल रहा है। लेखन में उसे सँभालना पड़ेगा।...मानता हूँ कि अगली पीढ़ी सावधान नहीं है। उसका कारण यह है कि नयी पीढ़ी टेंशन और त्वरा में

है। जो मुँह से, कलम से निकल जाये। किसी शब्द को बेकार नहीं होने देना चाहती। आज जब इतनी बड़ी विश्वभाषा, तीसरे नम्बर की भाषा है हिन्दी, तो ऐसे में हमें बहुत धीरज से काम लेना है। अगर शब्दों के अर्थ का विपर्यय नहीं हो रहा है और लिंग या का, की, के आदि की गड़बड़ियाँ हैं, तो उसके लिए जो प्रकाशन जगत है—पत्रिकाएँ, प्रकाशक, उसका दायित्व है यह बहुत बड़ा। आख़िर पंजाबी से कितने लेखक हिन्दी में आये। सबकी भाषा सुधर गयी है कि नहीं? आज आप निर्मल, सोबती या वैद की भाषा को मानकभाषा के रूप में देख सकते हैं।

पत्र-पत्रिकाओं के स्तर पर, सम्पादकों की रुचि और दृष्टि के बारे में विस्तार से चर्चा हुई। कुछ पत्रिकाओं, उनके स्तम्भों व विशेषांकों तथा अन्य पेशों से जुड़े अपेक्षाकृत नये अल्पस्थापित लेखकों की आश्वस्त भाव से वे प्रशंसा करते रहे। आज सम्पादकों के स्तर पर आये बदलाव की बात आयी तो कहा—"हाँ, यह तो है। सम्पादकों के पास अपने आस-पास के लोगों को लेकर तो एक दृष्टि है, पर दिमागी क्षेत्रीयता से निकल आगे देखने की दृष्टि मुझे नहीं दिखाई दे रही है। अच्छा यही है कि साहित्य-पत्रकारिता के क्षेत्र में वंशवाद नहीं चलता। जैसा कि व्यापार और राजनीति में चल रहा है। साहित्यिक पत्रकारिता की जो एक बड़ी परम्परा हमारे पास थी, जब तक उसका निर्वाह नहीं किया जाएगा, तब तक साहित्य की बहुत बड़ी धारा का निर्माण नहीं हो पाएगा। छोटी-छोटी नदियाँ बड़ी नदी में मिलने से पहले ही सूख जाती हैं। कभी-कभी कुछ चीज़ें ऐसी आती हैं कुछ पत्रिकाओं में कि भरोसा होता है।

*दलित-विमर्श और नारी-विमर्श पर बोलने से पहले वे देर तक हँसते रहे। बाद में किंचित गम्भीरता के साथ कहा गया—*दलित और स्त्री विमर्श के साथ पत्नी विमर्श भी हो जाना चाहिए। स्त्री विमर्श केवल साहित्य में ही चल रहा है। विज्ञापन की दुनिया में स्त्री को जैसे और जितना नंगा-अधनंगा किया जाता है या टीवी धारावाहिकों में स्त्री-मन की जितनी क्रूरताएँ और ईर्ष्याएँ दिखाई जाती हैं, वहाँ स्त्री विमर्श क्यों नहीं जाता? क्यों नहीं खड़ा होता विज्ञापनों के ख़िलाफ़? कामधेनु सरिया से लेकर कामसूत्र तक के विज्ञापनों में अधनंगी औरतें। आप देखिए अब जैसे दलित विमर्श है, साहित्य की रचनात्मक कोशिशें नहीं, स्वानुभूति और सहानुभूति का विमर्श चल रहा है। आप बताएँ कि यदि मैं पंछियों पर लिखता हूँ तो क्या मुझे पंछी बनना पड़ेगा? लेखक हमेशा अपनी स्वानुभूति को बड़ी सहानुभूति में बदलता है। यह विभाजन या इस तरह की साहित्य-चर्चा कुछ ऐय्याश दिमागों की वक़्तकटी का जरिया है।

साहित्य में इस या इस तरह के विभाजन की कुछ अन्य कोशिशों के पीछे

आप क्या कारण देखते हैं?

यह पत्रकारिता की अपनी ज़रूरत है। दरअसल आलोचक की भूमिका रचना ने आज लगभग समाप्त कर दी है।

कई बार टालने के बाद इस बार पत्नी के आग्रह पर उन्हें उठकर अन्दर के कमरे में जाना पड़ा है। दस मिनट की कहा था, पर लगभग एक घंटा बीत चला। इसके लिए उनकी पत्नी गायत्री जी कई बार आकर अफसोस जता चुकी हैं और बोरियत की चिन्ता करके चाय या खाने की चीज़ें भेज चुकी हैं। कमलेश्वर जी लौटे तो देर लगने का कारण बताने लगे—"दरअसल महीने भर के लिए बाज़ार का सारा काम आज इन्हें निपटाना था। बैंक के और मेरे भी कुछ काम हैं।" फिर आकाशवाणी और दूरदर्शन की नौकरी लगने, छोड़े जाने के कुछ अनुभव सुनाये। श्रमजीवी प्रकाशन और 'कथायात्रा' के शुरू और बन्द करने के प्रसंग बताते रहे। 'सारिका', 'गंगा' से जुड़ने, अलग होने को याद किया गया।

चर्चा फिर से 'नयी कहानी' पर टिकी थी। कहानीकारों द्वारा आलोचना का दायित्व स्वयं निर्वाह करने की ज़रूरत और 'समान्तर आन्दोलन' की शुरूआत के बारे में जब कुछ सवाल उनसे किए गये, तो वे बता रहे थे—चूँकि इतने ज़्यादा आरोप लगाए गये थे कि रचना से उन्हें स्पष्ट करना ज़रूरी था। आप बताएँ, पन्त जैसे शालीन, सुकुमार, सुकोमल कवि को 'ग्राम्या' की भूमिका क्यों लिखनी पड़ी! निराला तक को 'मतवाला' वगैरह में कितनी ही टिप्पणियाँ लिखनी पड़ीं। ऐसा कुछ नहीं है, 'नयी कहानी' आन्दोलन एक समवेत स्वर था, व्यक्तिगत या लेखक विशेष का नहीं था। मार्कण्डेय, अमरकान्त, सोबती, जोशी आदि पर और हम लोगों पर बहुत कुछ नया था...नहीं, ऐसा कुछ नहीं। हम लोगों के बीच कोई कशमकश नहीं थी। 'परिन्दे' से शुरूआत? हाँ, वह नामवर जी की बात थी। उनके लिए वह नया अनुभव था। गाँव से आये थे। आरकेस्ट्रा बजते देखा तो एकदम भौंचक रह गये।...दलित विमर्श मराठी में हो चुका था। कोंकणी, मलयालम आदि में भी चर्चा रही। बाद में भक्ति आन्दोलन की तरह यह दक्षिण से इधर आया। हिन्दी में किसी और पत्रिका से पहले 'हंस' या राजेन्द्र यादव ने इसकी शुरूआत की। दलित रचना को 'हंस' ने मंच दिया।

आप 'समान्तर आन्दोलन' और मेरे युग की बात कर रहे हैं। अगर मुझे लगा कि इस लेखक में कुछ है तो फिर और कोई चीज़ बीच में नहीं आयी। आन्दोलन में दिक्कत यह होती है कि जो लोग जुड़ गये, सो जुड़ गये। समान्तर में रुचियाँ उतनी व्यक्तिगत नहीं थीं, पर अपेक्षाएँ व्यक्तिगत थीं। आप देखिए तीन-तीन दिन के शिविर हुए, गोष्ठियाँ हुईं। उन गोष्ठियों में किसी की कहानी या

उपन्यास कभी नहीं पढ़े गये। वहाँ एक तरह से समाजशास्त्रीय विश्लेषण होता था। रचनाएँ नहीं पढ़ी जाती थीं कि एक-दूसरे की वाहवाही ही करते रहें। तमिल, मलयालम, डोगरी, पंजाबी सभी भाषाओं के लोग शामिल थे। ज़्यादातर उपभाषाओं के बहुत से लोग शामिल हुए। जैसे गुजराती के थे, तो कच्छी के भी थे। बड़ी और खास बात यह कि भोजपुरी या मैथिली आदि के लेखन क्षेत्रों की सामाजिक स्थितियों पर पत्र पढ़े जाते थे। पूरे देश की सामाजिक जानकारियाँ मिलती थीं। वह ऐसा दौर था जिसमें सामान्य जन की बात की गयी। तब कुतियाएँ, तिलचट्टे, अँधेरा, दो इंच की नर्म-नर्म जगह कहानी में इतनी अधिक आ गयी थी कि कोफ़्त होती थी। नायक आत्महत्या के लिए 'जगह' तलाशता था। आप ही बताइए, कहानी में ये क्या कोई सत्य थे उस समय के? वह आन्दोलन एक फक्कड़ किस्म का आन्दोलन था। साहित्य के इतिहास में जाने की किसी की महत्त्वाकांक्षा नहीं थी। कफ़न पहने हुए थे लेखक और कफ़न में जेबें होती नहीं। शक़ नहीं कि आन्दोलन बहुत बड़ा था। कार्यक्रम कहीं भी हो, दो-दो, ढाई-ढाई सौ लोग अपने खर्चे पर आते थे। वहाँ कहानी लिखना नहीं बताया जाता था, साहित्यिक सत्संग होता था।

'समान्तर' पर ही क्यों? लोग कहते रहते हैं पर रचना तो चलती रहती है। लेखक लिख तब अपना ही रहा था? 'समान्तर आन्दोलन' दलित-वंचित लोगों का आन्दोलन था। अच्छा बाद में जब वे राजनीति में आ गये तो आपने क्या कर लिया? शान्ति से पहले स्वतन्त्रता की ज़रूरत पड़ती है। जी, मैं मूल्यांकन पर बहस करता हूँ। 'नयी कहानी की भूमिका' लिखी, 'मेरा पन्ना' लिखा। आलोचना मेरा क्षेत्र नहीं है। पर जब ज़रूरत होती है, तो खड्गहस्त होना पड़ता है। कभी अगर तर्क-कुतर्क आते हैं तो मैं 'पब्लिकली फेस' करता हूँ। 'कमिटिड' हूँ पर 'कमिटमेंट' पार्टी से नहीं, अपनी सोच और अपनी सच्चाइयों के साथ है।

जी, स्तम्भ लेखन करता हूँ। स्तम्भ लेखन का प्रभाव तात्कालिक है, जबकि रचना का गहरा और दूरगामी। समय के जो ज़रूरी सवाल हैं, उन पर ध्यान केन्द्रित किए रखने के लिए स्तम्भ लेखन ज़रूरी है।

बार-बार बजता फोन फिर बजा। तब पश्चिम बंगाल के कोई मन्त्री फोन पर थे। देर तक बात हुई। कई बार उन्हें उठकर जाना पड़ा था। मैं देख रहा था कि तरह-तरह की व्यस्तताओं के बावजूद कमलेश्वर जी की एकाग्रता और गम्भीरता में कोई अन्तर नहीं पड़ रहा था। इसीलिए जानना चाहा कि उन्हें लेखन के लिए क्या किसी ख़ास स्थान, मन:स्थिति या माहौल की ज़रूरत पड़ती है?

ऐसा कुछ नहीं है। लोग आते-जाते रहते हैं। फोन पर बात करता रहता हूँ। घर में शोर-शराबा होता रहे, मैं लिखता रहता हूँ। यह अनुशासन मुझे पत्रकारिता

ने दिया है। हर स्थिति में लिख सकता हूँ। कहीं क्रमभंग नहीं। आधा शब्द भी छूट जाएगा तो दोबारा वहीं से शुरू हो जाएगा। नहीं, पहले भी ऐसा ही था। मूड-वूड, मौसम, सुविधा की मुझे ज़रूरत नहीं। बस, सादा काग़ज़ चाहिए। लाइनदार पर मैं नहीं लिख सकता। हाँ, हमेशा हाथ से लिखा है।

अपनी आवाज़ की ख़ासियत का अहसास आपको कब हुआ?

तब, जब मुझे आकाशवाणी में मौका मिला। मैं पत्रों के उत्तर देता था और उमा भटनागर पत्र पढ़ती थीं। उनकी आवाज़ मुझे बहुत अच्छी लगती थी। इसका श्रेय मैं गिरजाकुमार माथुर को दूँगा। उन्होंने कहा तो कभी नहीं, पर हरिद्वार कुम्भ की कमेंट्री करने भेजा। बस तब से यह शुरू हो गया। निश्चित रूप से आकाशवाणी और दूरदर्शन ने मुझे शब्दों की स्फीति से बचाया। वहाँ सार्थक विवरणों के साथ नपे-तुले शब्दों में बात करनी होती है।

अपनी लोकप्रियता के अहसास को आप कैसे जीते रहे हैं?

अच्छा लगता है। ख़ास तौर से तब मुझे बहुत लोकप्रियता मिली, जब 'पत्रिका' कार्यक्रम बम्बई से सात वर्ष तक प्रति सप्ताह लगातार लाइव टेलीकास्ट हुआ। बम्बई में टीवी 2 अक्तूबर, 1972 में शुरू हुआ और 30 अक्तूबर से यह कार्यक्रम शुरू हुआ। अपने अत्यन्त लोकप्रिय कार्यक्रम 'परिक्रमा' का बड़ा सुखद अहसास तब होता था, जब जाना कि उस दिन लोग घर पहुँचने की जल्दी में होते थे। संकोच के साथ कह रहा हूँ। बम्बई के बड़े शॉपिंग सेंटर 'लोहारचाल' में मंगल के दिन छुट्टी के लिए हड़ताल हुई थी। दादा मुनि अशोक कुमार ने कहा था कि लोग हमें देखते हैं और हम आपको देखते हैं। लताजी मंगल को रिकार्डिंग नहीं करती थीं और कार्यक्रम देखने के बाद फोन ज़रूर करती थीं। चेतन आनन्द ने उस कार्यक्रम पर मुग्ध होकर ही 'पान, बीड़ी, सिगरेट' फिल्म लिखाने की पेशकश की थी। इस कार्यक्रम से एक सामाजिक चेतना उत्प्रेरित होती थी। पटरी पर के, निचले स्तर के, हाशिए पर पड़े लोगों को लेकर होता था यह कार्यक्रम। तब ब्लैक एण्ड व्हाइट टीवी था और कार्यक्रम दुनिया के दस श्रेष्ठ कार्यक्रमों में गिना गया। लोगों ने लाखों रुपया उस कार्यक्रम को दान दिए। उस धन से वेश्याओं का पुनर्वास, दलित कन्याओं की शादियाँ जैसे बड़े महत्त्व के काम कराए गये। विजय मर्चेंट ने उसमें बड़ा सहयोग किया। लोग आते और चुप से बड़ी रकम का चेक छोड़ जाते। अन्दर से आत्मविश्वास बढ़ता है इससे। आप जो कर रहे हैं, उसके प्रति प्रतिबद्धता बढ़ती है। आज भी वहाँ की लोकप्रियता याद कर नशा चढ़ता है।

आप अपने लेखक होने का श्रेय किसे देना चाहेंगे?

मुझे मेरे परिवेश और समय ने पूरा किया। रचना अगर एक दुर्घटना नहीं

है तो निश्चित रूप से परिवेश और समय के यथार्थ ने मुझे साहस और निरन्तरता बख्शी। कोसोवो का सत्य आज पूरी दुनिया का सत्य हो जाता है। वहाँ का सत्य हमारे यहाँ और यहाँ का वहाँ लागू होता है आज। यह जो मानवीय दृष्टि है, वह भौगोलिक रूप से विभाजित देश को भी आपके लिए अपना बना देती है। इराक के युद्ध में घायल लड़की की शक्ल मुझे अपनी कॉलोनी की लड़की की-सी दिखाई देती है।

लेखक होने के लिए मैं धन्यवाद देता हूँ घर, मित्र, सहयोगी और आसपास के लोगों को, जिनसे हर तरह से सुविधा, सुरक्षा, अनकहा प्रोत्साहन मिलता रहा। श्रेय माता-पिता को। ख़ास तौर से माँ को, जिन्होंने मुझे निरोग शरीर दिया। पिछले दिनों राहो के गाँव गया। सड़कों की मेहरबानी से मुझे बुखार हो गया। उसके अलावा मैंने कभी बुखार नहीं जाना था। आज तक सरदर्द नहीं हुआ है मुझे।

इलाहाबाद, बम्बई की जगह दिल्ली में स्थायी रूप से बसने के पीछे क्या कारण या मनःस्थिति रही?

मूल कारण पारिवारिक है। पहले यहाँ उनसठ में आया। दूरदर्शन की नौकरी की। फिर बम्बई में फिल्में कीं, दूरदर्शन के कार्यक्रम किये, सम्पादन किया। मेरे बड़े भाई बेहद ईमानदार व्यक्ति थे। उन्होंने ही मुझे पाला। मेरी भाभी मेरे लिए माँ की तरह हैं। उनका परिवार थोड़ा बड़ा था। बड़े भाई की मृत्यु के बाद मुझे उनके बच्चों की चिन्ता करनी थी। संयुक्त परिवार था मेरा। अपनी बेटी की शादी दुष्यन्त के बेटे से 84 में कर दी थी। भाई साहब की लड़कियों की शादियों की फ़िक्र थी। बम्बई में रहता तो रिश्ते ढूँढ़ने-मिलने में दिक़्क़त आती। इलाहाबाद में बस सकता था, पर सोचा कि दिल्ली में सिने और धारावाहिक लेखन चलता रहेगा। घूमना-फिरना, रहना-सहना, सब सम्भव हो सकेगा। अपने परिवार के लिए अपने समाज में लौटना था, लौट आया। वैसे दिल्ली में मैंने कम बुरे दिन नहीं देखे। 'एक सड़क सत्तावन गलियाँ' का कॉपी राइट मुझे आठ सौ रुपए में बेचना पड़ा था। यह अलग बात है कि पर्याप्त आमदनी करके प्रकाशक ने वह मुझे लौटा दिया था। अच्छा यह रहा कि बहुत लोग मिले मुझे। जो बुरे मिले वे मेरा न बुरा कर पाये और न मुझे बुरा बना पाये। अच्छे से अच्छे दोस्त, भाई, परिवार, पाठक मिले। और क्या चाहिए आख़िर?

प्रकाशकों के साथ के अनुभव कैसे रहे?

बहुत अच्छे। किसी ने बेईमानी नहीं की मेरे साथ। इसलिए न की हो शायद कि दूसरों के साथ कर ली हो (ज़ोरदार ठहाका लगाया है कहकर)। इस समय रॉयल्टी का पर्सेंटेज मुझसे ज़्यादा शायद किसी का न हो। पत्र-पत्रिकाएँ भी अधिकतम पारिश्रमिक देती हैं। एक दौर में एक कहानी के दस बाहर रुपये मिलते

थे, आज छोटी से छोटी कहानी के भी दो-तीन हज़ार आ जाते हैं।

इधर आत्मकथाएँ काफी लिखी गयी हैं। उन्हें लेकर कुछ चर्चाएँ और विवाद भी कम नहीं हुए, 'द्विखंडिता' को लेकर छिड़ा विवाद सामने है। भारतीय और विदेशी लेखकों की आत्मकथाओं के परिप्रेक्ष्य में क्या आपको लगता है कि इस विधा के लेखक की कुछ सीमाएँ या मर्यादाएँ होनी चाहिए। आपका भी क्या कभी आत्मकथा लिखने का मन हुआ?

कुछ समकालीन लेखकों, प्रकाशकों और पाठकों ने मुझे आत्मकथा लिखने के लिए कई बार प्रेरित किया। लगा कि मुझे बँधे-बँधाये तरीके से आत्मकथा लिखनी नहीं चाहिए। वह लिखा जाये जो आप स्मृति में सुरक्षित रखना चाहते हैं। स्मृति का हिस्सा वही है और संगत भी वही है। मैं यह क्यों याद करूँ कि उस पेड़ के नीचे बैठकर पानी पिया या उस रास्ते तब गुज़रा? हाँ कुछ बातें मैंने संस्मरणों के रूप में लिखीं। चूँकि ज़्यादातर हिन्दी वालों ने सिनेमा के अनुभव नहीं लिखे, इसलिए जितना संगत रूप में याद आया, मैंने लिखा।

आत्मकथा किसी तरह की नैतिकता का पैमाना तय नहीं करती। आपके संस्कार, आपकी सुरुचियाँ, आपका अपना सापेक्ष सत्य यह तय करता है। किसी तरह किसी के ऊपर कोई अंकुश नहीं लगाया जाना चाहिए। हाँ, 'द्विखंडिता' के बारे में यह कि मैं तस्लीमा को विद्रोही मानता हूँ, पर बहुत सृजनात्मक नहीं मानता। लगता नहीं, सृजनात्मकता की कमी है। अपने देश के प्रधानमन्त्री होने के नाते जैसे मैं अटल जी की इज़्ज़त करता हूँ, पर कवि के रूप में स्वीकार करूँ यह नहीं हो पाता। 'लज्जा' को भी अल्पसंख्यकों पर हुए अत्याचारों के लिहाज से 'ह्यूमन डॉक्यूमेंट' तो माना जा सकता है, पर मानवाधिकार की रिपोर्टों और रचना में ज़मीन-आसमान का अन्तर होता है। सीमा या मर्यादा की बात अपने संस्कारों पर निर्भर है। अंकुश किस पर लगा सकते हैं आप?

आपको ऐसा नहीं लगता कि आज राजनीति के बहुत से दोष साहित्य ने ले लिये हैं?

देखिए, यह आपाधापी का दौर है। वैश्वीकरण से पैदा हुआ है। उसकी वजह से हैं ये तिकड़में, हथकंडे, गुटबाज़ी आदि। एक-दूसरे पर गन्दे आक्षेप ज़्यादातर उन लेखकों ने किये हैं, जो लिखने से स्खलित हो चुके थे। बाकी तो साहित्य में नाम दर्ज कराने के लिए मारामारी चलती है। उनमें आलोचक बन्दरबाँट करता है। यह सब लगभग चौथाई सदी चला। जी, उससे साहित्य का नुकसान हुआ। उसकी वजह से रचना पर यह असर पड़ा कि शब्द थे, वाक्य थे, व्याकरण भी था,पर अपने कथ्य में आस्था नहीं थी। इस कारण बहुत कुछ ऐसा लिखा गया,

जो मात्र लिखने के लिए लिखा गया।

'कितने पाकिस्तान' के बाद क्या अन्य उपन्यास को लिखने के बारे में भी इस बीच आपने सोचा?

निश्चित रूप से मैं एक उपन्यास लिखना चाहता हूँ। पिछले वर्षों में ईश्वर पर एक उपन्यास लिखने के बारे में सोचा था। ईश्वर के नाम पर दुनिया भर में यह जो धार्मिक उन्माद है, इतना अधिक अतिक्रमण है उस पर सोचा था। जितना अतिक्रमण ईश्वर ने किया है, उतना शायद किसी ने नहीं। अपनी विकसित सभ्यता पर ईश्वर के अतिक्रमण का हाल यह है कि आज वह उसका मालिक हो गया है, जबकि उसे उसमें शामिल किया गया था। दिमाग़ों में ईश्वर के अतिक्रमण का कारण मेरी समझ में मनुष्य की सीमित आयु है, उसका भय है। परासत्ता है, मैं इनकार नहीं करता, पर ग्रन्थों में, वैदिक काल में मूर्तिपूजा नहीं है। लगता है, बौद्ध धर्म वहाँ जाने के बाद यह श्रीलंका से आयी। इस पर लिखना चाहता था, हुआ यह कि एक बार कुछ परिचित कवि मित्र मिलने आये। उनसे इस पर काफी बातें हुईं। बहुत दिन बाद देखता हूँ कि उनमें से एक ने उसी विषय पर एक लम्बी कविता लिखकर मेरे पास भेज दी। फिर उस पर मन नहीं हुआ। अब एक उपन्यास पर काम कर रहा हूँ। देखना-सोचना है कि दुनिया की सभ्यताओं में संगठित हिंसा कैसे पनपी? इसमें अपने दौर के मनुष्य की ज़िन्दगी की कोई कीमत नहीं रही। सत्ता के लिए, सम्पत्ति के लिए। औरतों के लिए हुई संगठित हिंसा का जो इतिहास है उसमें मनुष्य के हक़ में क्या चीज़ें निकलती हैं, यह देखना चाहता हूँ। अभी धुँधली-सी थीम है। मैं जब लिखने बैठता हूँ तब चीज़ें स्पष्ट होती हैं। पहले नहीं।

लगातार तीन-चार फोन—'हाँ ठीक है। अठ्ठाइस ठीक रहेगी। एक मिनट रुकिए, मुझे डायरी देखनी पड़ेगी। जी ठीक है। फ्लाइट बुक करा दूँगा। अट्ठाइस की शाम तीन बजे ठीक होगा।' बड़े सम्मान और आत्मीयता के साथ देर तक जाबिर भाई, जाबिर भाई सम्बोधन के साथ बातें हुईं—'अब मैं पुरस्कार योग्य हो गया हूँ इसलिए स्वीकार करने में दिक़्क़त नहीं है।' हँसे जा रहे हैं। फोन के बाद बताया—(डॉ. सुरेश्वर त्रिपाठी भी तब वहाँ थे) 'शिवपूजन सहाय शिखर सम्मान' मिलने की सूचना मिली है। बिहार से उर्दू के रचनाकार और विधान परिषद अध्यक्ष जाबिर साहब का फोन था। *कार्यक्रमों में आने-जाने की बावत पूछा तो बोले*—अपने मन में श्रद्धा है। लोग बुलाते हैं, मैं जाता हूँ। नखरे मैं नहीं दिखाता।

अगर 'कितने पाकिस्तान' की तर्ज पर मैं यह पूछूँ कि कितने कमलेश्वर, तो आप क्या उत्तर देंगे?

देर तक हँसते रहे। उस समय बोले गये कुछ ऐसे वाक्य, जो उनके व्यक्तित्व या लेखक से सीधा और निकट परिचय कराते हैं—दो बुरी-बुरी आदतें, बुरी क्यों, अच्छी आदतें हैं—सिगरेट पीता हूँ और शाम को चाय नहीं पीता। ज़्यादा सिगरेट पीने की बात हुई तो बोले—शरीर की संरचना कैसे साथ देती है, आप देखिए, मेरी टेंडेंसी लो बी.पी. की है। हाई होती तो इस सबसे कब का मर गया होता। नहीं, मुझे तंग नहीं करती। आवाज़ में कोई अन्तर नहीं है। आपके भीतर एक डॉक्टर बैठा हुआ है, भाई साहब, जो तुरन्त टोकता है कि अब बहुत हो गया।...मन कहता है कि जब इतनी गहमागहमी की ज़िन्दगी बिना हाथ पसारे निकाल दी तो अब अपनी इज़्ज़त तो बचा सकते हैं हम। इतनी उम्र काट दी तो अपने देश और दोस्तों पर इतना भरोसा है कि अकेला झोला डालकर भी निकल पड़ूँ तो मुश्किल नहीं होगी। यही मेरी कमाई है।...हर जगह ईमानदारी से लिखना पड़ता है। चाहे वह 'चन्द्रकान्ता' हो या विज्ञापन के स्लोगन।...पर यह कि केवल रचनात्मक लेखन के सहारे आप ज़िन्दा नहीं रह सकते।'

वाद, विचारधारा, दृष्टि, मंडल आयोग, आपातकाल जैसी विचलित करने वाली घटनाओं आदि पर बातें हो रही थीं। वे कहे जा रहे थे—बचपन से निकलने वाले दिनों में हिरोशिमा-नागासाकी में गिराए गये बमों की घटना ने बहुत विचलित किया। सोचने भर से वितृष्णा होती है। इधर गुजरात के नरसंहार और इराक पर अमेरिकी हमले ने बहुत विचलित किया।

मेरा वाद अपने ही वाद से निकलता है। वह किसी से मेल खा जाये तो मैं क्या करूँ? मार्क्सवाद ने श्रम और अस्तित्व के लिए एक दृष्टि तो दी है। गाँधी ने सन्तुलन की दृष्टि दी है। अम्बेडकर ने जो दृष्टि दी है, वह चेतना को विकसित करती है। मैं इन्हें रचना से नहीं बाँधता। सभ्यता की परम्परा को जब मैं अपने दृष्टिकोण से देखता हूँ तो सभ्यताओं के सह-अस्तित्व की बात सोचता हूँ, संघर्ष की नहीं। पश्चिम में अब सभ्य सभ्यता और असभ्य सभ्यता के संघर्ष की बात आयी है। अपने को स्वयं सभ्य मान ले रहे हैं। पाश्चात्य की ये सभ्य सभ्यताएँ इतना नरसंहार कर रही हैं। पर यह चलने वाली नहीं है।

पुरस्कारों के बारे में तरह-तरह के विवादों, आरोपों, सन्देहों के शोर-शराबों के बीच हाल में मिले साहित्य अकादेमी के पुरस्कार को पाकर आपको कैसा लग रहा है?

लगता था और सही ही लगता था कि पुरस्कार लेने से आपकी रचना-दृष्टि में अन्तर आता है। जिसने बारूद का आविष्कार किया, वह शान्ति का पुरस्कार

दे रहा है। इस तरह के पुरस्कार का जब हम उस उम्र में थे, संघर्षशील थे, असर पड़ सकता था। कम्प्रोमाइज कर सकते थे। तब पैंतालीस वर्ष तक मैंने दूरी बनाए रखी, तब लगा कि अब मुझे कोई प्रभावित नहीं कर सकता। पहले भी मैंने इन्हें बुरा नहीं बताया या जिन्होंने लिये उनका विरोध नहीं किया, अवहेलना नहीं की। अब मंजूर कर रहा हूँ। पहला पुरस्कार, हिन्दी अकादमी, दिल्ली का मिला उसका पैसा पाँच नये लेखकों की पुस्तकों के प्रकाशन के लिए दे दिया था। यदि इसका मिलना ग़लत लगता है तो सीधे कहिए कि हमें अच्छा नहीं लगा। उसे सिद्धान्त में क्यों बाँध रहे हैं?

मैं तो अकादमी की किसी राजनीति में पड़ा नहीं। मेरे मन में किसी को लेकर कोई विघ्न, कोई बाधा, कोई अवज्ञा नहीं रही। मेरी सामाजिकता मेरी रचना तय करती है। जहाँ तक विचारों का सवाल है, मैं हर जगह जाता हूँ। कोई कोताही नहीं करता। हम तो अपनी इज़्ज़त करते हैं। कनफटे साधु हैं। पैसों के लिए मेहनत कर लेंगे। दिक़्क़त होगी तो सिगरेट छोड़ फिर बीड़ी पर आ जाएँगे। 'बादशाहों का इन्तज़ार करें, इतनी फ़ुर्सत कहाँ फ़कीरों को?...'

कुँवर नारायण

15 फरवरी की उस सुबह एक ज़ीने की ऊँचाई चढ़कर कुँवर नारायण जी के घर में पहला कदम रखते ही सबसे पहले बड़ी-बड़ी रैक्स में सामने किताबें रखी दिखाई दीं। दाहिनी ओर से आती धूप उनकी चमक को और भी दमका रही थी। एक और दरवाज़े की दूरी पार करते ही किताबों के एक बड़े रैक से दो भागों में बँटा बड़ा-सा एक कमरा। पहले हिस्से में ड्राइंग रूम, बैठने की आरामदायक कुर्सियाँ, सामने खूबसूरत-सा दीवान, उसके पीछे लकड़ी के बड़े रैक्स, किताबें-विभिन्न विषयों पर—पोयट्री, समीक्षा, अर्थशास्त्र, फिल्म, विचार इत्यादि। रैक्स के पीछे वाले हिस्से में खाने की मेज-कुर्सियाँ, दीवारों पर चित्र...यानी एक कमरा किताबों की दीवार से दो हिस्सों में बँटा हुआ।

बातचीत की शुरूआत में ही मैंने उन कुछ कारकों-कारणों के बारे में जानना चाहा, जिनके चलते कुँवर नारायण जी साहित्य की ओर आकृष्ट हुए। सोचने, याद करने के क्रम में वह थोड़ी देर चुप बैठे रहे, फिर धीरे-धीरे अतीत की ओर बढ़े—

इसका कोई आसान जवाब सम्भव नहीं। ऐसी चीज़ें अपनी ओर धीरे-धीरे खींचती हैं। अच्छे-बुरे अनुभव, पुस्तकें आकृष्ट करती हैं। परिवार में गैं बहुत अकेलापन अनुभव करता था। शुरू से ही पढ़ने का शौक था। उस समय से ही केवल साहित्य की ही नहीं विभिन्न विषयों की पुस्तकें साथ-साथ पढ़ता रहता था। किताबों से निरन्तर यह सम्पर्क धीरे-धीरे लिखने की ओर भी ले गया। किताबों के हाशियों पर टिप्पणी लिखना, वाक्यों को रेखांकित करना...मेरे लिए किताबों से संवाद का एक निजी तरीका था। जीवन के कड़वे मीठे अनुभवों ने भी मुझे अपने साथ बैठकर सोचने और लिखने की ओर प्रेरित किया। पढ़ना मेरे लिए केवल मनोरंजन नहीं था, एक ऐसी दुनिया थी जिसमें विचरण एक-दूसरे तरह के यथार्थ से सामना भी था। किसी भी लेखक या विचारक से अभिभूत होने के बजाय उसकी रचनाओं से बातचीत मुझे ज़्यादा अच्छी लगती थी। इससे एक

ख़ास तरह का आत्मविश्वास मुझमें आता था। आजकल ज़्यादा नहीं पढ़ पाता, इसकी तकलीफ़ है।

मुझे उस समय कुँवर नारायण जी के कुछ मित्रों और परिचितों से हुई बातों का ध्यान आया, ख़ास तौर से यह कि वे बहुत पढ़ते हैं। नयी-से-नयी किताब के उनके यहाँ उपलब्ध होने की उम्मीद मित्रों को रहा करती थी। पूछने पर कहा—

हाँ, जैसा मैंने बताया किताबें लाना और पढ़ना मेरा शुरू से बहुत बड़ा सहारा भी और आदत भी रही है। लखनऊ में काफी किताबें जमा हो गयी हैं। बेटे अपूर्व को भी पढ़ने का शौक है। जब वह केम्ब्रिज में पढ़ रहा था तब भी, और अब भी, बराबर किताबें लाता रहता है। ऐसी पुस्तकें जो विचारोत्तेजक हों, नया सोचने की जिनमें सामग्री मिले। ये साहित्य की भी हो सकती हैं और गैर-साहित्यिक भी।

पास ही मेज पर एक पुस्तक रखी थी—'कल्चरल रेजिस्टेंस'। पूछने पर बताया—हाँ, इसे पढ़ रहा हूँ...

पत्रिकाओं को महत्त्वपूर्ण मानता हूँ। उससे पूरा परिदृश्य मिलता रहता है। विदेशी पत्रिकाएँ मुख्य स्रोत रही हैं जिनसे महत्त्वपूर्ण किताबों के बारे में जानकारी मिलती रहती है। पूर्वी साहित्य के बारे में अभी भी पर्याप्त जानकारी नहीं मिल पाती। आजकल जितनी पत्रिकाएँ आती हैं उन सभी को देखना सम्भव नहीं हो पाता। मैं पत्रिकाओं को साहित्य का अभिन्न अंग मानता हूँ।...अच्छे मित्रों और समान रुचिवाले लोगों का संग-साथ भी बहुत महत्त्व रखता है। छठे-सातवें दशकों में लखनऊ और अन्य शहरों में भी कॉफी-हाउस और घरों पर साहित्यकारों का मिलना-बैठना बहुत होता था। मतभेद भी होते थे। खुलकर बहसें होती थीं। लेकिन साथ ही लेखकों का एक घनिष्ठ परिवार-सा भी बन जाता था। साहित्य में इस तरह की अनौपचारिक बैठकों का खासा महत्त्व रहा है। सबसे बड़ी बात तो यह है कि इन बातचीतों में अकसर अन्य क्षेत्रों के जानकार भी शामिल होते थे जिससे साहित्य को भी सोचने के लिए एक ज़्यादा बड़ा 'स्पेस' मिलता था। मुझे याद पड़ता है लखनऊ कॉफी हाउस में हम हिन्दी साहित्यकारों की ही मेज पर नहीं बल्कि कभी डॉ. केस्कर, डॉ. सी.पी. मिश्रा, मजाज़, सज्ज़ाद ज़हीर साहब आदि के साथ भी बैठा करते थे। यूनिवर्सिटी में भी हम अक्सर अपनी अँग्रेज़ी की क्लास छोड़कर अर्थशास्त्र के डॉ. राधाकमल मुखर्जी और प्रो. डी.पी. मुखर्जी की क्लासों में जाकर बैठ जाते थे। बाद में फिल्म, नाटक, संगीत आदि के लोगों से जुड़ने का जो सुअवसर मिला, उसे मैं मूल्यवान मानता हूँ। श्रीलाल शुक्ल के आग्रह पर जब मैं उ.प्र. संगीत नाटक अकादमी का उपाध्यक्ष और भारतेन्दु नाट्य

केन्द्र का अध्यक्ष बना तो लखनऊ में इन क्षेत्रों में कुछ सक्रिय योगदान का भी मौका मिला।

चाय पीने के पूरे समय में बातचीत उनकी पुस्तकों, कविताओं को लेकर होती रहीं। कविताएँ 'ओस न्हाई रात' और 'सागर के किनारे' (जो 'चक्रव्यूह' में संग्रहीत हैं) 'प्रतीक' में सबसे पहले 1949 में छपी थीं। 'चक्रव्यूह' 1956 में प्रकाशित हुआ। कुँवर जी बता रहे थे—

संग्रह 1954 में ही प्रेस में चला गया था, पर उसी समय पोलैंड, रूस, चीन आदि देशों की यात्रा पर चले जाने के कारण वह बहुत देर से आया। वह बता रहे थे कि उस समय भी नये कवियों को संग्रह छपवाने में काफी कठिनाई होती थी। *'चक्रव्यूह' यद्यपि उनका पहला संग्रह है इसलिए वह आज भी अपनी कविता की दुनिया में उसकी एक ख़ास जगह मानते हैं। 'चक्रव्यूह' में, उन्होंने बताया*—एक बेचैन-सी रोमांटिक ऊर्जा है जो जीवन के साथ एक प्रौढ़ समीकरण खोज रही है। जीवन-व्यूह में घिरी हुई युवा-चेतना की छटपटाहट न केवल विषम परिस्थितियों में बल्कि यदा-कदा भाषा की अप्रांजलता में भी प्रतिबिम्बत होती है। 'चक्रव्यूह' में पलायन या समर्पण का भाव नहीं है, एक अन्तर्द्वन्द्व और चुनौती है जो जीवन को रूढ़िगत अर्थों में स्वीकार करने के लिए तैयार नहीं। उस समय का युवा-मन जो छायावादी रूमानियत से थक चुका था, शायद 'चक्रव्यूह' में एक अलग तरह के भावोद्वेग के संकेत पा सका। यह 'डिफायन्स' आज भी माने रखती है।

मैंने उनकी प्रसिद्ध कृति 'आत्मजयी' की प्रेरणा और उस पर उनके विचार जानना चाहे। कुँवर नारायण बता रहे थे—

'आत्मजयी' का उत्स यद्यपि मृत्यु की त्रासदी का अनुभव रहा है...किन्तु, उसकी परिणति मृत्यु के भय से मुक्ति ही है। उसके अस्तित्ववादी या मिथकीय होने की बातें होती रही हैं, पर मैंने उसे हमेशा जीवन के पक्ष का काव्य ही माना है 'आत्मजयी' कठोपनिषद् का भाष्य नहीं है, न ही इन कविताओं में कठोपनिषद् के दार्शनिक पक्ष को लिया गया है। मुख्यत: उसके मानवीय द्वन्द्व को ही ध्यान में रखा गया है। जैसे कि प्रो. मरियोला ऑफ्रेदी ने अपने इटालवी अनुवाद नचिकेता की भूमिका में लिखा भी है कि इस काव्य की मुख्य समस्या एक युवा पुत्र का पिता की सत्ता की हिंसक प्रवृत्तियों के विरोध में विद्रोह है।

उनकी पंक्तियाँ—'कोई दुख मनुष्य के साहस से बड़ा नहीं...' का ज़िक्र करते हुए मैंने इन पंक्तियों के लेखन के समय की मानसिक स्थिति को याद करने का आग्रह किया। वे बोले—

बचपन में कभी-कभी चर्च में चला जाता था... क्राइस्ट की कीलें ठुँकी और माथे से रक्त बहती तस्वीरों में करुण छवि देखकर मेरे मन में यह भाव उठता था कि यह एक छवि है, और दूसरे वह क्राइस्ट जो सूली पर चढ़े फिर भी क्षमा का साहस नहीं छूटा-टूटा। मुझे वह ज़्यादा बड़ी बात लगती थी।...जीवन में भी संकट आते हैं लेकिन उस इच्छा-शक्ति के लिए मन में विशेष आदर होता है जो उसे झेल लेती है। साहित्य का काम यह भी है कि हम अपनी सामर्थ्य को जान-समझ सकें। यह सब सोचकर नहीं किया जाता, कभी-कभी अपने आप हो जाता है।

'आत्मजयी' के लेखन की अवधि और प्रक्रिया को लेकर कुछ सवाल किये तो सहजता से बोले—

सात-आठ साल लगे। उस बीच और भी लिखा, पर यह भी लिखता रहा। 'आत्मजयी' के पूरा होने पर ही नहीं, हर पुस्तक को समाप्त कर लेने के बाद लगा है कि काम अधूरा है, कुछ है जो अभी पूरा करना है अगली पुस्तक में। हाँ, मेरा काम करने का यही ढंग है—कई किताबें एक साथ चलती हैं, किसी में लगता है कि वह आगे नहीं बढ़ रही है तो दूसरा कुछ लिखना शुरू। नहीं, करता नहीं हूँ, अपने आप शुरू हो जाता है। यही रवैया पढ़ने में भी रहता है—कई किताबें एक साथ। मुझे इससे दिक़्क़त नहीं होती : रिलैक्स करता है यह सब मुझे। जो किताब मुझे पकड़ लेती है उसे लगातार पढ़ता हूँ—बल्कि वह खुद अपने को पढ़वा लेती है। लेखन के साथ मैं ज़ोर-ज़बरदस्ती नहीं करता—यद्यपि लिखना मेरी आन्तरिक मजबूरी है। धीरज रखता हूँ, कविता के साथ जल्दबाजी नहीं चलती। मैं अनन्तकाल तक धीरज रख सकता हूँ...

पकड़कर लिखवा लेने वाली किसी कविता के बारे में जानना चाहा तो बताने लगे—

पिता जी की मृत्यु के साल-डेढ़ साल बाद मैंने एक कविता लिखी थी 'नीम के फूल'। एक रात नींद खुल गयी थी और पूरी कविता कुछ घंटों के अन्दर ही लिखी गयी थी। यह मेरी पसन्द की कविताओं में से है।

मैंने उनकी अधूरी कविताओं के बारे में पूछा तो हँसते हुए बोले—

अधूरा भी कम नहीं होता है। अधूरे तर्कों से भी बखूबी काम चलता है। दरअसल कोई कविता कभी भी पूरी तो होती ही नहीं...अधूरी ही छूट जाती है—कहीं भी, कोई भी, ज़िन्दगी की तरह...। जैसे, अधूरा प्रेम...बिलकुल अलग ही तरह की होती है उसकी तीव्रता, उसका चढ़ाव-उतार... ग़ालिब ने कहा है—'कोई मेरे दिल से पूछे उस तीरे नीमक़श को/ये ख़लिश कहाँ से होती जो जिगर के पार होता।' बचपन में बीमारी और मृत्यु के कटु अनुभवों से गुज़रा तो लगा

जैसे यही है जीवन का अन्तिम सत्य : पर जैसे-जैसे जीवन को और अधिक जाना-पहचाना तो नयी सम्भावनाओं के दरवाज़ों से आती रोशनी दिखाई दी। साहित्य में रुचि कैसे एक शौक से धीरे-धीरे मेरे लिए एक जीवन-उद्देश्य बनता गया, मुझे भी ठीक से पता नहीं चला। आज सोचता हूँ वह रोशनी सिर्फ़ मेरे लिए ही नहीं थी, मेरे और दूसरों के बीच सबसे घनिष्ठ और मानवीय रिश्तों का ज़रिया है। इस सम्बन्ध में पैसा नहीं था, केवल एक मूक कृतज्ञता है मेरे और मेरे पाठकों के छोटे-से समुदाय के बीच।

आप कई विधाओं में लिखते रहे हैं—कविता, कहानी, समीक्षा के साथ-साथ सिनेमा, चित्रकला, संगीत आदि पर भी लिखा है। नाटक भी।

हाँ, अन्य विधाओं में भी लिखता रहता हूँ—पर सहज, मूल गति कविता में। कहानियाँ लिखी हैं—संग्रह भी छपा है पर कहानी की अपेक्षा कविता में बेहतर व्यक्त कर पाता हूँ अपने को। हो सकता है आगे चलकर कहानी भी वैसे ही रास आने लगे जैसे कविताएँ। मैंने कभी अपने रास्ते बन्द नहीं रखे, जब जो अच्छा लगा, लिखा।

उनकी पुस्तक 'आज और आज से पहले' के बारे में यह पूछने पर कि कुछ लोगों ने यह भी कहा है कि आप ने कुछ समकालीन महत्त्वपूर्ण कवियों पर नहीं लिखा है या बहुत कम लिखा है। वह कहते हैं—मैं कभी भी काम्प्रीहेन्सिव समीक्षक की तरह नहीं लिखने बैठा। इतिहास लिखने बैठूँगा तो लोग नहीं छूटेंगे। पुस्तक के शुरू में ही मैंने ज़िक्र किया है कि इसे साहित्यिक इतिहास की तरह नहीं पढ़ा जाए। जो लेखक मेरी साहित्यिक यात्रा के रास्ते में आते रहे उन पर, या जिन पर पत्रिकाओं ने आग्रहपूर्वक लिखवाया, वे लेख हैं इस पुस्तक में। अलग-अलग काल की लम्बी अवधि में लिखे निबन्धों में से चुनकर निकाले थे ये लेख। ...विचारों की दुनिया जटिल होती है—कई तरह के विचारों की संवादी, वादी और विवादी दुनिया। साहित्य के लिए वह दुनिया किसी हद तक परायी हो सकती है पर बेमानी नहीं। उनसे साहित्य को ज़िन्दगी के बारे में सोचने-विचारने के अनेक पहलू और सन्देश मिलते हैं। साहित्य में अनेक क्रान्तिकारी आन्दोलन और परिवर्तन युग के प्रमुख विचारों और विचारधाराओं द्वारा प्रेरित रहे हैं। बीसवीं सदी के साहित्य की पृष्ठभूमि में मार्क्स, फ्रायड और डार्विन प्रमुख प्रेरणाएँ रहे हैं। सबसे ज़रूरी है विचारों की डायनेमिक्स के साथ तालमेल। यह एक अनुशासन है जो जीवन और साहित्य के प्रति एक अधिक खुले और उदार दृष्टिकोण को प्रोत्साहित कर सकता है। हम विचारों को किसी एक जगह ठहरा कर अन्तिम नतीजे नहीं निकाल सकते : उसी तरह जीवन और साहित्य में जहाँ ठहराव या गतिरोध है वह विचारों द्वारा ही आन्दोलित हो सकता है। ...एक अच्छी फिल्म

देखना एक अच्छी किताब पढ़ने जैसा ही सन्तोष मुझे देता है। एक गम्भीर और उत्कृष्ट फिल्म कई कलाओं का स्पर्श करती है... साहित्य, चित्रकला, संगीत आदि। वह बिम्बों की एक समर्थ भाषा है। चार्ली चैपलिन की फिल्में शब्दरहित साहित्य हैं—व्यंग्य और विद्रूप की एक अनूठी भाषा के सर्जक थे वह। वह सिनेमा का आदिकाल था जब चैपलिन ने बिम्बों की शक्ति को पहचाना और उसे एक मूक वाणी दी। वह सिर्फ हँसाने वाली फिल्में नहीं हैं, उनका कवित्व और दर्द आज भी हमें कहीं गहरे तक छू जाता है। उसी तरह आज जब हम कुरोसावा की फिल्में देखते हैं तो लगता है उन्होंने एक बिलकुल नयी तरह की भाषा दी है जो शब्दों से कहीं अधिक बिम्बों से रचा गया साहित्य है। शेक्सपियर के कई नाटकों को उन्होंने जापानी वेश और परिवेश में प्रस्तुत करके उन्हें इतनी प्रामाणिक पहचान दी कि लगता है वे पश्चिम के नहीं पूर्व के ही हों।

कुँवर नारायण जी अब अज्ञेय की 'सप्तक' योजनाओं और प्रयोगवाद से खुद के जुड़ाव के कारणों-परिणामों के बारे में पूछे गये कुछ प्रश्नों का उत्तर दे रहे थे। साफ़ दिख रहा था कि वह उस बताने के माध्यम से उस काल-खंड को फिर से जी रहे थे।

मैं नहीं जुड़ा, लोगों ने जोड़ दिया। मैं तो कविता से जुड़ा, बस। नया, पुरातन, मार्क्सवादी, प्रयोगवादी... लोगों ने जोड़ा। अज्ञेय ने जब 'तार सप्तक' निकाला तब उसमें कौन थे—मुक्तिबोध, डॉ. रामविलास शर्मा, नेमिचन्द्र जैन... ज़्यादातर मार्क्सवादी। उस समय यह वाद के रूप में नहीं था। 47 में काग़ज़ वगैरह की सुविधा की वजह से सोचा गया कि संयुक्त संग्रह निकाला जाए। हमारे यहाँ के आन्दोलनों का ठीक से इतिहासीकरण नहीं हुआ। कुछ लेबिल्स, कुछ नामों को लेकर हेराफेरी होती रही। मुक्तिबोध या शमशेर प्रयोगवादी क्यों नहीं हैं? मैं इन्हें बड़ा प्रयोगवादी मानता हूँ। शमशेर ने जितने प्रयोग किये हैं शायद ही किसी ने किये हों। यह श्रेय केवल अज्ञेय को ही क्यों दे दिया गया? क्लासिकल उदाहरण है कबीर, निराला का। कबीर को रहस्यवादी, यथार्थवादी, निराकार के उपासक... क्या कहेंगे उन्हें? हम समझते हैं सब मिलाकर कबीर बनते हैं। आज भी उनके भजन श्रेष्ठतम माने जाते हैं क्योंकि वे हमारे जीवन के घोरतम यथार्थ और अध्यात्म से जुड़े हैं। ऐसे ही निराला... 'राम की शक्ति पूजा', 'जूही की कली', 'सरोज-स्मृति', 'मास्को डायलॉग', 'तुलसीदास', 'तोड़ती पत्थर'... कैसे करेंगे निर्धारण? भाषा के जितने प्रयोग निराला ने किये हैं शायद ही और किसी ने किये हों। बड़ा साहित्य इस तरह के विभाजन को स्वीकार नहीं करता है। ये सब कहीं-न-कहीं उसकी सामर्थ्य को संकुचित करते हैं। ग़ालिब को हर कोई पसन्द करता है। तुलसीदास यहाँ की सामाजिक चेतना का हिस्सा हैं। साहित्य

अपनी शक्ति और सामर्थ्य को समवेत ढंग से जीवन से लेता है। जहाँ वाद प्रमुख हो जाता है वहाँ साहित्य की शक्ति कम हो जाती है। जो साहित्य जीवन से जुड़ता है उसमें जीवन्तता के लक्षण दिखते हैं। यदि कोई लेखन कमज़ोर है तो वह किसी भी 'वाद' में स्वीकृत नहीं हो पाता। उस समय 'सप्तकों' को लेकर ऐसा विवाद नहीं था जैसा बाद में हुआ। अज्ञेय पर विश्वास किया जा सकता था, मैंने सोचा जो करेंगे, सही करेंगे। 'तार सप्तक' का उदाहरण सामने था, उससे नहीं लगा कि कोई पक्षपात हुआ है।

अज्ञेय जी के बारे में कुछ निजी अनुभव?

वे आधुनिक कवियों का एक संग्रह निकाल रहे थे जिसमें मुझे सह-सम्पादक रखा था। प्रकाशक जब मेरे पास लखनऊ में कवियों की सूची लेकर आये तो उसमें कुछ महत्त्वपूर्ण नाम नहीं थे। मैंने अपनी आपत्ति बता दी। पर बाद में वह संग्रह छपा नहीं... समय नहीं मिला, या अज्ञेय जी को मेरी बात उचित नहीं लगी, यह पता नहीं। वह दूसरों की राय का आदर करते थे। हिन्दी कविता में एक नया दौर लाने का बड़ा श्रेय उनको जाता है। लखनऊ में कई बार मेरे साथ घर पर ठहरे भी—कुछेक बार कपिला जी के साथ भी। यह बात हमेशा मुझे प्रभावित करती रही कि उनके साथ मैंने कभी अपने को छोटा अनुभव नहीं किया। खुलकर उनसे बातें होतीं, कभी-कभी मैं क्रिटिकल भी हो जाता था। बाद के दिनों में मैंने महसूस किया कि जब उन पर आक्रमण हुए, उन्हें प्रतिद्वन्द्वी की तरह खड़ा किया गया, तब उनमें एक कटुता-सी आ गयी थी। ...नहीं, रचनात्मक लेखन में ऐसा पक्षपात नहीं होता। समीक्षा में जो पक्षपात सम्भव है वह लेखन में नहीं हो पाता। एक रचनाशील व्यक्ति की दृष्टि जीवन पर होती है, समीक्षक की दृष्टि रचना पर होती है।—कुछ याद आया हो जैसे—साहित्य अकादेमी से मेरी एक छोटी-सी पुस्तिका आयी है अभी—सन् 2000 में दिया संवत्सर व्याख्यान—'साहित्य के अन्तर्विषयक सन्दर्भ'—उससे मेरे इधर के चिन्तन का अन्दाज़ लगेगा...।

बात वेनिस विश्वविद्यालय में दिये गये बीस व्याख्यानों की हो रही थी जो अभी तक पुस्तक रूप में नहीं आये हैं। इसमें उन्होंने आधुनिक कविता के ढाँचे से सम्बन्धित अपने अध्ययन, उसके मिथकीय प्रारूप आदि की उदाहरणों सहित व्याख्या की है। मैंने उनसे साहित्य में मिथक की जगह के बारे में कुछ सवाल किये। कुँवर नारायण जी गम्भीरता के साथ बता रहे थे—

मिथकीय ढाँचे साहित्य में लौटते रहते हैं। वास्तविक जीवन में वे भले ही काल्पनिक लगें, किन्तु मिथक में वे अच्छे-बुरे मूल्यों के प्रतीक बन जाते हैं। उनकी जड़ें पौराणिक हो सकती हैं, ऐतिहासिक या फिर किंवदन्तियों और लोक-कथाओं में भी। मिथक भी एक तरह की भाषा है—इधर यह सोच भी आया

है कि मिथक विचारधाराओं की तरह काम करते हैं और विचारधाराएँ कुछ-कुछ मिथकों की तरह प्रभाव डालती हैं...मिथकों का प्रभाव अभी भी जितना भारतीय जीवन पर है उतना और कहीं नहीं। जब गाँधी या लोहिया ने राम का नाम लिया तो वे जानते थे कि यदि हमें भारतीय यथार्थ को बेहतर बनाना है तो मिथकीय सन्दर्भों की अवहेलना नहीं कर सकते। आज कुछ लोगों ने इनका दुरुपयोग करके अपने हित में मोड़ लिया है। मैं अयोध्या का हूँ, मेरा बचपन वहाँ बीता। वहाँ के लोगों को बाबरी मस्जिद से कोई परेशानी नहीं थी, न ही किसी स्थान-विशेष पर राम का मन्दिर बनाने का हठ। शान्त जीवन था वहाँ का, यह सब तो राजनीति और निहित स्वार्थों का उठाया हुआ बावेला था, जिसने अयोध्या को सांस्कृतिक केन्द्र में लाने के बजाय बदनाम किया। ...आदमी के अन्दर भय की प्रवृत्ति होती है, दूसरी ओर रक्षक शक्ति या सरवाइवल इंस्टिंक्ट। व्यक्ति और समाज इस दुनिया से अलग एक समानान्तर मिथकीय दुनिया बना लेते हैं—ये युक्तियाँ हैं जिनसे आदमी अपने को मनोवैज्ञानिक स्तर पर दृढ़ करता है, पर यही जब ग़लत मोड़ लेने लगते हैं तो समाज के लिए कष्टकारी भी बन जाते हैं। यह जीवन के विरोध में है तो जीवन ही इसके ख़िलाफ़ लड़ने की शक्ति पैदा कर लेगा। यह दुधारी तलवार है—सावधानी ज़रूरी है।

बीच में जब रोमांटिसिज्म का ज़िक्र आया तो बोले—रोमांटिसिज़्म की लम्बी और विविध परम्पराएँ हैं। पूर्व और पश्चिम की रोमाांटिक संवेदनाओं में भी पर्याप्त अन्तर है। पूर्वी रोमांटिसिज्म में रहस्यवाद गहराई से घुला-मिला है : अद्वैत, भक्ति और सूफ़ी साहित्य का हिन्दी भाषा के स्वभाव पर व्यापक असर रहा है। छायावाद और रवीन्द्रनाथ टैगोर की कविता पर इस असर को बखूबी देखा जा सकता है, पर रोमांटिसिज़्म का अर्थ यहीं तक सीमित नहीं मानना चाहिए, उसके वैश्विक सन्दर्भ भी उतने ही महत्त्वपूर्ण हैं क्योंकि सब मिलाकर उनसे मनुष्य के बुनियादी स्वभाव का एक प्रमुख पक्ष—उसका कल्पनाशील और स्वप्नदर्शी होना उजागर होता है। वह मनुष्य के उत्साहों और आकांक्षाओं की भाषा है।

छन्दबद्ध कविता के बारे में मैंने जानना चाहा तो संक्षेप में उन्होंने बताया—प्रयोग का अर्थ केवल छन्दों से मुक्ति नहीं है। छन्दों में भी प्रयोगों की पूरी गुंजाइश है। नयी कविता में भी छन्दों में महत्त्वपूर्ण रचनाएँ हुई हैं। जब हम लोगों ने छन्द मुक्ति की बात की तो वह दरअसल विषय-मुक्ति की भी बात थी। नये विषयों के लिए हमें छन्दों से अलग होना पड़ा। उससे कविता में एक नये तरह की विषय-वस्तु आयी, दायरा बढ़ा, जीवन के ज़्यादा सरोकार शामिल हुए। आज छन्दबद्ध कविता में भी ज्यादा विविधता आ रही है। एक बार विषयों को लेकर खुलापन लाने के बाद छन्दों की ज़मीन भी अधिक विस्तृत हुई—त्रिलोचन के

सानेट्स, रघुवीर सहाय की 'रामदास' जैसी कविताएँ इसके उदाहरण हैं।

पूछने पर उन्होंने बताया कि उन्होंने भी छन्द में कई कविताएँ लिखी हैं, जैसे 'पालकी', 'जन्मदिन जन्मस्थान पर', 'शान्तिवार्ता' आदि। "कोई निश्चित नियम नहीं है। हाँ, ग़ज़लें भी लिखता रहता हूँ—अभ्यास के लिए। अनुशासन है एक तरह का। छपवायी नहीं हैं।"

मैंने उपभोक्तावादी जीवन-शैली, पीढ़ियों के अन्तर और असहमतियों की चर्चा चलायी। अब तक एक ऊब-सी भी उनके चेहरे पर दिखाई दे रही थी, फिर भी बहुत धीरज से बोलते रहे—

उपभोक्तावाद को लेकर हमारी प्रतिक्रियाओं में सन्तुलन होना चाहिए न कि थोक भाव से उसका समर्थन या विरोध। उपभोक्तावाद के अनेक ऐसे पक्ष हैं जिनका पर्यावरण पर, हमारे आपसी सम्बन्धों पर तथा सामाजिक और नैतिक चेतना पर विपरीत असर पड़ रहा है—उसका विरोध होना चाहिए। लेकिन सभी चीज़ें त्याज्य नहीं हैं। ऐसा भी बहुत कुछ है जो हमारे सामान्य जीवन को बेहतर बना रहा है, जैसे टेली-कम्यूनिकेशन्स, कम्प्यूटर, सार्वजनिक यातायात में सुधार इत्यादि। 'कन्ज्यूमरिज्म' और 'डेवलपमेंट' में एक बारीक फर्क है जिसे नज़रअन्दाज़ नहीं किया जाना चाहिए, अन्यथा हमारी प्राथमिकताएँ गड़बड़ा सकती हैं। कितनी तकलीफ़ की बात है कि अभी तक हमारे गाँवों और दूर-दराज के इलाकों में बिजली, पानी, यातायात, स्वास्थ्य और शिक्षा केन्द्रों की व्यवस्था नहीं हो पायी है। इस ओर ध्यान दिया जाना ज़रूरी है न कि बाज़ार को 'लग्जरी-गुड्स' से भर दिया जाना। उदाहरण के लिए एक हद तक तो मोटरों की ज़रूरत समझ में आती है लेकिन दिल्ली जैसे शहर में इतनी मोटरें भर जाएँ कि चलना-फिरना और साँस लेना दूभर हो जाये तो उसके लिए तुरन्त आवश्यक कदम उठाना अनिवार्य लगता है...मुक्त अर्थव्यवस्था का यह अर्थ नहीं कि वह अराजक हो जाए। उसे इस तरह नियन्त्रित रखना ज़रूरी है कि उसका लाभ अधिक-से-अधिक लोगों तक पहुँच सके न कि कुछ ही लोगों तक सीमित रह जाए। अपने पर नियन्त्रण और सन्तोष की प्रवृत्ति भी हमारी शैक्षिक संस्कृति का एक अंग होना चाहिए। जिस बात को गाँधी जी ने राष्ट्रीय स्तर पर सम्भव करके एक अविस्मरणीय उदाहरण रखा उस पर हमें गर्व होना चाहिए।

पीढ़ीगत संघर्ष को मैं परिवर्तन और विकास की सहज गति के रूप में लेता हूँ। जॉन ऑसबोर्न का एक नाटक पढ़ा था कभी 'लुक बैक इन ऐंगर', मैं नाराज रहता हूँ कि कुछ भी नहीं बदला है! ...यह मानव स्वभाव का हिस्सा है। 'स्टेटस को' से कोई भी सन्तुष्ट नहीं होता। 'डिफरेन्सेज़' में रचनाशीलता के तत्त्व होते हैं...ध्रुपद गायकी के साथ जब ख्याल गायकी आयी तो ध्रुपद नष्ट नहीं हुआ। हिन्दुस्तानी संगीत समृद्ध हुआ। हमें केवल अपने ही देश नहीं, बल्कि पूरे विश्व

के सोच के बारे में जानना चाहिए क्योंकि वह हमारे समय में सोचा जा रहा है। समय के सोच को ध्यान में रखें तो पीढ़ियों के सोच शामिल होते हैं। हमारी प्राचीनता बहुत बड़ी है—यह तो कहते रहेंगे, पर वह क्या है यह जानने की कोशिश नहीं पुरानी किताबों की धूल तक झाड़ने की कोशिश नहीं। अगर की होती तो हिन्दुत्व की यह भोंडी तस्वीर हमारे सामने न आती।...एक वृद्ध नये ढंग से, या एक नया पुराने ढंग से सोच सकता है, इसलिए मूल्यांकन उम्र को लेकर नहीं, चिन्तन को लेकर हो तो बेहतर है।

आपके सर्वप्रिय होने और किसी पन्थ का अनुयायी न होने की चर्चा रहती है। आप क्या सोचते हैं?

इसमें मैं क्या कर सकता हूँ? मेरी मानवीय प्रतिबद्धताएँ हैं, उसे तो कहीं सन्दिग्ध नहीं रखा है मैंने। मैं अपनी आज़ादी को महत्त्व देता हूँ।

फ़ैज़ाबाद, अयोध्या, लखनऊ और अब दिल्ली, और अकसर विदेश...इन बदलावों का आपके मन और लेखन पर क्या प्रभाव पड़ा?

अयोध्या-फ़ैज़ाबाद से लखनऊ तो बहुत पहले ही आ गया था। बचपन एक बड़े संयुक्त परिवार में बीता। माँ और बड़ी बहन की मृत्यु के कारण वह दौर बहुत पीड़ादायक रहा। एम.ए. के दौरान जो लिखना शुरू किया, तब जैसे मैंने अपने आपको पाया। लखनऊ दिल्ली के अपने-अपने सुख और तकलीफ़ें हैं। लखनऊ को अभी भी मित्रों की घनिष्ठता और अपनत्व के कारण भूल नहीं पाता। एक कचोट उन्हें छोड़ने की हमेशा बनी रहती है। जब भी लखनऊ जाता हूँ तो लगता है अपने घर में आ गया हूँ। पर रहने का स्थान हमेशा अपनी इच्छा पर ही निर्भर नहीं करता। और भी अनेक कारण होते हैं। निश्चित ही दिल्ली में देश और विदेश के ज़्यादा व्यापक सांस्कृतिक, साहित्यिक परिवेश में रहना होता है जो प्रीतिकर है। सांस्कृतिक कार्यक्रम, फिल्में, किताबें जिनका मुझे शौक है, ज़्यादा उपलब्ध हैं। अन्ततः मैंने देखा है कि हर जगह अपनी तरह के लोगों का एक घनिष्ठ दायरा बन ही जाता है। विदेश काफी जाना होता रहा है। वहाँ भी बहुत घनिष्ठ और अच्छे मित्र हैं। घूमते रहने का मिला-जुला असर जीवन पर पड़ता है जो लेखन पर भी स्वाभाविक है।

भोजन और कॉफी के समय कुँवर नारायण जी की पत्नी से भी मिलना हुआ। परिचय कराया—

भारती कलकत्ता की हैं। वहाँ श्री शिक्षायतन में अर्थशास्त्र पढ़ाती थीं। बहुत प्रिय अध्यापिका रही हैं। कलकत्ता में लड़कियों की कई शैक्षिक और सांस्कृतिक संस्थाओं की स्थापना और संचालन में सक्रिय रही हैं। कलकत्ता के प्रेसीडेन्सी कॉलेज में सुखमय चक्रवर्ती, अमर्त्य सेन, वरुण दे, शक्ति चट्टोपाध्याय इनके

सहपाठी और अच्छे मित्र रहे हैं—इसकी इन्हें खुशी है। भारती जी से भी थोड़ी बातें हुईं। उन्होंने बताया—साहित्य में मुझे शुरू से रुचि रही, मित्र अच्छे थे; अँग्रेज़ी, हिन्दी, बांग्ला साहित्य की सभी पुस्तकें उपलब्ध करा देते थे...हमारा विवाह बहुत देर से हुआ। यों समझिए मैंने ही ज़िद करके किया। हमारा गोत्र एक ही था। इनके परिवार में बड़ों को नहीं बताया। हाँ, मैं इनकी कविताएँ पढ़ चुकी थी। 'आत्मजयी' मुझे बहुत आकर्षित करती थी।...नहीं, मुझे कभी नहीं लगा कि कलकत्ता की जिन्दगी छोड़ने में मुझे कुछ त्याग करना पड़ा। साहित्यिक ज़िन्दगी मेरी पसन्द की है। कुँवरजी के बारे में पूछने पर बताती हैं—इनमें बहुत सहनशीलता है...टॉलरेट करते हैं। ज़ोर से हँसकर, घर में मेरी ही चलती है, कुँवरजी कभी कुछ नहीं कहते। गुस्सा आने पर चुप और उदास हो जाते हैं, प्रकट नहीं करते हैं। मैं कहती हूँ, थोड़ा गुस्सा भी आना चाहिए। पत्रिकाओं में उलटा-सीधा निकलता रहता है तो उन्हें विशेष रुचि नहीं रहती उसे पढ़ने की—वह सब मेरे ज़िम्मे है...कभी-कभी छेड़ते हैं कि तुम्हें साहित्य से ज़्यादा साहित्य के प्रपंच में मज़ा आता है...हाँ, इन्हें शौक कई हैं...अच्छा खाना, फिल्म, संगीत, देश-विदेश घूमना और सबसे अधिक लोगों का साथ। हँसी के ठहाके के साथ—जब खुश होंगे...बेटे से कहेंगे अपूर्व आज 'वाइन' लेंगे, जबकि हैं बिलकुल टीटोटलर! कुँवर जी को सबसे अधिक खुशी होती है जब लेखन का कोई काम पूरा कर लेते हैं। भीड़ और मंच से घराबते हैं। अब तो सभापतित्व, लोकार्पण, भाषण सभी कर लेते हैं, पर स्वभाव के अनुकूल नहीं। कविता सुनाना अच्छा लगता है। इस बात का भी असमंजस कि बहुत सारे पुरस्कार मिल रहे हैं, क्यों मिल रहे हैं, एक ही पुस्तक पर। रुपयों की दृष्टि से एक काफी बड़े पुरस्कार को स्वीकार करने से मना भी कर दिया था। बाद में बहुत चर्चा हुई इसकी, मित्रों को लगा इससे सबके लिए थोड़ा असमंजस हो जाता है। जो पुरस्कार समिति में थे उन्हें भी अच्छा नहीं लगा। कुछ समय तक यह दौर चला...फिर अस्वीकार करना बन्द कर दिया। अब ज़्यादा सहजता और हल्कापन लगता है। जो अपने आप आता है उसे सादर स्वीकार करना चाहिए।

एक स्मार्ट-से शालीन युवक ने आकर नमस्कार किया तो बताने लगे— बेटा है, अपूर्व नारायण। काफी समय के लिए विदेश भी जाता रहता है। मेरी कविताएँ ध्यान से पढ़ता है। मेरे और इसके बीच बच्चों की तरह झगड़ा भी होता है...यह नहीं होता यहाँ तो मैं बच्चों की तरह बेचैन हो जाता हूँ।

मन्नू भंडारी

पहले से तय 6 दिसम्बर को ठीक साढ़े दस बजे उनके आवास पर पहुँचकर जब मैंने कॉलबेल बजाई तो दरवाज़ा खुलने में कुछ समय लगा था। एक स्वस्थ, सौम्य-सी युवती ने आकर पहले मेरे बारे में जानना चाहा और फिर बड़ी शिष्टता से मुझे ड्राइंग रूम में बिठाया। तभी शॉल लपेटती हुईं मन्नू जी शयन कक्ष से बाहर आती दिखीं, "हाँ, हाँ...बैठिए, बैठिए।"

वहाँ बैठते हुए काफी पहले अपना यहाँ आना याद आया। कॉलेज के एक कार्यक्रम के लिए राजेन्द्र यादव जी को लेने आया था। मन्नू जी से उस आने का ज़िक्र करते हुए पूछा, "याद आता है उधर कहीं एक दीवान था?"

"हाँ, दीवान है न उधर! जी, राजेन्द्र यहीं बैठकर चाय पीते थे, रात को हम लोग यहीं बैठकर टीवी देखते थे!"

बात पीढ़ियों के अन्तराल और मूल्यों के विघटन पर होने लगी। मन्नू जी कह रही है—

समय की गति जितनी तेज़ होती जा रही है, अन्तराल उतना ही बढ़ता जा रहा है। पहले जो अन्तर एक पीढ़ी में दिखाई देता था, वह अब आठ-दस साल छोटे भाई-बहिनों में दिखाई देने लगा है। इसमें कोई सन्देह नहीं कि हमें यह अन्तर विघटन लगे, पर उन्हें विकास लगता है। जब हम लोग छोटे थे, उस समय हमें सिर खोलकर चलने, स्लीवलेस ब्लाउज़ पहनने में कोई बुराई नहीं दिखाई देती थी। क्यों हम सिर झुकाकर छुई-मुई-सी बनी रहें? पर पुरानी पीढ़ी को यह वेश-भूषा बेशर्मी और ये तर्क उद्दंडता लगते थे और हमें समय के साथ आया यह बदलाव अपने विकास का एक अनिवार्य हिस्सा लगता था। इसी तरह अपनी बेटी रिंकू की वेश-भूषा और दूसरी बातों को लेकर भी मुझे पहले बहुत परेशानी होती थी, पर अब पूरी तरह उबर गयी हूँ। अब तो मैं उनके अपने लाइफ़ स्टाइल के बदलाव को परिवर्तन ही कहूँगी, न विकास, न विघटन! पर हाँ, आज की लड़कियाँ जिस तरह आत्मविश्वास से भरी, सब कुछ करने को तत्पर और

सक्षम हैं—कर भी रही हैं, उसे देखकर तो बहुत अच्छा ही लगता है।

बातचीत के लिए इत्मीनान से बैठते हुए मन्नू जी बोलीं—हाँ, एक बात पहले ही बता दूँ आजकल मेरी याद्दाश्त बिलकुल ख़राब हो गयी है। करीब चौदह साल पहले न्यूरोलॉजिया का अटैक हुआ था और उसके भयंकर दर्द को दबाने के लिए तब से बराबर सैडेटिव खा रही हूँ और सारी ज़िन्दगी खाना है, क्योंकि दुनिया में इसकी कोई दवाई ही नहीं निकली है आज तक। अब यह सैडेटिव केवल दर्द को ही सुन्न नहीं करता बल्कि दिमाग़ को भी सुन्न करता है। यही कारण है कि मैं बात करते-करते अटक जाती हूँ। नाम ही याद नहीं रहते। ऐसी स्थिति में मैं इतनी बेचैन हो जाती हूँ कि फिर तो मेरा दिमाग ही उखड़ जाता है। चलिए, बात आगे बढ़ाते हैं, इस उम्मीद के साथ कि आज ऐसा कुछ नहीं होगा।

मैंने फिर मूल्यों के विघटन की बात शुरू की। आम जीवन के बारे में कहा गया—

विघटन! मत पूछिए आज जो हालात हैं। भ्रष्टाचार तो जैसे हमारी रग-रग में समा गया है। इतने बड़े-बड़े घपले-घोटाले कि देखकर हैरत होती है। कुछ तो राजनेताओं के ही किए हुए और कुछ में वे बाहर से जुड़े हुए...उन्हें प्रश्रय देते हुए। कानून का ये हाल कि इनमें से एक भी आज तक भीतर नहीं हुआ। राजनीतिक पार्टियों की न कोई आइडियोलॉजी रह गयी है, न कोई प्रतिबद्धता। बस सबका एक ही लक्ष्य है कि जैसे भी हो कुर्सी पाओ और अपनी पाँच पीढ़ियों का इन्तज़ाम कर लो। सौभाग्यशाली हूँ कि मैंने आज़ादी के पहले का समय भी देखा है। उस समय, क्या तो राजनेता और क्या आम आदमी, सबमें जैसे अपने को होम कर देने का जुनून था। छात्रों ने कॉलेज छोड़े, लोगों ने नौकरियाँ छोड़ीं, पदाधिकारियों ने ओहदे छोड़े। सब कुछ छोड़ो-छोड़ो...और आज! सब कुछ छीनो-झपटो! बेशर्मी की हदें पार करके यह सब हो रहा है। मैं यह नहीं कहती कि पहले ऐसा बिलकुल नहीं था। था, रिश्वतखोरी भी थी, बेईमानियाँ भी थीं और गद्दारियाँ तो थीं ही, पर वह उस समय का मुख्य स्वर नहीं था। इसी तरह आज ईमानदार लोग भी हैं, निष्ठावान भी हैं, अपने आदर्शों पर अडिग रहने वाले भी हैं, पर वह समय का मुख्य स्वर कतई नहीं है। आज तो ऊपर की यह मूल्यहीनता छनकर नीचे तक, दूर-दूर तक फैल गयी है। बलात्कार की कैसी-कैसी घटनाएँ उजागर हो रही हैं।

एक यह जो शॉर्टकट की संस्कृति पनपी है, इसने भी काफी कबाड़ा किया है। कम से कम परिश्रम करके अधिक से अधिक पाने की हवस! तुरन्त से तुरन्त कुछ पा लें...कहीं कुछ पहुँच जाए! आज छात्र किताब नहीं कुंजी से ही काम

चलाना चाहते हैं और कोई पुल-पुश लग जाए तो कुंजी पढ़ने की मेहनत भी क्यों करें? साहित्य भी इससे अछूता नहीं। हम लोग जब लिखते थे तो यही इच्छा रहती थी कि हम लोग भी प्रेमचन्द, जैनेन्द्र, अज्ञेय, यशपाल जैसा लिखें, पर इधर के कई लेखक लिखें चाहे जैसा भी, जितना भी, पर कामना यही रहती है कि हम प्रेमचन्द, अज्ञेय, जैनेन्द्र, यशपाल बन जाएँ। अपने खर्चे से करवाए गये पुस्तकों के लोकार्पण, उन पर गोष्ठियाँ! और गोष्ठियों में चाहिए सिर्फ़ प्रशंसा! कोई रचना की कमियों पर उँगली रख दे तो नाराज़! अपना पी.आर. फिट करने में उनकी मुस्तैदी देखिए! क्षमा-याचना सहित कहूँगी कि इस मामले में मेरी अपनी ही बिरादरी यानी कि लेखिकाएँ, अग्रणी हैं। एक-दूसरे को लेकर ईर्ष्या भी कम नहीं, तो अपनी सफलता का अहंकार भी कम नहीं! पुरस्कारों के लिए तिकड़में और न मिलने पर हाय-हत्या भी कम नहीं। खेमेबाज़ी और गुटबाज़ी तो चलती ही है।

बात का रुख दूसरी दिशा में मोड़ने की सोचकर मैंने यूँ ही पूछ लिया—संवेदनशीलता, करुणा और मानवीयता के आधार पर यदि आपको नयी कहानी की महादेवी कहा जाये तो आपको कैसा लगेगा?

यह सुनकर मन्नू जी एकदम थोड़ी असहज हुईं। दोनों हाथ जुड़ गये। अपने आप, बोलीं, "नहीं, नहीं। बिलकुल नहीं। यह कहना तो महादेवी जी का अपमान करना है। इतना कम मैंने लिखा है। वे बहुत बड़ी हैं। अध्ययन, लेखन सभी में। वैसे मुझे उनका गद्य बहुत अच्छा लगता है। 'शृंखला की कड़ियाँ', 'अतीत के चलचित्र', 'स्मृति की रेखाएँ', —भाषा सहज-सरल बिलकुल नहीं है, पर पढ़ो तो एक-एक पात्र मन पर अमिट छाप छोड़ता जाता है।

'नयी कहानी' आन्दोलन और उससे अपने आपको जोड़े जाने को आज आप किस तरह देखती हैं? उस आन्दोलन की शुरूआत और उपलब्धियों का श्रेय आप किसे देना चाहेंगी?

'नयी कहानी' का आन्दोलन...क्या बताऊँ। जहाँ तक मेरा सवाल है तो ईमानदारी की बात तो यह है कि मैंने जब लिखना शुरू किया था तो मुझे तो लिखने की तमीज़ ही नहीं थी पूरी तरह...आन्दोलन की समझ क्या होती? पर मैंने सुना और जाना कि मैं भी इस आन्दोलन की एक हस्ताक्षर हूँ, तो मान लिया कि हूँ। अब इसकी शुरूआत किसने की यह बताना तो बड़ा मुश्किल है। यों नामवर जी निर्मल जी की 'परिन्दे' कहानी से इसकी शुरूआत मानते हैं, पर उन दिनों यह सारा आन्दोलन तीन नामों—मोहन राकेश, राजेन्द्र यादव और कमलेश्वर के इर्द-गिर्द ही सिमटा हुआ था। मानो इनकी रचनाओं से ही 'नयी कहानी' की शुरुआत हुई हो। हालाँकि उस समय कई प्रतिभावान कहानीकार रचनारत थे, जिनमें

अमरकान्त और रेणु का नाम मैं विशेष रूप से रेखांकित करना चाहूँगी। इन सबके योगदान से ही उस समय कहानी साहित्य की केन्द्रीय विधा बन गयी थी। पर तब जब आन्दोलन की बात की जा रही थी तो उसकी एक वैचारिक पृष्ठभूमि भी होना अनिवार्य था, सो उसका भी उल्लेख हुआ और जैनेन्द्र, अज्ञेय से काटकर प्रेमचन्द, यशपाल की परम्परा से जोड़कर सामाजिक सरोकार वाली बात को रेखांकित किया गया। इसमें कोई सन्देह नहीं कि यह समय की ज़रूरत भी थी और आज़ादी के बाद की नयी परिस्थितियों का परिणाम भी। लेकिन आश्चर्य तो मुझे तब हुआ जब राजेन्द्र द्वारा सम्पादित नयी कहानियों के पहले प्रतिनिधि संकलन 'एक दुनिया समानान्तर' में देखा कि वहाँ सभी लेखक सम्मिलित हैं, यहाँ तक कि निर्मल वर्मा भी हैं, जिन्हें ये अपने वैचारिक धरातल का मानते ही नहीं। ईमानदारी की बात तो यह है कि सन् पचास के आसपास से ही प्रतिभावान कहानीकारों का एक पूरा दल पूरी निष्ठा के साथ लेखन में सक्रिय था और हर एक के खाते में आपको कमोबेश अच्छी कहानियाँ मिलेंगी। अब यह बात दूसरी है कि इस सारे लेखन को 'नयी कहानी' की संज्ञा देकर इन तीनों ने अपने इर्द-गिर्द ही लपेट लिया। मानो ये ही इसके सूत्रधार हैं...और ये ही प्रमुख हस्ताक्षर! *फिर वे हँसते हुए बोलीं* —देखिए, लिखना एक कला है और अपने लिखे का ढिंढोरा पिटवा सकना दूसरी कला। ये लोग इसमें भी माहिर थे। वैसे इसका एक कारण शायद यह भी रहा होगा कि एक सिलसिलेवार तर्कपूर्ण ढंग से इसकी वैचारिक पृष्ठभूमि को स्पष्ट करने का काम भी सबसे पहले राजेन्द्र ने 'एक दुनिया समानान्तर' की लम्बी भूमिका लिखकर और फिर कमलेश्वर जी ने 'नयी कहानी की भूमिका' लिखकर ही किया। इसमें कोई शक़ नहीं कि सृजनात्मक प्रतिभा के साथ-साथ इनमें विश्लेषणात्मक प्रतिभा भी थी और इसीलिए ये नयी कहानी के पुरोधा भी बन बैठे। बाकी योगदान तो इसमें सभी कहानीकारों का है। हाँ, आन्दोलन तो उसके बाद भी हुए, पर न चले, न टिके। ख़ैर, अब तो ये सब बातें बहुत पुरानी हो गयीं। मेरा तो इन सारी बातों से न तब कोई सम्बन्ध था और न आज कोई सरोकार है। मैं तो एक बात जानती हूँ और वहीं मैंने किया भी कि आपको जो भी लिखना है, ईमानदारी से लिखो। वह फिर किस खेमे में जाता है और किससे बाहर कर दिया जाता है, इसकी चिन्ता छोड़कर।

मन्नू जी की कहानी 'दो कलाकार' और कहानियों पर बने एक सीरियल की एक कड़ी के रूप में प्रभु जोशी द्वारा उसकी प्रस्तुति का मैंने जब ज़िक्र किया तो मन्नू जी ने पहले कहा कि अरे, वह तो मेरी बहुत ही आरम्भिक कहानियों में से एक है। फिर उस कहानी के पात्रों के वास्तविक जीवन के बारे में बताने लगीं—सन् बावन में मैं एम.ए. की परीक्षा देने बनारस गयी थी। प्राइवेट छात्रा

थी—हॉस्टल में रही। वहाँ दो लड़कियों से परिचय हुआ। उनमें से एक बड़ी ही समर्पित समाज सेविका थी। हॉस्टल में उसका बड़ा ही सम्मान था। दूसरी चित्रकार थी। दोनों अभिन्न मित्र। दोनों की जीवन-दृष्टि एकदम भिन्न। लक्ष्य भिन्न। सारे समय बहस हुआ करती थी दोनों में। मुझे बहुत ही दिलचस्प लगती थीं वे बहसें। मैं अपनी पढ़ाई छोड़कर उन्हें ही सुना करती। बाद में जब पचपन-छप्पन में लिखना शुरू किया तो जाने कैसे वे सारी बातें-बहसें एक कहानी बनकर उभर आयीं मन में और लिखी गयी 'दो कलाकार'। मैं अभी इन्दौर गयी तो प्रभु जोशी ने आग्रह किया कि कहानी से पहले एक मिनट का 'इंट्रो' मैं बोलूँ, तो मैंने यही कहा कि यह दो जीवन-दृष्टियों का बौद्धिक विमर्श है। 'वैल्यू जजमेंट' जैसी चीज़ नहीं। मुझे लगता है कि साहित्यकार को जहाँ तक हो सके 'वैल्यू जजमेंट' से बचना ही चाहिए। बस स्थितियों को सामने रख दे। हाँ, जहाँ स्थिति बिलकुल साफ़ हो, वहाँ भले ही दे। हाँ, 'महाभोज' में मैंने दिया है, पर 'आपका बंटी' में नहीं कि तलाक लेना ग़लत है या कि माँ का पुनर्विवाह करना ग़लत है।

कहा जाता है कि 'आपका बंटी' मोहन राकेश की ज़िन्दगी की घटना विशेष पर आधारित है। राकेश जी की पूर्व-पत्नी सुशीला जी ने एक मुलाकात में ऐसी किसी सम्भावना से, अपनी अनभिज्ञता प्रकट की थी।

इसकी रचना तक न तो मैं सुशीला जी से मिली थी, न ही उनके बच्चे से मिली थी। उनसे मिलना हुआ राकेश जी की मृत्यु के बाद। मैं ही उन्हें अनीता के घर तक ले गयी थी। वैसे एक बार देहरादून में बड़ी ही औपचारिक-सी मुलाकात ज़रूर हुई थी, पर न मिलने जैसी। इसमें कोई सन्देह नहीं कि राकेश जी के जीवन की घटना मेरे लिए स्टार्टिंग-पॉइंट ज़रूर बनी। पर बाद में तो यह उनकी ज़िन्दगी की कहानी है ही नहीं। एक दिन राकेश जी ने मुझे बुलाकर सूचना दी कि उनकी पहली पत्नी सुशीला जी ने पुनर्विवाह कर लिया है, इसलिए वे बच्चे को अपने पास ले आएँगे...अब बच्चा वहाँ किसी भी हालत में नहीं रहेगा। मेरा तर्क था कि उन्हें यह कदम बहुत सोच-समझकर और बच्चे की इच्छा जानकर ही उठाना चाहिए। पर लगा था कि वे जैसे अडिग हैं। लौटी तो रात में अपनी उस डायरी में, जिसे मैं अपने कच्चे माल का गोदाम कहती हूँ—कई पन्ने रंग डाले। बस, उस समय इतना ही हुआ। फिर कुछ अरसे बाद दो और परिवारों में इन्हीं स्थितियों से गुज़रते बच्चों से आमना-सामना हुआ। इनमें एक बच्चा बहुत आक्रामक और दूसरी बच्ची बेहद दयनीय स्थिति में दिखाई दी। धीरे-धीरे ये तीन बच्चे गड्ड-मड्ड होकर, अपने व्यक्तित्व से ऊपर उठकर एक सामाजिक समस्या के रूप में बदल गये और तभी जन्म लिया 'बंटी' ने। भारती जी तीन-चार अंकों

से इसके धारावाहिक रूप से छपने की घोषणा कर रहे थे। सो मैंने जल्दी से चार अंक की सामग्री का फाइनल ड्राफ्ट तैयार करके उन्हें भेज दिया। उनका एक लम्बा-सा तार मिला कि तुमने इस बारे में राकेश से बात की है या नहीं? न हो तो एक बार उससे विस्तार से बात कर लो या हो सके तो अपनी पांडुलिपि दिखा दो।

मैं तो सन्न! बात तो नहीं की। यदि मनाकर दिया या मुझे ही लगा कि आहत हो रहे हैं तो मेरी महीने भर की मेहनत पर पानी फिर जाएगा। पूरी पांडुलिपि का तो अन्तिम ड्राफ्ट था नहीं सो वैसे ही सारी बात बतायी। इस निष्कर्ष के साथ कि आपको यदि ज़रा भी बुरा लगे तो साफ़ बता दीजिए, मैं नहीं छपवाऊँगी। सुनने के बाद वे एकटक मेरा चेहरा देखते रहे फिर बोले कि मन्नू, मैं तुमसे बहुत नाराज़ हूँ। तुम लेखक का अपमान कर रही हो। लेखक क्या इस तरह सबसे अनुमति लेता फिरेगा कि वह इस पर लिखे या न लिखे। और भी बहुत कुछ कहा था। मैं हल्की होकर लौटी। वे छोड़ने दरवाज़े तक आये। मेरा कन्धा थपथपाकर हँसकर बोले—अब तो मैं भी तुम्हारे उपन्यास की प्रतीक्षा करूँगा, उत्सुकता से। उस दिन उनके बड़प्पन के बोझ-तले दबी-दबी ही मैं लौटी थी। बाद में उपन्यास पढ़कर उन्हें निराशा हुई। इस वजह से कि पिता के साथ न्याय नहीं किया, वह तो गौण पात्र होकर ही रह गया है। अब आप ही बताइए कि जिस पिता को मैं जानती थी, वह तो गौण पात्र हो गया और जिनके बारे में कुछ जानती ही नहीं थी यानी बंटी और उसकी माँ शकुन—वे प्रमुख पात्र बनकर छा गये। इसलिए यह उनके जीवन की कहानी है ही नहीं। बस, मुझे वहाँ से इसे शुरू करने की प्रेरणा ज़रूर मिली थी।

फोन की घंटी बजी। लौटने पर मैंने पूछा—कहानी, उपन्यास के अतिरिक्त आपने नाटक भी लिखे हैं। नाट्य-लेखन में आपकी रुचि और सक्रियता के क्या कुछ ख़ास कारण रहे? क्या आपने भी शुरू-शुरू में कुछ कविताएँ लिखी हैं, जैसा कि प्राय: लेखक लिखते हैं।

कविता में तो सचमुच न मेरी रुचि है, न गति। मैंने तो कहानी से ही लिखना शुरू किया, जिसने विस्तार पाया तो उपन्यास और नाटक में—यानी गद्य में। जहाँ तक नाटक की बात है, कोलकाता में 'अनामिका' नाम की एक नाट्य-संस्था है। शुरू के दिनों में मैं भी कुछ समय तक उससे जुड़ी रही थी। हो सकता है उससे प्रेरणा लेकर ही मैंने अपना पहला नाटक 'बिना दीवारों के घर' लिखा हो। पर जब उसके कुछ मंचन देखे तो लगा बहुत त्रुटिपूर्ण है इसलिए दो संस्करण होने के बावजूद मैंने उसका प्रकाशन रुकवा दिया। सोचा कि मैं इसका पुनर्लेखन करूँगी। *मंचन के साथ नाटक के पुनर्लेखन की घटना सुनाती हैं*— पर दुर्भाग्य इस नाटक

का या कि मेरा कि कुछ दिनों बाद अलमारी में रखी इस फाइल को एक दिन दीमक ने इतने प्रेम से अपना भोजन बनाया कि वह पूरी फाइल छेदों से भरी एक छलनी बन गयी, जिसमें से कुछ भी पढ़ पाना सम्भव नहीं। आख़िरकार कुछ सालों बाद राधाकृष्ण प्रकाशन वालों ने इसके मूल रूप को ही फिर से प्रकाशित कर दिया।

अपने उपन्यास 'महाभोज' का नाट्य-रूपान्तरण भी मैंने ही किया था, लेकिन नाटक की निर्देशिका अमाल अल्लाना के सहयोग से, जिससे मंच की दृष्टि से त्रुटियाँ न रहें। पूरे आठ महीने लगे थे इस काम में। जब प्रदर्शन हुआ तो अद्भुत। एक महीने तक हाउसफुल के साथ इसके प्रदर्शन होते रहे और उन दिनों यह जैसे चर्चा के केन्द्र में रहा। इस सफलता का श्रेय पूरी टीम को जाता है। मनोहर सिंह ने दा साहब की भूमिका अदा की थी तो सुरेखा सीकरी ने उनकी पत्नी की। रघुवीर यादव ने बिन्दा के बाप की भूमिका अदा की थी तो उत्तरा बाबरकर ने बिन्दा की पत्नी की। अब तो वे सारे कलाकार दूरदर्शन में चले गये।

हाँ, दूरदर्शन के लिए पटकथा लिखने का काम भी मैंने किया था। भारतीय भाषाओं पर आधारित सीरियल 'दर्पण' की दस कहानियों की पटकथा मैंने लिखी थी। छह-सात कड़ियाँ अपने समय के बेहद चर्चित सीरियल 'रजनी' की भी लिखी थीं जो किसी कहानी पर नहीं बल्कि आइडिया पर आधारित थीं। इसलिए कहानी भी खुद ही गढ़ती थी और दृश्य और संवाद की योजना भी। प्रेमचन्द जी के उपन्यास 'निर्मला' पर बने सीरियल की सारी कड़ियों की पटकथा मैंने लिखी थी। पर यह सब काम सन् अस्सी के पहले किया, उसके बाद तो बिलकुल छोड़ ही दिया। अभी मेरी दो कहानियों—'नशा' और 'रानी माँ का चबूतरा' पर टेलीफिल्म बनी तो बहुत आग्रह के बाद भी मैंने पटकथा नहीं लिखी। 'दो कलाकार' कहानी की पटकथा भी प्रभु जोशी ने सुधा अरोरा से ही लिखवायी।

'आपका बंटी' से एकदम भिन्न भूमि पर लिखे 'महाभोज' की पृष्ठभूमि और मानसिकता के बारे में आप आज क्या और कैसे सोचती हैं?

कोई भी लेखक, जब लिखना शुरू करता है तो उसके केन्द्र में शायद वह खुद ही रहता है। उसके अपने जीवन की घटनाएँ या फिर वे पात्र और घटनाएँ जिसने उसके जीवन को प्रभावित किया। धीरे-धीरे उसका दायरा बढ़ता है—उसके सोच का, अनुभव का और नज़रिये का। तब उसमें उसके आस-पास के लोग, परिवेश और चारों ओर घटित होता घटनाक्रम भी समाता चलता है। 'आपका बंटी' लिखने की प्रेरणा मुझे तीन खंडित-परिवारों में पल रहे बच्चों से मिली थी... धीरे-धीरे जिन्होंने एक सामाजिक समस्या का रूप ले लिया था—समाज में दिन-ब-दिन बढ़ते तलाक और उन खंडित परिवारों में बच्चों की स्थिति, उनका

भविष्य। इसके बिलकुल उलट 'महाभोज' की प्रेरणा मिली मुझे बेलछी गाँव में (जिसे मैंने कभी देखा तक नहीं) कई हरिजनों को ज़िन्दा जला दिये जाने की दिल दहलाने वाली घटना की एक रिपोर्ट से। जहाँ तक याद है अरुण रंजन की लिखी हुई थी वह रिपोर्ट, जिसने हिलाकर रख दिया था। फिर तो ऐसी घटनाओं की अख़बारों में बाढ़-सी आ गयी। पर उन सबको पढ़कर मन में एक आवेग—एक भावावेग-सा उठा करता था और मात्र आवेग को आधार बनाकर तो कुछ लिखा नहीं जा सकता, सो उस सबको अपने कच्चे माल के गोदाम यानी अपनी डायरी में लिखकर रख लिया। कुछ दिनों बाद पता चला कि उस दोषी व्यक्ति ने जेल से छूटकर चुनाव लड़ा और बहुमत से जीता। तो मुझे जैसे अपने आवेग को एक वैचारिक आधार मिल गया यानी कि हमारे यहाँ की चुनाव प्रक्रिया... उसमें होने वाले घपले और तिकड़में, बेशर्मी से किया गया धनबल और बाहुबल का प्रयोग। और यह स्थिति कोई अकेले बेलछी की नहीं, पूरे देश की है। इसके बाद तो बूथ कैप्चरिंग का सिलसिला और जुड़ गया। यानी कि 'आपका बंटी' में जहाँ कुछ परिवारों से उठाई गयी समस्या को एक व्यापक धरातल देने की कोशिश की गयी है, वहीं 'महाभोज' में एक व्यापक समस्या को एक गाँव और कुछ पात्रों में केन्द्रित किया गया है। बात जब कुछ केन्द्रीय पात्रों से आरम्भ हुई तो स्वाभाविक था कि उनके मन में गहरे पैठना था। और जब व्यापक धरातल से शुरू हुई तो उसके विस्तार में जाना था। यही कारण है कि 'आपका बंटी' में जहाँ गहराई है, 'महाभोज' में विस्तार है। यह अन्तर तो है ही, पर मनुष्य की संवेदना को स्पर्श करने का माद्दा तो दोनों में है—क्योंकि यह मुझे किसी भी रचना की अनिवार्य शर्त लगती है।

—तब चर्चा उनकी कहानियों पर केन्द्रित हो गयी थी। 'सजा', 'सच', 'मैं हार गयी', 'बाँहों के घेरे', 'यही सच है', आदि कहानियों पर कई कोणों से कई सवाल करते हुए तब मैंने मन्नू जी से पूछा था—अपने नारी के द्वन्द्व को कई स्तरों पर, कई कोणों से अभिव्यक्ति दी है, किन्तु आपके नारी पात्र कभी-कभी भीतर से आक्रान्त और हताश, समर्पण, समझौते या भावुकता की सीमाएँ छूते से दिखाई देते हैं। ऐसा क्यों? दो-दो पुरुषों की उपस्थिति से कुछ नारी पात्र ऐसा आभास देते हैं जैसे वे पात्र प्रेम या सेक्स की तृप्ति के लिए एकाधिक पुरुषों के संसर्ग का औचित्य प्रमाणित कर रहे हैं।

इसमें कोई सन्देह नहीं कि मेरे नारी-पात्र द्वन्द्व में जीते हैं... द्वन्द्व के बिना तो कोई बात बनती ही नहीं न! अब वह द्वन्द्व संस्कार और आधुनिकता को लेकर भी हो सकता है तो यथार्थ और स्वप्न को लेकर भी। इसमें वह कभी संस्कारों के आगे टूट जाती है तो कभी संस्कारों को तोड़कर आगे निकल जाती है... कभी

यथार्थ से मुठभेड़ कर अपनी आकांक्षित ज़िन्दगी पा लेती है, तो कभी यथार्थ की बेड़ियाँ उसके पैरों को जकड़ लेती हैं और उसके स्वप्न दम तोड़ देते हैं। और यह सब केवल हमारे समय की स्त्री की ही विशेषता नहीं थी, आज की स्त्री की भी वास्तविकता यही है। यह कहने में मुझे कोई संकोच नहीं कि मेरे नारी-पात्र स्त्री-विमर्श का नारा गुहारते हुए, क्रान्ति का झंडा उठाये धाँय-धाँय करते आगे ही नहीं बढ़ते जाते हैं। आप चाहें तो इसे मेरी कमी या कमजोरी मान सकते हैं, मैं तो इसे सार्थकता और सफलता ही मानती हूँ। जहाँ तक दूसरे आरोप की बात है, मैं तो उसे भी सही नहीं मानती। 'ऊँचाई' और 'यही सच है' को छोड़कर दो पुरुषों की बात तो शायद ही किसी कहानी में है और 'यही सच है' में भी सेक्स की तो कोई बात है ही नहीं। वह तो दो लोगों के बीच में बँटी एक लड़की के आन्तरिक द्वन्द्व की कहानी है।

भारतीय नारी के जीवन की बेहतरी के लिए पुरुष या समाज से क्या अपेक्षाएँ करती हैं आप?

प्रश्न सुनकर हँसी हैं ज़ोर से—फिर वही नारी-विमर्श! सच पूछें तो अघा गयी हूँ मैं इस विषय से! दो पंक्ति में जवाब दे दूँ? पुरुष से अपेक्षा करती हूँ कि वह अपने सामन्ती-संस्कारों से मुक्त हो और स्त्री के सन्दर्भ में अपने वर्चस्व का यह लबादा उतार फेंके अब। क्या-क्या शब्द गढ़ रखे हैं उसने अपने लिए—स्वामी, भर्ता, परमेश्वर—केवल शब्द ही नहीं, यही मानता आया है वह अपने को...सो इससे अब मुक्त हो।

रचना-प्रक्रिया के बारे में पूछा गया तो हँसने के साथ बताना शुरू किया— इस प्रश्न से जैसे लेखक की जान छूट ही नहीं सकती। वैसे बड़ा मुश्किल है रचना-प्रक्रिया के—यानी कि किसी भी यथार्थ को सृजन के स्तर पर पहुँचाने की प्रक्रिया के बारे में बताना। *कुछ सोचती-सी थोड़ी देर चुप रहती हैं फिर धीरे-धीरे बोलना शुरू हुआ है—* मैं इसे दो हिस्सों में बाँटकर बताने की कोशिश करती हूँ। एक तो उसका बाहरी रूप यानी स्थूल रूप—जैसे मुझे कोई घटना, व्यक्ति या आइडिया जब क्लिक करता है तो मन के पन्नों के साथ-साथ मैं उसे डायरी के पन्नों पर भी नोट कर लेती हूँ। इसमें जाने क्या-क्या भरा रहता है! तुरन्त तो मुझसे उस पर कुछ लिखा ही नहीं जाता, पर फिर धीरे-धीरे जब वह एक घटना कई घटनाओं के साथ या एक व्यक्ति मिलते-जुलते अनेक व्यक्तियों के साथ मिल जाता है यानी कि एक व्यापक सन्दर्भ के साथ जुड़ जाता है, तभी वह एक रचना का आकार ग्रहण कर पाता है। 'आपका बंटी' के साथ यही हुआ पर इस प्रक्रिया में भी तो बहुत कुछ घटना है और उसे बता पाना ही तो असली संकट है और हर रचना के साथ वह प्रक्रिया भी अलग होती है...थीम के अनुरूप

उसे गढ़ना-रचना होता है। हाँ, इसकी एक बात जरूर बता सकती हूँ। मेरे इस गोदाम घर में न जाने कितनी घटनाएँ, न जाने कितने पात्र ठुँसे पड़े रहते हैं और जब मैं लिखने बैठती हूँ तो न जाने कौन-से पात्र किन घटनाओं के साथ जुड़कर सजीव हो जाते हैं और न जाने कौन-सी घटनाएँ किन पात्रों के साथ जुड़कर अपने अर्थ खोलने लगती हैं। यह सब मेरे अपने लिए भी कम आश्चर्यजनक नहीं है। एक उदारहण दूँ? किशोरावस्था में सम्पर्क में आये दा साहब, तब भी उनका नाम यही था और व्यक्तित्व भी मिलता-जुलता, बरसों बाद कैसे 'महाभोज' में यकायक सजीव हो गये—और फैलोशिप लेकर गाँव में रहकर रिसर्च कर रहा वह भन्नाया हुआ लड़का जिसने फैलोशिप पर इसीलिए लात मारी कि गाँव में जैसी स्थितियाँ हैं, उसमें कोई भी युवा बिना इन्वॉल्व हुए रह सकता है भला, 'महाभोज' के महेश में बदल गया। पर अब यह सब कैसे होता है इसे जब मैं ख़ुद ही नहीं समझती तो आपको कैसे समझाऊँ भला? बहुत मुश्किल भी है और यह मेरा बहुत निजी भी है... कतई ज़रूरी नहीं कि सबके साथ ऐसा होता हो। हाँ, एक बात और कहना चाहूँगी। लिखने के दौरान आपके सर्जक के साथ-साथ आपका दर्शक भी सक्रिय रहता है यानी कि रचनाकार और समीक्षक दोनों सक्रिय रहते हैं और लिखते समय आपका अपना समीक्षक ही आपके रचे को बार-बार रिजेक्ट करता रहता है और आप काटकर फिर लिखते हैं... बार-बार लिखते हैं और ऐसे ही रो-पीटकर रचना पूरी होती है। कम से कम मेरी तो। पहले समीक्षक नहीं था तो धाँय-धाँय लिखे जाती थी, अब समीक्षक ही इतना सक्रिय है कि कुछ लिखने ही नहीं देता।

आपकी संस्कारशीलता और जीवन शैली पर कई तरह से कहा-लिखा गया है। यह भी कि आप लेखन में जितनी रूढ़ि-विरोधी और प्रगतिशील हैं, शायद घर और निजी ज़िन्दगी में उतनी नहीं। आप इस बात से कहाँ तक सहमत हैं?

बिलकुल ग़लत! और यह आरोप भी राजेन्द्र के सिवाय कभी किसी और ने तो लगाया नहीं। अब अपने कुकृत्यों पर पर्दा डालने के लिए ज़रूरी था कि राजेन्द्र मेरी दस कमियाँ गिनाते सो गिनाते रहे हैं... मन्नू यथास्थितिवादी है... रूढ़िवादी है... खाँटी घरेलू औरत है। इसे शराब पसन्द नहीं। यह लेखक होकर भी लेखक की ज़रूरत और मानसिकता को नहीं समझती आदि, आदि। अगर मैं सही अर्थ में रूढ़िवादी होती तो पिता की इतनी नाराज़गी के बावजूद राजेन्द्र से शादी क्यों करती? जैनी होकर भी मैंने आज तक कोई व्रत उपवास नहीं किया, न पूजा-पाठ किया, न कभी मन्दिर गयी। मांग में सिन्दूर, पैर में बिछिये... करवाचौथ का व्रत भी मैंने कभी किया ही नहीं। अपनी बेटी को जिस तरह पाला और बड़ी होने पर अपना जीवन-साथी चुनने की ज़िम्मेदारी उसी पर डाल दी,

यह सब क्या एक रूढ़िवादी माँ के लिए सम्भव है? राजेन्द्र भी इस बात को अच्छी तरह जानते हैं, पर मानें कैसे? और ख़ैर, छोड़िए इस बात को।

खाना लगा तब तक हम लोग इधर-उधर की बहुत सारी बातें करते रहे। इस बीच मेरी नज़र टीवी पर टिकी, जिसने मुझे मेरा अगला प्रश्न थमा दिया—टीवी के बढ़ते प्रभाव ने पुस्तकों को प्रभावित किया है और आज पढ़ने का रुझान निरन्तर कम होता जा रहा है। आप इस बात से किस हद तक सहमत हैं?

हाँ, कुछ हद तक तो यह बात सही है कि इलेक्ट्रॉनिक मीडिया ने पुस्तकों को प्रभावित किया है, पर इसका जितना प्रचार किया जा रहा है, बात उस हद तक सही नहीं लगती। हर साल न जाने कितने प्रकाशक, न जाने कितनी किताबें छापते हैं; पुस्तक-मेलों में जो भीड़ उमड़ती है, वह पुस्तक-प्रेमियों की ही तो होती है और वहाँ बिक्री भी काफी होती ही है। अब आखिर जो खरीदता है, वह पढ़ता भी होगा ही। हाँ, इतना ज़रूर है कि जनसंख्या वृद्धि और साक्षरता-वृद्धि के अनुपात में पढ़ने वालों की संख्या नहीं बढ़ी। बंगाल और महाराष्ट्र जैसा पढ़ने का संस्कार तो हिन्दी वालों का कभी रहा ही नहीं। पर आजकल इसका एक कारण हिन्दी की बेहद महँगी किताबें और एक ऐसे नेटवर्क का अभाव भी है जो किताबों को दूर-दूर तक पहुँचा दे। हिंन्दी का पाठक तो मध्यवर्ग का है...वह इतनी महँगी किताबें कैसे खरीदेगा और जहाँ पाठक पढ़ना चाहता है, वहाँ किताबें उपलब्ध नहीं होतीं। एक बात यह भी है कि नगरों-महानगरों की युवा-पीढ़ी निहायत अँग्रेज़ीदाँ हो गयी है और वे जानकारी तो कम्प्यूटर से हासिल कर लेते हैं और मनोरंजन के लिए टीवी के अतिरिक्त और भी न जाने कितने साधन उपलब्ध हैं। पर उस सबके बावजूद मेरा दृढ़ विश्वास है कि पुस्तकों का महत्त्व कभी कम नहीं हो सकता क्योंकि पढ़ने के सुख का कोई विकल्प है ही नहीं।

इस दौर में आत्मकथा लेखन की प्रवृत्ति बढ़ी है और कई कारणों से आत्मकथाएँ चर्चित और विवादास्पद भी हुई हैं। इस विधा की शक्ति और सीमा के बारे में आपकी राय?

हाँ, इधर कई आत्मकथाएँ आयी हैं, पर इस बारे में मैं दो बातें कहना चाहूँगी। पता नहीं, मुझे लगता है कि कथाकार को तो आत्मकथा लिखनी ही नहीं चाहिए, क्योंकि अपने जीवन की घटनाओं को, टुकड़ों-टुकड़ों में... अलग-अलग रूपों में वह अपनी कथा-रचना में लिख ही देता है। और ज़्यादा ईमानदारी और सच्चाई के साथ लिख देता है। सच्चाई के साथ आत्मकथा लिखने का साहस बहुत कम लोग दिखा पाते हैं। पर अगर कोई बहुत सच्चाई और ईमानदारी के साथ लिखे तो एक दूसरी तरह की नैतिकता का प्रश्न इसके साथ जुड़ जाता है। जो व्यक्ति जीवित हैं और कहीं न कहीं किसी न किसी रूप में आपसे जुड़े हुए हैं, उनकी

ज़िन्दगी को खोलने का हक़ आपको किस सीमा तक है? बहादुरी में आकर आप अपने को नंगा करने पर आ भी जाएँ तो इसके चलते क्या आपको दूसरे को नंगा करने का हक़ भी मिल जाएगा? यह मेरे अपने मन की दुविधा है। हो सकता है कि मेरे सोचने का तरीका ही ग़लत हो।'

इधर कुछ आत्मकथाएँ पढ़ी होंगी आपने, उनके बारे में आपकी राय?

अभी हाल-फ़िलहाल भीष्म साहनी की आत्मकथा पढ़ी। सपाटबयानी के बावजूद मुझे बहुत अच्छी लगी। वामपन्थी होकर भी जब-जब, जहाँ-जहाँ उन्हें वामपन्थ की त्रुटियाँ-कमियाँ नज़र आयीं, उसका उल्लेख बहुत ईमानदारी से किया है। मैत्रेयी पुष्पा की आत्मकथा पढ़ी। शुरू का हिस्सा अच्छा लगा, जहाँ माँ-बेटी के सम्बन्धों का विश्लेषण है। बहुत ईमानदारी से लिखा गया है वह हिस्सा, पर बाद का हिस्सा तो... वह शायद सच भी नहीं है इसीलिए इसे आत्मकथात्मक-उपन्यास बताया है। पर उपन्यास है तो फिर 'मैत्रेयी' नाम क्यों रखा, काल्पनिक नाम रखना था। यह घालमेल कुछ समझ नहीं आया। पहले अमृता प्रीतम, अजीत कौर, दलीप खांडा, कुसुम अंसल की पढ़ी थीं... कुछ फिल्म अभिनेत्रियों की भी पढ़ी थीं और इधर राजेन्द्र की भी पढ़ी। अपना विश्लेषण बहुत अच्छा किया है और बहुत ईमानदारी से भी किया है, पर बहुत से प्रसंग छोड़ ही दिये लेकिन चलिए वह आत्मकथा है ही नहीं, आत्मकथा मात्र है। इधर दलित लेखकों की भी कई आत्मकथाएँ आयी हैं और बहुत चर्चित भी हुई हैं, पर मैं केवल दया पवार की बहुत पहले आयी 'अछूत' ही पढ़ पायी। वैसे आजकल संस्मरण और आत्मकथाएँ पढ़ना ही अच्छा लगता है। मेरे मन की पूछ रहे हैं? मेरा भी आत्मकथ्य...आत्मकथा बिलकुल नहीं, अभी अधूरा ही पड़ा है, पूरा तो करना है उसे, करूँगी भी, पर ईमानदारी की बात यह है कि जो लिखा उसका भी अफ़सोस ही है। इसमें से बहुत-सी बातों का उपयोग तो मुझे रचनात्मक लेखन में करना चाहिए था!" *हँसते हुए यह और जोड़ती हैं*—यदि कभी लिखना शुरू हुआ तो।

अपने प्रकाशकों-सम्पादकों के साथ आपके सम्बन्ध कैसे रहे?

अच्छे ही रहे। 'महाभोज' ओम प्रकाश जी ने जिस गहरे सरोकार और लगन से छापा था, शायद ही कोई प्रकाशक छापता होगा। यह भी कैसा संयोग रहा कि 26 अगस्त की शाम को उन्होंने इसकी पहली प्रति राजेन्द्र को लाकर सौंपी और 28 अगस्त की सवेरे ही वे चल बसे। सुना तो सन्न। जैसे वे इसे छापने के लिए ही रुके हुए थे। सम्पादक भी अच्छे ही मिले। भैरव जी ने मेरी पहली कहानी छापी ही नहीं, मेरा मार्गदर्शन भी किया। मैं इसे अपनी उपलब्धि ही मान सकती हूँ कि पहली कहानी 'कहानी' जैसी प्रतिष्ठित पत्रिका में, तो पहला संग्रह राजकमल जैसे प्रतिष्ठित प्रकाशन-गृह से छपा और आज तक कभी

कोई रचना लौटी ही नहीं।

राजेन्द्र यादव जी के साथ का लाभ भी तो मिला होगा आपको अपने लेखन में?

इस बात से इनकार तो नहीं कर सकती...करूँगी भी नहीं। पर वह दूसरी तरह का लाभ था। आठ-दस कहानियाँ लिख लेने के बाद ही मेरा उनसे परिचय हुआ था और तब वे कहानी के शिल्प-प्रतीक, बिम्ब, प्रयोग आदि के बारे में बहुत कुछ समझाया करते थे। पर वह सब मेरे पल्ले पड़ता ही नहीं था क्योंकि मेरा लिखना होता था सीधा, सहज और सपाट। पर लिखने के लिए ये मुझे बहुत प्रोत्साहित करते थे...लिखने के लिए सब तरह की छूट, मैं चाहे घर में रहूँ, चाहे बाहर जाकर लिखूँ। और सबसे बड़ा लाभ तो उस वातावरण से मिला...लेखकों के जमावड़े...गप्प-गोष्ठियाँ और फिर नयी से नयी किताबें, पत्रिकाएँ उपलब्ध। यही माहौल लिखने के लिए बहुत ज़रूरी होता है...बहुत प्रेरक भी। एक लाभ और मिला कि मेरी कुछ कहानियों और दोनों उपन्यासों के शीर्षक राजेन्द्र ने दिये। बहुत अच्छे शीर्षक देते हैं राजेन्द्र।''

क्या कुछ रचनाओं के साथ ऐसा भी हुआ कि आपने उम्मीद न की हो और उसे बेहद प्रशंसा मिली हो या फिर उम्मीद के विपरीत आलोचना या उदासीनता सहनी पड़ी हो?

'आपका बंटी' लिखकर लगा तो मुझे भी काफी अच्छा था, पर धारावाहिक छपने के दौरान जैसी प्रतिक्रियाएँ मिलीं, उसकी कल्पना तो मैंने कभी की ही नहीं थी। पाठकों ने बंटी के साथ इस कदर तादात्म्य स्थापित कर लिया था कि उसका सुख-दुःख जैसे उनका सुख-दुःख हो गया था। उम्मीद से कहीं अधिक प्रशंसा मिली। 'महाभोज' धारावाहिक रूप में तो नहीं छपा लेकिन समीक्षाएँ तो बहुत सकारात्मक ही आयी थीं। और जब मंचन हुआ तो एक महीने तक हाउस फुल ही गया। कलकत्ते की उषा गांगुली ने तो इसके सौ शो किए...मराठी में अनूदित होकर कई शो हुए और उन सबके रिव्यूज। मुझे बिलकुल, बिलकुल उम्मीद नहीं थी। पर खैर, नाटकों का श्रेय तो सारी टीम को जाता है। 'आपका बंटी' का अभी जापानी में अनुवाद आया, पहले 'महाभोज' का फ्रेंच में आया था। भारत की तो कई भाषाओं में इनके अनुवाद छप चुके हैं। मेरी कहानियों के मराठी अनुवाद के तीन संकलन छप चुके हैं। कुछ कहानियाँ फिल्म के लिए तो कुछ टीवी के लिए चुनी गयीं। मैंने कहा ना कि कुल मिलाकर मेरी अपेक्षा से मुझे कहीं अधिक मिल गया है। यह भी हो सकता है कि मैं बहुत ज़्यादा अपेक्षा करती ही नहीं हूँ, इसलिए जो भी मिलता है, उसे बहुत मानकर लेती हूँ।

पाठक के रूप में क्या पढ़ना आपको अच्छा लगता है? पढ़ने के लिए रचनाओं का चयन आप किस तरह करती हैं?

पहले मेरी रुचि कहानी-उपन्यास पर केन्द्रित थी। आजकल संस्मरण, आत्मकथाएँ और सामाजिक-राजनैतिक समस्याओं पर केन्द्रित लेख पढ़ना अच्छा लगता है। आजकल अच्छी कहानियों का तो जैसे टोटा-सा ही हो गया है। कथा-साहित्य में जो रचना अपने साथ बाँध ले, संवेदना के स्तर पर झकझोरे और विचार के स्तर पर कुछ सोचने को मजबूर करे—और लेख जो मुझे प्रश्नाकुल बनाये या फिर ऐसी जानकारियाँ उपलब्ध कराए, जिनसे मैं अभी तक अनभिज्ञ थी और यह भी हो कि पूर्वग्रह से मुक्त एक तटस्थ दृष्टिकोण से लिखे गये हों। पर अपनी-अपनी विचारधारा में कैद लोगों से इस तटस्थता की अपेक्षा की ही नहीं जा सकती, उनमें मिलती भी नहीं है।

तो क्या आप किसी विचारधारा, वाद या दृष्टि की लेखन के सन्दर्भ में कोई उपयोगिता नहीं मानतीं?

मानती हूँ, पर एक हद तक ही। इसमें कोई सन्देह नहीं कि कोई भी विचारधारा हमें दृष्टि देती है... हमारे सोच को धार भी देती है, पर जब कोई भी लेखक उसे ही अपने सोच और अपनी समझ की सीमा बना लेता है तो उसका नजरिया भी सीमित और एकांगी तो हो ही जाता है। मेरा ऐसा मानना है, बल्कि कहूँगी कि दृढ़ धारणा है कि जीवन हर विचारधारा से विस्तृत और विशाल है। इसलिए लेखक को अपने को किसी भी कटघरे में बाँधकर रखने के बजाए मुक्त रहना चाहिए। जीवन की सही तस्वीर पाने के लिए ज़रूरी है कि वह जीवन को खुली आँखों से देखे, किसी विचारधारा का चश्मा लगाकर नहीं।

अपनी रचनाओं को क्या कभी अपनी पसन्द के मानकों पर कसकर देखा है आपने? परिस्थितियों के स्तर पर अपने लेखन के लिए पहले और अब में क्या अन्तर पाती हैं आप?

अपनी पसन्द के मानकों पर कसकर ही किसी रचना को छपने के लिए भेजती हूँ... छपने के बाद तो यह काम समीक्षकों का है कि वे अपने मानक पर उसे कसते रहें, उसकी बखिया उधेड़ें या उसकी सराहना करें। पाठक अपने मानक पर कसकर अपनी प्रतिक्रिया व्यक्त करता है। हाँ, पहले की और अब की परिस्थितियों में अन्तर तो बहुत है। पहले सब तरह के संकट थे—आर्थिक, मानसिक, भावनात्मक, पर फिर भी लिखना चालू था—आज सारे संकट-संघर्ष समाप्त हैं तो लिखना भी समाप्त है। इसके दो कारण हो सकते हैं—पहला तो यह कि शायद संघर्ष ही चुनौती बनकर लेखक को सक्रिय रखता है...दूसरा आज

से बीस बरस पहले जो एक बेहद स्वस्थ, अनुकूल साहित्यिक माहौल था, अब वह बिलकुल नहीं है। पूरा परिवेश ही जब गड़बड़ाया हुआ है तो लेखक भी उससे अछूता तो नहीं ही रह सकता न!

आपको लगता है कि परिस्थितियों में साहित्य कुछ परिवर्तन ला सकता है—समाज को बदलने की दिशा में कोई कारगर कदम उठा सकता है?

साहित्य समाज को बदल सकता है, ऐसी ख़ुशफ़हमी न पहले कभी थी, न आज है। अगर कुछ कर सकता है तो दो बातें जरूर कर सकता है—करता भी है। मनुष्य की संवेदना को जीवित रखता है वरना आज की परिस्थितियाँ तो उसे संवेदनशून्य बनाकर ही छोड़ेंगी... हालत तो आज यही हो रही है। दूसरे, इन बेहद-बेहद प्रतिकूल और भ्रष्ट परिस्थितियों के विरोध में एक मानसिकता तो बना ही सकता है। पहले मानसिक रूप से विरोध और विद्रोह की मानसिकता जागे तभी तो इस दिशा में कोई कदम उठाया जा सकेगा।

जाति, क्षेत्र, वर्ण आदि के आधार पर साहित्य में विभाजन और गुटबन्दी पर आपके क्या विचार हैं?

'नयी कहानी' के समय भी शहर की कहानियों, गाँव-कस्बे की कहानियों का भेद तो था। रेणु के साथ आंचलिकता भी आयी, पर आज जैसी गुटबन्दी नहीं थी। इसने तो दलित-साहित्य, सवर्ण-साहित्य के साथ जोर पकड़ा। पर अब यह कहना कि सवर्ण दलितों पर साहित्य ही नहीं लिखे या कि दलितों का अलग सौन्दर्यशास्त्र बने, यह सब जितना चाहे उछाल लीजिए, चलेगा नहीं। स्त्रियों को भी तो दलितों के साथ शुमार किया जाता है, तो उनके साहित्य के लिए अब तक कोई अलग सौन्दर्यशास्त्र क्यों नहीं बना? कला और साहित्य के मानदंड अपने हिसाब से बनते-बदलते हैं, इस तरह की नारेबाजी से नहीं। मैं यह नहीं कहती कि ये नियम शाश्वत होते हैं या होने चाहिए। ये बदलते हैं। हर विधा में कितने परिवर्तन आये हैं... पर वे अपने भीतरी दबाव से बदले हैं।

हँसते हुए बोलीं—आप तो सचमुच ऐसे प्रश्न कर रहे हैं, जिनके उत्तरों के लिए मेरा पिटना निश्चित है। पर अब मैं क्या करूँ, मेरा अपना सोच है।

आज के आपके इस अकेलेपन का क्या आपके लेखन और मन पर कोई प्रभाव पड़ा है?

मन्नू जी थोड़ा गम्भीर हुईं। कुछ देर चुप रहीं। फिर बोलीं—एक स्तर पर हर आदमी, ख़ासकर कलाकार तो अकेला ही होता है। हमारी एक बाहरी दुनिया है और एक लेखकीय दुनिया, जहाँ हम अपने गढ़े-रचे पात्रों, घटनाओं या फिर विचारों और कल्पनाओं के साथ रहते हैं। सच बताऊँ आपको, मेरे बहुत सारे सौभाग्यों में एक यह भी है कि मैं एक बहुत ही घने रूप से जुड़े-गुँथे परिवार

की सदस्या हूँ, जो मुझे एक स्तर पर अकेलेपन के अहसास से मुक्त रखता है। संयोग से मित्र भी ऐसे ही मिले। मैं तो किसी के लिए कहीं कुछ नहीं कर पायी, पर मित्रों ने तो मेरे लिए बहुत किया, अब भी करते हैं। जब-जब संकट आये, सहारा देने वाले हाथ हमेशा तैयार ही मिले। क्या ऐसा नहीं होता कि बहुतों के बीच रहकर भी कभी आप असुरक्षित महसूस कर सकते हैं और कभी-कभी अकेले रहकर भी सुरक्षित। वैसे संकोच के मारे आपने वैसे नहीं पूछा, पर मैं जानती हूँ कि राजेन्द्र के सन्दर्भ में आप यह बात जानना चाहते हैं। सो लिखना तो मेरा राजेन्द्र के समय से ही बन्द हो गया था। हमारे अलगाव का इससे कोई लेना-देना नहीं। अलगाव के बाद तो फिर भी मैंने थोड़ा-बहुत लिखना शुरू किया है। यह तो सच है ही कि इस सम्बन्ध की विफलता ने मन पर बहुत प्रभाव डाला। बहुत टूटन भी झेली है मैंने। वह साथ अकेलेपन से कहीं ज़्यादा कष्टकर हो गया था। पर अब मैं उससे पूरी तरह से उबर गयी हूँ। आज तो मुझे न कोई गिला-शिकवा है, न कोई दुर्भावना। लगता है जैसे सारे तनावों से ही मुक्ति मिल गयी। अवसाद अगर है तो केवल न लिख पाने का। और आशंका है तो इस बात की कि आज भी मन में जो इतना भरा पड़ा है, उसके बाहर आने के पहले ही मैं कहीं चलती न बनूँ। हँसी इस बार भी है, पर इस हँसी में अपनी-सी सहजता है, सरलता है—और निर्मल-निर्मल-सा एक प्रवाह है।

फिर धीरे से एक प्रश्न आगे बढ़ाया—सामान्य पत्नियों की जिन्दगी से लेखक-पत्नी की ज़िन्दगी और भूमिका में आप क्या अन्तर पाती हैं।

बड़ा मुश्किल है कहना। क्योंकि हर लेखक पत्नी और सामान्य पत्नी का जीवन भी एक सामान्य ढर्रे में ढला हुआ तो होता नहीं, जो कुछ नतीजे निकालकर रख दिये जाएँ।

फिर भी कुछ अन्तर तो होता ही होगा, उसी के बारे में कुछ बताएँ!

देखिए, एक समर्पित लेखक के जीवन की प्राथमिकताओं में लेखन पहले स्थान पर होता है, इसलिए पत्नी तो दूसरे स्थान पर चली ही जाती है। यदि वह फ्री-लांसर है तो आर्थिक कष्ट झेलना भी अनिवार्य है। या तो वह खुद कमाये या फिर ज़िन्दगी भर कतर-ब्योंत ही करती रहे। हाँ, एक बात ज़रूर कह सकती हूँ कि लेखक हो या सामान्य आदमी, वह जो कुछ भी करता है, उसके लिए ज़मीन तो स्त्री ही तैयार करती है। अब वह इसे चाहे माने या न माने। इस सन्दर्भ में मुझे जैनेन्द्र जी की 'पत्नी' कहानी बहुत याद आती है।

यह मानकर कि पुनर्जन्म होता होगा, कोई आप से यह पूछे कि क्या आप दोबारा स्त्री के रूप में जन्म लेना चाहेंगी, तो आपका क्या उत्तर होगा?

मैं पसन्द ही करूँगी स्त्री होकर जीना। मुझे अपने स्त्री जीवन से कोई

शिकायत नहीं। मेरे जीवन में जो भी नेगेटिव बातें रही हैं, उसमें स्त्रीत्व क्या करेगा?

बाहर अँधेरा घिरने लगा था। एक अन्तिम प्रश्न की अनुमति लेकर मैंने पूछ लिया—इच्छित के न मिलने या वांछित के न हो पाने के लिए आप किसे ज़िम्मेदार मानती हैं—खुद व्यक्ति को, उसकी चाहत को, उसके कर्म को या किसी अन्य व्यक्ति अथवा वस्तु को?

बहुत हद तक तो आदमी खुद ही ज़िम्मेदार होता है। अब जैसे मैं नहीं लिख पा रही हूँ तो मैं ख़ुद ही ज़िम्मेदार हूँ। हाँ, कभी-कभी दूसरी स्थितियाँ भी ज़िम्मेदार हो सकती हैं, पर कुछ हद तँक ही। क्योंकि काम करने की इच्छा प्रबल हो तो आदमी प्रतिकूल परिस्थितियों को भी अनुकूल बना ही लेता है।

बात बेटी की चली तो मैंने सहमते हुए पूछ ही लिया—*आप लोगों के अलग-अलग रहने पर रचना ने कभी हस्तक्षेप नहीं किया?*

बिना किसी झिझक के जवाब दिया—नहीं, बल्कि उसने तो कहा था कि आपको यह कदम बहुत पहले उठा लेना चाहिए था। *फिर हँसकर बोलीं*—यह दूसरी पीढ़ी है। अनचाही स्थितियों को सहते जाना इन्हें मंजूर नहीं। यों वो राजेन्द्र से बहुत अटैच्ड है। पिता तो हैं ही... फिर यह भी लगता होगा कि मेरे पिता का इतना नाम है, सम्मान है—तो खुशी भी होती होगी, गर्व भी होता ही होगा।

आवाज़ बता रही थी कि वे तब केवल बेटी की खुशी या बेटी के गर्व की ही बात नहीं कर रही थीं, उसमें शायद उनका हिस्सा भी शामिल था।

कृतज्ञ मन बाहर आते हुए मैं मन्नू जी के मातृत्व और पत्नीत्व के सन्धिस्थल पर क्षण भर पहले खिले फूल की गमक और महक से अभिभूत हो रहा था।

गोपीचन्द नारंग

बेहद तपती हुई दोपहर थी वह। मन में भी तपती-सी एक आशंका थी कि कहीं आज फिर डॉ. गोपीचन्द नारंग की व्यस्तता बातचीत को आगे के लिए स्थगित न करा दे। पर साहित्य अकादेमी के अध्यक्ष के उस वातानुकूलित ऑफिस में प्रवेश के साथ ही नारंग जी के वाक्यों व व्यवहार ने मन को शीतल कर आश्वस्त किया तो जरा पहले की हालत और मन:स्थिति पता नहीं कहाँ, कैसे कपूर की तरह ग़ायब हो गयी। इन उर्दू वालों की भाषा और बातों में सचमुच जादुई असर होता है, तभी तो आदमी उनकी मिठास और कशिश की ज़द में तुरत-फुरत आने लगता है। 'बस, एक मिनट, बस, एक मिनट और' कहते हुए नारंग जी ने कुछ फोन सुने हैं, कुछ किये हैं। मेरी निगाहों ने इस बीच दफ़्तर के हर हिस्से, हर चीज़ को देख लेना चाहा है; रूप, आकार, सज्जा, रख-रखाव, चमक-दमक आदि को देखते जाने की उस भागम-भाग में कहीं वे रुकीं, कहीं ठिठकीं, कहीं चौंकीं। कालीन, पर्दे, सोफा, कुर्सियाँ, मेज—सब विशेष, आकर्षक! सामने की दीवार पर शीशों के पीछे से झाँकते अकादेमी के प्रकाशन। मेज की एक तरफ दो सफेद, एक काला टेलीफोन। सामने बढ़िया-सा कलमदान। दूसरी ओर कुछ फाइलें, कुछ किताबें। किताबों के बीच में जगह-जगह लगी हुई स्लिप्स। दो चश्मे एक मोबाइल फोन। फोन करके, पी.एस. को बुलाया गया है—'अब किसी को नहीं आने देना है। नो काल्स...नो...।'

चाय का एक घूँट लेने के बाद पहले क्रिकेट मैच का स्कोर सुना गया है। फिर अलीगढ़ और वहाँ के कुछ अदीबों के बारे में बातें हुई हैं। औपचारिकता का नारियली आवरण जैसे चटखा-दरका! यह अचानक हुआ कि मैं उनके नाम के उत्तरार्द्ध—नारंग—के बारे में जिज्ञासा प्रकट कर बैठा। सहज-सी एक हँसी हँसे वे। चाय का घूँट लिया और बताने लगे—

नारंग में ना नकारात्मक नहीं है—यानी रंग की नफी। हाँ, काग़ान की वादी में—पेशावर और कोहाट के बीच—एक क़स्बा है—नारंग! शायद यह नाम

वहीं से चला हो! नारंग सिक्खों में पाए जाते हैं! वैसे जन्मपत्री का लिखा हुआ हमारा गोत्र कश्यप है!

आज के पाकिस्तान के उल्लेख ने नारंग जी को अतीत की स्मृतियों का कुछ जीने-जिलाने के लिए प्रेरित किया। अतीत के हिस्सों को देखने— याद करने का जब मैंने उनसे आग्रह किया, तो चुप्पी के साथ छत की ओर देखते हुए धीरे-धीरे कुछ देर चाय सिप करते रहे। जैसे बहुत दूर-पार के बहुत धुँधले-से कुछ को ढूँढ़ निकाल लाने की कोशिश में लगे हों! दाहिनी तर्जनी ऊपर के होंठ पर टिकी है। फुसफुसाहट थी या फिर...आवाज़ एक सीटी-सी...! कुछ और ध्यान दिया तो सुनाई पड़ा—

बलूचिस्तान के एक दूर दराज पहाड़ी इलाके में, जहाँ मेरा जन्म हुआ, उस जगह का नाम है दुक्की! यह जिला लोरालाई—जो अब पाकिस्तान-ईरान की सरहद की तरफ है—की छोटी-सी तहसील है। मेरे पिताजी स्व. धर्मचन्द नारंग बलूचिस्तान रेवन्यू सर्विस में अफ़सरे-ख़ज़ाना थे और डोमिसाइल का दर्जा रखते थे। अँग्रेज़ों के उस जमाने में उनका तबादला हर तीन साल बाद नयी तहसील में हो जाता था। दुक्की के बारे में तो मुझे कुछ याद नहीं। अलबत्ता दुक्की के बाद वे मूसाखैल आये, जहाँ की यादें कभी-कभी जुगनुओं की दुनिया की तरह आँखों के सामने चमक जाती हैं। मुश्किल से हजार-पन्द्रह सौ की आबादी होगी। किले की तरह का तहसील का वह दफ़्तर, बड़ा-सा वह फाटक जो तीन-चार सिपाहियों के खींचने पर बन्द होता था, की मुझे याद है। दिन में आने-जाने के लिए उसकी एक खिड़की खुली रहती। रात में उस पर बड़े-बड़े ताले डाल दिये जाते। इसी के अन्दर ज़मींदोज़ ख़ज़ाना था। चाँदी के सिक्के चमड़े की थैलियों-बोरों में भरकर मुहरबन्द कर दिये जाते थे। तब न गोदरेज का रिवाज़ हुआ था, न नोटों की करेंसी चली थी। बड़ी-बड़ी तिज़ोरियाँ ज़मीन के अन्दर सीमेन्ट में धँसी रहती थीं। मुझे नहीं लगता कि इन तिज़ोरियों का कोई असर मेरे ज़हन पर नहीं था। मगर जब मेरी तबीयत खिंचती थी तो मैं स्टाफ क्वाटर्स की पीठ से लगे, दूर तक फैले बगीचे की तरफ़ चला जाता। इसके रंगारँग फूल, अंगूर की हरी बेलें, अंजीर, शफ्तालू, अनार, सेब, चेरी, पेड़-पौधे—अब भी मेरी यादों की कहकशाँ का हिस्सा हैं। स्कूल जाने लगा तो मेरा जी स्कूल में न लगता। मैं वहाँ से भागकर बगीचे में आ जाता था और स्ट्राबेरी की क्यारियों में तालाब के किनारे बैठकर मछलियों के रंग-बिरंगे पर देखकर खुश होता रहता। उन पर कंकड़ फेंकता, गुलेल से निशाना साधता। दोस्तों के साथ घूमता। बच्चे लम्बी-लम्बी घास में छुप जाते। बुलबुल गुलाब की क्यारियों के करीब बैठकर अपना तराना छेड़ती और मैं उसमें खो जाता।

कुछ ऐसा याद आया कि वे हँस रहे हैं—पहली जमात में पढ़ाई भी क्या होती है। दस-बीस सहपाठी रहे होंगे। मास्टर जी ने ज़बानी इम्तहान लिया। दिलासा देने को बड़े भाई साथ थे। मैं डरा हुआ तो था ही। जब मेरी बारी आयी तो आँखें बन्द कीं—और जवाब देने लगा। मास्टर जी इतना खुश हुए कि कुछ ही मिनटों के बाद कह दिया—पास! ना सिर्फ पास, बल्कि अव्वल। मेरी खुशी का ठिकाना न रहा। अपने पर भरोसा पैदा हुआ। लगने लगा कि मैं भी पढ़ सकता हूँ। फिर तो किताबें बेहतरीन साथी बन गयीं। ये भी याद पड़ता है कि हाफ़िजा बहुत तेज़ था। पूरा प्रेमचन्द, कृश्न चन्दर, रवीन्द्रनाथ टैगोर, शरतचन्द्र, बंकिम, हाफ़िज़, रूमी, ग़ालिब मैं हाई स्कूल के ज़माने तक चाट चुका था और अँग्रेज़ी की भी सुध-बुध हो गयी थी। अगरचे गाँव-देहात के स्कूलों में पढ़ाई का इन्तज़ाम इतना अच्छा नहीं होता, लेकिन बाज उस्तादों ने बड़ी मेहरबानी की। किताबें तक ला-लाकर देते थे। मेरी शुरूआत ही ख़ुशनसीबियों से हुई।

—मेरा ज़ेहन कोरा काग़ज़ था। उस पर एक नहीं कई नक्श एक-दूसरे पर चढ़ते चले गये। भाषाएँ और बोलियाँ भी एक नहीं—एक में एक पिरोती चली गयीं। मेरी माँ पश्चिमी पंजाब की थीं—सरायकी बोलती थीं। पिताजी पश्तो बोलते थे और बाज़ार की भाषा हिन्दोस्तानी-यानी उर्दू थी। पिताजी ने संस्कृत और फ़ारसी भी पढ़ायी। थोड़े बढ़े तो अँग्रेज़ी से भी वास्ता पड़ गया। लेकिन एक बात और इतनी ही अहम है कि पिताजी को गाने का भी शौक था। घर पर हारमोनियम था और भोंपूवाला बाजा भी—जिस पर वे के.एल. सहगल, बेग़म अख़्तर, रोशनारा बेग़म और मलिका पुखराज के रिकॉर्ड लगाकर सुनाते थे। हम दस बच्चे थे—छह भाई, चार बहनें। जब बारह लोग सितारों भरी रात में, एक छोटे से कमरे में ठुँसे बाजा सुन रहे हों और एक कोने में लाल-लाल अनारों का ढेर लगा हो—और माँ सबसे छोटे बच्चे को दूध पिला रही हो—तो वातावरण कैसा होगा और ज़हन पर क्या-क्या नक्श नहीं बना होगा? पिताजी हारमोनियम पर—'बालम आय बसौ मेरे मन में' गाते थे तो आनन्द की जोत मन में जगती थी।

चाय की चुस्कियों के बीच जब मैंने 'सरायकी' के बारे में कुछ और जानना चाहा तो वे प्रवचन की-सी मुद्रा में आ गये—पाणिनी की भाषा है वह...पाणिनी मुल्तान के थे...।

फिर वहाँ की नदियाँ, स्थानों के नामों आदि के बारे में बताते रहे। मैंने लेखन की ओर प्रेरित करने वाले सवाल को फिर से दोहराया तो बोले—मेरी लाइफ इतनी ईवेंटफुल है नहीं...यह भी मज़े की घटना है वैसे...चूँकि बचपन की एक बेवक़ूफ़ी से जुड़ी हुई है।...हुआ यूँ कि गर्मियों की छुट्टियों में बड़े भाई के साथ एक हॉकी-टूर्नामेंट देखने पड़ोस के शहर गया था। रहना दूर के एक रिश्तेदार

के यहाँ हुआ। हमें बाहर वाले कमरे में ठहराया गया था। सुबह-सवेरे अभी आँखें मल रहे थे कि एक पतली-दुबली, छरहरे बदन की लड़की चाय की केतली लिये कमरे में आयी। नंगे पैर, बाल खुले हुए। मेरी उम्र चौदह-पन्द्रह बरस की होगी। तीख़े नक़्श! ऐसा लगा जैसे कोई बिजली कौंध गयी हो! वह तो चली गयी पर मैं देखता ही रह गया। यकलख कुछ हो गया। मैच में भी मन नहीं लगा। घर जाकर भी उसकी तस्वीर आँखों में फिरती रही। किसी से ज़िक्र नहीं कर सकता था और भुला भी नहीं सकता था। जुनून यहाँ तक बढ़ा कि खोज करते-करते उसके स्कूल का पता मालूम कर लिया और बेवक़ूफ़ी यह कि स्कूल के पते पर उसको नामा-ए-इश्क लिख मारा। ये गोया मिर्ज़ा शौक की मसनवी 'जहरे-इश्क' का बयाने-दर्द था। लड़की बेचारी रोती हुई घर आयी। उस पर क्या गुज़र गयी होगी इसका मैं उस वक़्त तसव्वुर भी नहीं कर सकता था। उसके माँ-बाप ने मेरे भाई को बुलाया और सख़्त डाँट-डपट की। बाद में वे लोग भी शरणार्थी बनकर देहली आये। मुद्दतों यह फाँस दिल में गड़ी रही और होते-होते तहलील हो गयी—घुल गयी। तब शेर भी अपने आप होने लगे और मैं कहानियाँ भी लिखने लगा।

चाय के चार-पाँच घूँट जल्दी-जल्दी लिये गये और फिर सुनाई पड़ा—
इस पहले इश्क को लेकर मैंने अपनी पहली कहानी पन्द्रह साल की उम्र में लिखी थी। वह 1946 में 'बलूचिस्तान समाचार' जो क्वेटा से निकलता था, में छपी थी। बाद में तीन-चार और कहानियाँ इसी अख़बार में छपीं। फिर मैं दिल्ली आ गया और मशहूरे ज़माना रिसाले 'रियासत' में लिखने लगा। यह रिसाला रजवाड़ों के रईसों-राजाओं-महाराजाओं की कलई खोलकर हिसाब बेबाक किया करता था। उसका दफ़्तर दरियागंज में था। एक बार रिसाले के मालिकान ने बहला-फुसला कर मुझको अपने स्टॉफ में लेना चाहा, लेकिन मैं बी.ए. करने के बाद दिल्ली कालिज में दाख़िला ले चुका था। छोटी-मोटी पार्ट टाइम नौकरी किया करता था। पढ़ाई के मज़े को मैं किसी क़ीमत पर तज न सका और दिन-रात एक कर, रातों को जाग-जागकर पढ़ता-इम्तहान देता रहा। और इस तरह 1956 में जब मैं अभी डॉक्टरेट की थीसिस पूरी भी नहीं कर पाया था कि दिल्ली के मशहूर सेंट स्टीफेंस कालिज में पढ़ाने की कच्ची नौकरी मिल गयी।

आपने भी शुरूआत कविता से की और फिर आलोचना में आये। कविता में न रहकर आलोचना में अपने आने को आप किस तरह देखते हैं? कविता कहाँ, क्यों रुक-थम गयी?

बलूचिस्तान के ज़माने में जो कुछ ग़ज़लें, नज़्में लिखीं, वो एक बड़े रजिस्टर

में थीं। दंगों के ज़माने में जब हम एक अँधेरी रात को रेडक्रॉस के एक डकोटा जहाज़ में से दिल्ली उतरे और सितम्बर महीने की ओस भरी रात को बिरला मन्दिर के लॉन पर पटक दिये गये, तो सारा सामान तितर-बितर हो गया। भाई साहब ने कोहिस्तानी नदी के किनारे कुछ चमकती चीज़ें चुनी थीं जिनको वे हीरा समझते थे। वो छोटी-सी पोटली और मेरा रजिस्टर भी उसी सामान के साथ खो गया। भाई साहब तो उस पोटली को याद करके अब भी आह भरते हैं, मगर मैं उसके बाद भी काग़ज़ काले करने में लगा रहा।...हज़ारों सफ़े अपने कलम से लिखे होंगे, हज़ारों फाड़े होंगे, पुस्तकें भी एक के बाद एक बीसियों छपीं— पर जब तक किताब लिख नहीं ली जाती और काम पूरा नहीं होता, अन्दर एक आग लगी रहती है।

मेरी थीसिस का विषय था—उर्दू शायरी का तहज़ीबी अध्ययन। तब मैं अपनी थीसिस और भाषा शास्त्र की पढ़ाई में ऐसा उलझा कि कविता-कहानियाँ धरी रह गयीं। यों भी विश्वविद्यालय में साथियों से आगे निकलने और अपनी जगह बनाने के लिए अकादमिक अध्ययन और शोधकार्य की बढ़-चढ़कर ज़रूरत थी। और यह काम ऐसा जानलेवा था कि मुझको अपनी वरीयताएँ तय करनी पड़ीं। कोई देखना चाहे तो मेरे सारे काले किए हुए पन्नों में देख सकता है। बचपन के बगीचों की सुन्दरता, भूरी चट्टानों के ऊपर चमकते आसमानों का सायबान, सहगल, बेग़म अख़्तर और नूरजहाँ की आवाज़, एक के बाद एक ज़िन्दगी में जाती मोहब्बतों के चर्के-आघात और बचपन की महरूमियों से उबरने के लिए खुद को लिखने-पढ़ने के काम में गुम कर देना...शायद इन बातों का कुछ न कुछ भीतरी रिश्ता है।

मैंने नारंग जी के कविता से दूर होते जाने और उर्दू के प्रति लगाव-खिंचाव का कारण जानना चाहा था। अपनी ताज़ा किताब की बाबत बताते-बताते वे बता रहे हैं—

बँटवारे से पहले... ख़ास तौर पर जिन इलाकों में मेरा बचपन बीता यानी बलूचिस्तान, सिन्ध, पश्चिमी पंजाब, दिल्ली, उत्तर प्रदेश, और बिहार तक—आम बोलचाल की भाषा हिन्दोस्तानी कहलाती थी और इसका आधार खड़ी बोली का वह मुहावरा था जो उर्दू की चक्की में पिसा था। भाषाओं का राजनीतिकरण बहुत बाद की चीज़ है। जिस तरह विशेषकर उर्दू और हिन्दी का साम्प्रदायीकरण किया गया, ये सब बाद की बातें हैं। मगरबी इलाकों में, मेरे स्कूल की आम भाषा उर्दू ही थी और क्वेटे के गली-कूचों, बाजारों में पाकिस्तान बनने से बहुत पहले उर्दू ही बोली और लिखी जाती थी। पिता वेद, पुराण, उपनिषद् संस्कृत में पढ़ते थे।

हमने भी हिन्दी-संस्कृत सीखी। आठवीं क्लास तक मैं भी विद्यार्थी रहा। 'महाभारत', 'रामायण', 'योगवाशिष्ठ' और बाज दूसरी कथाएँ भी घर में पढ़ी जाती थीं, लेकिन इनका मुहावरा नहीं था। कविता या कलाओं के सौन्दर्य की तरफ खिंचना या पसन्द-नापसन्द का मामला अपने अख़्तियार का नहीं होता। इसका गहरा सम्बन्ध व्यक्ति के अवचेतन से होता है। दिल की एक बात बताता चलूँ—भाषा ही दरअसल वह साँचा है जिसमें हम ढलते हैं। हम भाषा को नहीं अपनाते, भाषा हमको अपनाती है। हमारे खून में जो मॉलीक्यूल्स हैं, भाषा उनमें खुदी रहती है। गोया ये भी हमारी डी.एन.ए. का हिस्सा है, जिसको हम चाहें भी तो बदल नहीं सकते। हमारी रुचियाँ, हमारे समीकरण, हमारे इश्क, हमारे झगड़े, हमारी मोहब्बतें-नफ़रतें सब होश सँभालने से पहले भाषा के साथ-साथ हमारे अन्दर उगने लगते हैं। मातृभाषा तो सरायकी थी, लेकिन समाजी सम्बन्धों के साथ जो भाषा उगती है, वह भी एक तरह से मातृभाषा जैसी बन जाती है।

...उर्दू मेरे लिए हिन्दू-मुस्लिम एकता की अमिट निशानी है। भारत की चौबीस क्षेत्रीय भाषाओं में कोई भाषा राष्ट्र भाषा हिन्दी के इतनी निकट नहीं है। न बंगाली, न गुजराती, न मराठी... जितनी निकट उर्दू है। हिन्दी साँस लेती है तो उर्दू में उसकी गूँज आती है, उर्दू साँस लेती है तो हिन्दी में धमक सुनाई देती है। दोनों की रीढ़ की हड्डी एक है। मैं इस बात पर जिद्द करता हूँ कि हिन्दी नहीं तो उर्दू नहीं, उर्दू नहीं तो हिन्दी नहीं। अर्थात् अस्सी फीसदी उर्दू देशज यानी हिन्दी है और खड़ी बोली का मुहावरा, चलन का मुहावरा, उर्दू है। पाकिस्तान जाकर भी डंके की चोट पर यह बात कहता हूँ कि उर्दू की सबसे बड़ी ताक़त हिन्दी है और हिन्दी वालों से भी स्पष्ट रूप से कहता हूँ कि अगर हिन्दी की उन्नति पूरे राष्ट्र की सम्पर्क भाषा के तौर पर करनी है तो यह उर्दू से हटकर मुमकिन नहीं। इस सच्चाई को बार-बार दुहराने में क्या हर्ज़ है? कोई बात इसलिए ही क्यों कही या न कही जाये कि कौन-सी लॉबी को अच्छी लगेगी, किसको बुरी? मेरी लॉबी तो हिन्दोस्तान है। मैं भाषाओं में अन्तर नहीं देखता—धरती की करवट और जनता की आह को देखता हूँ। साहित्य में भी मैं धर्म को नहीं संस्कृति को देखता हूँ। जब साहित्य में लोग वामपन्थ और दक्षिणपन्थ का चक्कर चलाते हैं तो मुझको उनकी नासमझी पर अफ़सोस होता है और उनसे हमदर्दी होती है। राजनीति करनेवालों की आइडियोलॉजी और होती है और साहित्यकार की विचारधारा और। यहाँ स्वार्थ और सत्ता नहीं इनसानियत और कुर्बानी होती है। हाँलाकि मैं अव्वलो-आख़िर एक सोशलिस्ट और सेक्यूलर इनसान हूँ। लेकिन विचारधारा के आधार पर साहित्य में रियायती नम्बर पाने वाले अमूमन खोटे सिक्के होते हैं। चुनांचे मुझे कहना पड़ता है कि साहित्य में मैं न

इस पन्थ को जानता हूँ, न उस पन्थ को जानता हूँ। केवल एक पन्थ को जानता हूँ और उसका नाम साहित्य पन्थ है।

क्या आपके मुसलमान न होने ने भी उर्दू अदब की दुनिया में स्थापित होने में आपके लिए रुकावटें-मुसीबतें पैदा कीं?

देर तक चुप रहे। थोड़ा-सा हँसे। फिर उसी तरह बैठे-बैठे बताने लगे— बेशक। ये मेरे संघर्ष का हिस्सा है। जैसे-जैसे मैं आगे बढ़ा, इसका अहसास भी बढ़ता गया। दिल्ली कॉलिज में दाख़िला लेते वक़्त न मैं हिन्दू था, न मुसलमान। हालाँकि फसादात के घाव और लुट-पिटकर देहली आने के ज़ख़्म ताज़ा थे। जो राजनीति हो रही थी, वह धर्म के आधार पर हो रही थी। लेकिन उर्दू को अपनाते हुए उस वक्त ये अहसास नहीं होता था कि आगे चलकर यह राजनीति पूरे उपमहाद्वीप में पैर पसारेगी। यह ज़हन तो बाद में बना। आप सुनकर हैरान होंगे। एम.ए. उर्दू में मैं इकलौता विद्यार्थी था। पहला चर्का उस वक्त लगा जब प्राचार्य ने ऐलान तो यह कर रखा था कि जो विद्यार्थी अपने विषय में विश्वविद्यालय में अव्वल आयेगा उसे कॉलिज़ में ट्यूटर बना दिया जाएगा, लेकिन मेरे मामले में अव्वल आने पर भी यह उसूल धरा रह गया। मुझसे कहा गया कि खालसा कॉलिज में जगह है, वहाँ अर्जी दो! मरता क्या न करता! मैंने अर्जी दी। बाबा गिलास हाउस वाले सरदार जी, जिनकी शीशों से जड़ी कोठी बारहखम्भा रोड पर थी, गवर्निंग बोर्ड के चेयरमैन थे। उन्हें मेरा पागलपन अच्छा लगा और मैं अपने बलबूते पर चुन लिया गया। लेकिन उधर मुझे शिक्षा-विभाग से डॉक्टरेट के लिए स्कॉलरशिप मिल गया। दोनों में तब पचास रुपये का अन्तर था। मैंने घाटा कुबूल किया। आज सोचता हूँ कि उसके बाद भी मैं घाटे का ही सौदा करता रहा—'अये दिल तमाम नफा सौदा-ए-इश्क में/इक जान का ज़ियां है, सो ऐसा ज़ियां नहीं।' मुमकिन है कि मैं तब दो-चार सौ रुपये ज़्यादा कमा लेता, लेकिन आलोचना के लिए अपनी अकादमिक नींव न रख सकता—जो फ़ुर्सत के तीन साल लाइब्रेरियों में बिताने से मैं रख पाया। यह सोचकर भी हैरानी होती है कि उस ज़माने में जब उर्दू तेजी से हाशिये पर जा रही थी, सेंट स्टीफेंस कॉलिज में केवल डेढ़-दो वर्ष पढ़ाने के बाद मुझे दिल्ली विश्वविद्यालय में लेक्चरर की जगह मिल गयी। मैंने सब छोड़कर भाषा विज्ञान में दाख़िला ले लिया। विश्वविद्यालय में आये रूसी-अमेरिकी विद्यार्थियों को मैंने जी-जान से पढ़ाया। एक ही साल में मुझे तीन बुलावे मिले—मास्को से अनुवाद के काम के लिए, ब्रिटिश काउंसिल से कॉमनवेल्थ फैलोशिप और विसकांसन विश्वविद्यालय अमेरिका से विजिटिंग लेक्चररशिप। चूँकि मुझे पढ़ाने में बहुत आनन्द आता था और यह सोचकर कि वहाँ अच्छी से अच्छी पुस्तकें खरीद भी सकूँगा और साथ भी ला सकूँगा, मैंने

विसकांसन विश्वविद्यालय की दावत को मंजूर कर लिया।

वहाँ मैं गया तो एक सेमेस्टर के लिए था मगर दो साल रोक लिया गया। उस दौरान भाषा विज्ञान के अध्ययन को भी मैंने आगे बढ़ाया और डट के अँग्रेज़ी व यूरोपीय साहित्य के अध्ययन की वह कमी पूरी की, जिसका मौका इससे पहले नहीं मिला था। जो बातें पहले पूरी तरह समझ में नहीं आती थीं, वे कुछ साफ़ होने लगीं। साहित्यिक सिद्धान्तों और कविता का अध्ययन भी मैंने यहीं किया। बीच में दो साल दिल्ली आया फिर वापस बुला लिया गया। यों तिरेसठ से सत्तर तक मैं विसकांसन में रहा। यह भी बताता चलूँ कि भारत की धरती से दूर होने पर एक पर्सपेक्टिव हाथ आया। अपनी सभ्यता, अपनी संस्कृति, अपनी साहित्यिक परम्पराओं और उनके आधार पर दर्शन को समझने-समझाने का अजीबोगरीब मौका मिला। रफ़्ता-रफ़्ता ज़ेहन साफ़ हो गया, अपनी चीज़ों की कद्र बढ़ गयी। इस पर यक़ीन मुश्किल से आता है, लेकिन सचाई यही है कि जड़ों की यही पकड़ और कशिश मुझे सन् 70 में वापस ले आयी। हालाँकि दिल्ली विश्वविद्यालय में मेरी पोजीशन सिर्फ रीडर की थी, जबकि विसकांसन में मैं सत्तर तक प्रोफेसर हो चुका था, मुझको ग्रीन कार्ड की पेशकश थी। जब 70 में मैंने अपनी मामूली आमदनी पर दिल्ली वापस आने का फ़ैसला किया तो बाज दोस्त चकित रह गये। याद रहे यह घाटे का एक और सौदा था। डॉ. खुराना विसकांसन में मेरे पड़ोसी थे। ताज़ा-ताज़ा नोबल पुरस्कार मिला था तब उन्हें। एक पार्टी में, जिसमें डॉ. खुराना भी थे, चर्चा चलने पर मैंने एक मित्र से कहा था—अगर मैं डॉ. खुराना के दर्जे का वैज्ञानिक होता तो ज़रूर यहीं रह जाता। मेरी लैबोरेट्री भारत में है। मैं भाषा-साहित्य और संस्कृति का मामूली आदमी हूँ। इनसे कटकर मेरी हैसियत गिलास हाउस के पौधे मात्र की है।

स्थापित होने के कुछ और दर्द-दंश... ?

बहुत-सी बातें ऐसी होती हैं, जिनको भुला देना ही अच्छा होता है। मेरे संघर्ष के बहुत से पड़ाव ऐसे हैं, जिन्हें अगर मैं खुद भुला नहीं देता तो शायद वहीं रुक जाता। मेरे लिए शायद दूसरा चारा ही नहीं था। एक तो दुख झेलने में समय बर्बाद होता है, दूसरे अगर उस दुख को लेकर बदले की भावना पाल ली जाए तो इसका मतलब है कि कम से कम उतना ही समय नफ़रत में बसर किया जाए! शिव जी को नीलकंठ क्यों कहते हैं?

मेरी डाक्टरेट का काम मेरे हौसले से बढ़कर था। दक्षिण के कुतुबशाह और वली दकनी से लेकर फ़िराक़ गोरखपुरी और फैज़ अहमद फैज़ की तकरीबन चार सौ साल की शायरी का सांस्कृतिक अध्ययन करना था। बारीक टाइप के तकरीबन

बारह सौ पन्नों पर मैंने थीसिस दाख़िल किया। आगे की मंज़िलें शायद मैं तय न कर सकता अगर मेरे परीक्षकों की रिपोर्ट इतनी अच्छी न होती। लेकिन इतना बड़ा थीसिस, जो छपकर पन्द्रह सौ सफों पर आता, कोई प्रकाशक छापने को तैयार न हुआ। साक्षात्कार सिर पर आ गया तो अध्यक्ष महोदय ने हुक्म दिया कि मरते मर जाओ, नयी किताब के बग़ैर मत आना। चुनांचे मरता क्या न करता! मैंने इंटरव्यू समिति के सदस्यों को बेवकूफ़ बनाने के लिए थीसिस का जो चैप्टर चुना उसका शीर्षक था—हिन्दोस्तानी किस्सों पर आधारित उर्दू मसनवियाँ। इसमें नल, दमन, शकुन्तला, सत्यवान, सावित्री से लेकर कामरूप, कला काम, हीर-रांझा, सस्सी-पुन्नू और पूरन-भगत के किस्से थे। डेढ़ सौ सफ़े में छापकर सामने रख दिया। उसके बाद मैं विसकांसन चला गया। वहाँ सूचनाएँ मिलती रहीं कि तुम्हारी किताब की चर्चा हो रही है। दो-एक दिग्गज विद्वानों ने रेडियो पर समीक्षाएँ भी कीं। फिर ख़बर मिली कि उ.प्र. उर्दू अकादमी, जो उस वक़्त उर्दू की शिखर अकादमी थी, ने एक नौजवान की इस मामूली किताब को उर्दू में शोध कार्य और सांस्कृतिक अध्ययन की सर्वश्रेष्ठ कृति मानकर उस पर ग़ालिब पुरस्कार का ऐलान किया है। डॉ. जाकिर हुसैन जामिया में थे, सुरूर साहब अलीगढ़ में थे। ये सब लोग मुझसे स्नेह करते थे। इन सबके तार और बधाई सन्देश मुझे विसकांसन में मिले। मेरी खुशी की इन्तहा नहीं रही। यों कहिए कि यह स्थापना की ओर मेरा पहला क़दम था। लेकिन ज़रूर कहना चाहूँगा कि सब स्थापनाएँ डायलेक्टीकल होती हैं।

आप अपने वर्तमान तक की इन प्राप्तियों का श्रेय किस-किसको कितना-कितना देना चाहेंगे?

ज़्यादा श्रेय तो मैं अपने पिता-माता को देना चाहूँगा। लेकिन हमें पता हो या न हो, एक के बाद एक बहुत-सी चीज़ें ऐसी होती हैं, जो हमें वह बनाती हैं, जो आज हम हैं। शुरू में मौलवी मुरीद हुसैन को श्रेय दूँगा, जो बहुत ही नेक और शरीफ़ इनसान थे। सर्दी में ब्रांडी का लम्बा कोट पहने और पगड़ी बाँधे आज भी वह मेरी यादों में चलते-फिरते हैं। कभी-कभी नींद में भी वो आते हैं और पीठ थपथपाते हैं...पढ़ाते-पढ़ाते वह थक जाते हैं तो आठवीं की क्लास को मेरे हवाले करके ग़ायब हो जाते हैं...और उस छोटी उम्र में मेरे अन्दर के बच्चे को कहते हैं—तुम अच्छा पढ़ाते हो सँभाल लेना। 'प्रेम चालीसी' जो मुझे लाइब्रेरी में नहीं मिली या रतन नाथ शरशार के 'फ़साना-ए-आज़ाद' की तीसरी ज़िल्द वो मुझे लाकर देते हैं। 'दास्ताने-अमीर हमज़ा' भी वो समझाते हैं और मीर व ग़ालिब के शेर भी याद करा देते हैं। 'मेघदूत' और तुलसी को भी मैंने उन्हीं से पढ़ा।'' छत की ओर टकटकी लगाकर देख रही उनकी आँखें, होठों

के पर्यंक पर शान्त-निश्चल लेटी-लेटी-सी तर्जनी, कुर्सी पर बैठे-बैठे पैरों को फैलाना-सिमेटना, लम्बी-सी चुप्पी के बाद धीमे-धीमे बोलना—सब याद किए जाने की ईमानदारी, शिद्दत और गहराई बता रहे हैं—पिताजी से तो मैंने क्या कुछ नहीं सीखा। शायद पिछले जन्म में मोती दान किये होंगे, तभी ऐसे माँ-बाप मिलते हैं। पिताजी जेब के ग़रीब थे, लेकिन दिल के ग़रीब नहीं थे। उस ज़माने की तनख़्वाह भी क्या होती थी सौ-डेढ़ सौ रुपये। उसमें दस बच्चों का कुनबा, फिर भी किसी सवाली को नहीं लौटाते थे। सादा पहनते, सादा खाते थे। बहुत ज्यादा फ़िजूलख़र्ची करते तो जब क्वेटा जाते हमारे लिए अंगूरों का टोकरा या फ्लेक्स के जूते या बहुत हुआ तो पार्कर का छोटा वाला पेन ले आते। बागीचे के मालिक जो पूर्वी थे, दलित रहे होंगे। वे भोजपुरी बोलते थे, नारियल का हुक्का पीते थे। पिताजी की सबसे पटती थी। कोई ऊँच-नीच, भेद-भाव हर्गिज नहीं था। वे लोग हमारे घर खाट पर आकर बैठते, रामायण का पाठ सुनते और खुश होते। पिताजी को मैंने स्वामी रामतीर्थ के शेर सुनाते हुए भी देखा है। यह सिलसिला बँटवारे के बाद भी जारी रहा। तब हमारा छोटा-सा मकान राजेन्द्र नगर में था। ये माली लोग पूसा इंस्टीट्यूट में आ गये थे। इनकी शामें पिताजी के साथ गुज़रती थीं। उनकी मौत तक ये मंज़र मैंने अपनी आँखों से देखा है कि वे पूर्वी बोले जा रहे हैं और पिताजी उनके लिए पोस्टकार्ड पर पोस्टकार्ड लिखे जा रहे हैं...। यही मामला हमारी माँ का था। जिसने दस बच्चे जने हों, गरीबी में पाले हों, दिन-रात जो रसोई-चौके में लगी रहती हो—कपड़े धोना, घर बुहारना, चक्की पीसना, साबुन की डलियाँ बनाना।...जो महिला यह सब खुद करती हो उसमें कितनी जान बची होगी? फिर भी मुहल्ले भर के दुख-दर्द वह बाँटती थीं। नेकी, इनसानियत, शराफ़त, सेवा, कुर्बानी—ये सब मैंने क्लास से नहीं, अपने घर से सीखा। माँ-बाप का अहसान तो सभी पर होता है, लेकिन अपनी मोहब्बतों से भी हम सीखते हैं।

लेखन सम्बन्धी नारंग जी की आदतों, अनुकूलताओं, प्रतिकूलताओं, पसन्दों-नापसन्दों के बारे में उनसे पूछा तो उन्होंने बताया।

—आप सुनकर हँसेंगे। मेरे पास तकरीबन चालीस साल पुराना एक गत्ता है, जिसमें मैं खुले काग़ज़ रखता हूँ, ऊपर से चिमटी लगी है। बैठकर उसी पर लिखता हूँ। कलम भी मेरी कमज़ोरी नहीं। जो भी हाथ आ जाये उससे लिखने लगता हूँ। अलबत्ता एकाध माउंट ब्लांक, शेफर्ड और पार्कर शौकिया दराज में रखे रहते हैं। उन्हें भी मैं जेब में नहीं लगाता। घड़ी भी मामूली पहनता हूँ। उसे एक मोहब्बत करने वाली ने स्वीट्ज़रलैंड में खरीदकर दिया था। यह भी मेरी तरह पुरानी हो चुकी है, लेकिन अभी काम कर रही है। जब तक हिम्मत थी,

काम करने के लिए किसी मूड की ज़रूरत नहीं थी। किसी नशे की भी नहीं। काम का अपना नशा होता है। कोई माने, न माने। महीनों मूड न हो तो काम नहीं होता। लगता है मैं बहुत व्यवस्थित व्यक्ति हूँ, लेकिन अन्दर से मैं बहुत अव्यवस्थित हूँ। कई काम ऐसे हैं जो बीस-बीस, तीस-तीस बरस के अधूरे पड़े हैं, लेकिन बीच में किसी विषय ने इतना जकड़ लिया तो उसे पूरा करके ही दम लिया। बोलने में मुझे उतनी ही सहूलियत रहती है जितनी लिखने में। हज़ारों के मज़मे में मैंने घंटा-घंटा, डेढ़-डेढ़ घंटा बोला है। ऐसे-ऐसे महान लेखकों और श्रेष्ठ कवियों की मौजूदगी में, जिनका मैं पासंग भी नहीं हूँ और मेरी बातों को ध्यानपूर्वक सुना गया है। 74 में जब मैं जामिया में प्रोफेसर हुआ और आलोचना के क्षेत्र में निरन्तर लिखने लगा, मेरे बहुतेरे आलेख एक सिटिंग में आमने-सामने बैठकर जबानी लिखवाये हुए हैं। पन्द्रह बीस सफ़े दो-तीन घंटे में लिखवा देने में मुझे कोई दिक़्क़त नहीं होती। दिमाग़ हाज़िर रहता है। अगरचे मैं धीरे-धीरे बोलता हूँ और सोचता हूँ, लेकिन ख़यालात का बहाव बना रहता है। इससे मुझको मदद मिलती है। आपको सुनकर हैरानी होगी—मीर वाली पुस्तक—'उस्लूबियाते मीर' और 'पाठक आधार आलोचना'—दोनों मौखिक लिखवायी हुई हैं। अलबत्ता पहला ड्राफ्ट लिखवा देने के बाद कई-कई बार मैं उसे रिवाइज़ करता हूँ। कभी-कभी तो पूरी तहरीर बदल जाती है। जब तक पूरी तरह गढ़-बना न लूँ, मैं कोई चीज़ छपाता नहीं।

हाथ से अब भी लिखता हूँ। उससे तो बचा नहीं जा सकता।...आजकल ग़ालिब पर एक किताब लिख रहा हूँ। वो ऐसी है जिसे ज़बानी नहीं लिखवा सकता। वो हाथ से ही लिखनी पड़ती है। अँग्रेज़ी में भी जो कुछ लिखता हूँ, हाथ से लिखता हूँ। हाथ से लिखना छूटा नहीं। यह विषय पर निर्भर करता है...संरचनावाद वाली जो किताब है, वह ज़्यादातर हाथ से लिखी...दर्शन का काम बहुत रुक-रुककर, सोच-सोचकर लिखने का होता है। यह धारा प्रवाह नहीं लिखा जा सकता...साथ बिठाए व्यक्ति के कष्ट का भी तो ख़्याल होना चाहिए। समीक्षा बोलकर लिखा सकते हैं, पर शोध और दर्शन में मुश्किल है...उनमें सन्दर्भ, हवाले, डॉक्यूमेंटेशन आदि बहुत कुछ चाहिए। जब मैंने थीसिस का काम शुरू किया था तो छोटा-सा मकान होने की वजह से घर में कोई जगह नहीं थी। मेज भी नहीं थी। बहुत-सा काम पब्लिक प्लेस पर किया। पानी की बोतल, दरी और डिबिया में रोटी साथ लेकर पूसा इंस्टीट्यूट, जो राजेन्द्र नगर के पास था, सुबह चला जाता। साइकिल पर चला जाता था। पेड़ों के नीचे सारा-सारा दिन बैठे रहना...काग़ज़ काले करते रहना। विसकांसन से लौटने के बाद मुझे दिल्ली में मेज-कुर्सी नसीब हुई। मेरे एलबम में ऐसी पुरानी तस्वीरें भी हैं कि बेटा अरुण मेरे घुटने के पास

बैठा है और मैं घुटने पर गत्ता रखकर कुछ लिखने में मसरूफ़ हूँ...और मेरी पीठ के पीछे गेहूँ की बोरियाँ रखी हैं। अब आदत हो गयी है सो मेज-कुर्सी पर काम चलता है।

चर्चा अब पढ़ने की आदत, किताब के भविष्य और टीवी के आतंक जैसे विषयों की ओर मुड़ गयी थी। मैंने ध्यान दिया कि वे किसी भी, कैसे भी प्रश्न को बड़े धैर्य और दत्तचित्तता से सुनते हैं। एक-एक शब्द के प्रयोग को लेकर पर्याप्त सजग, सावधान हैं। ज़रा-सी भी त्वरा नहीं। खुद को साहित्यकार दिखाने-बताने जैसी बेसब्री नहीं—

किताब के भविष्य और टीवी के आतंक की जहाँ तक बात है—जब भी टेक्नॉलाजी कुछ नया लेकर आती है तो उसका आतंक होता ही है। मौखिक परम्परा के सामने प्रिंटिंग टेक्नॉलाजी नया आतंक लेकर आयी थी। उसी तरह छपी पुस्तक के सामने फिल्म या टीवी नया आतंक लेकर आया और अब कम्प्यूटर, इंटरनेट और संचार क्रान्ति का आतंक है—जो पहले की हर चुनौती से बड़ा और भयानक है। लेकिन मेरा विश्वास है कि किताब मानवता के अन्दर की एक विधा है। जिस ज़रूरत को यह पूरा करती है, कोई दूसरी चीज़ पूरा नहीं कर सकती। किताब लाख बदल जाए, रहेगी किताब ही। जो लेटकर भी पढ़ी-जा सके, सिरहाने भी रखी जाये और छाती पर खुला छोड़कर या बग़लगीर होकर उसके साथ सो भी सकें।

किसी साहित्यकार के राजनीतिक जुड़ाव के औचित्य-अनौचित्य या उसके द्वारा साहित्य की दुनिया में राजनीति किए जाने के बारे में आप क्या सोचते हैं?

यूँ तो पूरी ज़िन्दगी राजनीति की ज़द में है। ज़िन्दगी में कुछ ऐसा नहीं जो राजनीति से प्रभावित न होता हो। लेकिन साहित्य की अपनी दुनिया है। मैं यह तो नहीं कहता कि साहित्य शत-प्रतिशत स्वायत्त और सेल्फ सस्टेनिंग इंस्टीट्यूशन है। क्योंकि साहित्य और भाषा में हर चीज़ संस्कृति से आती है। खुद सांस्कृतिक धारणाएँ विचारधारा की निर्मिति हैं। अप्रत्यक्ष तौर पर ही सही, फिर भी साहित्य विचारधारा से पूरी तरह आज़ाद नहीं। लेकिन ये विचारधारा का गुलाम हो, ऐसा भी नहीं। इसके अपने तकाजे और अपनी मान्यताएँ हैं। ऐसा न हो तो अख़बार में और साहित्य में कोई अन्तर नहीं रहेगा। राजनीति क्षणिक है और समय के अन्दर है। साहित्य समय की कलाई को मरोड़ देता है और बड़ी चीज है यह कि देशकाल से आज़ाद होने की क्षमता रखता है। राजनीति महदूद है, साहित्य लामहदूद। यह फ़र्क़ बहुत दूर तक ले जाया जा सकता है। इस मामले में नियो मार्क्सिस्ट फ्रांसीसी दार्शनिक अलथ्यूसे की बात को मैं सही मानता हूँ। वह कहता है—समाज में एक छोर पर विज्ञान व तकनीक है, दूसरे छोर पर विचारधारा और

बीचों-बीच साहित्य और कला। साहित्य दोनों छोरों से असर ग्रहण करता है, परन्तु इनसे आगे जाने का, हटकर सोचने का हौसला भी रखता है। यह द्वन्द्वात्मक रिश्ता है, जिसके गहरे सम्बन्ध और इस सम्बन्ध के विच्छेदन को समझना ज़रूरी है।

यह पद, प्रशासनिक व्यस्तताएँ, माँगें, पिछले दिनों की चर्चाएँ, आरोप, राजनीतिक उठापटक, इस पद और संस्था के बारे में कही लिखी गयी तरह-तरह की बातें—इन सबको आप किस तरह लेते रहे हैं? क्या कभी यह भी लगता है कि इस सबसे आपके लेखक और लेखन का भी कुछ नुकसान हुआ है?

इसको यूँ देखना शायद ठीक नहीं। त्याग अच्छी चीज़ है, लेकिन एक हद तक। शायद मेरी मर्जी न भी हो—लेकिन आप लोगों के साथ जीते हैं—बहुत से फ़ैसले ऐसे होते हैं जो हालात के तहत करने पड़ते हैं। फिर भी निर्णय तो हमारा ही होता है। वैसे यह भी अधूरी सच्चाई है कि प्रशासिनक काम के साथ कोई दूसरा काम सम्भव नहीं। आप किसी चीज़ को ओढ़ लें और उसी में सारा समय बर्बाद करें, ये आपके चयन का मामला है। लिखना-पढ़ना बिलकुल छूट गया हो, ऐसा भी नहीं। पोजीशन के साथ नये पहलू भी सामने आते हैं, नये तजुर्बे भी होते हैं, नये रिश्ते भी बनते हैं। साहित्य अकादेमी के पहले अध्यक्ष जवाहरलाल नेहरू थे, दूसरे डॉ. राधाकृष्ण, तीसरे डॉ. जाकिर हुसैन, चौथे सुनीति कुमार चटर्जी...ये लोग मेरे पथ के निर्धारक रहे हैं। मैं उनकी धूल को भी नहीं पहुँचता, लेकिन उनकी दिखाई राह पर चलने में हर्ज भी नहीं समझता। फिर साहित्य अकादेमी निरे शासन की जगह भी नहीं है। यानी नौकरशाह की यहाँ गुंजाइश नहीं है। साहित्यकार की ज़रूरत है। और अगर आपको ज़िम्मेदारी सौंपी जाए और आप उससे भाग जाएँ तो फिर तो वही कहावत लागू होती है कि खाली घर में भूत आ जाता है। हाँ, यूँ कहें कि जो घर खाली पड़ा हो, उसमें माफिया आ बिराजता है।

... महाश्वेताजी के प्रति मेरे दिल में बहुत आदर है। लेकिन जैसा कि सबको ज्ञात हो चुका है कि वे आयी नहीं लायी गयी थीं और उनके समर्थक अपने निहित स्वार्थ के लिए उनका इस्तेमाल कर रहे थे। साहित्य अकादेमी लेखकों का कुटुम्ब है, जिसमें हर विचारधारा के लेखक हैं। इनको बाँटने की कोई भी कोशिश आज तक सफल नहीं हुई। इससे ज़्यादा कुछ कहना मुनासिब नहीं समझता।

इस पद की यह ऊँचाई, ये सुविधाएँ, ये प्राप्तियाँ आपको क्या कभी कुछ रोकती, समझाती, सुझाती या चेताती भी हैं?

मैं स्वभाव के ऐतबार से आज भी एक ग़रीब व्यक्ति हूँ। यश के साथ अगर ख़िदमत का जज़्बा न हो तो यश खोटा सिक्का है। असल यश तो वह है, जब

आप एकान्त में अपने रू-ब-रू होते हैं और अपना लेखा-जोखा करते हैं कि क्या खोया, क्या पाया? अयाज़ की कहानी मुझे याद रहती है। वह महमूद के घर का एक ग़रीब व्यक्ति था। फिर समय आया कि बादशाह महमूद ने उसे वज़ीर बना दिया। मशहूर है कि जब-जब मौका मिलता वह अपनी कुटिया में जाकर, पुराने कपड़े पहनकर, शीशे के सामने खड़ा हो जाता और खुद से कहता—'अयाज़, अपने क़द को पहचानना; भूलना मत'। गाँधीजी लंगोटी के बादशाह थे लेकिन दुनिया उन्हें याद करती है। बादशाहों के ताज समय की ठोकरों से मिट्टी में मिल गये, लेकिन फ़कीरों की सच्चाई के शब्द हमेशा गूँजते रहते हैं।

आप अपने समीक्षक के प्रदेय का अपने स्तर पर कैसे मूल्यांकन करेंगे?

मैं यह मानकर चला ही नहीं था कि मैं समीक्षक बनूँगा। आज भी मैं अपने को ऐसी किसी पदवी का अहल नहीं समझता। जब इस राह के बड़े नाम ज़हन में उभरते हैं तो मेरी आत्मा नतमस्तक हो जाती है। बता चुका कि मैंने अपना काम शोध कार्य से शुरू किया। फिर दस-पन्द्रह साल भाषा विज्ञान की वादी में पत्थर कूटता रहा। धीरे-धीरे आलोचना की दुनिया में आया। कुछ दोस्तों के कहने पर, कुछ ज़रूरतन, कुछ अन्दर की रुचि से आया। तो भी मैंने केवल आलेख लिखने को अपना उद्देश्य कभी नहीं बनाया। हमेशा काम का नक्शा बनाया और उसी पर काम किया। विसकांसन में 'रीडिंग्स इन लिट्रेरी उर्दू प्रोज' तैयार की, जो आज भी दुनिया भर के विश्वविद्यालयों में पाठ्यक्रम में है। हिन्दोस्तान वापस आया तो उर्दू लिपि के स्तरीकरण पर काम किया। जामिआ मिलिया के ज़माने में चार ऐसे काम किये जिनसे मान्यता में ख़ासा इज़ाफ़ा हुआ। उर्दू कथा साहित्य, अनीस शनासी, इक़बाल का फ़न और मीर की शायरी पर जमकर किताबें लिखीं। फिर दिल्ली विश्वविद्यालय वापस आया तो दूसरे सब काम छोड़कर दस-पन्द्रह साल डटकर सिद्धान्त पर काम किया—संरचनावाद, उत्तर संरचनावाद और प्राच्य-काव्यशास्त्र पर किये काम पर जगह-जगह से दाद मिली। अमीर खुसरो की हिन्दवी पहेलियों की हस्तलिखित प्रति बर्लिन के म्यूजियम में खोज ही चुका था। उसमें तकरीबन डेढ़ सौ ऐसी पहेलियाँ हैं, जो पहली बार प्रकाश में लायी गयी हैं। नब्बे के दशक में उत्तर आधुनिकता पर पुस्तक तैयार की। साहित्य अकादेमी में आने के बाद इधर ईश्वर की कृपा से दो बड़ी पुस्तकें 'कौमी उर्दू काउंसिल' से प्रकाशित हुई हैं। एक 'उर्दू ग़ज़ल और भारतीय संग्राम' और हिन्दोतान का स्वतन्त्रता संग्राम और उर्दू शायरी'। अभी बहुत काम बाकी हैं। दुआ कीजिए, उनमें से कुछ पूरे हो जाएँ।

ऐसा कोई सुख, शोक, पश्चात्ताप जिसकी याद अकसर आकर अब भी दस्तक देती हो...?

ज़िन्दगी का सबसे बड़ा सुख-जिसकी बहुत धुँधली तस्वीर बनती है वह माँ की छाती से लगे हुए दूध की बूँद का आनन्द लेना...या जिसकी साफ़ तस्वीर बनती है—बाप का उँगली पकड़कर पहाड़ी पत्थरों पर चलना है। शोक की उस घड़ी को मैं कभी भूल नहीं सकता, जब मोहब्बत और लड़कपन की मूर्खता के हाथों मेरा दिल टूटा, जिसकी किरचें बराबर चुभती रहीं। भगवान का शुक्र है कि ग़लतियाँ तो बहुत हुईं या कुछ न कुछ पाप भी किया होगा, लेकिन जान-बूझ कर ऐसा कुछ नहीं किया या किसी को दुख नहीं दिया, जिसका पछतावा हो!

व्यक्तिगत, राष्ट्रीय और अन्तरराष्ट्रीय स्तर की ऐसी कोई घटना जिसने बहुत विचलित किया हो?

राष्ट्रीय स्तर की बज़ाहिर मामूली, लेकिन दरअसल बड़ी घटना वो थी, जब सन् 42 के आन्दोलन में मैं सरहदी गाँधी और बाज दूसरे जोशीले लीडरों की तकरीरें सुनने घंटों धूप में बैठता और रात के अँधेरे में लड़कों की मंडली बनाकर गाँव के चौक की दीवारों पर अँग्रेज साम्राज्य विरोधी नारे लिखकर चिपकाता था। अन्तरराष्ट्रीय स्तर पर झकझोरने वाला तजुर्बा उस वक़्त हुआ, जब पहली बार ब्रिटिश म्यूजियम के गोल गुम्बद के नीचे मैंने उन कुर्सियों और मेजों को देखा, जहाँ कभी बैठकर बड़े-बड़े लेखकों ने और मार्क्स, एंजिल्स, ज्वॉयस जैसे महान व्यक्तियों ने सोचा और लिखा होगा। या जब मैंने मैफेयर गार्डन्स, रीजेंट स्ट्रीट या ऑक्सफोर्ड स्ट्रीट और नीचे की पाताल में उतरी हुई अंडर ग्राउंड ट्यूब देखी—जिसकी रेल-पेल और जगमगाहट की नींव अठारहवीं और उन्नीसवीं सदी के भारत के आर्थिक शोषण पर रखी गयी थी।

विभाजन के उस दर्द को आप कहाँ कितना संजोए हुए हैं और कब-कैसे याद करते हैं?

हममें से किसी ने यह नहीं सोचा था कि वह सब होगा और उतना भयानक होगा। रेड क्लिफ एवार्ड के फौरन बाद क्वेटा में फसाद फूट पड़ा। तीन चौथाई शहर हिन्दुओं से भरा हुआ था। मैं अकेला पेईंग गेस्ट के तौर पर एक परिवार के साथ रहता था। अँधेरा फैलते-फैलते हर तरफ से नारों का शोर सुनाई देने लगा, आतिशबाज़ी शुरू हो गयी। मार-धाड़, चीख-पुकार! मकान मालिक के कहने पर बच्चे, बूढ़े, औरतें सब छत पर जमा हो गये। किसी के पास कोई हथियार नहीं था। हथियार होता भी तो क्या कर लेते? सब लरज रहे थे। ग़ज़ब यह हुआ कि मकान मालिक ने मेरे हाथ में एक बक्स थमा दिया कि मेरे बच्चे छोटे-छोटे हैं, इसका ख़याल तुम रखना। खोलकर देखने की तो हिम्मत नहीं थी, लेकिन उसमें तमाम खानदान का ज़ेवर-गहना, चूड़ियाँ, कंठे, कंगन और भारी नकदी थी। मकान के पीछे आटे की मिल का खाली हिस्सा था, जिसमें झाड़ियाँ ही झाड़ियाँ

थीं। *...नारंग जी की आँखें ज़मीन की तरफ देखे जा रही हैं लगातार...चेहरे पर के भाव बता रहे थे कि वे उस वक्त की भयावह विकरालता को उस समय साफ़-साफ़ देख और अनुभव कर रहे थे—*...उसमें कूदकर मैंने अपनी जान भी बचाई और नकदी भी। सुबह तक सब तितर-बितर हो चुके थे। ऐसा मंज़र था कि पल भर का भरोसा नहीं था। एक लम्बी कहानी है...बहरहाल उनका बक्स किसी न किसी तरह उनके वारिसों तक पहुँचा दिया।'' *...बोलना रुका है, चुप्पी की चादर जैसे पूरे ऑफ़िस में फैल-पसर गयी है। कुछ देर बाद नींद में जागे व्यक्ति की तरह वे फिर कह रहे हैं* —आज भी ऐसे नारे और ऐसी दहशत रोंगटे खड़े कर देती है। हिन्दू हो या मुसलमान—भीड़ के पागलपन की स्थिति ही ऐसी होती है कि कोई नहीं सोचता कि यह पैदा करनेवाले का कितना बड़ा अपमान है, निरादर है...!''

जोगिन्दर पाल

ठंड की चमकीली, खुशनुमा उस दोपहर को जब मेरी आँखें जोगिन्दर पालजी के दरवाज़े पर घंटी तलाश रही थीं, एक-दूसरे से उलझता, गुत्थम-गुत्था गन्धों का एक जमघट दौड़कर बाहर आया। मैं कुछ कहूँ उससे पहले ही कोरस के अन्दाज़ में सारी गन्धों ने भीतर चल रही रँगाई-पुताई का पता बताना शुरू कर दिया। घर के अन्दर के फैलाव-बिखराव, उठाई-धराई, दिशा-निर्देश और कई तरह की आवाज़ों की उपस्थिति ने गन्धों की उस सूचना को प्रमाणित कर दिया था। एक कामगार के पीछे-पीछे सीढ़ियाँ चढ़ता हुआ मैं जोगिन्दर पाल जी के कक्ष के करीब पहुँचा ही था कि सिगरेट की घनी वज़नी-सी एक गन्ध ने मुझे अपने आगोश में लेकर बड़ी गर्मजोशी से मेरी अगवानी की थी। बाद में दिखा कि पाल साहब मेज़ पर झुके-झुके कुछ लिखने में जुटे थे। मेज़ पर की किताबें, इधर-उधर रखे-फैले कुछ काग़ज़। बाईं ओर की दीवार की अलमारी के शीशों के पीछे की अपनी तीन-चार मंज़िली रिहायशगाह में से झाँकती-उझकती, नहाई-धोई-सी छोटी-बड़ी पुस्तकें। आँखों के इशारे से बैठने के लिए मुझे कुर्सी दिखा दी गयी। अब लिखना रुका है। काग़ज़ की आधी लम्बाई तक अंकित उन ताज़ातरीन पंक्तियों के नीचे पेन लिटा दिया गया है। कुर्सी पर कमर सीधी की है—'डनहिल' के पैकेट में से सिगरेट निकाल कर जलाई गयी है।

मेरी उपस्थिति को स्वीकारने-महसूस करने में जैसे उन्हें देर लगी है—तीन-चार कश लेने तक की देर। लिखने के क्षण से यहाँ तक की दूरी तय करके आने में जैसे इतनी देर तो लगनी ही लगनी थी। होठों पर की स्नेहिल-आत्मीय मुस्कान के साथ अब मेरी ओर मुख़ातिब हुए हैं। शब्दों को खर्चे बिना भाव को सम्प्रेषित कर सकने की ताक़त का इज़हार था वह जैसे।

सिगरेट ऐश-ट्रे में जा छुपी है। दाएँ हाथ के पंजे को उँगलियों भर जैकिट में डालकर बैठने की उस मुद्रा ने सवाल सुनने के लिए तैयार हो चुकने की सूचना

दे दी है।

अपने लेखक होने के इरादे के क्षण और कारण को आप कैसे व्यक्त करेंगे? बड़े ध्यान से सुना है। आहिस्ता-आहिस्ता बोलना शुरू हुआ है—

मैं नहीं कहूँगा कि अचानक फ़नकार बना। एक वाकया हो जाये, आप फ़ैसला कर लें और लिखने-पढ़ने में सारी ज़िन्दगी गुजार दें, ऐसा नहीं होता। *रुककर जैसे बहुत पहले का कुछ इरादतन याद किया जा रहा है—* ज़िन्दगी का पहला हिस्सा ख़तरनाक ग़रीबी का। भोला-प्यारा बाप आपकी निगरानी करना चाहता है। ज़रा होश में सोचते हैं तो लगता है कि वह भोला भी इतना कि उसे आपको बचाना है। आप मुज़रिमाना तरीके से बिगड़ चुके हैं। वह इतना प्यार करता है कि बस, बेटा इतना पढ़े-लिखे कि दुकान का काम कर सके। उस गली में सब ग़रीब थे। कोई-कोई ही कॉलेज में पढ़ पाता था। मुझे ज़बर्दस्ती स्कूल भेजा। शायद इसलिए कि उन्हें ज़रूरत थी। हमारा जोगिन्दर बड़ा आदमी बनेगा! किताबों के साथ मेरा मेल-मिलाप गैररस्मी रहा, जिससे मेरे परीक्षाओं के परिणाम भद्दे निकलते थे। अपने प्रमाण-पत्रों में आप साबित नहीं कर सकते कि आपने ज़्यादा पढ़ा है। एम.ए. इसलिए किया कि कुछ और करने को न था। बी.ए. में थर्ड डिवीजन—पर माँ-बाप बेहद खुश कि लड़का पास हो गया। बी. ए. के बाद हज़ार कोशिशों के बाद भी नौकरी नहीं। एम.ए. की पढ़ाई में उतने पैसे खर्च नहीं कर सकता था, इसलिए ट्यूशन किए। कमाने के चक्कर में स्पोर्ट्स का सामान लेकर बेचने के लिये निकल जाता था। एजेंसी का तजुर्बा नहीं था। पर ज़रूरत तजुर्बे हासिल करा देती है। हाँ, आज भी याद है। मोंटगूमरी पर मैं खेल के सामान के वह रेट बता रहा हूँ जो मेरे मालिक ने दिये थे। ब्लेड्स को खनकाकर उनकी आवाज़ के फ़र्क़ को समझा-बता रहा हूँ। अभी तक याद है मुझे। वहाँ एक पैराशूट फैक्ट्री थी। उसमें दैनिक मजदूरी पर हम क्लर्क बन गये। वहाँ बैठकर ठप्पा लगाया करते। जहाँ रहते थे हम, वहाँ आम तौर से बड़े ग़रीब लोग रहते थे। बड़ा प्यार था आपस में। सारा मुहल्ला भरा मालूम होता था। पाकिस्तान बना तो हमारे पास लुटने-पिटने को कुछ नहीं था। इधर आये तो अजनबी माहौल मिला। लगा कुछ भी अपना नहीं है। सो उदासी की आदत बन गयी।

हिन्दुस्तान में लोगों ने यह अफ़वाह फैला रखी थी कि लिखने-पढ़ने वालों का चालाक होना ज़रूरी है। सुनने में आता है कि बड़े लेखक शरीफ़ नहीं होते। पूछा जाता आप बहुत शरीफ हैं फिर लेखक कैसे? दरअसल बुनियादी चीज़ कमिटमेंट टू टोटल लाइफ़ है। झूठ की तकरीर करते-करते आप यकीनन सच्चाई की तबलीग नहीं कर सकते।

भवों के घने सफेद बालों की हरकत जैसे मस्तिष्क में विचारों की उलट-

पुलट को संकेतित कर रही हैं— सारे विरोधाभास हैं। किस तरह आप रीकंसाइल करेंगे? रीकंसाइल करे बिना आप जी नहीं सकते। इस तरह सोचना, महसूस करना आपकी फ़ितरत में दाख़िल हो जाता है। मैं सोचता हूँ—शुरू में आपने सोचना शुरू कर दिया। पढ़ते भी थे आप, लिखते भी रहे होंगे। छपी नहीं वह रचना पर खुद पढ़कर ही आप यह महसूस करते हैं कि आपने सारी दुनिया को सुना दिया। *जैसे वे मुझसे नहीं अपने आप से बातें कर रहे थे उस समय। उस समय ही क्यों। ज़्यादातर समय, शायद पूरी बातचीत के दौरान।* शुरू की कहानियों में शोर बहुत था। गाँधी, नेहरू, मौलाना आज़ाद का ज़माना था। शोर का माहौल था। वह उम्र भी वह थी जो शोर से खुश होती। उस समय लिखने वालों के आर्ट में, फ़न में वह शोर दाख़िल होता। बी.ए. में जब थर्ड आयी थी, उसी समय की बात है। दिल्ली से एक रिसाला निकलता था—'साकी', शाहिद अहमद देहलवी सम्पादक थे। यही कोई सन् 44-45 में। मंटो, बेदी...सब लिखते थे उसमें...तब एक कहानी छपी मेरी। नाम था 'त्याग से पहले।' इतना खुश हुआ मैं कि थर्ड आने का ग़म ख़त्म। लगा कि दुनिया का सबसे ख़ुशनसीब आदमी हूँ। जैसे पहाड़ खिसका लिया। आहिस्ता-आहिस्ता फिर एक लम्बा सफ़र।

उनके अतीत को अधिकाधिक जानने के उद्देश्य से मैंने कई सवाल उनसे किये थे। उन अलग-अलग सवालों का देर तक वे बड़े इतमीनान से उत्तर देते रहे थे

तब एम.ए. का छात्र था। पाकिस्तान छोड़कर इधर अम्बाला आ गये थे। हमारे लिए मसला था कि कैम्पों से निकलकर नयी ज़िन्दगी शुरू करें। भैयाजी के एक पुराने दोस्त ने एक मकान दिलवा दिया। वह मुसलमान का मकान था। वहाँ भैयाजी दूध का काम करने लगे। तब किताबें तो साथ थी नहीं। कोई काम करना जरूरी था। और कोई चारा नहीं था। मेरी ड्यूटी यह थी कि तीन बजे सुबह निकल जाता था और एक आदमी को लेकर हम चार केन भरवाकर दूध लाते थे। देहात से खरीदकर। दुकान पर लाकर मक्खन निकालते...सप्रेटा सप्लाई करते। *चेहरे पर कई रंगों की आवाजाही जारी है। सुर्ख होता-सा एक गुलाबीपन*— बहुत तगड़ा हो गया था मैं उन दिनों। उससे पहले कभी मैंने जिन्दगी को आँख से आँख मिलाकर नहीं देखा था। और बाद में भी हर प्रॉब्लम टालता रहा हूँ। पर तब कभी नहीं टाला कुछ। उन दिनों फ़ौरी तौर पर जीना सीखा। लम्हा-ब-लम्हा जीने का लुत्फ़ उन दिनों होता था। परमात्मा बहुत महान है। मेरी ज़िन्दगी को ही पूरा स्कूल बना दिया उसने। इतनी गहरी अंडरस्टेंडिंग होती है वहाँ कि क्या कहिए! दो दूनी चार ही होंगे, पर ज़िन्दगी के स्कूल में पूरी बात आपकी खुली

आँखों के सामने आ जाती है।

फिर मेरा विवाह हो गया। अफ्रीका चला गया। वहाँ मन नहीं लगा। वहाँ देखा कि जो हिन्दुस्तानी अपने यहाँ से अँग्रेज़ों को निकालना चाहते थे, वहाँ अँग्रेज़ों की तरह व्यवहार कर रहे हैं। अँग्रेज़ बॉस था वहाँ—हिन्दुस्तानी एक तरह से परजीवी थे। वे या तो दुकानदार थे या मामूली दर्जे के क्लर्क। ज़्यादातर टीचर्स थे। कालों का मुल्क था, पर वे शहरों में नज़र नहीं आते थे। बाहर के लोग अपने को मुकामी कहते-समझते थे। अगर काले शहर में आते या आकर रहते तो कहा जाता कि ग़ैरमुकामी आ गये हैं। वे लोग आमतौर से घरों में काम करनेवाले पुरुषों या औरतों के रूप में आया बनकर काम कर रहे होते। बाद में जब अफ्रीकी आज़ादी का आन्दोलन शुरू हो गया तो थोड़ा अन्तर आया। अँग्रेज़ तब आज़ादी देने को मजबूर हो गये। आज़ादी मिली तो सरकारी नौकरों को यह विकल्प मिला कि या तो वे पार्शियल पेंशन लेकर चले जाएँ या फिर वहीं उन लोगों के साथ अपना काम जारी रखें। मैं इस्तीफ़ा देने के समय वहाँ शिक्षा मन्त्रालय में शिक्षा अधिकारी था। एम.ए. कर ही लिया था। पहले कई सालों से कोशिश भी कर रहा था, पर बुज़दिली की वजह से कोई फ़ैसला नहीं कर पाया तब। आराम की नौकरी का आदी हो चुका था। जब कभी हिन्दुस्तान आता तो यहाँ की ज़िन्दगी से घबराता। मगर हिम्मत कर मैंने नौकरी से इस्तीफ़ा दिया। सारे उस मुल्क में शायद इस्तीफ़ा देनेवाला पहला व्यक्ति था। डरा हुआ था कि कहीं रिश्तेदार या बीवी यह न कहें कि मत जाओ। सो तुरन्त इस्तीफ़ा दे दिया। यहाँ आकर देखा कि बच्चों को जिस तरह का जीवन जीने की आदत है उसकी पूर्ति पेंशन से नहीं होगी। एक राइटर दोस्त ने कहा कि हैदराबाद आ जाओ। पर जिस आदमी ने नौकरी का वायदा किया था, उसने बी.ए. की थर्ड डिवीजन देखकर नौकरी के लिए मना कर दिया कि आप शिक्षित नहीं हैं। औरंगाबाद के एक और आदमी से मुलाकात हुई। उसने प्रोफेसर की पोस्ट ऑफर की। एक साल प्रोफेसर रहे फिर प्रिंसिपल बना दिये गये। यहाँ आकर लगा कि पढ़ना भूल गया हूँ। पढ़ा खूब। इससे निजात हासिल हुई। तभी लन्दन से एक ख़त आया कि आप जब पचपन साल के हो जाएँगे तो आपकी पेंशन में बहुत इज़ाफा कर दिया जाएगा। हिसाब लगाया तो तनख़्वाह से ज़्यादा हो रही थी। सोचा कि दो तनख़्वाह का क्या करना है? खुद से कहा—चलो जोगिन्दर, कहानियाँ लिखते हैं। लिख पहले भी रहा था। पर तब लगने लगा था कि कहानियाँ लिखने का यह काम चौबीस घंटे, बल्कि उससे भी अधिक का काम है। प्रशासनिक कार्यों से पढ़ने में रुकावट आती थी। सोचा अब आज़ादी से रहो पेंशन पर—पढ़ो, लिखो। बच्चे यहाँ पढ़

रहे थे। तब बीवी भी यहीं आ गयी थीं। और फिर मैं यहाँ दिल्ली आ गया।

थोड़ा रुके हैं और फिर खुद को सुनाते से कहने लगे—आदमी बेवकूफ़ होता है। लम्बे-चौड़े प्लान बना लेता है। अब देखिए जैसे मैंने उन दिनों कहानियाँ लिखीं। एक कमरा ले लिया था वहाँ, कब्रिस्तान के सामने। मेरा साबका मुर्दों से पड़ा। उससे कई कहानियाँ फूटकर आयीं। 'सुकूनत' इन दिनों इतने सालों बाद उमड़ी। फ़ौरी तौर पर जो वाकया पेश आया, मैंने कहानियाँ उस पर नहीं लिखीं। कोई भी वाकया सालों रचता-बसता रहा। कई साल बाद वह चीज़ सामने आयी। कुत्ते के साथ, मुर्दों के साथ मेरी कई कहानियाँ हैं। 'डेराबाबा नानक' तकसीम की वारदात पर है। तकसीम की ये कहानी मैंने वारदात के पचास साल बाद लिखी। फ़ासले पर जाकर लिखी तो जमकर आयी, रुककर आयी, शोर में ज़ाया नहीं हुई। उपन्यास 'ख़्वाब रौ' चालीस साल बाद लिखा तकसीम की वारदात पर। बुनियादी तौर पर मैं रिफ्यूजी हूँ। मैं जहाँ भी रहा हूँ, आउटसाइडर की तरह रहा हूँ। पाकिस्तान में ताज्जुब हुआ लोगों को। हिन्दुस्तान के लेखक ने कराची पर ऐसा उपन्यास कैसे लिखा! *उँगलियों के बीच दबी सिगरेट धुआँ उगले जा रही है। आवाज़ में भावुक होते जाने की ध्वनि सुनाई दे रही है। भावावेग में हैं*—हम इतने सालों से जो बकवास अभी तक करते जा रहे हैं कि कहानी जिन्दगी की नुमाइन्दगी, उसे रिप्रेजेंट करती है या फिर जैसे यह कि आर्ट फॉर आर्ट्स सेक; ग़लत है, बकवास है। आर्ट, लिट्रेचर, कहानी रिप्रेजेंट नहीं करती बल्कि पैरलल लाइफ़—समानान्तर ज़िन्दगी का सृजन करती है। असल ज़िन्दगी में जो होता है, वह सचमुच होता है। वैसे ही इस पैरलल लाइफ़ में जो कुछ बीतता है, वह हूबहू बीत जाता है। आप लाइफ़ को रिपोर्ट नहीं कर रहे होते। इसी वजह से ये जो टेंशन पैदा होती है किताब पढ़के कि यह हो जाए, वह न हो जाए...यदि वह रिपोर्ट होती है तो यह सब न होता। यह इसलिए होता है कि आप जो लिख रहे हैं, वह सचमुच हो गया है। उससे आपके लेखन में इनेविटेबिलिटी-नागुज़ीरियत आ जाती है। आपके सामने कोई चारा नहीं रहता। लेखन में अगर माँ मर गयी है, तो वह सचमुच मर गयी है। बहन, बेटी या अन्य कोई पात्र जो जिस रूप में है वह है।'

बोलते-बोलते रुके। पता नहीं क्या लगा कि एकदम से आदेश के स्वर में कहा गया— इधर देखिए आप। मेरी तरफ देखकर बात करिए। *शायद कही जाने वाली बात की अहमियत ने उनसे यह कहलवाया है। या फिर अपने श्रोता या पाठक के समग्रतः समर्पण के बिना उन्हें कुछ अधूरा लगता हो। मैं अब और अधिक ध्यान से उन्हें सुन रहा हूँ*— राइटर को कुछ इस तरह लिखना होता है

कि पाठक को यह लगे कि सारे अर्थ खुद उसने दरियाफ़्त किये हैं। लेखक निष्कर्ष नहीं निकालता। जैसे ज़िन्दगी जी-जीकर आदमी खुद दरियाफ़्त करता है, वैसे ही आपका पाठक आपको पढ़कर आपके अर्थ खुद दरियाफ़्त करे। जैसे ही आप अर्थ देने लगते हैं तो आप टीचर हो जाते हैं, राइटर नहीं। आप अपनी तौफ़ीक के मुताबिक लिखते हैं। पाठक भी अपनी तौफ़िक के मुताबिक दरियाफ़्त करे। दोनों क्रिएटिव हैं। राइटर भी, क्रिटिक भी और रीडर भी। पर जैसे कई लोग नॉन-राइटर्स होते हैं, वैसे ही नॉन-रीडर भी होता है। राइटर का शरीक होना ज़रूरी नहीं। समस्या यह है कि लेखक ने आपको शरीक किया है या नहीं। यदि नहीं तो बड़ी बात करने के बाद भी वह नॉन-राइटर है।

लेखक सिरे से अपनी रचना में ग़ायब होता है। हालाँकि वह अपने अनुभव को दे रहा होता है। अनुभव से ही राइटिंग बनती है। जब आप इस थीसिस को कुबूलते हैं कि राइटिंग दर्द की साझेदारी है, उदासी की साझेदारी है, तब राइटर में ये क्षमता होनी चाहिए कि वह सारी दुनिया के दर्द को अपने अन्दर समेट सके। जब वह उस दर्द को बयान करता है तो दूसरे को भी लगता है कि वह उस दर्द को महसूस कर रहा है—सिम्पेथेटिक या 'कम्पेंशनेट अंडरस्टेंडिंग ऑफ कैरेक्टर' जिसे कहते हैं। फिर यह सवाल नहीं रहता कि आप खुद को सेलीब्रेट कर रहे हैं। आप रो-रोकर चीख़ रहे हैं कि मैं बड़ा राइटर हूँ। लिखते हुए जो मेरी वारदात है, पढ़ते हुए वह आपकी वारदात है। उसमें जो मीनिंग्स है, वे आपके मीनिंग्स हैं। इस एतबार से यह कह रहा हूँ कि राइटर अपनी राइटिंग से ग़ायब होता है। तब आप खुद को सेलीब्रेट क्यों करते हैं? इसीलिए मैं भगवान को सबसे बड़ा आर्टिस्ट मानता हूँ कि वह इस सारी दुनिया में कहीं नज़र नहीं आता।

रुके, कुछ सोचने लगे, चेहरे पर कमाल की भावुकता। मेरी ओर बेहद चाहत भरी, उम्मीद से लबालब नज़रों से देख रहे हैं। लम्बी-चुप्पी के बाद फिर बोलना शुरू हुआ है—यह पूरे विश्व के लेखकों-पाठकों के साथ ज़रूर हो सकता है कि राइटर के मीनिंग से रीडर का मीनिंग बिलकुल अलग हो। जो रीडर खड़े-खड़े मीनिंग देता है, वह घटिया है। ये जो तब्दीलियाँ आती हैं। अगर आदमी की उन तब्दीलियों को हम कुबूल नहीं करते तो तमाम कहानियाँ बूढ़ी हो जाएँगी। आपके सोच में या अपने रचे चरित्रों में सतहीपन है तो आपकी कहानियाँ घटिया होंगी। एक वाक्य में यह कि आपके जो किरदार हैं, ऐसा लगना चाहिए कि वह अपने आप अपनी ज़िन्दगी बना रहे हैं। ऐसा है तो आप अच्छे फ़नकार हैं। अगर यह बात आपके लेखन में नहीं आये तो भले ही आप अच्छे टीचर हों, पर फ़नकार नहीं हो सकते। अच्छे लेखन में आप सब कुछ साबित नहीं करते। सब कुछ

हो जाता है। कहानी में अर्थ तो बनते हैं पर वे पाठक को दरियाफ़्त करने होते हैं और वह करता है।

आज—सच्चाई, हर दौर में सच्चाई आपको एक नये सन्दर्भ में दिखती है। सोचने को मजबूर करती है। सन्दर्भ बदलने से सच्चाई के मानी बदल जाते हैं। और अर्थ बदलने से ज़िन्दगी हमेशा जवान रहती है। बूढ़ी नहीं होती।

भाषा... शब्दों की फिजूलखर्ची? नहीं, आर्ट में ज़्यादा बातूनीपन आने लगे तो यह भी ठीक नहीं। अनकहेपन से भी लगे कि अनकहे से उसने वह पा लिया है जो शायद कहे से न पा पाता। अनकही तक ले जाना आर्टिस्ट की तरह उस बात को पा लेना है। शब्दों का इस तरह इस्तेमाल करना कि चुप्पी गहरी हो जाए। शब्द बड़े ज़ालिम होते हैं। शब्दों को ऐसे लिखें कि उनकी नफ़ी होती रहे। और ख़ामोशी गहरी होती जाए। जब आप बहुत दुःख के शिकार हों या गहरे सोचते हों तो शोर नहीं मचाते, चुप होते हैं।

जी, कहा जाता है यह भी कि प्रेमचन्द नहीं मिलते तो हिन्दी कहानी का क्या होता? प्रेमचन्द के बाद प्रेमचन्द की ज़रूरत नहीं थी। अपने ऐतिहासिक सन्दर्भ में प्रेमचन्द बड़े हैं। हमारे आज के अनुभवों को यदि प्रेमचन्द को जीना होता तो शायद उन्हें प्रेमचन्द बनना पसन्द न होता। बड़े लेखक एक सतह पर हर वक़्त के लेखक होते हैं और दूसरी सतह पर वे अपने-अपने वक़्तों के भी होते हैं। हमारे आलोचक दोस्त औपचारिक समझ में, सोच में इतनी ज़्यादा बिखरी-बिखरी बातें करते हैं कि जिसका कोई अर्थ बनता नहीं।

भाषा...? हाँ, ऐसे भी होती है आलोचना। कई लोग कहते हैं—फलाँ की भाषा बहुत अच्छी है। जैसे भाषा अपने-आप में महत्त्वपूर्ण है। स्टुपिड! आप भाषा नहीं लिख रहे होते, साहित्य लिख रहे होते हैं। हिन्दी या उर्दू भाषा नहीं साहित्य लिख रहे होते हैं आप। कहानी डिक्टेट करती है भाषा। हो सकता है कि हर कहानी एक अलग ज़बान का मुतालबा करे। अच्छी भाषा वह होगी जिसे पढ़ते हुए लगे कि यह हो रहा है और हम उससे जुड़े महसूस करें।

''थक गये, चाय भेजो भाई।'' *इतनी ऊँची अभ्यस्त-सी आवाज़ में कहा गया है कि वह कहना नीचे तक पहुँच जाए। हाव-भाव, मुद्रा सबसे लग रहा है कि थके हैं। मेरे आने से पहले लिखने में डूबे थे। पर शायद इसलिए और भी अधिक कि इस पूरे समय वे जैसे मुझसे नहीं अपने आपसे, किसी अनुपस्थित अन्तरंग से डूबकर, तन्मय होकर, आसपास को भूलकर आत्मीय-सी बातें किए जा रहे थे। जैसे वे रचना कर रहे हों, सृजन कर रहे हों। कितनी अजीब और ख़ास होती है सृजन के क्षणों की यह थकान भी। उन्हें चुप भी नहीं बैठने दे*

रही थी। इन्तिज़ार हुसैन साहब की जन्म-स्थली डिबाई की उस यात्रा का ज़िक्र मैंने किया था, जिसमें असगर वजाहत जी के साथ मैं भी सहयात्री था। इन्तिज़ारजी के लेखन से शुरू होकर बात को उन्होंने शिल्प सम्बन्धी अपनी कुछ धारणाओं की ओर मोड़ दिया था— इन्तिज़ार हमारे वक्त के बहुत महत्त्वपूर्ण राइटर हैं। मैंने उनसे कहा भी था कहानी को एक ही तरीके से लिखते जाने के बारे में। यह क्या तुक कि एक ही तरीके से इसरार करने लगें। कहानी का असल रूप उसके अन्दर से पैदा होना चाहिए। क्या यह इत्तफ़ाक है कि हर आदमी का चेहरा दूसरे से अलग है? हरेक में अलग-अलग जींस हैं। ख़ुदा की यही तारीफ़ है कि वह ख़ुद को दोहराता नहीं। हरेक के अनुभव-संस्कार अलग। अगर आप तरीके को पकड़ लेते हैं तो कहानी अपने आपको ख़ुद लिखने लगती है। नहीं तो आप अल्लड़-बल्लड़ लिखते रहिए।

एकदम से उठकर शीशे के पीछे की उस रिहायशगाह में से एक किताब निकाली गयी है। मुझे दिखाते हुए बता रहे हैं— ये देखिए, हर किताब के बाहर मैं ये जुमला लिखता रहा... बहैसियत अदीब... मैं अपनी ज़ात में बेशिनाख़्त हूँ। या फिर मेरी शिनाख़्त के नुकूश कायनात के सभी मुज़ाहिर, हर चीज़ में हैं। मैं जो कुछ भी देखता हूँ वही बन जाता हूँ, यही मेरी शिनाख़्त है। राइटर की यही शिनाख़्त है। उसकी यह स्टाइल है। आलोचक का यह भी बताना ठीक नहीं, राइटर जो देखता है वह बन जाता है। उसकी कोई शिनाख़्त नहीं। वह किसी ख़ास अन्दाज़ में लिखता है, यह बताना उसे छोटा करना है।

ये सारी बातें करने के बाद मेरा ज़ाती अनुभव यह है कि जो आप चुपचाप बयान कर सकते हैं, वह बातों से नहीं कर सकते। हज़रत के पास कोई किसी आदमी को यह कह कर ले गया कि वह तुम्हारी मुश्किल दूर कर देंगे। हज़रत ने सब कुछ सुना और कहा कुछ नहीं, मुस्कुराते रहे। वहाँ से आने के बाद वह व्यक्ति बहुत नाराज़ हुआ। मगर हज़रत चुप नहीं थे—कह रहे थे कि तुम्हें मुश्किल का हल ख़ुद करना है। बहुत सेंसिटिव माइंड को भी बहुत कहने के बाद लगता है कि मैं वह नहीं कह पाया जो मेरे दिमाग़ में था।

कहानियों पर बात हो रही थी कि अचानक माँ का ज़िक्र आ गया है। आवाज़ कुछ अधिक भीगी-सी हो चली है। जज़्बातों की ज़द की जकड़ भी जैसे बढ़ रही है। पुतलियाँ हैं कि जैसे आँखों के गहरे जल में तैरे जा रही हैं बड़ी फुर्ती से, बिलकुल बेआवाज़। जैसे वे किसी बहुत ऊँचे स्थान पर से बहुत दूर तक का देख-देख कर बता रहे हैं— एक दोस्त ने कहा था। क्या तुमने कभी ग़ौर किया है कि तुम्हारी माँ तुम्हारी हर कहानी को पूरा करती है? सच में, मैं उसका ख़याल

करके रो देता हूँ। सच है कि वही पूरा करती है। वह मुझे कुछ नहीं करने देती थी। मैं कोई काम करने लगता तो कहती, 'तू जा। तुझे नहीं आता कुछ।' वह सोचती थी कि मैं बड़ा अबोध हूँ या मासूम हूँ। वाकई उस दोस्त ने सही उँगली रखी थी। तब के दौर में मेरी हर कहानी में माँ अक्सर अन्त में आकर खड़ी हो जाती थी कैरेक्टर की तरह। लोग इसे कुबूल करते झिझकते हैं, पर मैं मानता हूँ कि मैं अपनी माँ के साथ इनसाफ़ नहीं बरत पाया। किस तरह की ज़िन्दगी जी-जीकर उसने मुझे बड़ा किया। मौत से पहले वह पागल हो गयी थी। नैरोबी में साथ थी। वहाँ ऑपरेशन कराया था। उसके बाद डॉक्टरों ने ठीक बताया था। कह दिया था कि ले जाइए। औरंगाबाद हम उसे साथ लाये थे।'' *पूरे कमरे में उनकी चुप्पी फैल गयी है। गहरी वज़नी-सी चुप्पी। गले में कुछ निगलने जैसी हरकत हुई, हलचल-सी दिखी है—* उसकी आदत हो गयी थी तब चीख़ते रहने की। उसे रख पाना आया के बस में नहीं था। बच्चों के इम्तहान। बीवी की एम.ए. की परीक्षा। मुझे कॉलिज जाने की जल्दी रहती। कुछ न कुछ करना लगा रहता। वह चीख़ती रहती। उसे इल्म ही नहीं था कि वह मेरे लिए मुश्किल खड़ी कर रही है। हम दोनों खड़े होकर कहा करते, माँ बहुत दुःखी है। भगवान, उसे उठा ले। *लगा कि अब सुबके। आँखों के भीतर के उस जल की कल-कल, छल-छल साफ सुनाई दे रही है। एक-एक शब्द को बोलने में काफी देर लग रही है। जैसे शब्द इतने वज़नी हो गये हों कि बोझ उठ न पा रहा हो—* पर सच तो यह है कि वह हम अपने सुख के लिए कह रहे होते थे। वह कहती 'मुझे सुई लगाओ।' हम पानी के इंजेक्शन लगा देते। उसे तो मालूम नहीं होता था कुछ। तुरन्त कहने लगती। 'मैं अब ठीक हूँ।' हम जो कर रहे थे दरअसल हमारे चोर ये थे कि हमारी लाइफ रुटीन में आ जाएगी। ये अजीब मोहब्बत है। *शब्दों की थरथराहट-डगमगाहट छिप नहीं रह पा रही थी। अनकहे क्षण बहुत कुछ कह रहे थे। हाथ झटका है, होठ बिचकाये हैं जैसे घृणा का कोई भाव व्यक्त करना हो उन्हें।*

थोड़ा गम्भीर होकर कह रहे हैं— मेरी ज़िन्दगी में सारे वाकियात अनोखे रहे हैं। अनहोनी कहानी की तरह पेश आया है हर वाकया। अम्बाला आना, नौकरी मिलना, शादी होना, नैरोबी जाकर नौकरी करना। तो यह भी एक मैजिकल रियलिज्म रहा लाइफ का।

...मरने से पहले पिता बेहद खुश! ग़रीबी से उबरे थे न। आप ये देखिए कि मेरे घर में मेरी छोटी बहिन पागल होकर मरी। इलाज नहीं कराती थी। रोती रहती थी। रोकर ठीक हो जाती थी। बड़ी बहिन पागल होकर मरी। कुछ ढूँढ़ती

रहती थी। जब एक चीज़ ढूँढ़ लेती तो ख़याल आता कि कोई दूसरी चीज़ गुम हो गयी। माँ भी पागल होकर मरी। उसका फीवर बोन का दर्द ज़हन में चला गया था। मैंने लिखा है, मेरा भी सारा दर्द ज़हन में मुन्तकिल हो गया। मैं भी अगर कहानियाँ न लिखता तो पागल हो जाता...और पागल होकर ही मरता। मैडनेस इज़ आवर फैमिली ट्रेंड...।

पिछले दिनों मैंने अपने आप पर एक मज़मून लिखा। बड़ा अजीब मज़मून है। क्या मैं महज जोगिन्दर पाल हूँ? उसमें मेरी समस्या यह थी कि हम दरअसल अपना बीज बोते हैं। इनसान का बीज। आप तो मर-खप जाएँगे। अगर आपका बीज ज़िन्दा रहे तो किसी और नाम से आप अपनी मौत के बाद भी जीते रहते हैं। इसी का नाम इन्मोर्टलिटी है। आपमें इतनी हिम्मत होनी चाहिए कि आप अपने आपको अपना नाम न समझिए और यह ख़याल रखिए कि कोई और भी जो है वो भी आप हैं। वह जो बीज ज़िन्दा है वह भी आप हैं।

वे फिर उठ खड़े हुए हैं। उनके उठने, फिर बैठने के अन्दाज़ को देखकर उस समय मैंने उनके चलने और बोलने के ढंग की कुछ ख़ासियतों पर ध्यान दिया था। शायद हर समय, पूरे मन से साहित्य को जीते रहने का एक वरदान यह भी होता हो। यकायक उनकी आवाज़ फिर सुनाई देने लगती है— औरंगाबाद, जो आदमी मुझे लाया था उस कॉलिज में—वह था जी.एम. शिराफ। बहुत बड़ा आदमी था। मराठवाड़ा के बैकवर्ड इलाके में तालीम के मन्दिर बनवाने के लिए उसने सी.एम. बनने से भी इनकार कर दिया था। प्रिंसिपल रहने के दौरान मुझे उसने बेहद प्यार दिया। कभी हीन नहीं माना। उससे मैंने बहुत सीखा है। अपने आपको लुटाकर काम करना, लुट-पिटकर काम करना मैंने शिराफ से सीखा। मस्त आदमी। फटे कपड़े पहनकर इतने बड़े-बड़े काम किए जा रहा है—फ़रिश्तों की तरह। एक बेमिसाल मिसाल बता रहा हूँ—शिराफ अपने साथ कैद में रहे एक व्यक्ति को पॉलिटिकल साइंस का लेक्चरर रखवाना चाहते थे। मुझसे कहा तो मैंने योग्यता की शर्त रखी। तब मैंने कहा था कि उसे तभी लूँगा जब वो कम्पीट कर सकेगा कल कॉलिज में। हैरत कि शिराफ ने उठकर मुझे गले से लगा लिया। वह कम्पीट नहीं कर सका, हमने उसे नहीं रखा। अब आप बताइए कि शिराफ को मुझसे पूछने की ज़रूरत नहीं थी। वो रख सकता था। पर उसने मेरी बात मानी। उसके बाद और ज़्यादा इज़्ज़त-भरोसा करने लगा। *आँखें किताबों की उस अलमारी पर कुछ इस तरह से जमी हैं जैसे अपने अतीत की धुँधली होती उस इबारत को पढ़ते जाना बन्द करना ही न चाहती हों।*

मूविंग चेयर दो-तीन बार इधर-उधर घूमी है। दृष्टि मेरी ओर मुड़ी है।

आवाज़ में जैसे कहीं से पुरवाई वाला दर्द आ मिला है—इस मुल्क में इतना ज़्यादा दुख है। सार्त्र ने कहा था कि दुनिया का सबसे दुःखी हिस्सा एशिया है। और मैं समझता हूँ कि इसी हिस्से से दुःख की अधिकता की वजह से किसी बड़े राइटर के पैदा होने की सम्भावना है...। तो मेरी चाहत है कि जो लोग हर तरह की जिल्लत बर्दाश्त करके, उदास रहकर, गम्भीर उदासी का शिकार होकर जी रहे हैं, उनके यहाँ इतनी गहरी सोच पैदा होगी जो सोचने को मजबूर करेगी—और उन गहरी सोचों से अहम लिखने वाले पैदा होंगे। हमारा ख़याल यही है कि भविष्य की सम्भावनाएँ बनी रहें।

जी, आजकल दो-चार सालों से सोशल एक्टीविटीज कम कर रखी है। मुझे लगता है कि जो मैं कहना चाहता हूँ अगर कह सका तो मरना आसान हो जाएगा। यस-ओल्ड मैन इन हरी! ख़ुदा कसम, मुझे यकीन नहीं था कि अपना हाल में प्रकाशित उपन्यास 'पार परे' मैं पूरा कर सकूँगा। पर खुद को सब जगह से काटकर बैठा रहा। तो मेरे चरित्र कभी भी आ जाते हैं। मैं चौबीस घंटे प्रतीक्षा में रहता हूँ।

जी, एक मुहावरा है। पंजाबी लहज़े में अपने बाप से सुना था—ओ पुत्तर, शिवजी ने गाया और विष्णु ने सुना। मतलब यह था कि गानेवाला और सुनने वाला दोनों आर्टिस्ट होते हैं। शिव को सुनने के लिए आपको विष्णु बनना पड़ता है। आलोचक और लेखक के बीच ऐसा ही सम्बन्ध होता है। मेरे आर्ट के बारे में बाप बात नहीं करता था, आम ज़िन्दगी की बात करता था। चंगी गल! आर्ट उसकी प्रॉब्लम नहीं थी, पर इस मुहावरे को आर्ट से जोड़ लें तो बात कहाँ से कहाँ पहुँच जाती है।

मूविंग चेयर पर घूमकर घड़ी की ओर देखा है। उठ खड़े हुए हैं—ख़ुदा की क़सम बहुत थक गया हूँ।

अँधेरा बढ़ रहा था। लाइट्स जल चुकी थीं। सीधे-तने उनके चलने में ख़ास-सी चुस्ती है, फुर्ती है। एक हाथ अब भी जैकिट की जेब में है। दूसरा हाथ मेरे कन्धे पर रखे हुए दरवाज़े तक आये हैं—'तरक्की करो। ऑलवेज वेलकम, ओ.के. गुड बाई, थैंक्यू बेटे...।' शब्दों के साथ सबसे अन्त में दिया गया सम्बोधन देर तक मेरे कानों में गूँजता रहा।

गिरिराज किशोर

दो दिन बाद इस दिसम्बर को—दिसम्बर ही नहीं, इस वर्ष को भी विदा होकर अपनी जगह नये वर्ष को देनी थी। अँधेरा बनकर लगातार बरसता-पसरता कोहरा सब तरफ आँखों की आफ़त बना हुआ था। जमाती-ठिठुराती-सी ठंड! ऐसी उस सुबह के नौ बजे घंटी बजाते ही जब उस घर का दरवाज़ा खुला, तो फिरन पहने गिरिराज जी मेरे सामने थे। अतिथि कक्ष के एक सोफ़े पर साथ बैठे हम चाय पीते, बतियाते पौने दस बजने का इन्तज़ार कर रहे थे। दस बजे दाँतों के डॉक्टर से उनके मिलने का कार्यक्रम पूर्व निश्चित था। अच्छा ही रहा कि उन्होंने स्वयं ही मुझसे साथ चलने और रास्ते में बातें करते चलने का प्रस्ताव रख दिया। गाड़ी में बैठते ही उन्होंने मेरे घर, परिवार, कॉलेज, शहर आदि के बारे में कई सवाल किये। उनके परिवार के बारे में जानना चाहा तो बताया गया—'दो बेटियाँ—जया, ईशा। एक बेटा—अनीश!' अलग तरह के लगे नाम। पूछ लिया—'किसने रखे हैं ऐसे नाम बच्चों के?' 'घर में बच्चों के ज़्यादातर नाम मेरे रखे हुए हैं। धेवते-धेवतियों के भी—तन्मय, वान्या...!' किताबों के ही नहीं बच्चों के भी नामकरण संस्कार करते रहे हैं आप! गाड़ी में हँसी भर गयी है। ठहाके बजने लगे हैं। *अज्ञेय, नरेश महेता, शैलेश मटियानी, सी.बी. गुप्ता और के.पी. भटनागर साहब के नामों का अनेक बार, अनेक सन्दर्भों में उल्लेख हुआ। शैलेश मटियानी के साहस व आत्मसम्मान तथा नरेश मेहता के स्वाभिमान से जुड़ी कई घटनाओं को याद किया गया। किसी भी आत्मीय के प्रति हुए अन्याय की स्मृति के समय खिन्नता व आक्रोश का भाव शब्दों के साथ लिपटा-चिपटा अलग से दिखने लगता है—*

तब शैलेश यहाँ आई.आई.टी. में ही थे, जब उनके बच्चे की इलाहाबाद में मौत हुई थी। बेटे की मौत के बाद वे बेहद टूट गये थे। तब यहीं थे, मैंने कानपुर बुलाया था उन्हें!...मैं और सेवाराम (यात्री), जब वे अस्पताल में भर्ती थे दिल्ली, तब देखने गये थे। तो...! पर क्या कहें, साहित्य में ऐसे घटिया लोग

भी हैं कि तब—वैसी हालत में भी उन पर आक्रमण करते रहे।

उनके लेखन के 'आदिकाल' और 'अपेक्षाकृत' शुष्क-ऊसर कहे जाने वाले गद्य-पथ के पथिक होने के बारे में उनसे जानने की इच्छा व्यक्त की, तो पहले उनकी गर्दन लगभग अस्सी अंश बाईं ओर मुड़ी। मेरी ओर देखती उनकी चश्माधारी आँखें लगभग छह सेंटीमीटर ऊपर की ओर उठकर दरवाज़े से बाहर कुछ देखने लगीं—जैसे उम्र के उस बिन्दु की ओर दौड़कर अतीत को फिर से देखना चाहती हों—

नहीं, कविता में मेरी विशेष रुचि कभी नहीं रही। पढ़ने में है, लिखने में नहीं है। मैं प्रोजेक व्यक्ति हूँ—व्यक्तित्व से भी। यह अलग है कि प्रोज में ही, भाषा की दृष्टि से, कविता का उपयोग कर लें। पर मूलभाव कवि का नहीं है।

मेरे लेखन की शुरूआत कहानी से हुई। आठवीं-नवीं कक्षा तक शरत, प्रेमचन्द को पढ़ चुका था। इंटर में था तब लिखी थी पहली कहानी। अब वह मेरे पास नहीं है। बाद में प्रकाशित भी हुए। 'कमख़ाब की अचकन' मैंने प्रगतिशील लेखक संघ की एक गोष्ठी में पढ़ी भी थी। विश्वनाथ मिश्र, जो हमारे अध्यापक भी रहे, वहाँ थे—वहाँ कहा गया कि इसका नाम बुर्जुआ है और इससे क्रान्ति को हानि होगी। उस ज़माने में ये लोग साहित्य को गणित की तरह लेते थे। जिस कहानी में बुर्जुआ चरित्र होता या क्रान्ति न होती, तो इन्हें बड़ी आपत्ति होती। पता नहीं उन्होंने प्रेमचन्द को कैसे स्वीकार कर लिया? एक आलोचक, जो पार्टी मेम्बर थे, ने कहानी का विरोध किया था। तब प्रगतिशीलता बड़ी संकुचित थी। उसके बाद जब आगरा में पढ़ रहे थे, तब भी कहानी लिखते थे। पहली कहानी 'कड़ियाँ' सन् साठ में 'मध्य प्रदेश सन्देश' में छपी। नाम था शायद 'अठन्नी का घिसता हुआ कोना।' उसके बाद 'नयी कहानियाँ' और 'सारिका' आदि में कहानियाँ छपती रहीं। ताँता-सा लग गया था। 1946 में पहला उपन्यास 'लोग' आया। तब इलाहाबाद में था मैं। उसके बाद 'चिड़ियाघर' छपा। 'यात्राएँ' बाद में आया। 'यात्राएँ' पर तो हॉलैंड के प्रो. डॉमेस्टी ने एक किताब भी लिखी, जो वहीं से छपी है। एटोमॉलॉजीकल स्टडी है वह 'यात्राएँ' की।

पहला उपन्यास लिखने से पूर्व की उनकी चाहत, मन:स्थिति और चुनौती आदि के बारे में जब उनसे कुछ प्रश्न किये, वे कह रहे थे—

शुरू से ही उपन्यास लिखने की मेरी बहुत इच्छा थी। शरत को जब पढ़ता था तो लगता था कि है तो मुश्किल पर लिखना चाहिए। उपन्यास के लिए थोड़ी तैयारी ज़रूरी है। जब तक मानसिक रूप से तैयार न हों, लिखना सम्भव नहीं है। मेरे सामने विषय की समस्या थी कि किस पर लिखूँ? प्रक्रिया लगातार चलती रहती थी कि उपन्यास की परिकल्पना क्या हो? मुझे यह सहज लगा कि अपनी

पारिवारिक पृष्ठभूमि के आधार पर उपन्यास लिखूँ। 'लोग' अपने सम्पूर्ण सामाजिक, पारिवारिक परिवेश के सन्दर्भ में एक बच्चे की अभिव्यक्ति की तरह है। महत्त्वपूर्ण बात यह है कि इसका नामकरण नरेश मेहता ने किया। बहुत पसन्द किया गया उसे।

क्या आप यह कह सकते हैं कि आप अपने बनाये मार्ग पर ही चले?

यस! यह मेरे कहने की बात नहीं, पर...। मेरी कहानियों या उपन्यासों की स्वीकृति-अस्वीकृति की बात अलग है, पर उनमें भिन्नता बहुत है।

यह मान लिया जाए कि आप अपने बनाये रास्ते पर चले, पर आपके प्रेरक-स्रोत, के रूप में कुछ व्यक्तियों या कृतियों की कुछ न कुछ भूमिका तो रही ही होगी?

देखिए, इसे आप जो भी समझें, प्रेरणा तो लेखक को अपने पूर्ववर्तियों से लेनी ही पड़ती है। बच नहीं सकता उससे। टॉल्सटॉय, प्रेमचन्द, यशपाल जो भी हों! लेकिन आप देखेंगे कि हर बड़ा लेखक अपना पथ अपने आप बनाता है। हम इन बड़े लेखकों से सीखते हैं। सीखना और अनुकरण करना—और प्रेरणा लेना भी—सब अलग-अलग हैं। कारन्त, जो खुद एक बड़े उपन्यासकार हैं, ने मैसूर में उपन्यास पर हुए एक सेमिनार में अपने उद्घाटन भाषण में कहा था कि हमारी पीढ़ी का कोई भी लेखक यह नहीं कह सकता कि उसने शरत से सीखा नहीं है। लेकिन शरत का हमने अनुकरण नहीं किया। प्रेरणा मुख्यतः टॉल्सटॉय से पायी। प्रेमचन्द, यशपाल से भी सीखा है। कहानी के क्षेत्र में यशपाल से ज़्यादा साम्य रहा। नरेश मेहता, शैलेश मटियानी से विचार-विमर्श के माध्यम से उपन्यास के बारे में सीखने को मिला। इलाहाबाद में घंटों साथ घूमते इन्हीं मुद्दों पर बातें करते थे हम लोग। अब जैसे टॉल्सटॉय के 'वार एण्ड पीस' को पढ़कर मुझे यह अनुभव हुआ था कि मनुष्य और समाज के जितने रूप सम्भव थे, उन्होंने उस उपन्यास में प्रस्तुत करने की कोशिश की। किसान आन्दोलन को भी मैंने सबसे पहले इस उपन्यास में गहराई से समझा था। उसके बाद गाँधी ने साउथ अफ्रीका से लौटकर बिहार में नीलहों के ख़िलाफ़, किसानों का जो पहला आन्दोलन किया, उसके बारे में पढ़ा।

अपने लेखन के लिए अनुकूल विषयों, स्थितियों या मनःस्थितियों के बारे में बताते हुए गिरिराज किशोर जी कह रहे थे—

मैं तो लिखता ही उस पर हूँ जिस स्थिति-परिस्थिति से मेरा तादात्म्य हो। वे अलग भी हो सकती हैं।

मैंने जब गिरिराज जी से उन्हें लेखन की ओर मोड़ने वाले किसी ख़ास कारक या घटना के बारे में कुछ बताने का अनुरोध किया, तो वे काफी देर तक

दरवाज़े के बाहर के कोहरे की तरफ देखते रहे थे। उस देखने में भीतर कहीं गहरे उतरने-डूबने का-सा भाव था, प्रयास था। कुछ सोचते-याद करते से बोले—

मेरे ख़्याल से मेरा जो जमींदाराना पारिवारिक वातावरण था, शायद उतना मानवीय नहीं था, जितनी कि बचपन से मेरी संवेदनशीलता रही होगी। दूसरी बात यह कि जब मैं डेढ़ साल का था, तब मेरी माँ का स्वर्गवास हो गया। मैं तब ज़्यादातर अपने बाबा या नौकरों के साथ रहता था। इसने मुझे समय से पहले वयस्कता प्रदान की। उसने शायद चिन्तनशीलता भी साथ-साथ दी जो मेरी चेतना से जुड़ी थी। तभी से मैं बहुत सी चीज़ों को गहराई से देखने लगा था। एक उदाहरण दूँ? 'लोग' में एक दृश्य आता है—सफाई दरोगा जमादारिन को एक भद्दी गाली देता है। वह अपना लँहगा उठाती है। उस समय उस बच्चे को जमादारिन की जाँघ पर एक काला दाग़ दिखाई देता है। उपन्यास में उसे ऐसे ही चित्रित किया गया। यह स्थिति को गहराई से देखने का उदाहरण है।

मेरी रचनाएँ बहुत लौटकर आयीं। भारती ने छापी थीं, लौटायीं भी। हाँ, अभी तक भी। मैं यह मानता हूँ कि स्वीकृति से नहीं, उपेक्षा से बनता है लेखक! कोई कुछ मानता हो, पर मैं आज भी यह मानता हूँ कि एकमात्र लेखक ही स्वप्न दृष्टा है और उन सपनों को देखता है जो भविष्य के लिए रास्ता बनाते हैं। और साहित्य व्यक्ति की मदद भी करता है, सहारा भी देता है, मार्गदर्शन भी करता है। साम्यवादियों ने एक समय में जो यह नारा दिया था कि साहित्य परिवर्तन का माध्यम है, वह शायद उस समय ठीक हो, पर तात्कालिक रूप से साहित्य कोई परिवर्तन नहीं कर सकता। और यदि परिवर्तन का कोई साहित्य है या समझा जाता है तो वह प्रचार साहित्य ही हो सकता है।

लेखक की वैचारिकता, दृष्टि, पक्षधरता आदि को लेकर जब हम लोग चर्चारत थे, तब गिरिराज जी ने कुछ इस तरह अपने को व्यक्त किया—आपको बता चुका हूँ कि साहित्य, समाज और जीवन की एक संवेदनशील व्याख्या है। वैचारिकता समाज के विकास के लिए तो महत्त्वपूर्ण है, वाद भी शायद उसे नया 'इंटरप्रिटेशन' देने में समर्थ हो, पर साहित्य का जो मुख्य आधार है, वह संवेदनशीलता है। उस संवेदनशीलता की कसौटी पर विचार कस जाएँ और उसमें समाविष्ट करने की वह सामर्थ्य रखता हो, तो साहित्य का हिस्सा बन सकता है। नहीं तो फटे-दूध की तरह पानी और तलछट अलग-अलग दिखेंगे।

जब मैंने गिरिराज जी से पूछा कि आप स्वयं को कहानीकार बेहतर मानते हैं या उपन्यासकार, तो कुछ कहने से पहले वे सोचते से लगे। ख़ामोशी के उन क्षणों में मैंने उनसे यह भी जानना चाहा कि वे अपने मूल्यांकन को लेकर कितने और क्यों सन्तुष्ट या असन्तुष्ट हैं? उन्होंने धीमे-धीमे रुक-रुककर बोलना शुरू

किया—

देखिए, कहानी के क्षेत्र में मैं ज्यादा उपेक्षित रहा हूँ। जो मेरे समकालीन या पूर्ववर्ती थे, उन्होंने कहानीकार तो माना, परन्तु उन्हें लगा कि शायद मैं कहानीकार से बेहतर उपन्यासकार हूँ। लेकिन मैं आज भी यह मानता हूँ कि मेरी कहानियाँ संवेदना के साथ-साथ वैचारिक-बौद्धिक पक्ष का भी प्रतिनिधित्व करती हैं।

और मूल्यांकन के बारे में?...

साहित्य का मूल्यांकन तीन स्तरों पर होता है—पहला नोटिस लिया जाना, दूसरा मूल्यांकन, तीसरा पुनर्मूल्यांकन। अगर आप गहराई से सोचें तो अभी प्रेमचन्द भी मूल्यांकन की स्थिति में नहीं आये हैं। तुलसी भी मूल्यांकन की प्रक्रिया में हैं। जब समस्त समकालीन साहित्य के सन्दर्भ में उन पर विचार होगा, तभी उनके मूल्यांकन का चक्र पूरा होगा। अगर आप पुनर्मूल्यांकन की बात करें तो अभी तक कबीर, सूर ही उस परिधि में आये हैं। इसलिए मैं समझता हूँ कि साहित्य के बारे में यदि धैर्य और प्रतीक्षा की सामर्थ्य न हो तो किसी लेखक को साहित्य में नहीं आना चाहिए।

... नहीं, नहीं मैं मूल्यांकन की स्थिति में नहीं हूँ। जैसे अध्यात्म के क्षेत्र में यह पता नहीं चलता कि किसकी साधना किस स्तर पर है, उसी तरह साहित्य के क्षेत्र में यह समझना कठिन है कि किस लेखक को कौन कहाँ पढ़ रहा है और उसका किस व्यक्ति या समाज पर क्या प्रभाव पड़ रहा है! हम लोग सीमित प्रतिदान या प्रत्युत्तर से ही अपनी अहमन्यता का पोषण करते रहे हैं।

चर्चा और विवाद में रहे कुछ प्रमुख साहित्यिक आन्दोलनों का ज़िक्र करते तब मैंने गिरिराज जी से साहित्य की दृष्टि से आन्दोलनों की आवश्यकता, भूमिका, औचित्य आदि के बारे में कुछ सवाल किये। बड़ी स्पष्टता और दृढ़ता के साथ उन्होंने कहा—

साहित्यिक आन्दोलनों का साहित्य से कोई लेना-देना नहीं, उनका जुड़ाव व्यक्तियों से होता है। जैसे आप देखिए कि जब यशपाल, जैनेन्द्र, नागर, भगवती बाबू आदि वरिष्ठ कथाकार अपने पाँव जमाए हुए थे। उस समय राकेश, राजेन्द्र यादव, कमलेश्वर आदि को लगा कि जब तक हम 'नयी कहानी' का आन्दोलन खड़ा करके उन्हें चुनौती नहीं देंगे तब तक हमें कौन पूछेगा? उनका साहित्य भले ही थोड़ा-बहुत आधुनिक रहा हो या समकालीन प्रवृत्तियों का रेखांकन करता हो, पर न वे 'त्यागपत्र' लिख सके, न वे 'झूठा सच' लिख सके, न 'चित्रलेखा', न 'बूँद और समुद्र' लिख सके। उनके पास चन्द कहानियाँ ज़रूर हैं, परन्तु उनका

लेखक 'अँधेरे बन्द कमरे' से बाहर नहीं आया। उसमें कई ऐसे लेखक थे जो बहुत अच्छे कथाकार हैं। कालिया, ज्ञानरंजन, काशी, दूधनाथ हैं, और भी बहुत से हैं। लेकिन कई लेखक तो अपनी सीमा को न लाँघ पाने के कारण लेखन बन्द करके बैठ गये। कई लेखकों को उनकी वैचारिक प्रतिबद्धता लेखक बनाये हुए है। कुछ लोग कहानी छोड़ संस्मरण में चले गये और उसी को साहित्य मान चोटी पर हैं। हमारे बाद की पीढ़ी? हाँ, इधर उन्नीस सौ नब्बे-पिचानवे के बाद जो लेखक आये हैं, प्रतिभाशाली भी हैं, उनके पास भाषा भी है, अनुभव भी हैं। लेकिन जो मेरा अनुभव है, वह यह कि अधिकतर लेखक चार-छह बढ़िया कहानियाँ लिखने के बाद शान्त हो जाते हैं। बड़ी रचना पर अभी तक बहुत कम लोगों ने काम किया है।

चाय पीते हुए हम लोग भाषा के बदलते रूपों और अन्दाज़ों पर देर तक बात करते रहे थे। अँग्रेज़ी शब्दों के प्रयोगों, व्याकरणिक अशुद्धियों और गालियों के सप्रयास प्रयोगों के बारे में जब मैंने उनके विचार जानने चाहे तो बोले—

दरअसल भाषा का यह बड़ा संक्रमण काल है और उस संक्रमण काल के कारण भाषा इस समय काफी बन-बिगड़ रही है। जैसे आज विज्ञापन में जो भाषा है, वो हिन्दी-अँग्रेज़ी का जिसे 'हिंग्लिश' कहते हैं—एक विचित्र मिश्रण है। और वह फैशन में आता जा रहा है। शायद इसका कारण यह है कि आज शुद्धता के नाम पर कुछ नहीं बचा है—न भाषा, न जीवन, न विचार! जहाँ तक गालियों का प्रश्न है, गालियों के क्षेत्र में भी हम पुरानी, भदेस, परम्परागत गालियों का ही प्रयोग कर रहे हैं। मैंने स्वयं भी 'जुगलबन्दी' में उनका इस्तेमाल किया है। काशीनाथ तो संस्मरणों में कसकर उनका इस्तेमाल करते हैं। परन्तु आजकल सभ्य समाज में स्लैंग और विदेशी गालियों का प्रचलन है। उनका हमारे हिन्दी लेखकों को पता नहीं है। जब तक वे उन विदेशी गालियों का इस्तेमाल करेंगे, वे 'आउटडेटेड' हो जाएँगी। जैसे आज हिन्दी की हो गयी हैं।

समीक्षा और समीक्षकों पर बात चली तो वे कहने लगे—

समीक्षा है कहाँ? दो पक्ष हैं—एक आलोचना, एक समीक्षा है और एक इतिहास। इतिहास तो आंशिक रूप से कुछ लिखे गये हैं, पर शुक्लजी के बाद सम्यक रूप से साहित्यिक इतिहास नहीं लिखा गया। आलोचना की स्थिति भी बहुत मजबूत नहीं हो पायी। समीक्षाएँ अलबत्ता लिखी जा रही हैं, वो भी चुटकुलेबाजी की, व्यक्तिगत राग-द्वेष से पूर्ण, वैचारिक मतभेदों को लेकर। रचनाओं का रचना के रूप में मूल्यांकन नहीं हो रहा। एक दुर्भाग्य यह भी है कि वामपन्थी आलोचकों का वर्चस्व है और वे अपनी तरह से हर रचना का निर्णय करने का

प्रयत्न करते हैं।

अन्य भारतीय भाषाओं के साहित्य के परिप्रेक्ष्य में हिन्दी के साहित्य की स्थिति और भूमिका के बारे में जब उनसे पूछा गया तो बोले—

हमारे साथ एक दुविधा है कि आजादी के बाद हिन्दी वाले लोग अहं भाव से अधिक पीड़ित हो गये। वे यह समझने लगे कि हम हिन्दी भाषी हैं और दूसरे अहिन्दी-भाषी हैं। इधर सभी भाषाओं के लोग अपनी रचनाओं को अँग्रेज़ी में अनुवादित कराने के चक्कर में रहते हैं। जबकि प्रयत्न यह होना चाहिए कि पहले हम अपनी भारतीय भाषाओं के प्रामाणिक अनुवाद प्रकाशित कराएँ, बाद में अँग्रेजी भाषा की तरफ हाथ बढ़ाएँ। लेकिन हो उलटा रहा है।

इन दिनों आप 'अकार' निकाल रहे हैं। उम्र के इस मोड़ पर सम्पादन की इस इच्छा या शौक के पीछे क्या कारण रहे हैं?

ऐसा है कि मैं पैंसठ-छियासठ में इलाहाबाद से कानुपर आया था। नरेश चन्द्र चतुर्वेदी जी हमारे अच्छे मित्र थे। उनकी बहुत इच्छा थी कि यहाँ से पत्रिका निकले। मैंने, चतुर्वेदी जी और राजेन्द्र यादव ने मिलकर यहाँ से 'निरन्तर' शुरू की थी। उसके सम्पादन का काम मैं ही देखता था। यह मेरा पहला अनुभव था। वह लगभग दस वर्ष तक निकली, फिर बन्द हो गयी। कॉलेज के जमाने में भी 'साधना' नामक पत्रिका का सम्पादन करता था। उसके बाद दो वर्ष पूर्व नये प्रमुख कथाकार प्रियंवद ने पत्रिका निकालने की बात चलायी। मैंने उन्हें कहा कि ज़रूर निकालनी चाहिए, पर ठीकरा मेरे सिर फूट गया और सम्पादन मुझे करना पड़ा।

बेंत के सहारे झुककर चलती एक श्वेतकेश भद्र महिला अन्दर से बाहर जाने के लिए हमारे पास से निकल रही हैं। शायद धूप की तलाश है उन्हें! गिरिराज किशोर जी ने देखा तो बड़े अपनत्व और आदर के साथ कहा— 'आइए, आइए'— परिचय कराया गया है— 'मेरी बड़ी बहन डॉ सत्यवती गुप्ता! दयानन्द गर्ल्स कॉलेज कानपुर में अध्यापक रही हैं।' *उनके बाहर जाने के बाद मैंने जाति, वर्ग, क्षेत्र, दलित, महिला आदि के आधार पर साहित्य को बाँटे जाने की कोशिशों और सम्भावनाओं के बारे में उनकी प्रतिक्रिया सुननी चाही। किंचित अन्तराल के बाद उन्होंने कहना शुरू किया—*

साहित्य में एक बँटवारा तो नज़र आ रहा है। दलित साहित्य अलग हो गया है। वे समझने लगे हैं कि जो दलित लेखक नहीं हैं, उन्हें दलित-अनुभव पर लिखने का अधिकार नहीं है। हालाँकि कृष्णा सोबती जैसी महिलाएँ महिला रचनाकार कहलाना पसन्द नहीं करतीं, लेकिन महिला-साहित्य का भी एक वर्ग बन रहा है। परन्तु अभी ऐसा नहीं लगता कि इतना तीव्र विभाजन हो गया हो कि साहित्य कुछ सीमित परिधियों में बँट गया हो। लेकिन इसकी सम्भावना नज़र

आती है। मैं यह तो मानता हूँ कि दलित साहित्य को कला की किसी कसौटी पर न कसा जाए, क्योंकि वह उनका विस्तृत और विशिष्ट अनुभव है। उन्हें अधिकार है कि वे अपनी तरह से अपना अनुभव व्यक्त करें। पर वह वृहत्तर साहित्य का ही एक अंग है, उसकी साहित्य के रूप में पहचान साहित्य के अन्दर रहकर ही हो सकती है। महिला लेखन भी वृहत्तर साहित्य का हिस्सा है।

कुछ पदों, प्रतिष्ठानों, पुरस्कारों, गुटों-गिरोहों, आरोपों-प्रत्यारोपों और रचनाकारों के आचारण-व्यवहार से सम्बन्धित कई प्रश्न कई कोणों से मैंने गिरिराज जी के समक्ष प्रस्तुत किये थे। कोशिश थी कि गिरिराज जी राजनीति व साहित्य की राजनीति पर कुछ कहें! चौंका मैं यह देख-सुनकर कि और बहुत से लेखकों की तरह 'बचने', 'टालने' या 'नापतोल' कर ही कुछ कहने जैसी सावधानियाँ, चतुराइयाँ या घबराहटें वहाँ दूर-दूर तक नहीं थीं।

अन्दर से दौड़कर आये धेवते-धेवती ने 'नानू यह टोपी लगाओ' कहते हुए एक छोटी-सी टोपी उनके सिर पर रखनी चाही है। हँसकर इशारे-इशारे में उन्हें समझा दिया गया है।

आज़ादी के बाद राजनीति पर भारतीय मनीषा के आशीर्वाद की छाप थी। उसमें शायद गाँधी का भी बहुत बड़ा योगदान था। भले ही उनके अनुयायियों ने उन्हें राजनीति से अलग कर दिया, पर गाँधी को छोड़ना उनके लिए उसी तरह शर्म की बात थी, जैसे उस ज़माने की स्त्रियों के लिए पर्दा छोड़ना था। बाद में तो लगभग सब आधी-अधूरी नंगी रहने लगीं। वही राजनीति का भी हुआ। तब जवाहरलाल, केशवदेव मालवीय जैसे अपने मित्र को, कृष्णामाचारी या पै जैसे मन्त्री को बेईमानी के शक मात्र पर मन्त्रिमंडल से निकाल सकते थे। वे कांग्रेस के अधिवेशन में को-ऑपरेटिव फार्मिंग के सवाल पर पी.एम. होने के बावजूद सी.बी. गुप्ता और चरणसिंह की फटकारें सुनकर या अस्वीकृति पर चुप रह सकते थे। आजकल पी. एम. को मुखौटा कह देने पर भी एक बुद्धिजीवी अपमानित-सम्मानित होता है। भ्रष्टाचार के बावजूद मन्त्री अपने पद पर आसीन रहते हैं। पुत्रवधू द्वारा आक्षेप लगाने के बाद भी लोग गृहमन्त्री बने रहते हैं। डॉ. लोहिया रचनाकारों-लेखकों से आत्मीयता बनाने को अपना सम्मान समझते थे, जबकि उनके अनुयायी फिल्मी हीरो-हीरोइनों की दोस्ती में सम्मान समझते हैं।

लेखकों पर यह भी आरोप है कि वे साहित्य के क्षेत्र में राजनीति बरत रहे हैं?

हाँ, मैं इस विषय पर आ रहा हूँ। साहित्य अकादेमी का चुनाव इसका उदाहरण है। इस चुनाव के कारण स्वयं मुझे भी मित्रों के आरोपों का शिकार होना पड़ा। राजनीति में—वह चाहे साहित्य की हो या व्यावहारिक हो, जो भी

लेखक उतरते हैं, उन्हें इस तरह के आक्षेपों का शिकार होना पड़ता है। सोचिए कि कमलेश्वर जैसे बड़े लेखक को क्या इसलिए पुरस्कार नहीं दिया जाना चाहिए कि उन्होंने गोपीचन्द नारंग का समर्थन किया! क्या हम लेखक का लेखक-रूप में समर्थन नहीं कर सकते?

एक पाठक के रूप में पढ़ने की आपकी पसन्द और तरीके क्या रहे हैं? कौन विधा आपको अधिक आकृष्ट करती रही है? पढ़ने के लिए सामग्री की उपलब्धता और चयन की प्रक्रिया में पहले और अब में क्या कोई अन्तर आया है?

मैं तो अधिकतर वैचारिक पुस्तकें—उपन्यास, कहानियाँ, कविताएँ और आध्यात्मिक पुस्तकें पढ़ता हूँ। हालाँकि जब लिखने का क्रम चालू होता है तो कई बार पढ़ना कम हो जाता है। मैं समझता हूँ कि अध्यात्म में मनुष्य विश्वास रखे न रखे, लेकिन ओशो आदि चिन्तकों की पुस्तकें दृष्टि-परिष्कार अवश्य करती हैं। मैं ओशोवादी नहीं हूँ, न किसी सम्प्रदाय विशेष से जुड़ा हूँ, पर कई बार इन पुस्तकों से रचनात्मक दृष्टि मिलती है और लगता है कि चिन्तन और रचनात्मकता में एक तरह का सामंजस्य सम्भव है। 'पहला गिरमिटिया' लिखा तो मुझे गाँधीवादी कहा गया। पर ऐसा नहीं है। जब तक किसी ख़ास चिन्तन की समझ न हो, वह सिद्धान्तों में, व्यवहार में न हो, तो यह कैसे सम्भव है? आज जितने मार्क्सवादी हैं, कम ने पढ़ा है मार्क्स को, और व्यवहार में भी उसका समावेश सीमित स्तर पर ही रहता है। ऐसे मित्र जिनकी राय पर कोई पुस्तक पढ़ी जा सके, चयन में उनकी भूमिका भी रहती है। राजेन्द्र यादव बहुत पढ़ते हैं। जब वो राय देते हैं तो मैं उस पर विश्वास भी करता हूँ।

... आत्मकथा? नहीं मैंने नहीं लिखी। लेखक की हर रचना उसकी आत्मकथा होती है। कहीं न कहीं अपनी रचना में वह बैठा रहता है। छोटी से छोटी कहानी में, बड़े से बड़े उपन्यास में, हर पात्र में। तो आत्मकथा लिखने का मेरे सामने ऐसा कुछ आकर्षण नहीं रहा। अब यह उपन्यास लिख रहा हूँ, तो वहाँ मैं भी होऊँगा—और पात्र होंगे। गाँधी पर लिखे उपन्यास में मैं गाँधी नहीं था—पर कहीं न कहीं रहता हूँ। नहीं तो 'पहला गिरमिटिया' नहीं लिख पाता। तुलसी 'रामचरितमानस' में मौजूद थे, 'वार एण्ड पीस' में टॉल्सटॉय थे। हाँ, दलितों की कई आत्मकथाएँ पढ़ी हैं। दलित-विमर्श और सन्दर्भ हैं वहाँ। गाँधी ने भी उल्लेख किया था इसका। महिलाओं की भी आत्मकथाएँ अंशों में पढ़ी हैं। विदेशी बहुत-सी पढ़ी हैं। आत्मकथा के सत्य के बारे में तो व्यक्ति विशेष ही जानता है न! उसकी प्रामाणिकता भाषा और लेखन से भी तो हो!...नहीं, तसलीमा की 'द्विखंडिता' नहीं पढ़ी। उसे लोग सच्चाई जानने को नहीं पढ़ते, स्फुलिंग पाने

को पढ़ते हैं। हाँ, बच्चन जी ने भी लिखी, उसका पहला पार्ट अच्छा लगा। प्रकाशवती जी के बारे में पढ़ा और जब तेजी के बारे में कुछ नहीं कहा गया तो लगा कि वह प्रामाणिक नहीं है। 'आवारा मसीहा' जीवनी होते हुए भी महत्त्वपूर्ण और ज़्यादा प्रामाणिक है। विदेशियों ने बहुत काम किया है इस दिशा में। सिमोन द बोउवार, लिटिल स्ट्रेची आदि अनेक नाम हैं।

किसी रचनाकार को जब अपने पात्रों और पाठकों से अपने सोचे या चाहे हुए के विपरीत जीना-पाना पड़ता है तो निस्सन्देह वह कुछ ख़ास तरह का अनुभव होता है। ऐसे किसी ख़ास अनुभव को क्या आप अपने पाठकों के साथ बाँटना चाहेंगे?

कई बार होता है कि आदमी शुरू कुछ करता है, लिख कुछ जाता है। वह कल्पना में जिस पात्र, चरित्र का निर्धारण करता है, उसे जब लिखना चाहता है तो उसे लगता है कि वह उसे जी भी लेगा, लिख भी लेगा पर शक्ल दूसरी ही बन जाती है। जैसे 'जुगलबन्दी' में मैं नहीं चाहता था कि उसका मुख्य पात्र आत्महत्या करे, पर मैं चाहकर भी बचा नहीं सका। यह लेखक के हाथ में रह नहीं जाता।

लेखकों, पाठकों की प्रतिक्रिया के बारे में पूछा। ऐसे बताया जा रहा है, जैसे सन्दर्भ उनका न हो, किसी और का हो—

'यात्राएँ' जब लिखा तो समझ रहा था कि बड़ी पूछ होगी। 'राजकमल' ने छापा। एक एडीशन बिकना मुश्किल हो गया। पर विदेश में बड़ा पसन्द किया गया। 'परिशिष्ट' पसन्द किया गया, पर एक एडीशन समाप्त नहीं हो पाया। तो यह तो होता है, कई बार न चाहते हुए भी।

गाँधी में ऐसी और इतनी रुचि कब जागी जिसके चलते आपने 'पहला गिरमिटिया' जैसा महत्त्वाकांक्षी उपन्यास लिखने का इरादा बनाया?

मैंने लिखा है इस पर कि गाँधी के बारे में शुरू से ही मेरी रुचि रही है। तब छठी में था मैं। गाँधी जी दिल्ली से हरिद्वार रिफ्यूजी आश्रम को विजिट करने जा रहे थे। मुज़फ़्फ़रनगर से निकलना था उन्हें। उन्हें देखने को खड़े थे लोग। एक कार निकली... उसके पीछे बस थी। लोगों ने समझा कार में होंगे। पर वे पीछे बस में थे। दो लोगों के बीच फँसे बैठे थे उस बस में। निराश, थके-से लग रहे थे उस क्षण! पर मुझे आकर्षित किया था। फिर जब देश आज़ाद हो गया, 15 अगस्त, 1947 के 'हिन्दुस्तान' दैनिक में गाँधी का एक चित्र छपा था—सबसे बड़ा प्रभाव रहा उसका। नोआखाली... बाँस का पुल... नंगे पाँव... चार-पाँच लोगों के साथ गाँधी जी जा रहे थे। मैंने सोचा कि दिल्ली में आज़ादी का जश्न और ये बेचारा वहाँ मारा-मारा फिर रहा है। अकसर सोचता रहता था इस

बारे में मैं। दक्षिण अफ्रीका गया तो वहाँ लोगों ने कहा कि गाँधी तो यहाँ था। वहाँ के गाँधी पर आप क्या लिख रहे हैं? तब वहीं के गाँधी पर लिखा। एक गाँधीवादी इतिहासकार के कहने पर भारतीय गाँधी पर लिखने का विचार था। हाँ, सन्तोष मिला था लिखकर। ख़ास तौर से मेरी पत्नी और बेटा उसे पढ़कर प्रभावित हुए तो लगा कि ठीक रहेगा। विष्णुकान्त शास्त्री जी तब शिमला में थे, शास्त्री जी को दिया तो बोले कि बहुत मोटा है। मैंने कहा कि आप पढ़ लेना। चौथे दिन उनका फोन मिला कि—''मैंने पढ़ लिया है— 'पहला गिरमिटिया'। कई बार आँखों में पानी आ गया। दिन में काम लगे रहते थे, सो रात में पढ़ता था। अभी ख़त्म किया है।''

'पहला गिरमिटिया' के छपने की बात थी तब 'राजकमल' के महेश्वरी जी कानपुर आये थे। ब्लैंक चेक मेरे सामने रखते हुए उन्होंने कहा था कि आप जितना अग्रिम चाहें इसमें भर लें और उपन्यास हमें दे दें। मैं देना चाहता था पर जब उन्होंने पुस्तक की सम्भावित कीमत छह-सात सौ रुपए बतायी तो मैंने इरादा बदल दिया। 'वाणी' वालों ने दस हज़ार का चेक भेजते हुए दस हज़ार बाद में देने की बात की थी, पर वो कीमत आठ सौ के करीब चाहते थे। मैं नहीं चाहता था कि उपन्यास इतना महँगा हो कि कीमत पाठकों और उपन्यास के बीच में आ जाये।

बच्चों को शोर मचाने से रोकती हुई उनकी पत्नी ने कमरे में आकर खाना तैयार होने की सूचना दी है। मैंने पाठक के रूप में उनकी पत्नी मीराजी की प्रतिक्रिया जाननी चाही तो गिरिराज जी ही बताने लगे—

ज़बर्दस्त आलोचक हैं पत्नी मेरे लेखन की। मेरी कहानियाँ इन्हें पसन्द नहीं आतीं। हाँ, उपन्यास अब पसन्द आने लगे हैं। हाँ, बेटा अनीश भी पढ़ता है, टिप्पणी करता है। 'पहला गिरमिटिया' के यही लोग पहले पाठक हैं।

गिरिराज जी की कहानियों के पसन्द न आने के बारे में जब मीरा जी से फिर पूछा गया तो बड़े उत्साह और अधिकार के साथ वे बता रही थीं—''हाँ, बिलकुल अच्छी नहीं लगती थीं तब की कहानियाँ। केवल बौद्धिकता होती थी उनमें, सरसता नहीं थी। अब बहुत अन्तर आ गया है।''

मीराजी अपनी पसन्द और राय बताए जा रही थीं—'' 'परिशिष्ट' मुझे बहुत अच्छा लगा था। 'पहला गिरमिटिया' तो अच्छा ही है। शुरू में हम कहानियाँ सोचकर पढ़ते कि रोचक होंगी, पर बौद्धिकता मिलती तो झुँझलाहट होती। समझ में नहीं आती थीं। पर 'आंग्रे की प्रेमिका', 'सिस्टर यू आर ग्रेट' बहुत अच्छी लगीं। 'पाँचवा परांठा', 'पापा मुझे अँग्रेज़ी नहीं आती'—कहानियाँ तो और भी कई हैं अच्छी।... नहीं, इनसे ऐसे तकलीफ़ नहीं होती। इनमें राइटर्स वाली चीज़ नहीं है।''

मैंने मीराजी से जब यह पूछा था कि उन्हें गिरिराज जी की किन बातों पर झुँझलाहट होती है या गुस्सा आता है, तो गिरिराज जी अप्रभावित दिखे थे— पर मीरा जी क्षण भर को सजग-सावधान होती दिखी थीं। अगले ही क्षण हँसी-पगे वाक्य सुनाई देने लगे थे— ''अब तो आदत हो गयी है। पहले घर में बहुत बोर होते रहते थे। बाहर जाने को मन करता था, पर ये आने-जाने में सुस्त आउटिंग साथ-साथ कम हो पाती है। अब एक प्रेक्टीकल प्रॉब्लम यह भी है कि किताबें बढ़ती जा रही हैं। कहाँ रखें इन्हें?''

खाने के बाद धूप का आनन्द लेते हुए मैंने जानना चाहा था—अपने लेखन के लिए आपके मन में किनके प्रति आभारी होने का भाव पैदा होता है?

मुझे लेखक बनाया मेरे पूर्ववर्तियों ने, जिन्हें मैंने पढ़ा। इलाहाबाद ने बनाया। मुझे। मैं तो कहता था कि किसी को लेखक बनना है तो वह वहाँ रहे। कानपुर नहीं आना चाहता था, पर आना पड़ा।

दिल्ली के आकर्षण और वहाँ बसने की ख़्वाहिश के बारे में उनका कहना था—

अभी भी लोग कहते हैं कि आओ। जानता हूँ कि वहाँ स्थानीय राजनीति इस तरह की है कि उसी में उलझकर रह जाता है लेखक। वहाँ लिख नहीं सकता। हालाँकि मेरी पैदाइश दिल्ली की है।

एक यादगार सुख और एक यादगार दुख? वह पहले ख़ामोश हुए—फिर आँखें बन्द कर लीं। पलकें कुछ ऐसे खुल-बन्द हो रही थीं जैसे अतीत के सुखों-दुखों की छान-फटक कर रही हों। होठ खुले तो सिर्फ दुःख सुनाई दिया— 'चिड़ियाघर' उपन्यास में कुछ ऐसे उल्लेख हैं, जिनका जब मैं विश्वविद्यालय में था, तो मेरे सहयोगियों ने मेरे विरोध में इस्तेमाल किया। उपन्यास कुलपति के पास भेजा गया। उस समय भक्त दर्शन जी वी.सी. थे। उन्होंने बुलाया, पूछा। मैंने कहा कि आप इस बारे में लिखकर पूछ लें। वे साहित्यकार थे, जानते-समझते थे, कुछ लिखा नहीं—पर नुकसान की कोशिशें हुईं।

अतीत में विचलित कर देने वाली कुछ घटनाएँ?

बचपन में तो गाँधी के मर्डर ने विचलित किया, जिसे आज तक भुला नहीं पाया। तब मतैं खेलते में गिर गया था। सो घुटनों में चोट लगी थी। मैं पूरे रास्ते अजीब हालत में बेंत के सहारे चलकर श्रद्धांजलि देने जा रहे जुलूस के साथ गया था। लगा था जैसे शहर में कोई रहता नहीं है। इतना सन्नाटा मैंने ज़िन्दगी में नहीं देखा। उसके बाद बड़ा आघात तब लगा जब हमारे प्रधानमन्त्री ने अमेरिका के सामने आत्मसमर्पण किया। बुश की सब बातें मानने को तैयार हो गये।

रिश्तों-सम्बन्धों के बारे में?

—दोस्तों का रिश्ता सबसे अच्छा लगता है—वह भी साहित्यिक मित्रता। जैसी राजेन्द्र से थी और जो अब वैसी नहीं रही। नरेश महेता, ज्ञानरंजन से थी। वे रिश्ते बहुत प्रभावित करते थे। बच्चों से व्यवहार मित्रवत रहा है। मैंने अपने बच्चों को कभी चपत नहीं लगायी। लड़ता हूँ कभी तो केवल पत्नी से। वैसे किसी से जंग हो तो मैं पीछे नहीं हटता। मैं आपको बता चुका हूँ।

क्या कभी अपनी किसी ग़लती के लिए अफ़सोस या पश्चात्ताप का भाव भी जिया है आपने?

एक बार हुआ ऐसा! कुछ साल पहले मेरे एक दोस्त ने ट्रेन में मेरा रिजर्वेशन कराया। मेरी उम्र पैंसठ वर्ष—सीनियर सिटीजन के अनुकूल वाली लिखा दी। इंटेंशन तो न उनका था, न हमारा। बेहद अफ़सोस हुआ, इतना अफ़सोस कि ख़ुद से टिकट चेकर के पास गया, उसे सब बताया।

हम लोग तब दुखद-सुखद घटनाओं के घटित होने के कारणों की खोज करते हुए दैव, समय, भाग्य जैसे शब्दों के इर्द-गिर्द घूम रहे थे। उसी दौरान पुरस्कारों की प्राप्ति, स्थिति, प्रक्रिया आदि की भी चर्चा हुई। गिरिराज जी का मानना था—मेरे ख़्याल से यह भी समय ही है। साहित्य में मुझे जो पुरस्कार सम्मान मिले, मुझे न मिलते तो किसी और को मिल जाते। बराबर वालों में स्पर्द्धा, अवसर, चांस है यह। 'साहित्य अकादेमी' पुरस्कार 1992 में मिला तब मैं सोच भी नहीं सकता था। न मुझे स्पर्धा का कुछ मालूम था। 'ढाई घर' का अख़बारवालों ने बताया कि टीवी पर यह ख़बर है।

बहुत-सी चीज़ें हमारी शक्ति से बाहर हैं और उसके लिए हम यह नहीं कह सकते कि हम 'रेस्पांसिबिल' हैं। चाहे वे अच्छी हों या बुरी। यह है कि हम नहीं जानते कि क्या होना है, क्या होगा। हमें मालूम नहीं कि जीवन कैसे हुआ और कैसे ख़त्म होगा। बिना सोचे होता है। प्रगतिशीलों, वामपन्थियों में आत्मविश्वास है कि जो हम करते हैं, वह होता है। पर हमें नहीं लगता कि हम ही कर्ता हैं, हम ही अकर्ता। जो भी कर रहे हैं, हम ही कर रहे हैं। जैसे मैं लेखक हूँ—मैं कुछ भी लिखने बैठता हूँ, पर परिकल्पना से बिलकुल बदल जाता है।

याद नहीं, बातों के किस मोड़ पर मैंने गिरिराज जी से 'रोना आने' को लेकर सवाल किया था। कितनी सहजता और आसानी से वे बताने लगे थे— 'रोता नहीं हूँ। इस तरह कभी रोना नहीं आया कि बहुत रोया हूँ।' तभी मीरा जी उधर आयीं। बच्चे जैसी मासूमियत के साथ पत्नी से खुद के रोने के बारे पूछा—'क्यों मीरा, क्या ऐसा रोना कभी आया?' पत्नी बताने लगती हैं तो मेरे साथ वे भी बड़े ध्यान से सुनते हैं—''एक बार शायद तब जब किसी बच्चे की

तबियत ख़राब थी... शायद जया की। बड़ी जल्दी रोना आता है इन्हें। आँखें भर आती हैं यूँ भी। टीवी सीरियल देखते-देखते सुड़सुड़ करने लगते हैं।''

गिरिराज जी कहने लगते हैं—नहीं, नहीं—इसमें अजीब या ख़ास कुछ नहीं है। मुझमें विचित्रताएँ हैं। बचपन से बिना माँ के रहना, जमींदारी का इतना शुष्क वातावरण और उसमें लेखक बन जाना। इतनी बड़ी जमींदारी थी और मैं पचहत्तर रुपये लेकर घर से निकला था। न जायदाद में से हिस्सा लिया और न फिर लौटने का मन हुआ। 'सेल्फ मेड' आदमी हूँ। नौकरी से त्यागपत्र देकर फ्रीलांसिंग की। लेखन में भी अपना रास्ता अकेले बनाता गया। किसी के सपोर्ट की ज़रूरत नहीं पड़ी। जो हो गया, कभी सोचा भी नहीं था कि ये होगा। मुसीबतों के समय मुझे कई लेखकों ने सपोर्ट किया। अज्ञेय, रघुवीर सहाय, राजेन्द्र यादव ने बहुत सपोर्ट किया। आई.आई.टी. के समय ख़ास तौर से।

ऐसे कुछ ख़ास देखे, सुने या पढ़े के बारे में कुछ कहें, जो लिखने के लिए आपको एकदम से बेचैन कर देता हो या आपके भीतर छटपटाहट पैदा कर देता हो?

जो सामने आया लिखता गया। यह नहीं कि मैं यह लिखूँ, वह लिखूँ। यह मन में रहता तो मैं कुछ नहीं लिख पाता। ऐसा है कि कोई भी किसी की तरह नहीं लिख सकता। सब अपनी तरह लिखते हैं। एक बार अज्ञेय जी को इलाहाबाद अपने घर पर आमन्त्रित किया था। उन दिनों उपन्यास लिखने का मन था मेरा। इच्छा होती थी कि 'शेखर : एक जीवनी' जैसा लिखूँ। मैंने अज्ञेय जी को अपने लिखे कुछ पृष्ठ सुनाये। चुप रहे थे। मुझे मालूम था कि वे ऐसे बोलते नहीं हैं। बोलते भी हैं तो बहुत कम बोलते हैं। विदा करते समय—एक पैर रिक्शे पर, एक नीचे, तब इतना-सा बोले—'आपने उपन्यास अंश मुझे सुनाया। यह तो मैं लिख चुका हूँ। आप अपना लिखिए!' यह हमेशा याद रहता है। तब से मैं अपना ही लिखने की कोशिश करता रहा हूँ।

विजयदान देथा

कुछ दिन पहले मैंने फोन पर उन्हें सुना था। फोन करने की उनकी पहल, वह खुली-खिली वाचाल हँसी, शाबाशी का वह अन्दाज़, आवाज़ में खनक-ठसक और साफ़गोई—सबने मुझे प्रभावित किया था। अक्तूबर के अन्तिम दिन की उस सुबह उनसे मिलने जाते समय वह सब मेरे साथ था। राजस्थान हाउस दिल्ली के कक्ष संख्या 103 तीन में जब मैं प्रविष्ट हुआ, वे अपने पुत्र महेन्द्र और मूलचन्द तिवाड़ी के साथ नाश्ता करने ही वाले थे, 'हाँ, मैं तुम्हारी प्रतीक्षा करके नाश्ता मँगा चुका... डॉयबिटिक हूँ न... अच्छा-अच्छा, मैंने दस की जगह नौ सुन लिया...।' प्रतीक्षा की बेचैनी के चिह्न अभी मिटे नहीं थे। मेरे कुछ कहने से पहले मूलचन्द तिवाड़ी ने कहा था—'जल्दी बेचैन हो जाते हैं।' 'हाँ, यह इस पीढ़ी की ख़ासियत है,' कहकर मैंने नाश्ता करके आने की बात बता दी थी। इस बीच मेरे पढ़ने के लिए दो-तीन पत्रिकाएँ उन्होंने मेरी ओर बढ़ा दी थीं। एक पत्रिका को मैं उलटने-पलटने लगा था। पृष्ठ खोला तो दिखा—पूरा का पूरा रँगा-चिथा। कहीं सही का निशान, कहीं एक, कहीं दो, कहीं तीन स्टार, कहीं क्रॉस, कहीं कोई टिप्पणी-संकेत—अर्थ देखना है, दोष नहीं, अशुद्ध, सुन्दर, अद्‌भुत—हर शब्द, हर पंक्ति चिह्नांकित! और रचनाएँ देखीं—कविता, लेख, कहानियाँ—सब की यही स्थिति। क्या ऐसे भी कोई पढ़ता है, पढ़ सकता है? आश्चर्य व्यक्त किया तो विजयदान देथा और मूलचन्दजी एक साथ बताने लगे—'हाँ, मैं ऐसे ही पढ़ता हूँ—कुछ भी पढ़ूँ! यह मेरी आदत है...। ...जी, सारी किताबें, सारी पत्रिकाएँ ऐसे ही रँगी मिलेंगी आपको।...एक-एक शब्द पर अपनी प्रतिक्रिया देते जाते हैं ऐसे ही। हाँ, जितना पढ़ते हैं, सब ऐसे ही। और क्या...ताज्जुब तो हमें भी होता है।'

नाश्ते के बाद बिज्जी मेरे सामने के पलंग पर आ बिराजे थे। धोती, कमीज़, सदरी में—चश्मा लगाये, हथेली की दिशा में मुँह किये, बाईं कलाई में घड़ी बाँधे हुए! प्रफुल्लित, स्नेहमय, आत्मीय से देखते, बताने-कहने को एकदम प्रस्तुत,

उत्सुक!

मैंने उनके लेखन के शुरूआती दौर को जानने-समझने के इरादे से साहित्य की दुनिया में उनके आन-बसने के कारणों-स्थितियों से सम्बन्धित कुछ सवाल किये थे। लेकिन जब एक बार उनका बोलना शुरू हुआ तो वे कुछ देर इस तरह और इस क़दर बोलते रहे कि सवालों के बिना भी उनकी निजी और साहित्यिक ज़िन्दगी के अनेक मोड़ दृश्य, तथ्य, सत्य, पक्ष खुद-ब-खुद सामने आने लगे। वे बोलते रहे, मैं सुनता रहा— बीच-बीच में बस कुछ पूछता रहा, कुछ रोकता भी रहा—

तब मैं बाड़मेर छठी कक्षा में पढ़ रहा था। मेरे कजिन, कुबेरदानजी देथा को कविताओं का शौक था। वे हिन्दी में, ब्रज में कविताएँ करते थे। उनकी कविताएँ रटकर मैं स्कूल में सुनाया करता था। बहुत पसन्द की जातीं। उनकी एक कविता थी—'ऐसी अँग्रेज़ी छोड़ धारौ अँग्रेज़ी को—उसे मैं अपनी कहकर सुनाता।' 'वंस मोर, वंस मोर' का शोर होने लगता। जब बहुत जमने लगा तो एक दिन ख़याल आया कि भाई साहब की कविता के नाम पर तालियाँ बजवा रहा हूँ। तब मैंने हिन्दी में-ब्रज में कविताएँ लिखीं, तुकबन्दी की। पहली कविता—'बैरगिया नाला जुलम जोर, जहाँ रहते थे तीन चोर'—नृसिंह राजपुरोहित के साथ बैठकर बनायी। शाम तक स्कूल में हल्ला मच गया। खोखा और नृसिंह ने कविता बनायी—कविता। हाँ, दुबला होने के कारण बाड़मेर में सब मुझे खोखा कहते थे। खेजड़ी की लम्बी सांगरियाँ सूखने पर खोखा कहलाती हैं। शायद इसी वजह से दिमाग में जाने क्या फितूर छाया रहता कि तब बदमाशियाँ बहुत सूझती थीं मुझे। इस कारण भी बहुत मशहूर हुआ। हमारे बड़े प्रेरणादायी एक गुरुजी थे—हेडमास्टर, प्रहलाद रायजी। प्रार्थना के बाद वे रोज लड़कों से एक सवाल पूछते—सबसे ज्यादा बदमाश कौन? मैं सहमा-सा, गर्दन झुकाए, चुपचाप अँगूठे से जमीन खुरचने लगता। सभी छोटे-बड़े छात्र एक स्वर में उत्तर देते—'खोखा! खोखा!!'

ज़रा पहले का उल्लास और जोश थोड़ा मन्द-सा पड़ा है। आवाज़ भी अब सँभली, धीमी हुई है— हेडमास्टरजी की एक लड़की थी—मृदुलता देवी! सब उसे देवी कहते। क्लास में कुल चार लड़कियाँ थीं तब! मेरी संस्कृत बहुत अच्छी थी। डिक्टेशन में सौ में सौ नम्बर आते। छोटा-सा एक गिरोह था हमारा! छेड़ना, पिटाई कर देना उसके काम थे। नेचर-स्टडी के टीचर मूलचन्दजी ने एक दिन देवी से कहा कि एक्सट्रा क्लास लेने तुम मेरे घर आओ! उसने मुझसे पूछा। यूँ ही—शैशव का अबोध प्रेम था हमारा। मैंने मना किया तो बोली—'तुम बेकार शक़ करते हो! वे गुरु हैं—पितृतुल्य हैं।' नहीं मानी, चली गयी। मैंने अपने गिरोहवालों से कहा। छह-सात दोस्त और मैं, उनका सरगना! पहुँच गये मूलचन्दजी के घर। सबके हाथ

में अँग्रेज़ी बबूल की काँटेदार टहनियाँ। घर के बाहर छिपकर खड़े हो गये। थोड़ी देर बाद आवाज़ सुनाई दी...'मैं...मैं तो आपकी बच्ची के समान हूँ मा'ट साब...!' सुनना हुआ कि हम सब भीत फलाँगकर कूद गये भीतर! काँटों भरी टहनियों से खूब धुनाई की मूलचन्द जी की। दरवाज़ा खोलकर देवी को बाहर लाये। बेहद डरी हुई थी वह। घर कुछ भी नहीं बताना चाहती थी। लेकिन मेरी राय थी कि पिताजी से कुछ भी छिपाया न जाए। देवी के साथ हम गये। कँटीली छड़ियाँ मास्साब के सामने रख दीं। सारा किस्सा बयान कर दिया और हम चले आये। अगली सुबह चारों लड़कियाँ प्रार्थना में आयीं—प्रार्थना के समय हेडमास्टर जी हारमोनियम बजाया करते। उस दिन भी बजा रहे थे—पर जैसे पूरे समय भैरव नाचता रहा था उनकी आँखों में। प्रार्थना समाप्त होने तक कुछ नहीं बोले। प्रार्थना ख़त्म होते ही उनकी कड़क आवाज़ सुनाई दी—'मूलचन्द!' उन्हें सामने खड़ा किया। फिर आवाज़ लगी—'खोखा, इधर आओ!' और हमारा सुनाया सारा किस्सा बयान कर दिया। वहाँ सबके सामने कहा था उन्होंने—'इस खोखे ने मेरी बच्ची को बचाया है।' इसके बाद मूलचन्दजी को—'मैं तेरा मुँह नहीं देखना चाहता', कहकर—वहाँ से निकाल दिया! उनकी शिकायत पर बाद में वे बर्खास्त भी हुए।

चाय केवल मेरे लिए आयी है। फोन बजा है। उन्हें बातें करते सुन रहा हूँ—"हाँ, मेरा बेटा भी आया है, महेन्द्र। कल साहित्य अकादेमी वाला वह कार्यक्रम है ना! हाँ, प्रधानमन्त्रीजी सम्मानित करेंगे। ठीक है, मन चाहे और करीब हो तो दस मिनट के लिए आ सकती हो! इस समय इन्हें ऐसी गोपनीय बातें भी—जो पहले कहीं नहीं लिखीं—बता रहा हूँ अपने मन से—अस्सी साल का हो गया, कभी भी 'ख़बर' आ सकती है। तुम्हारी शक्ल तो देख लूँ...अपने पति के साथ आना—हाँ, बच्चों को भी लाना!"

एक चाय आने के बारे में पूछा तो बोले—हाँ, चाय पीते नहीं हैं हम! कॉलेज में पीते थे। जबसे सीरियसली लिखने लगा तो सोचा—जो बचे केवल किताबों पर खर्च करना है। पान, बीड़ी, सिगरेट, शराब—कुछ नहीं। पेन और किताबें खरीदना--सिर्फ दो ही शौक हैं। कल भी तीन पेन खरीद कर लाया हूँ। विदेश जाता हूँ, तब भी! चीन से साठ पेन लाया। तरह-तरह की वैरायटी के पेन खरीदे। दोस्तों को खूब भेंट किये। घर के और लोगों की ख़ातिर या बच्चों के लिए कुछ नहीं लाता। जिस पुस्तक को पढ़कर मुझे आनन्द मिलता है, उसकी बीस-तीस प्रतियाँ खरीदकर बाँटता हूँ। ताकि उसी पुस्तक से वे लोग भी आनन्द उठाएँ—दोस्ती में, आनन्द में साझा करें!

मैंने पहले भी कहीं लिखा है, पर इतने विस्तार से नहीं। इंटर में फेल हुआ तो छात्रवृत्ति बन्द हो गयी। शरत का यह असर कि सुबह, दोपहर, शाम वही—

टेक्स्ट बुक बिलकुल नहीं। मैं स्वभाव से सात्विक पुरुष नहीं हूँ। आनुवंशिकता से कुछ लोग होते हैं—पर मैं ठीक वह नहीं। मैं अगर लेखक न होता तो रंगा-बिल्ला होता! किसी-न-किसी रूप में नाम तो करना ही था। यह भूख पेट से बड़ी होती है। शरत के साहित्य की वजह से मैंने पाशविक, अमानुषिक वृत्तियों को बाँधकर रख दिया। अगर शरत ज़िन्दा होते तो मैं पैदल यात्रा करके उनसे मिलने जाता। मेरे पहले गुरु वही हैं। उनकी एक-एक पुस्तक को मैंने कम से कम साठ-साठ, सत्तर-सत्तर बार पढ़ा है! और हर बार लगता है कि नयी पुस्तक पढ़ रहा हूँ—और ये बात अब समझ में आयी है। और यह एक क्लासिक का गुण है।

—प्रेरणा, प्रक्रिया, लेखन...। मेरी धारणा यह है कि चेतन मस्तिष्क से तो पाठ्य पुस्तकें, कुंजियाँ, संकलित-सम्पादित पुस्तकें लिखी जा सकती हैं—पर कलात्मक रचना अवचेतन से ही निःसृत होती है। स्वयं को पता न लगे—और वह चकित हो कि अरे, ये सब मेरे ही अन्दर था क्या? हाँ-हाँ, शुरू में क्या, अब तक भी ऐसा लगता रहा है मुझे—जैसे मीरा दासगुप्ता मेरे पीछे खड़ी रहकर डिक्टेशन दे रही हो। इसलिए न मैं कथा लिखने से पहले सोचता हूँ, न लिखे हुए की काट-छाँट करता हूँ और न लिखे को वापस पढ़ता हूँ। जब मेरा प्रेस था—आधा वाक्य लिखा छोड़कर प्रूफ देखने लग जाता था। और फिर छूटे हुए से आगे शुरू कर देता था। इसके लिए कोई मूड नहीं—प्रेस के शोर-शराबे के बीच लिखता रहता था। नहीं, अपनी प्रेस से अर्जन के बारे में कभी सोचा तक नहीं—जिन लेखकों को भी छापा—मुफ़्त। अकेले फीड करता था—केवल अपनी रचनाएँ। बाज़ार से काम नहीं लेता था।

तेरहवीं कक्षा में जब आया तो 'ज्वाला'—जिसके सम्पादक स्व. वंशीधर जी पुरोहित थे—में काम किया। कॉलेज से ऑफ करके आता—ब्लिट्स साइज के सोलह पन्ने होते थे—उसमें नयी खबरें देनी होती। तीन बड़े चर्चित स्तम्भ लिखे उसमें। तीन साल तक लगातार—प्रेस का 'कंडीशंड' हो गया था। तब हीरालाल शास्त्री मुख्यमन्त्री थे। 'ज्वाला' प्रतिबन्धित हुआ तो 'अंगारे' नाम से निकाला। वह प्रतिबन्धित हुआ तो 'आग' नाम से और जब उस पर भी प्रतिबन्ध लगा तो 'राख' नाम से। ये सब मेरे ही सुझाव थे। फिर 'रियासती साप्ताहिक' से जुड़ा, उसमें भी अबाध लेखन करता रहा। इन प्रेसों में लगातार काम करने से तेरह सौ कविताएँ, तीन सौ कहानियाँ हिन्दी में लिखकर तब राजस्थानी में आया। उसमें भी काट-छाँट कभी नहीं करता था।

ये सब छूटा तो 'प्रेरणा' नाम से मासिक पत्रिका निकाली। हम दो सम्पादक थे—पर नाम केवल कोमल कोठारी का ही जाता था। किसी मित्र के निमित्त जितना

मैं एकाग्रचित्त हो पाता हूँ, अपने लिए नहीं। बड़ी गम्भीर-ज़बरदस्त पत्रिका थी। तब तक जर्मन, रूसी, अँग्रेज़ी का बहुत सारा साहित्य हम पढ़ चुके थे। यह शौक कोमल ने लगाया। एम.ए. प्रीवियस करने से पहले इतना सब पढ़ लिया था। तब लगा कि एम.ए. की पुरानी पढ़ाई पर पोंछा लगाये बिना, भूले बग़ैर आगे के ज्ञान की प्राप्ति नहीं हो सकती। तभी यह सोच लिया कि नौकरी करके आजीविका—जीवन चलाना पड़ा तो मैं आत्महत्या कर लूँगा। तब तक चेखव, टॉलस्टाय, दास्तोयवस्की आदि पढ़ चुके थे। बावन-तिरेपन में—'प्रेरणा' के समय पूरा-पक्का इरादा बन गया था कि लेखक बनकर ही रहना है। बीज पहले से थे ही। जी, दूसरे गुरु चेखव। रवीन्द्रनाथ सबसे बाद में...तीसरे गुरु! इन्हें 1984 में समझ पाया। एक ऊँचे लेखक को समझने के लिए ऊँचे स्तर की समझ चाहिए। चौरासी से पहले मैं शरत को रवीन्द्र बाबू से बड़ा लेखक मानता था। एक बार शरत के पाठकों ने उनसे कहा कि रवीन्द्र से अधिक आप हमें पसन्द आते हैं—तो उन्होंने जवाब दिया—'रविबाबू मेरे लिए (हमारे लिए) लिखते हैं, मैं तुम लोगों के लिए लिखता हूँ।' मुझे शरत के इस सौजन्य-शिष्टाचार पर खुन्दक चढ़ी। मैं शरत को बड़ा मानता था, इसलिए। पर चौरासी के बाद शरीर में मांस-मज्जा के घुले रहने की तरह मुझमें यह बात रम गयी कि विश्व में युगों बाद रवीन्द्र जैसी प्रतिभा पैदा होती है। आज भी मुझे लगता है कि मैं इस उम्र में आकर भी लिखना सीख रहा हूँ, पढ़ना सीख रहा हूँ। 'स्त्रीर पत्र' की समीक्षात्मक चिट्ठी का अन्तिम वाक्य है—"मैं लिखते-लिखते लेखक बना हूँ, अब लेखक बनकर लिखना चाहता हूँ।" ऐसा लेखक जो मानवीय संवेदनाओं से आप्लावित हो। कवि हृदय होना चाहिए—केवल कलम से लिख देना काफ़ी नहीं।

'प्रेरणा' की चर्चा फिर चल पड़ी है। उसके नियमित स्तम्भों और ख्याति आदि के बारे में गद्‌गद् कंठ से बोले जा रहे हैं—फिर विशेषांक निकाला—प्रेमचन्द के पात्र। कोमल कम्युनिस्ट पार्टी के कार्ड होल्डर थे, मैं फॉलोअर था। सोचा कि इस विशेषांक में प्रयागराज मेहता को शामिल करें। एक पात्र पर वह लिखकर लाया। हम दोनों को वह लिखा पसन्द नहीं आया। वह दुबारा लिखकर लाने की कहकर चल दिया। कोमल ने पहला लिखा फाड़ दिया—'ये बन्धन रहेगा।' बारह बार उसके लिखे को फाड़ा गया—तब उसकी प्रतिभा का स्रोत जगा—उस पर की पर्त हटी। तेरहवीं बार वह हम दोनों से बेहतर लिखकर लाया। बाद में वह विशेषांक—'प्रेमचन्द की बस्ती' शीर्षक से पुस्तक रूप में छपा। लोग अब भी कहते हैं कि प्रेमचन्द के पात्रों पर इससे बेहतर किताब नहीं निकली। चौथा अंक था—मेघदूत का राजस्थानी अनुवाद—अनुवादक थे नारायणसिंह जी भाटी। हम लोग प्रतिभा की पहचान कैसे करते थे, यह जानना कम दिलचस्प नहीं होगा।

'प्रेरणा' के पहले अंक से ही नारायणजी का 'साँझ' शीर्षक से काव्य छपना शुरू हो गया था। हम दोनों को लगा कि वह व्यक्ति अनुवाद बहुत अच्छा कर सकता है। दूसरे अंक में उनसे बिना पूछे ही हमने उनके नाम के साथ अनुवाद बहुत अच्छा कर सकता है घोषणा कर दी। डाक से आयी रचनाओं को प्रकाशित करना ही सम्पादन नहीं होता...प्रतिभा की खोज, उसकी सम्भावना का सम्पादन करना असली सम्पादन है। नारायणजी आर्थिक कारणों से राजपूत सभा, जयपुर में नौकरी करने लगे थे। घोषणा पढ़कर चौंके, हमारे पास आये और बोले—'ठाला-भूलां (दुष्टों) औ कांईं करियौ? म्हैं तो 'मेघदूत' रौ नांम ई नीं सुण्यौ।' हम दोनों संस्कृत नहीं जानते थे। तब वहाँ मिनर्वा नामक एक होटल था—वह हम लोगों की चायबाज़ी व गपशप का अड्डा था। लक्ष्मीमल्ल सिंघवी उसके पीछे रहते थे। लक्ष्मीमल्ल ने तब पूर्व मेघ और उत्तर मेघ—दोनों को घंटों बैठ-बैठकर नारायणजी को समझाया। हमने और प्रकाशक भाया एवं प्रकाश कोठारी ने मिनर्वा में एक कमरा लेकर नारायणजी को उसमें बिठा दिया। बता दिया कि जब तक अनुवाद पूरा नहीं होगा, आप कमरे से बाहर नहीं निकलेंगे। मैं उन्हें राजस्थानी के शब्द पिरोने को देता, वे बड़ी कुशलता से उन्हें पिरो देते। डेढ़ महीना लगा उन्हें अनुवाद पूरा करने में। पूरा हुआ तो हम लोग उन्हें जोधपुर सेंट्रल जेल के सबसे अच्छे बैंड की धुन बजवाते हुए, माला डालकर समारोहपूर्वक मिनर्वा से 'प्रेरणा' के प्रेस तक लाये। तब वे गाँव गये अपने। छपते-छपते लगा कि दो पद कमज़ोर हैं। छपायी बन्द करवाकर मैं और कोमल चल पड़े उनके गाँव। बरसात का मौसम...पहले रेल का सफ़र... फिर तीन-चार किलोमीटर पैदल! हल्की-हल्की बारिश! घर पहुँचे। वे पहली मंजिल की बारी में बैठे थे। देखते ही एकदम चिल्ला पड़े—'अरे डाकियाँ... म्हारौ लारौ... अरे, भूतों... यहाँ कैसे आये हैं हमारा पीछा करते?' बताया सब और जब मनपसन्द हो गया तो हम वापस हुए। इस राजस्थानी मेघदूत से प्रेरित होकर आसूलालजी संचेती ने—जो बड़े अधिकारी रहे—दुनिया भर से 'मेघदूत' के अनुवाद मँगवाये—उन्हें छपवाया। बड़ा ज़बरदस्त पोथा बनवाया। दुनिया भर में वह कीर्तिमान है। वैसा 'मेघदूत' का अनुवाद कहीं किसी ने प्रकाशित नहीं किया। उसमें सबसे श्रेष्ठ जो अनुवाद हुआ, वह राजस्थानी का था। वह आदमी लगा रहा—अरबी, फ़ारसी, जर्मन, बंगाली—सारे अनुवाद मँगवाये—सब एक जगह छापे। कैसे जुड़ती हैं चीज़ें, देखिए!

हाँ, वह 'प्रेरणा' का नवाँ अंक था। प्रेरणा का अपना ही हैंडकम्पोजिंग प्रेस था। कम्पोज के लिए कुछ भी सामग्री देकर नहीं गया था। इसलिए खाना खाकर, घर में एक मिनट भी रुके बिना चला आया। पर कम्पोजिटरों को काम में लगा देखकर विस्मय से पूछा, 'क्या कम्पोज हो रहा है। मैं तो कुछ देकर नहीं गया।'

भाया के चार-पाँचेक मित्र पास बैठे गपशप कर रहे थे। भाया ने ही उत्तर दिया, 'मा'ट-सा'ब की कहानी छपने जा रही है।' स्व. जयनारायणजी व्यास, जो राजस्थान के मुख्यमन्त्री रह चुके थे—शेरे राजस्थान। कविताएँ लिखने की बात तो सबको पता थी। उद्‌बोधन के गीत भी गाते थे। पर वे कहानियाँ भी लिखते हैं, पहली बार ही पता चला। मैंने अबोध की नाईं प्रश्न किया, 'कहाँ छपने जा रही है?' भाया ने तत्काल जवाब दिया, 'कहाँ क्या, प्रेरणा में... और कहाँ?' 'प्रेरणा में?' मैंने आश्चर्यमिश्रित जिज्ञासा के स्वर में पूछा। 'हाँ, प्रेरणा में... इसमें पूछने की ज़रूरत!' माथे में तनिक तनाव उपजा। अटकते-अटकते बोल पाया, 'पढ़कर देखूँगा, छपने काबिल हुई तो ज़रूर छपेगी, वरना...।' देवनारायण व्यास एकदम उखड़ गया, 'हरामी कम्युनिस्टों को काम करने का मौका दिया, यह अंजाम तो होना ही था।' ऐसी कल्पना तक मुझे नहीं थी। फिर भी संयम रखा। चुपचाप कुर्सी पर बैठकर, आगे लिखने लगा। पर अन्त तक विवाद बढ़ता ही गया। कम्पोज होने पर कहानी पढ़ी। पसन्द नहीं आयी। स्पष्ट कहना ज़रूरी हो गया कि हमारे कहने से भाया ने साहित्यिक पत्रिका निकालने की हामी भरी थी। हमारी प्रतिभा को उजागर होने का मौका दिया था और वाकई मौका मिला भी था। मैंने अतिशय विनम्रता से कहा, 'जब तक तुम्हारा पसन्द का सम्पादक न मिले मैं इसी तरह काम करूँगा। पर सम्पादक की जगह कोमल का नाम नहीं जाएगा।' आखिर वही तय रहा। पाँच-छह महीने बाद योग्य व्यक्ति मिल गया।

एकदम अवसन्न-से... बेहद भावुक हो उठे हैं बिज्जी— मगर उस दिन तो आकाश ही उलट पड़ा था। सपना बिखरने में कुछ भी देर नहीं लगी। तब मेरी उम्र रही होगी पच्चीस या छब्बीस बरस...। वहाँ से थोड़ी दूर सोजती गेट पड़ता है—अब वहाँ जयनारायणजी व्यास की मूर्ति प्रतिष्ठित है—बहुत उदास-उदास, घूम रहा था इधर-उधर। अचानक भाया ग्रुप का एक लड़का—खेमराज जोशी पैदल आता दिखा। वह कॉलेज में नहीं पढ़ता था। ज़बरदस्त दादा—पुलिसवालों को भी पीटनेवाला। पुलिस काँपती थी उसके नाम से। हमारी और कोमल की संगत में कुछ सुधर गया था। उम्र में छोटा था मुझसे...बिज्जी बा कहता था। उदास देखा तो बोला—'मूण्डौ उतर्‌यौड़ौ कीकर?' मैंने भाया साहब के साथ घटित और 'प्रेरणा' छूटने के बारे में सब बता दिया। सुनकर बोला—'कितना रुपया लगेगा प्रेस में? चाहे चोरी करके लाऊँ, चाहे डकैती करके लाऊँ...।' मुझे अन्दाज़ था, बता दिया कि तीस हजार। रुपये लिये नहीं बाद में, पर तब सुनकर बहुत आश्वस्त महसूस किया। उन दिनों रूसी साहित्य के अनुवाद पढ़ने का बहुत उन्माद था। फ्रेंच साहित्य भी पढ़ते थे। उससे जाना कि रूस में भी सम्भ्रान्त व्यक्ति फ्रेंच पढ़ते थे और गँवार लोग रूसी पढ़ते-बोलते थे। सारे यूरोप में फ्रेंच का दबदबा था।

तब शुरू में वहाँ के लोगों ने अनुवाद किये पहले। और फिर जब लोगों ने मातृभाषा रूसी में लिखना शुरू किया तो पचास-साठ साल में ऐसे लेखक पैदा हुए कि वे फ्रेंच-प्रतिभाओं से मुकाबला करने में समर्थ थे। तब पहली बार ऐसा लगा—रूसी लेखकों से प्रेरणा लेकर—कि मातृभाषा में लिखे बगैर मैं मीडियॉकर लेखक बनकर रह जाऊँगा! तब वहाँ एक उद्योगपति थे—शाह गोवर्धनलाल जी काबरा। राजस्थान संगीत नाटक अकादमी के प्रथम अध्यक्ष बने थे—और वह भी इस शर्त पर कि कोमल कोठारी को सचिव बनाया जाए...! देखिए, कैसे लोग थे वे! तब लोग पॉलिटिकली नहीं आते थे इन पदों पर। सबसे ज्यादा संगीत के शो तब जोधपुर शहर में होते थे। बड़े कैंड़े के व्यक्ति थे। सिगरेट खूब पीते थे। मम्मट का 'काव्य प्रकाश'—सारा मुख-जबानी मुझे और कोमल को सुनाया—अपने लॉन में फव्वारे के पास—समाधिस्थ अवस्था में! साहित्य का वैसा आस्वाद—वैसा क्षण कभी नहीं आया फिर ज़िन्दगी में। तब लगा कि कितने बड़े विद्वान हैं! कोमल के कारण वहाँ आना-जाना, ज्ञान लेना—सब चलता रहा। तो एक दिन शुभ घड़ी में मैंने उनसे अपनी इच्छा प्रकट की। हम उन्हें बाबा-सा कहते थे—'बाबा-सा, म्हैं तौ अबै राजस्थानी में लिखण रौ मतौ कर्‌यौ।' बोले—'बेटा, किन्हैं पढ़ण रौ सौक? कुण पढ़ैला? बिरथा वाद मत कर।' मेरा हठ किसी तरह दूर नहीं हुआ तो उन्होंने राय दी—'जोधपुर छोड़कर तू अपने गाँव जा और बरसों से चली आ रही लोक-कथाओं को सुनकर उन्हें अपनी कहानी-कला का बाना पहना!' वह राय थी कि सब कुछ खरीदा और गाँव में प्रेस लगा लिया। बाबा-सा ने भी आर्थिक सहयोग दिया। कृतघ्नता से बड़ा कोई अपराध मेरी दृष्टि में नहीं है। चोरी, बलात्कार, घृणा—सब आवेश में करते हैं, पर ये...। उस समय सबसे बड़ी सहायता दी—त्रिलोकी नाथ चतुर्वेदी ने—वे तब जयपुर में उद्योग विभाग में निदेशक थे और बाद में कर्नाटक के राज्यपाल हुए। वे बहुत पढ़ते थे, लेखकों का बड़ा सम्मान था उनकी नजर में। 'प्रेरणा' पढ़ते थे इसलिए हमसे परिचित थे। उन्होंने आठ हजार का ऋण मंजूर करवाया। उसी से लगा प्रेस, वरना आगे की सारी प्रगति अवरुद्ध हो जाती। गाँव में तब बिजली नहीं थी। एक बड़ा-सा व्हील कबाड़ा-पट्टा लगाकर प्रेस चलाया। सन् 1962 की दीपावली पर 'बातां री फुलवाड़ी' का पहला भाग निकला! उस वक़्त की मेरी लिखने की रफ़्तार—सत्रह कम्पोजीटर, मैं अकेला लेखक...प्रेस पर दूसरा कोई काम नहीं लेता था! सवेरे तीन बजे उठता, कम्पोजीटरों के नौ बजे आने तक बीस-पच्चीस पेज तक लिख लेता। होड़ लगी रहती कि उनकी कम्पोजिंग पहले ख़त्म होती है या मेरा लिखना। पूरे दिन लगा रहता—दो गेली प्रूफ, फिर पेज प्रूफ, मशीन प्रूफ... इस तरह करते-करते सन् 1981 तक 'फुलवाड़ी' के चौदह भाग सम्पूर्ण हो गये—पाँच-पाँच, छह-छह सौ पृष्ठों

के। आर्थिक कठिनाइयों की वजह से प्रेस न बेचना पड़ता तो अब तक तीस-बत्तीस भाग निकल जाते। जी हाँ, 'राजस्थानी-हिन्दी कहावत-कोश' के आठ भाग सत्रह-सत्रह घंटे काम करके नौ साल में निकाले थे। ये देखिए—आठ खंड हैं इसके! हाँ, बेटी की शादी के कारण बेचना पड़ा प्रेस! प्रेस के कारण ही मेरी शक्तियाँ एक जगह केन्द्रीभूत होती थीं—अवकाश में—लेजर टाइम में वो नहीं होतीं।

मासिक पत्रिका 'लोक संस्कृति' हमने 'प्रेरणा' के बाद गाँव आकर शुरू की। न सोचकर लिखना, न पढ़ना, न काटना—फ़ुर्सत ही नहीं थी। प्रेस बिकने के बाद फिर हिन्दी में लेखन—तीन सौ कथाओं का रियाज़ था—राजस्थानी में कहानी-कला को धार लगती रही। शुरूआत में भी दिक़्क़त महसूस नहीं हुई।...तो फिर हिन्दी में वापस लिखना एक तरह से मेरा समझौता था। वैसी भाषा—सौन्दर्य, प्रांजलता, ज़मीन की ख़ुशबू—जो राजस्थानी में है, वह हिन्दी में आ ही नहीं सकती। उसका स्वाद, उसका ज़ायका ही दूसरा है—जो अमूमन मातृभाषाओं का होता है... ज़मीन की ख़ुशबू से सराबोर!

नहीं, लिखने का आनन्द मुझे कभी नहीं मिला—साँस लेने की तरह चलता रहा लिखना। हाँ, अमर कृतियों के पारायण का अनहद आनन्द मिला है मुझे। किसी श्रेष्ठ पुस्तक को पढ़कर कई बार लगा कि अगर इस किताब को बिना पढ़े मर जाता तो मेरी गति नहीं होती। हाँ, कई लेखकों को पढ़कर लगा ऐसा... क्लासिक्स विश्व के... और ऐसा अब भी होता है। जैसे मोर का नाच, कोयल की कूक, साँस-पाँव की गति सहज है—उसी तरह मेरे लिए लिखना सहज है। लिखते-लिखते धीरे-धीरे मैं 'ग्रो' होता गया। कहानियाँ मैं पहले लिख चुका था... अब मैं वह लेखक नहीं रहा, दूसरा हो गया हूँ। राजस्थानी हिन्दी के माध्यम से मैंने 'फुलवाड़ी' की कहानियों का पुनर्सृजन किया। लेकिन लोक-कथा का जो मोटिफ होता है—न्यूनतम अभिप्राय—उससे न राजस्थानी में, न हिन्दी में ही कोई छेड़छाड़ की। उसके अतिरिक्त अन्य खूब उड़ानें भरी, सृजन किया—आधुनिकतम विचारों की सीमा तक। मेरे लड़के कैलाश कबीर ने किये हैं हिन्दी में अनुवाद। हाँ, 'दुविधा' और 'उलझन' पूर्णतः अनुवाद हैं—राजस्थानी की ख़ुशबू क़ायम रखते हुए। और हिन्दी पाठकों ने मुझे अपनी भाषा के पाठकों से भी ज्यादा अच्छी तरह गले लगाया। सबसे ज़्यादा मैं बिहार में पॉपुलर हूँ—फिर मध्यप्रदेश में। ये तो राजस्थानी कहानियों के अनुवाद की पहचान हुई। यदि कैलाश ये अनुवाद न करता तो मैं कभी हिन्दी पाठकों के सामने न आता। उसने ज़िद करके अनुवाद किये और 'बातों की फुलवाड़ी' के दसवें भाग पर मुझे 'साहित्य अकादेमी' का पहला पुरस्कार मिला!

भोजन के उपरान्त बिज्जी से मैंने राजस्थानी और हिन्दी को लेकर कुछ प्रश्न किये थे और उनकी भावी योजनाओं के बारे में जानना चाहा था। उनका कहना था— सबसे बड़ा लक्ष्य है राजस्थानी भाषा की मान्यता का। शुरू में स्पष्ट कर दूँ कि हिन्दी हिन्दुस्तान के किसी भूखंड की भाषा नहीं है। जो भी भूखंड हैं, उनकी अपनी मातृभाषा हैं—अवधी, मैथिली, भोजपुरी, मालवी इत्यादि। ऐसी ही स्थिति उर्दू की भी है। हिन्दी किसी परिवार की भाषा हो सकती है, पर वृहत् समुदाय की नहीं है। यह जन्म के साथ नहीं सीखी जाती, इसकी शिक्षा दी जाती है। इसलिए किसी भी मातृभाषा और हिन्दी का कोई विरोध नहीं है। निहित स्वार्थ वाले—वह चाहे प्रकाशक हों या लेखक हों—ये लोग ही विरोध दिखाते हैं। पहली बात यह कि यदि कोई कहे कि मेरी मातृभाषा अमुक है, तो आप यह कहनेवाले कौन हैं कि आपकी मातृभाषा हिन्दी है। हिन्दी राजभाषा है—सब भारतीय भाषाओं का सम्पर्क-सूत्र है। मातृभाषाओं के आधार पर ही—हिन्दी का शब्द-भंडार बढ़ सकता है। धरती के पर्याय, वनस्पतियों के प्रकार आदि से सम्बन्धित अनेक शब्द मातृभाषाओं से ही आएँगे। हस्तशिल्प के, लोहार, सुनार, कुम्हार आदि के औज़ारों के—ऐसे हज़ारों शब्द हैं। उनका प्रचलन किसमें होगा—जिसमें वे साँस लेते हैं। अख़बारों या छापेखानों से हिन्दी का शब्द-भंडार नहीं बढ़ेगा! और हाँ, जो ये कहते हैं कि लिखते जाओ, मान्यता की कोशिश क्यों करते हो... राजस्थान की भाषा अलग नहीं हिन्दी है... तो हमारी राजस्थानी की पुस्तकों को हिन्दी में शुमार कर लीजिए। तब 'आप' कहते हैं कि समझ में नहीं आती। इसलिए समझ में नहीं आती कि उसका शब्द-भंडार, क्रिया-पद आदि अलग हैं हिन्दी से। यदि हिन्दी शिक्षा की भाषा न होती या उसे मान्यता न मिलती तो आज जो हिन्दी के बहुत बड़े-बड़े आलोचक और लेखक हैं, दुकानों पर आलू, लहसुन, प्याज और गुड़-खाँड़ तोल रहे होते—वे लेखक या शिक्षा-संस्थानों में प्राध्यापक न बनते। यह हिन्दी की मान्यता का ही प्रताप है। जिस तरह हिन्दी की मान्यता से लाखों लोगों को रोज़गार मिला है, हम भी चाहते हैं कि राजस्थानी भाषा-भाषियों को रोज़गार मिले। मेरी दूसरी मान्यता यह है कि हिन्दी भाषा के बहाने सारे हिन्दी साहित्य को भी आप थोपना चाहते हैं। मान्यता बाईस भाषाओं को है और हिन्दी उनमें से एक है। आपस में सौहार्द तभी बढ़ेगा जब हिन्दी साहित्य के पाठ्यक्रम में माध्यम हिन्दी का हो और कविता, कहानी, आलोचना आदि समस्त विधाएँ भारतीय भाषाओं से हों—उनके हिन्दी में अनुवाद हों। बाईसवें हिस्से की हकदार है वह। तब देखिए कैसा सौहार्द बढ़ता है। ये जो प्रान्तीय और भारतीय स्तर की प्रतियोगिताएँ होती हैं, वे अँग्रेज़ी-हिन्दी से हटकर मातृभाषाओं में होनी चाहिए। दक्षिण में इसीलिए तो विरोध है। यह वृहत्तर जनसम्पर्क की भाषा है।

निरपेक्ष लेखकों-प्रकाशकों को चाहिए कि जो आँचलिक भाषाएँ हैं, उन्हें पनपाएँ, समझें, विस्तार दें!

इसमें भला संकट क्यों होगा? माध्यम से कौन मना करता है? माध्यम हिन्दी होनी चाहिए। अनुवाद हिन्दी में दीजिए। इस तरह वृहत्तर हिन्दुस्तान से परिचय होगा, वृहत्तर हिन्दुस्तान की खोज होगी। आप राजस्थानी की ही क्यों कह रहे हैं? देखिए, जो भाषा मानक बन जाती है—इंग्लैंड के साथ आयरिश की क्या लड़ाई है, स्कॉटलैंड की क्या शिकायत है—भाषा का मुद्दा है। मैकाले तो एक आया था, वह अँग्रेज़ी थोप गया—अब हज़ारों भारतीय मैकाले हैं, जो अँग्रेज़ी को पनपाना चाहते हैं? मातृभाषाओं के माध्यम से जब चयन होगा तो चयनित प्रतिभाओं का अलग ही स्वरूप होगा। वे ज़मीन से जुड़े, भाषाओं से जुड़े लोग होंगे। राजस्थानी किसे मानें हम—कई रूप, कई नाम—आप पूछ रहे हैं—हाँ, तो आप सुनिए मुख्य-मुख्य बोलियाँ—हाड़ौती, मेवाती, बागड़ी, ढूँढाड़ी, मेवाड़ी, मारवाड़ी, बीकानेरी और ब्रज। जिस प्रकार गुजरात की मान्य भाषा एक है पर बोलियाँ सत्ताईस प्रचलित हैं, उसी तरह राजस्थान में बोलियों के उपरोक्त स्वरूप हैं। प्रसाद और रेणु की हिन्दी को क्या आप एक मानेंगे? धीरे-धीरे एक मानक रूप निखरेगा और वह स्वीकार होगा। जो विशुद्धतावादी हैं, वे ही भाषा के सबसे बड़े दुश्मन हैं! ऐसे लोग तो रेणु के जन्म पर ही प्रतिबन्ध लगा देंगे। सन्थाली, बोडो या मैथिली को मान्यता मिल गयी तो क्या उससे कोई समस्या बढ़ी? समस्या तो नयी सड़क भी बनाएँगे तो आएगी। आठ करोड़ की भाषा है, दो सौ साल से लोग बाहर-अलग बसे हैं, उनकी भी ज़बान पर मातृभाषा चढ़ी है। जब हिन्दी का नाम भी नहीं सुना जाता था, उससे तेरह-चौदह सौ साल पहले राजस्थानी साहित्य मिलता है। जी नहीं, भाषाएँ नहीं मिटतीं, समूची संस्कृति मिटती है उनके साथ। आख़िर राजस्थानी को यदि मान्यता नहीं मिलती है तो ये जो हज़ारों लोकगीत, कथा, कहावतें लोगों की ज़बान पर हैं—इस सबका क्या होगा? ज़िन्दा रहने को थोड़े ही चाहिए—शिक्षा-रोज़गार के लिए चाहिए मान्यता। भाषा का निर्माण प्रोफेसर, आचार्य, भाषाशास्त्री नहीं करते, अनपढ़ ग्रामीणजन करते हैं। बँटवारे के पहले सिन्धियों का एक भूखंड था—बड़ा भूखंड था—अब अलग-अलग क्षेत्रों में है वे। कोई सिन्धी सौराष्ट्र में बैठा है, कोई बंगाल या महाराष्ट्र में या और कहीं—फिर भी मान्यता मिली है। जो प्रतिभाएँ भारतीय भाषाओं के माध्यम से पनपी हैं, क्या वे भारतीय नहीं हैं? सारे भारत का गौरव बढ़ता है उनसे! रूसी भाषा से उदाहरण देख लें—यह अलग समस्या है कि चाहे अन्तर्विरोधों से या साजिश से अथवा अमेरिका के कारण हुआ हो—पर क्रान्ति से पहले जिस भाषा का नाम नहीं था, जिसकी लिपि नहीं थी, गद्य में कोई लिखित साहित्य

नहीं था—क्रान्ति के बाद राजकीय सहयोग से इन भाषाओं को मान्यता मिलने से, वे रचनाएँ पैदा हुईं जो क्लासिक्स में आती हैं और रूसी भाषा की भी कोई क्षति नहीं हुई। पचास-साठ साल में यह सब हुआ। हाँ, बीसियों भाषाएँ हैं वहाँ। ये साम्राज्यवादी मनोवृत्ति के महानुभाव बाहर से नहीं आते, देश के मूल निवासियों में ही वे तत्त्व छिपे होते हैं और वे साम्राज्यवादियों की तरह ही एक्ट करते है।

यूँ ऐसा कोई लक्षण नहीं था। इतनी देर से इतने विषयों पर इतनी ऊर्जा और उत्साह के साथ बिज्जी को बोलते देख मैंने पूछ लिया था, 'आप थक तो नहीं रहे हैं?' तपाक से कहा गया, 'नहीं, थकान बिलकुल नहीं। सत्रह-अठारह घंटे काम के बाद बढ़िया नींद आती है मुझे... और फिर एकदम फ्रेश।' और अगले ही क्षण बातचीत कहानी से जुड़े कुछ पक्षों की ओर मुड़ चली थी—

लेखक-पाठक—दोनों रूप एक-दूसरे से सम्बन्धित हैं। लेखक ही अपनी रचना का पहला पाठक होता है। आप देखिए, एक शताब्दी पहले जब सामन्तों का दबदबा था—वर्चस्व था, तब ये ही लोग कहानियों के पात्र होते थे। और उसके बाद यह ठीक है कि महाराणा प्रताप, महाराणा साँगा, दुर्गादास आदि आ जाएँगे, पर होरी-धनिया प्रमुख! जब कहानी के अन्दर पात्रों की दुनिया बदलती है, वही कहानी का नयापन है। पहले उच्च-मध्य वर्ग तक कहानी सीमित रही, पर बाद में आदिवासियों तक के संघर्षों-यातनाओं तक वह पहुँची। महाश्वेता जैसी अनन्य रचनाकार ही वहाँ पहुँचती हैं। ऐसे रचनाकार उसी जमीन पर जुताई नहीं करते, नयी ज़मीन को तोड़ते हैं, तब नयापन पैदा होता है। मेरी दृष्टि में—जिस प्रकार मांसल शरीर को खड़ा होने के लिए, उसे मेहनत से जुटाने के लिए हड्डियाँ ज़रूरी हैं—हड्डियों के बिना वह न दौड़ सकता था, न कलम-कुदाली चला सकता था—उसी प्रकार कहानी के लिए घटनाएँ ज़रूरी हैं। चेखव की एक कहानी याद आ रही है—'डेथ ऑफ अ क्लर्क।' वह मनुष्य की एक सहज क्रिया छींक पर खड़ी है। मात्र एक छींक के माध्यम से विश्व भर के सबॉर्डीनेट्स का चित्रण हो गया है, सबॉर्डीनेट के भीतर का व्यक्तित्व आ गया है। तो मेरी दृष्टि में जो घटनाएँ अभी तक नहीं आयी हों, उनकी खोज ही नयी कहानी की की ज़रूरत है। नारावाद या पश्चिम से आयातित दर्शन से काम नहीं चलता। विश्वभर के अन्दर अब तक कहानियों के माध्यम से दस्तावेज़ के रूप में घटनाओं के जितने रूप मौजूद हैं, उनके बावजूद, उनसे भिन्न, उनसे पृथक घटना की खोज—उनका सृजन ही तो नयापन होगा कहानी का। चाहे वह वृद्ध, स्त्री या चार साल के शिशु—किसी के माध्यम से हो—किसी वय, वर्ग, वर्ण के माध्यम से हो...। भाषा-शैली आदि तो एक प्रतिशत में है—बाकी निन्यानबे प्रतिशत में है उसका सृष्टा—उसका लेखक! उसका क़द क्या है, वज़न क्या है, अनुभव चिन्तन, अध्ययन,

ज्ञान क्या है, कौशल क्या है—इन सब पर निर्भर करता है! अपने सामने उदाहरण है कि बांग्ला भाषा में लिखने से ही कोई रवीन्द्रनाथ ठाकुर नहीं हो सकता और ये भी कि बांग्ला के बिना कोई गुरुदेव नहीं हो सकता। उसके लिए उतनी ही मशक्कत भी ज़रूरी है। रसूल हमजातोव का एक उद्धरण है—'तॉलस्तोय की टोपी तो मिल गयी, उसका सिर कहाँ से लाओगे?'

मैंने सर्वाधिक खुशी से जुड़ा कोई क्षण याद करने को कहा है। थोड़ी देर चुप रहे, आँखें बन्द कर जैसे कुछ याद किया, धीमे-धीमे बोलना शुरू किया— क्षण की स्वयं महत्ता होती तो तुरन्त मुँह से निकल पड़ता। अब खोज और मेहनत करनी होगी...तो वह उसका नहीं, खोज-मेहनत का महत्त्व होगा। ऐसे क्षण तो आते नहीं हैं विस्मृति में, कुछ दिन गुजरने के बाद सब छोटे-बड़े एक हो जाते हैं। ये खोज करना कि परसों जो खाना खाया था, उससे बने ख़ून और चालीस साल पहले के खाने से बने खून में कौन अच्छा है, इनमें कैसा अन्तर है—क्या यह सम्भव है? ऐसा होता नहीं है! विशेष क्षणों में जो सुख सर्वाधिक महत्त्वपूर्ण लगते हैं, गुज़रने के बाद उनकी महत्ता स्वतः क्षीण हो जाती हैं। वास्तविक ज़िन्दगी से उनका कोई मेल नहीं होता—वे बुदबुदों की तरह आते हैं। यूँ पूछा जाये तो आप विवाह के क्षणों को देखिए—शादी के दिन तक दोनों अपरिचित... सुहागरात के दिन एक हुए हैं... वह क्षण निश्चित रूप से रहस्यमय-आह्लादकारी है। विवाह की तारीख़ ज्ञात थी—पर हम दोनों तो अपरिचित थे। जो एकदम दूर रहे—निपट अजाने—उन्हें एक बिस्तर पर होना था...! नहीं, शादी के पूर्व वाले मेरे सम्बन्धों ने दाम्पत्य पर वैसा कुछ भी असर नहीं डाला। एक बात ज़रूर है कि अगर मेरी पत्नी बहुत पढ़ी-लिखी होती या बराबर के वैचारिक स्तर की होती, तो यह दाम्पत्य सम्बन्ध स्थायी न रहता।... हाँ, ऐसा होता है, लेकिन... जिस तरह तिनके की ओट में विशाल पर्वत ओझल हो जाता है—उसी प्रकार आसन्न क्षण के अन्दर पिछली स्मृति के सारे क्षण, पुरानी घटनाएँ, ओझल हो जाती हैं। पुरानी घटनाएँ कहानियों—लिखित कहानियों में हांट करती हैं—वैसा जीवन में नहीं होता। उन्हें कहानियों में खूब घसीटा जाता है। इसके लिए मैं चेखव की 'डार्लिंग' कहानी का उदाहरण देना चाहूँगा। उसमें नायिका ने अपने पहले प्रेम को सम्पूर्ण निष्ठा और प्राप्ति से स्वीकार किया। और उसके मरने पर दूसरे को भी पूरी निष्ठा के साथ स्वीकार किया। पहले की मृत्यु के बाद उसकी कोई स्मृति बाधक बनकर नहीं आयी। उस नायिका के जीवन में इस तरह पाँच व्यक्ति आये और उसने उन पाँचों को उसी ईमानदारी और निष्ठा से स्वीकार किया! समाज भी उसी निष्ठा से सब स्वीकार करता है—पिछले को विस्मृत कर देता है। वह नायिका समूची मानवता का प्रतीक है।

ऐसा कोई दर्द... ?

नहीं, दर्द...क्या है कि...उम्र के हिसाब से पोते की मृत्यु का घनघोर सदमा, जिस क्षण भी याद आता है, झकझोर देता है। लेकिन पत्नी के साहचर्य का—उस जीवन्त उपस्थिति के महत्त्व का—तभी पता लगा, जब वह अनुपस्थित हो गयी—उसके अभाव की कोई पूर्ति नहीं कर सकता... नहीं, कोई और विकल्प नहीं है।...जैसे आधे शरीर को लकवा मार गया हो। पत्नी जिन क्षणों की साक्षी होती है, उन क्षणों में तो कोई साक्षी रह ही नहीं सकता...!

जमी ख़ामोशी को तोड़ना चाहा है मैंने, 'ऐसी कोई आकांक्षा?' वाक्य पूरा हो पाने से पहले ही इतना सुनकर ज़ोर से हँसे हैं। कहना शुरू कर दिया है—
अभी, बिलकुल आसन्न लालसा तो यही है कि संजीव के 'सूत्रधार' को पूरा पढ़ लूँ...! और एक बात—मेरे सृजन के आकाश में जो घटाएँ हैं, वे रीती हो जाएँ—सारा पानी बरसाकर रीत जाएँ। चार-पाँचेक चीज़ें हैं...। यह निश्चित है कि मेरे अस्तित्व का अर्थ है—लिखना-पढ़ना। यही मेरा धर्म है, ईश्वर है—यही जीवन है। जिस क्षण पूरी तरह से यह तय हो जाएगा कि मुझसे अब पढ़ा-लिखा नहीं जाएगा—तब मेरे जीने की सार्थकता नहीं रहेगी...दस-बारह गोली डायबिटीज की एक साथ लेकर सो जाऊँगा...!

कभी का, अपना बहुत-बहुत रोना याद आता है, कोई ऐसा क्षण?

इसका सार्वजनिक प्रदर्शन नहीं होता मुझसे! घृणास्पद, अश्लील, घिनौना लगता है। हाँ, कोई भी साक्षी हो—तब भी! मेरी माँ गुज़री तब...हाँ, बताता हूँ...राजस्थान की रीत सुन लीजिए—चिता सजी थी...मौजूद पुत्र लाँपा देता है—तब जोर से बाँग देनी पड़ती है—ओ माँ ऐ...ओ मावड़ी ऐ...यह मुझसे नहीं दिया गया...क्योंकि लोग मौजूद थे। बड़ी बदनामी हुई कि पढ़-लिख गये हैं तो माँ की बाँग देने में इन्हें शर्म आती है! पर बाद में अकेले में बरसों रोया मैं...!

ख़ूबसूरत-सा कोई रिश्ता... ?

सोचने पर वह होता नहीं! उसे बनाना पड़ता है। (बैठे-बैठे ऐसे सिर हिलाया है जैसे ख़ुद से ही तर्क-वितर्क कर रहे हों अन्दर-अन्दर) नहीं, परस्पर तुलना नहीं हो सकती...! लेकिन मेरी एक यह मान्यता ज़रूर है कि औरत की कोई मामूली मुस्कान हो या सम्पूर्ण इच्छा के साथ केवल चुम्बन भी लिया जाए—औपचारिक अधर नहीं—और वह खुद महसूस करे कि यह उसके लिए भी उपलब्धि है या महत्त्वपूर्ण है—तो चक्रवर्ती साम्राज्य भी छोड़ना बहुत आसान है! उसकी तुलना में अन्य कुछ भी नहीं है। लेकिन वह शुद्ध मन की चीज हो, सौदा न हो या किसी से ज़रूरत पूरी करने के लिए न हो!

क्या देखकर आप किसी व्यक्ति को अच्छा कहते हैं... ?

मैं सिर्फ उसके बाहर की चीज नहीं ढूँढ़ता! वह भीतर से मनुष्य कितना और कैसा है? मनुष्य—संवेदनशील! राजस्थानी की कहावत है—आप जैड़ी पराय...दूसरे की अँगुली कटने का दर्द जो महसूस करे—वो आदमी! नहीं, नहीं होना चाहिए—छल, फरेब, झूठ, पाखंड आदि उसमें! नहीं...ये सब अपने-आप से तो नहीं छुपा सकेंगे न!

आपको लिखकर अधिक सुख मिलता है या पढ़कर...?

लिखने के बजाय पढ़ने से—दूसरों की रचनाएँ पढ़ने से अधिक सुख मिलता है। लिखे बग़ैर मर जाता तो क्या होता—ऐसा नहीं सोचा। पर ऐसा कई बार लगा कि इस कृति को बिना पढ़े मर जाता तो सद्गति न होती! चेखव, शरत्, रवीन्द्र उपनिषद् आदि में कितनी पीढ़ियों का कैसा-कैसा अनुभव घुला है! लिखकर ऐसा महसूस नहीं होता। हाँ, पढ़ने के लिए एकान्त चाहिए! अकेला एकदम! जिस प्रकार पत्नी के साहचर्य में अकेलापन चाहिए, उसी प्रकार पुस्तक के साहचर्य में भी...छोटे बच्चे की भी उपस्थिति आपत्तिजनक...बच्चे का जगना जैसे...!

लोक का ज़िक्र आया तो बिज्जी अधिकार और स्पष्टता के साथ देर तक अपना मत, अपने अनुभव व्यक्त करते रहे। तब लोक के धनात्मक-ऋणात्मक बिन्दुओं पर बात चल रही थी— बड़े शहरों में भी तो ये सब है। बड़ी प्रतिभाएँ भी शहरों में पैदा हुईं! मानव के अच्छे संस्कार तो पुस्तकों से, परिवेश और साहचर्य से मिलते हैं! गाँववालों के पास तो वह सब नहीं है। उन्हें तो ये शिक्षा है कि जितने भाई, उतरे दरवाज़े—बँटवारे! भगतसिंह बनने के लिए वृहत्तर आदर्श या प्रेरणा की ज़रूरत है! अगर उसे पकड़वाने के लिए मुखबिर ही बनना है तो उसके लिए बड़े आदर्श या प्रेरणा की क्या ज़रूरत है? भगतसिंह बनने के लिए सारे भारत को महसूस करना ज़रूरी होगा। मेरी यह धारणा है कि शहर का गुंडा और गाँव का साधु या सज्जन बराबर है! दूर से ही सब सुहाना लगता है गाँव का!...लोक के साहित्य की यह ख़ूबी होती है—वर्तमान में उसकी मौजूदगी! सदियों से चला आ रहा है यह! बाज़ार तो किसी का भी बनाया जा सकता है—वह हर चीज़ को बिगाड़ता है, नष्ट करता है, ललचाता है! औरत के शरीर को भी बाज़ार बना दिया गया, तो फिर क्या बचा...!

पाँच से अधिक का समय हो चुका था। तभी उनके पुत्र महेन्द्र और मूलचन्द तिवाड़ी—जो हमारे एकान्त के चक्कर में सुबह से बाहर घूम-भटक रहे थे—कमरे में प्रविष्ट हुए। 'कहावत कोश' का पूरा सेट और कुछ अन्य पुस्तकें मुझे भेंट करने के लिए एक जगह बाँधने का आदेश हुआ है। पुस्तकें छाँटने-बाँधने के लिए आवश्यक निर्देश दिये जा रहे हैं। *इस बीच मैंने आत्मकथा के लिखने*

के बारे में उनकी इच्छा, उनके इरादे को जानना चाहा तो बिज्जी ने बताया— आत्मकथा को मैं फिक्शन के अलावा कुछ नहीं मानता। फिक्शन जितना ही सच-झूठ! यह एक मुगालता है कि वह स्वयं के जीवन की कहानी है। इसका कारण बताता हूँ। हम अनाज लाते हैं—रोटी बनाने को...दानों के अलावा बाकी कंकड़, रेत, तिनका फेंक देते हैं। जीवन में तो यह नहीं है—उसमें सब कुछ शामिल है, उपस्थित है। ज़िन्दगी एक प्रवाह के साथ गुज़रती है—हर क्षण महत्त्वपूर्ण है—उसमें से चुनाव करना ग़लत। वृक्ष—कोई एक पत्ता या एक डाली नहीं है—जड़ों से टहनी तक—शीर्ष तक वृक्ष है! तो कुछ अच्छी घटनाएँ चुनकर बता देना कहाँ तक न्याय-संगत है? हाँ, फिक्शन जितनी ही सच-झूठ है आत्मकथा! आत्मकथा लिखने की यदि कला नहीं है, तो क्या लिखेंगे? अच्छा लेखक अच्छी आत्मकथा लिख देगा—पर ज़िन्दगी तो जो जैसी है, वैसी ही रहेगी न...!

किताबों का वह बड़ा पैकेट देख मैं चौंका! किताबें देने के साथ प्रसन्नता, उत्साह और वह विशिष्ट स्नेह! विदाई के समय की वह सद्‌भावना, शुभेच्छा! किताबों को केवल लिफ्ट तक नहीं, राजस्थान हाउस के प्रवेश द्वार तक पहुँचवा देने की व्यवस्था! —सब कुछ को मैं शिद्दत के साथ महसूस कर रहा था! छोटी-छोटी बातों का इतना और ऐसा ख़्याल? लगा कि 'ख़्याल' की वह कलात्मकता, वह ख़ूबसूरती भी शायद 'बिज्जी' के लेखक का एक अंग है—उनकी सम्पत्ति है, उनका अपना अर्जन है! और वह यूँ सबको सहज उपलब्ध भी तो नहीं...!

विष्णुकान्त शास्त्री

"आप राजभवन में किसी को ज़ोर से बोलते सुन नहीं सकते! किसी को गुस्सा करते नहीं देख सकते। हाँ, सन्त हैं बिलकुल हमारे एच.ई.!" निजी सहायक एच.के. सिंह बताने को उतावले थे—"सर ने आकर यहाँ के स्यूट्स के, रूम्स के सारे नाम बदल दिये। अब आप देखें—चम्पा, किंशुक, कचनार, कदम्ब, नील कुसुम, पश्चिम, प्रज्ञा...। पहले अँग्रेज़ी में थे नाम...।" अन्दर से कोई संकेत मिला फोन पर। अगले पल मैं उनके कार्यालय में था। अभिवादन-आशीष के साथ ही वे उठ खड़े हुए थे। हड़बड़ाया-सा मैं जब तक कुछ समझ-कह पाता, सुनाई दिया—"हाँ, चलिए, पहले खाना खा लें। आज और कोई कार्यक्रम नहीं रखा है। कल व्यस्त हूँ।" गज़ब की तेजी-फुर्ती उठने, चलने, बोलने में। लिफ्ट में करीब से देखा—धोती-कुर्ता, कन्धों से होकर सामने की ओर लटका त्रिवर्णी दुपट्टा...गौरवर्ण—और सर्वाधिक आकर्षक देह की वह तन्वंगी लम्बाई।

मेज पर लगा खाना। एकदम सादा। टीम-टाम, विदेशीपन या तामसिकता की दूर तक गन्ध नहीं।

राज्यपाल की कुर्सी पर बैठे शास्त्री जी वस्त्रों की पीत-श्वेतता, देह की गोराई, छरहरी तन्वंगिता, परिपक्व बालों की धवलता, गले में पड़े दुपट्टे का तिरंगापन, चश्मे के पीछे अपनी तरह से सोचती-बुनती-बोलती सी उनकी आँखें...और इस सबके आसपास अध्ययन, संयम, आत्मानुशासन और साधना का प्रकाशवृत्त, उसकी चमक। कर्मचारी को भी बेटे का सम्बोधन, प्रणाम-अभिवादन के उत्तर में सदैव—आशीर्वाद! आशीर्वाद! मंगल हो! मंगल हो!

बातचीत की शुरुआत आचरण की सभ्यता के संकट और व्यवस्था के अमानवीय होते जाने की चिन्ता से हुई थी। लेखक के नाते वे अपने अनुभवों और प्रतिक्रियाओं को व्यक्त करते हुए बता रहे थे—

कथनी-करनी में बहुत अन्तर आ गया है। हमारे यहाँ इसे पाप कहा गया है। न्याय, धर्म, सिद्धान्त पीछे पड़ते जा रहे हैं। तत्काल पा लो, जीत जाओ—

यह पहली प्राथमिकता हो गयी है। चाहे उसके लिए कुछ भी करना पड़े। इससे राजनीति में भी एक तरह का ह्रास हुआ है। जैसे-तैसे जल्दी से जल्दी, ज़्यादा से ज़्यादा पैसा कमाओ। भ्रष्टाचार बढ़ा है, इसकी तकलीफ़ है। ब्यूरोक्रेसी का तो यह है कि उसका सदुपयोग-दुरुपयोग करना आप पर निर्भर है। विकृति सारे समाज में आयी तो उनमें भी आयी। आधुनिकता के चक्कर में हमने प्राचीन चीज़ों को भुला दिया। मनुष्य का आकार प्राप्त कर लेने मात्र से ही कोई मनुष्य नहीं हो जाता। आहार, निद्रा, भय, मैथुन तो पशु में भी हैं। धर्म ही मनुष्य को पशु से अलग करता है। 'येषां न विद्या, न तपो न दानं...' भर्तृहरि का यह श्लोक मुझे अच्छा लगता रहा है। यह सब सहज प्राप्य नहीं है। उच्चतर गुण, अर्जित करने पड़ते हैं। यह संस्कार था—गुस्सा नहीं, आदर करो। गुणाधान, दोषापनयन, हीनांगपूर्ति—संस्कार के ये तीन बड़े लक्षण थे। जो अंग तुम्हारे पास नहीं, प्राप्त करो। अच्छी चीजें दूसरे देशों की भी हैं तो लें। दूसरों से भी विद्या लें। अब जैसे कम्प्यूटर है हमारे मंगल के लिए तो लिया हमने। पर आज एक ही संस्कार है—जल्दी-जल्दी ज्यादा से ज्यादा कमाओ, फिर मौज करो। पढ़ाई-लिखाई हर ढर्रे को, सारे जीवन को इसने क्षति पहुँचायी। बातें हम विश्वग्राम की करते हैं, दृष्टि विश्वबाज़ार पर लगी है! विश्व का बाज़ार कैसे हाथ में आ जाए बस! हमारे लिए एक हजार रुपये बड़ी रकम थी। आज यह क्या हुआ कि कितनी ही जगह एक-एक लाख का वेतन है। उसमें मुकाबला है। जितनों में वह योग्यता है, केवल उन्हीं को ज्यादा वेतन। व्यापारी ठोक-बजाकर देता है ऐसी नौकरियाँ। बाकी बड़ी भीड़ को बस कुंठा है। अपने स्थान पर बने रहने का भयंकर दबाव है आज। शुरू के दिनों में इन युवकों को क्या-क्या बर्दाश्त नहीं करना पड़ता। इस परिवेश से अवसाद, कटुता, अपराधवृत्ति बढ़ रही है। अब सुविधाएँ तुरन्त चाहिए सबको। सुविधाओं को हम बेचने लगे हैं। यह पहले नहीं था। हम लोगों के समय में विद्या बेची नहीं जाती थी। मैं अध्यापक हुआ तो द्विवेदी जी ने दो बातें कहीं—'तुम्हें ये ट्रेड सीक्रेट बता रहा हूँ—अच्छे अध्यापक को कुंजी नहीं लिखनी चाहिए और ट्यूशन नहीं करना चाहिए?' दो सौ तीस रुपये मिलते थे हमें शुरू में। विवाह हो चुका था। बेटी थी—एक सौ पिचहत्तर नानी माँ को देता था। पर कुंजी नहीं लिखी कभी। ज़बरदस्ती एक ट्यूशन करना पड़ी, वह भी छोड़ दी। छुड़वायी नानी माँ ने। किसी ने उन्हें मास्टर की नानी कह दिया। बस फौरन आदेश—'किस बात की कमी है? छोड़ इसे, तू प्रोफेसर है।' बाद में द्विवेदी जी ने भी कहा कि सम्मान के बिना रुपया नहीं लेना। मुझे कहीं बड़ी जगह जाना होता या छोटी जगह, सदा धोती-कुर्ता पहनता। और आज देखिए। दो हजार का जूता पहनते हैं बच्चे-युवक। उन्नीस सौ तिरेपन में वेतन का पहला चेक लेकर पिता

के पास गया। उन्होंने चेक तो लौटाया ही, मेरे पहले खुलवाये एक साझे एकाउंट को भी मुझे दे दिया।

सामाजिक मूल्यों में आये बदलाव की बात करते हुए सज्जन और महात्मा जैसे शब्दों के अवमूल्यन पर उन्होंने अफ़सोस ज़ाहिर किया। रुक-रुक कर संस्कृत की एक पंक्ति बोली, कुछ लगा कि अपने हाथ से लिखकर बताया गया—

मनस्येकं, वचस्येकं कर्मण्येकं महात्मनाम्। मनस्यन्यद् वचस्यन्यत् कर्मव्यन्यद् दुरात्मनाम्'—सज्जन महात्मा के लक्षण हैं यह। सही है यह कि धीरे-धीरे ये लोग हाशिये पर चले गये हैं। सारी अच्छी बातों में त्याग है, तप है। तब बड़े गुण आते हैं। आज सारी स्थिति भोग पर केन्द्रित हो गयी है। सारे दाव-पेंच, बेईमानी इसके लिए। हमारे यहाँ यम-नियम, सत्य, अहिंसा, अपरिग्रह आदि की बातें कही गयी हैं। मिथ्या का प्रतिवाद-सत्य। लोभ की दो सन्तानें—बेईमानी से दूसरे का लेना और चोरी। चोरी न करना अस्तेय, बेईमानी से दूसरे का लेना परिग्रह। अपरिग्रह को बड़ा गुण माना गया था। लोग उपभोग्या बनाकर पेश कर रहे हैं महिलाओं को...। हाँ, दृष्टि में मौलिक परिवर्तन करना होगा।

शास्त्रीजी के कवि-रूप की चर्चा हुई तो कहने लगे—

बहुत कम कविताएँ लिखी हैं। अच्छी कविताएँ पढ़ीं, याद कीं-सुनाईं। बहुत सम्मान मिला कविता सुनाने के कारण। राजशेखर का एक श्लोक है—'करोति काव्यं प्रायेण संस्कृतात्मा यथातथा। पठतुं वेत्ति सपरं यस्य सिद्धा सरस्वती'—जो सुसंस्कृत व्यक्ति हैं, संस्कृतात्मा हैं, कविता लिख ही लेंगे, पर काव्य का पाठ वही कर सकता है, जिसे सरस्वती सिद्ध हो। बड़ी कविता कैसे बड़े अच्छे ढंग से सुनाई जाये, यह एक गुण है। आज के कवि सम्मेलनों में देखें, लोग कैसे-कैसे हास्यास्पद ढंग से पढ़ते-गाते हैं। *जेब में से एक पर्स निकाला गया है, उसमें से एक छोटी-सी डायरी निकालकर उसे उलटा-पलटा जा रहा है*— हाँ, देखिए— नागार्जुन की दो पंक्तियाँ हैं—सुनने के लिए भी उतने ही सधे हुए कान चाहिए। जितना सधा हुआ मन चाहिए लिखने के लिए। मैं इसी में जोड़ सकता हूँ कि पढ़ने के लिए उतना ही सधा हुआ मन चाहिए। सबसे बड़ा शौक है मेरा कविता याद करना और सुनाना। किसी की भी हो कविता, अच्छी होनी चाहिए बस। नहीं, आजकल जो थोड़ा बहुत लिखा है, उसमें केवल भक्ति की कविता लिख रहा हूँ पाँच-छह वर्षों से...। एक बार नामवर, राजेन्द्र यादव और मैं बैठे थे। मिलकर यह निर्धारित किया गया कि नामवर और विष्णुकान्त कविहृदय तो हैं, कवि नहीं हैं। लक्षण बताए गये—जो क्षण को, काल को बाँधता है, वो कहानीकार है। जो देश और काल दोनों को रचना में उतार लेता है, वह उपन्यासकार। जो देश और काल में रहते हुए देश और काल से परे है, वह कवि या कविहृदय

है। तो हम कवि हृदय हैं। कविता कभी-कभी उतर आती है तो लिख लेते हैं।

तब मैंने शास्त्रीजी से उनके परिवार, पारिवारिक सम्बन्धों, प्रभावों, संस्कारों और प्रेरकों आदि से सम्बन्धित कुछ प्रश्न किये थे। उन्होंने आँख बन्द कर ली। तनी मुद्रा में कुर्सी पर बैठे उँगलियों को मेज़ पर टिकाये उन्हें नचाते, व्यायाम-सा करा रहे थे।—प्रश्नों के क्रम में तेज़-तेज़ बोलते जैसे वे अपने अतीत में डूब-उतरा रहे थे। लग रहा था कि उस स्मृति से वे सुख पा रहे थे।

—संयुक्त परिवार रहा है हम लोगों का। पिता का विवाह कलकत्ते में हुआ। वे वहीं बस गये अपनी ससुराल में। हम चारों भाई और एक बहन साथ पले-बढ़े। मिलकर साथ रहने का यह संस्कार बचपन से ही है। बड़े भाई कृष्णकान्त शास्त्री को ही थे सब अधिकार घर के। मैंने घर का काम-काज नहीं के बराबर किया। मैं पढ़ने में लगा रहा। अध्ययन-अध्यापन, लेखन में समय देता था। बहुएँ आयीं, तब भी स्थिति अच्छी रही। मेरी पत्नी बहुत सहृदय, सहनशील थीं। मेरे प्रति कष्ट सहकर भी उन्होंने त्याग की भावना रखी। मैं उनका कृतज्ञ हूँ। भाइयों के सभी बच्चे-छह बेटियाँ, तीन बेटे—मुझे बाबूजी कहते हैं और अपने पिता से अधिक मानते हैं। हाँ, उनकी पढ़ाई-लिखाई में मेरी भूमिका रही है। सबसे ज्यादा लाड़-दुलार हमें हमारी नानी माँ ने दिया। पिता और माँ भी प्यार करते थे—पर माताजी थोड़ा सख़्त थीं। पत्नी बहुत अनुगत थीं—मुझे बनाने के क्रम में अपने को मिटा दिया...हाँ, विवाह के बाद घुमाना, फिल्म आदि भी होता ही था...हमसे कम अपेक्षाएँ थीं उनकी...पर खुश कि हमारा पति अच्छा माना जाता है। बेटी—भारती...हाँ, बहुत प्रिय है हमें...बेटी विदुषी है, हमारी अच्छी आलोचक है। हमारा जो काम उसे अच्छा नहीं लगता उसकी खुलकर आलोचना करती है। उसकी दोनों बेटियों को यह शिकायत रहती है कि हमने कम्प्यूटर क्यों नहीं सीखा। जमाई शान्त हैं...भाइयों में किसी से शिकायत नहीं—सबकी कृतज्ञता। भाभियों का बहुत स्नेह रहा है...।

सबसे बड़ी बात कि यूनिवर्सिटी में नौकरी मिली। किसी की सहायता कृपा से नहीं गये वहाँ। पूरी शक्ति विश्वविद्यालय के कामों में लगाई। सुफल मिला—सीनेट के चुनाव हुए तो हम तीसरे नम्बर पर आये। हम बंगाली नहीं थे—हमें बंगाली-ग़ैर बंगाली सब प्यार करते थे। पाँच साल के विधायक-काल में एक भी व्याख्यान किसी और भाषा में नहीं दिया—सभी बांग्ला में—चिट्ठी बांग्ला में, बोलना बांग्ला में।...हम मानते हैं कि हिन्दी दिवस को भारतीय भाषा दिवस के रूप में मनाया जाना चाहिए। अँग्रेज़ी के कुप्रभाव को सभी भाषाएँ झेल रही हैं। सबका हक दबोचा है अँग्रेज़ी ने। समन्वित प्रयास से ही भारतीय भाषाओं को हक़ मिलेगा, निकटता आएगी। हर भारतीय को अपनी मातृभाषा के अलावा

एक और भाषा सीखनी चाहिए।

कुछ लोग मिलने आने वाले थे शायद। मैं नीलकुसुम में आ बैठा। पन्द्रह मिनट बाद ही मुझे बुलाए जाने की सूचना मिली।

—चलिए, चक्कर लगाया जाये लॉन का"—ठंडी-गुदगुदी सी उस घास पर चक्कर लगाना शुरू हुआ है...उनके हर कदम पर ध्यान रखे, निश्चित-सी दूरी बनाकर *हथियारों से लैस कई सुरक्षाकर्मी खड़े हैं, कुछ उनकी चाल के साथ लॉन के चारों ओर घूम रहे हैं। पूरा लॉन जैसे उनके क़ब्ज़े में है*—हाँ, रोज़ नहीं हो पाता। जब मौका मिलता है, दो चक्कर लगा लेता हूँ। सुबह योग कर लेता हूँ। हाँ, चार बजे जगना—फिर दैनिक क्रियाएँ...अख़बार बहुत समय लेते हैं...पहले कलकत्ते में दो-तीन ही पढ़ पाते थे, अब यहाँ तो कई आते हैं—देखता हूँ सभी को...सभी को देखना जरूरी है। *लॉन के किनारे-किनारे चलते हुए रंग-बिरंगे उन विशिष्ट फूलों की ओर इशारा कर उनकी लालिमा-पीतिमा, श्वेतता देखने को कहा गया है, उनकी खासियतें बताई जा रही हैं। कई बातें होती रहीं। जातिवाद के बढ़ते जहर, भ्रष्टाचार, कामचोरी की बढ़ती प्रवृत्ति पर चिन्ता व्यक्त की जाती रही*—हाँ, दहेज का मैंने हमेशा विरोध किया है—लिखकर भी, बोलकर भी...अब फिर से कोई दयानन्द, कोई गाँधी पैदा हो तो बात बने...और यह सब होगा...।

अगले दिन की बातों की शुरुआत फिर हिन्दी को लेकर हुई थी। लेखन में अन्य भाषाओं के शब्दों के प्रयोग, लिपि-वर्तनी आदि की सावधानी-असावधानी के बारे में पूछे गये सवालों के उत्तर में शास्त्री जी कह रहे थे—

हिन्दी तो एक ही है—नागरी लिपि में लिखी हिन्दी। बोलचाल के शब्दों को स्वीकार करते हुए भी उच्चतर विचारों-भावनाओं को व्यक्त करने के लिए संस्कृत से युक्त हिन्दी। अरबी-फारसी को हिन्दी में बहुत बढ़ा दें, इससे मैं सहमत नहीं हूँ। उनके जो शब्द बोलचाल में आ गये हैं, स्वीकार हैं। तुलसी ने भी ऐसे प्रयोग किए हैं। उच्चतर भावों के लिए पारिभाषिक शब्दावली संस्कृत से ही आये—चूँकि वे शब्द समस्त भारतीय भाषाओं में स्वीकृत हो सकते हैं—जब वैचारिक स्तर की बात हो तब की बात कह रहे हैं हम—भाषा की प्रकृति की रक्षा करते हुए हमें विदेशी शब्द लेने चाहिए। हिन्दी शब्द अँग्रेज़ी में कितने कम हैं—तब हम ज्यादा क्यों लें?

साहित्य की राजनीति पर भी क्या कभी कुछ...?

हमारा कहना है कि राजनीति सर्वग्रासी है—एक सीमा तक साहित्य को भी प्रभावित करेगी। साहित्यिक मोर्चे बन जाएँगे तो साहित्य का मूल्यांकन क्या होगा? इसमें ख़ेमेबन्दी से बचना चाहिए। मैं सभी की रचनाएँ पढ़ता हूँ। जो अच्छी लगती हैं, याद करता हूँ। साहित्य के क्षेत्र में यदि आप उदारता नहीं बरत सकते

तो यह बुरी बात है। इस ख़ेमेबन्दी ने साहित्य का बड़ा नुकसान किया है। बड़े साहित्य का मूल्यांकन नहीं हो रहा है, इस कारण।

बड़ा साहित्य?

बड़ा साहित्य वह, जो साहित्य होने की शर्तों को पूरा करता हुआ लोकमंगल के लिए समर्पित हो! आन्तरिक मूल्य से अर्थ, भाषा, अभिव्यंजना का सौन्दर्य, रस, बिम्ब, अलंकरण आदि पर खरा उतरता है या नहीं...अभिव्यक्ति का सौन्दर्य हो उसमें...। साहित्य के पूँजी, पूँजीपतियों या सत्ता से गठजोड़ की बात है—तो यह कहना मुश्किल है। यह ठीक नहीं कि साहित्येतर पक्षों से जुड़ा ही न जाए। पर साहित्येतर पक्ष ही प्रबल हो जाए, तो यह बहुत अनुचित है।—आज भी बहुत अच्छे अध्यापक-विद्वान हैं, हमेशा रहेंगे। संख्या कम हो सकती है, पर रहेंगे। प्रतिष्ठा का मानदंड बदल गया है। धन-पद की प्रधानता हो गयी है। पर वैदुष्य की महिमा नहीं घटेगी, बनी रहेगी।

दलितों-स्त्रियों द्वारा लिखे जा रहे साहित्य और उठाई जा रही बातों को आप किस तरह देखते रहे हैं?

मैं मानता हूँ कि दलितों-नारियों को अपनी बात कहने का पूरा हक है। उनसे यह ज़रूर अपेक्षा की जाएगी कि वे पीड़ा का उद्‌घाटन करें—और परिस्थितियों के सुधार पर बल भी दें। पर समाज को विघटन की ओर ले जाना उचित नहीं। वे पूरे समाज को दृष्टिगत रखकर अपने उत्तरदायित्व का भी पालन करें।...हाँ, साहित्य पढ़ने का अब समय कम मिलता है और वृत्ति अध्यात्म की ओर जा रही है। 'क्षर्णार्द्धमपि व्यर्थं न नेयम—यह हमारा सिद्धान्त है...। *बाईं तरफ से एक पुस्तक उठाकर दिखा रहे हैं*—देखिए, शंकाराचार्य को पढ़ रहा हूँ—अपरोक्षानुभूति पढ़ रहा हूँ...। हाँ, इसी कुर्सी पर बैठा, लोगों के इस ऑफ़िस में आने-जाने के अन्तराल के समय में—जो तीन-चार मिनट से कम का नहीं होता—उस बीच पढ़ता हूँ इन पुस्तकों को।...आपको जानकर सुख और आश्चर्य होगा कि जो कविताएँ मुझे याद हैं, उनमें से अस्सी प्रतिशत मैंने बस, रेल, ट्राम में सफ़र करते याद की हैं। आदमी को समय नष्ट नहीं करना चाहिए। समय नष्ट करना आंशिक आत्महत्या है। जन्म और मृत्यु के बीच का समय ही जीवन है...जो समय हमने नष्ट किया, उसी मात्रा में आत्महत्या की।

बात होते-होते 'आर्य' तक आयी तो बोले—

—देखिए, आर्य जाति नहीं है, कुछ विशिष्ट गुणों से युक्त होने पर व्यक्ति को आर्य कहा जाता था। महाभारत के उद्योगपर्व का एक श्लोक है—'शान्तस्तितीक्षु दान्तश्च सत्यवादी जितेन्द्रियः। दाता दयालुर्नम्रश्च आर्यस्याद अष्टाभर्गुणः'—इन आठ गुणों से युक्त होने पर कोई व्यक्ति आर्य होता था। गीता में अर्जुन कर्त्तव्य

से च्युत हुआ तो उसे अनार्य कहा गया। आर्य एक जाति है, यह कल्पना मैक्समूलर ने की। इसने बहुत नुकसान पहुँचाया।

उनके साहित्य में आध्यात्मिकता की बात हुई तो बोले—आध्यात्मिकता की प्रवृत्ति मेरे परिवार में थी। मेरा बहुत बड़ा सौभाग्य है कि जिन क्षेत्रों में मैं गया, उनके महापुरुषों का मुझे आशीर्वाद मिला। अध्यापन में सुनीति कुमार चटर्जी, सुकुमार सेन, प्रतापचन्द्र, उमा प्रसाद मुखर्जी मेरे अध्यापक रहे। हजारी प्रसाद द्विवेदी, विश्वनाथ प्रसाद मिश्र, रामविलास शर्मा को मैं गुरुतुल्य मानता हूँ। हालाँकि इनका मैं लिख-बोलकर कई बार विरोध भी करता रहा। पर सम्मान उतना ही बना रहा। मोटे तौर पर मैं व्यक्तिगत विद्वेष नहीं पालता। कलकत्ता विश्वविद्यालय में विद्यार्थियों-सहयोगियों ने बड़ा सम्मान दिया। सभी राजनीतिक दलों के लोग वहाँ मुझे सम्मान देते थे।

जब शास्त्रीजी से पढ़ने-लिखने के उनके आज के अभ्यास और आदत के बारे में मैंने पूछा तो उन्होंने बताया—

हमको स्थान का महत्त्व नहीं। लिखने से पहले इस बात का बोध बनता है कि पूरी तैयारी हो। आवश्यक सन्दर्भ, टिप्पणी आदि सब। यह पूर्व योजना भी कि विषय को किस रूप में देख रहे हैं? आरम्भ, मध्य, अन्त। आलोचनात्मक कुछ लिखना शुरू करने में कई बार काफी समय लगता है।

टीवी के बढ़ते प्रभाव और पढ़ने की आदत के कम होते जाने पर बताते हैं—समझदार लोग नहीं छोड़ेंगे पढ़ना। टीवी में हम वह देखने को बाध्य हैं जो दिखाया जा रहा है। किताबों का महत्त्व थोड़ा कम हो सकता है, पर ख़त्म होगा, हम ऐसा नहीं मानते। गम्भीर विषयों के पाठक वैसे भी हमेशा कम रहे हैं।

कविता सुनाने के शौक के बारे में पूछने पर बांग्ला का प्रभाव बताया गया। फिर कविता सुनाने की विशेषताएँ समझाई गयीं—

शब्द का अर्थ उसके उच्चारण पर निर्भर करता है। जैसे आना शब्द एक क्रिया का द्योतक है, किसी के कहीं उपस्थित होने का संकेत दे सकता है, पर उच्चारण में कहीं वह आदेश, अनुरोध है, कहीं चुनौती है, अवज्ञा है, कहीं उपेक्षा है...। *बड़े प्रसन्नभाव से पूछा है*—'सुमनजी की दो पंक्ति सुनाऊँ?' मेरी 'हाँ' जब तक वहाँ पहुँच पाती, उससे पहले ही पंक्ति शुरू—'जिन्दगी तो मिल गयी चाही कि अनचाही। इस सफ़र में तुम कहाँ से मिल गये हमराही—' *दूसरी पंक्ति को कई तरह से बोल-सुनाकर अर्थ समझाया जा रहा है। कहाँ, क्यों रुकना है, उससे क्या फ़र्क़ आया। सब स्नेहमय आत्मीयता और भावाकुलता के साथ पढ़ाया-सा जा रहा है*—बताना यह कि सपाट ढंग से या गाकर कोई पढ़ेगा तब या भाव

के अनुरूप पढ़ेगा तब—किसका प्रभाव ज्यादा होगा? यही वाचिक सम्प्रेषण है। हाँ दो बातें—एक यह कि कविता का मर्म स्वयं उपलब्ध करें। पढ़ते समय आपको लगना चाहिए कि कविता आपने लिखी है। सफल अभिनेता अपनी भूमिका को जीता है, परकाया प्रवेश करता है—फिर भी कहीं तटस्थता बरतता है। जानता है कि अभिनय है। तल्लीनता और तटस्थता इनका युगपत निर्वाह करना पड़ता है अभिनय में। कविता-पाठ के लिए भी यह आवश्यक है।

अब चर्चा कविता में छन्द की भूमिका और मुक्त छन्द की कविता की सीमाओं और शक्तियों की ओर मुड़ चली थी।

—मैं मानता हूँ कि छन्द कविता के उपयोगी उपकरण हैं। जब निराला ने मुक्त छन्द की रचना की थी, तो उन्होंने क्रान्ति की थी। उन्होंने इस बात पर बल दिया कि कविता की आवृत्ति को प्रधानता देते हुए पंक्ति को लम्बा-छोटा करने की आवश्यकता का अधिकार कवि को मिलना चाहिए। आवश्यक नहीं कि बँधे छन्दों में ही कविता की जाये। उन्होंने लय को अधिक महत्त्व दिया। अच्छा मुक्त छन्द भी वही लिख सकता है, जिसे छन्द का ज्ञान हो, अभ्यास हो। अगर निराला ने 'जागो फिर एक बार', 'वह तोड़ती पत्थर' लिखी थी तो 'राम की शक्ति पूजा', 'तुलसीदास' जैसी कविताएँ भी लिखी थी। वर्तमान में उस क्रान्ति का थोथा अनुकरण मात्र ही अधिक है। मेरी मान्यता है कि पुनः छन्दों की ओर लौटना चाहिए।''

दूसरे दिन की दूसरी बैठक में यह पहला प्रश्न था—

गाँधीजी का ज़िक्र आप कई तरह से करते रहे हैं। उनके प्रति आपके मन का सम्मान-भाव साफ़-साफ़ दिखता है। आपका सम्बन्ध जिस विचारधारा से रहा है, वह गाँधी के बारे में कुछ और तरह सोचती-कहती है? सोच और अभिव्यक्ति के इस अन्तर पर आप क्या—कुछ कहना चाहेंगे?

आँखें बन्द हैं। चिन्तन की मुद्रा है और हाथों की अँगुलियाँ मेज़ के किनारे पर टिकी हैं—गाँधी के गुण और महान अवदान विस्तार से गिनाएँ जाते हैं पर क्रान्तिकारियों की भूमिका भी सराही जाती है। फिर अन्त में कहा जाता है— गाँधी के प्रति मेरे मन में स्वाभाविक रूप से सम्मान है।

कबीर के मूल्यांकन के समय आपने उनकी क्रान्तिकारिता और जनवादिता की सराहना की है। कई स्थानों पर आपने प्रगतिशीलता के कुछ हिस्सों की भी सराहना की है। किन्तु वैचारिक स्तर पर मार्क्सवादी जीवन-दृष्टि के प्रति आप असहमति और विरोध की मुद्रा में दिखाई देते हैं। इस दूरी या असहमति अथवा विरोध के मूल में क्या कारण रहे हैं? उस विचारधारा के सोच और साहित्य की

आप क्या शक्ति या सीमा देखते हैं?

मार्क्सवाद के बारे में मेरी धारणा यह है कि इसमें नागार्जुन जी को याद करके कहूँ तो केवल भौतिकता की आँख से देखने का प्रयास किया गया है—भीतर की आँखें—अध्यात्म की आँखें 'निपट निमीलित' हैं। हमारा देश अभ्युदय और निःश्रेसय दोनों पर बल देता रहा है। और इसलिए हमारे देश को केवल भौतिकतावादी दृष्टि स्वीकार्य नहीं। मेरी दृष्टि में उसकी दूसरी सीमा यह है कि अपनी क्रान्ति को तो वह क्रान्ति मानता है और फिर उसके बाद क्रान्ति की कोई भूमिका स्वीकार नहीं करता।

मार्क्सवाद में विमति प्रकाशन की जहाँ तक बात है—पिछले दिनों हिन्दुत्व और संस्कृति के नाम पर फिल्मों का निर्माण-प्रदर्शन रुकवाया गया, संग्रहालयों-कलावीथियों में जाकर तोड़-फोड़ की गयी, कलाकृतियों को जलाया—नष्ट किया गया, पत्रिकाओं-पुस्तकों पर भी प्रतिबन्ध लगे। एक बुद्धिजीवी-रचनाकार होने के नाते आप ऐसी कोशिशों और घटनाओं को किस तरह देखते रहे हैं?

ऐसी चीज़ों को कोई समर्थन नहीं। पर अपेक्षा यह भी है कि दूसरे पक्ष को भी समझने की कोशिश की जाए। हम चाहते हैं कि लेखक में यह संयम होना चाहिए कि वह परिवर्तन की जो दिशा सुझा रहा है, उसमें सामाजिक हित या मंगल है या नहीं, यह देखे। इस बात को भी पाठक ग्रहण करे उसकी यह चेष्टा होनी चाहिए। प्रतिबन्ध ठीक नहीं, पर लेखकों को भी तो ज़िम्मेदार होना चाहिए। जैसे आपको अभिव्यक्ति का अधिकार है, दूसरों को भी अपनी मान्यताओं की प्रतिष्ठा का, सम्मान का अधिकार है। आप समान रूप से प्रमाण दें कि हम आपकी मान्यताओं का सम्मान करते हैं।

आये कर्मचारी से पूछा गया है—'बेटा, कोई मुलाकात आयी है?' राजकाज *में भी कोई रुकावट न आये—तन्मयता के बावजूद उनकी इस सावधानी और सजगता ने मेरा ध्यान खींचा।...*'राज्यपाल हुए तो वरिष्ठों ने कहा कि संविधान का संरक्षण करना होगा... लोकप्रिय सरकार को सताएँगे नहीं... कुछ ग़लत हो तो बुलाकर समझा दें... और मैंने हमेशा इसका पालन किया... यहाँ भी चार मुख्यमन्त्रियों के साथ काम किया—सबसे सद्भाव-सम्मान मिला। चुनी सरकार को संविधान की सीमा में रहकर अपना काम करने का हक़ है... अच्छा करेगी तो जनता पुरस्कार देगी... दंड भी देगी ग़लती करने पर...।

उत्तर प्रदेश में हिन्दी की चर्चा होने पर बोले—

यहाँ हिन्दी की स्थिति बेहद मज़बूत होनी चाहिए... अँग्रेज़ी की जानकारी का हम स्वागत करते हैं, पर मातृभाषा की कीमत पर यह अपराध-सा है... एक अधिकारी आये। बोले—सर, मैं सनराइज से सनसेट तक काम करता हूँ... मैंने

कहा—क्या आप सुबह से शाम तक काम नहीं कर सकते?

छोटे से अन्तराल के बाद जब बातचीत फिर शुरू हुई तो मैंने गद्य लेखन में उनकी खास रुचि और गति के बारे में जानने की इच्छा व्यक्त की और उनके संस्मरणों व आलोचनात्मक लेखन को लेकर कई सवाल पूछे। वे तब श्रेष्ठ गद्य लेखन के बारे में बात कर रहे थे—

अच्छा गद्य लिखने का अर्थ यह है कि आप अपने विचार को कम से कम शब्दों में पूरी तरह व्यक्त कर दें। शब्द ऐसे हों, जो आपकी चेतना को, आपकी समझदारी को, प्रतिफलित करते हों। पहले मेरी भाषा में संस्कृतनिष्ठता अधिक थी। मेरे गुरु—हाँ, श्री अखंडानंद जी ने कहा कि श्रोताओं की ग्रहणशीलता समझकर प्रयोग करो, पारिभाषिक शब्दावली का कम से कम प्रयोग करो। उसकी व्याख्या होनी चाहिए, बात समझ में आनी चाहिए। स्पष्ट हो, पाठकों के हृदय तक उतर सके, ऐसी हो—पांडित्य नहीं। जो नयी अनुभूति हृदय में हुई, संगीत का प्रस्फुरण हुआ, वह भी तो हो। यात्रा भीतर से भी होती है, बाहर से भी होती है।

आपकी रचनाओं-पुस्तकों के अधिकांश शीर्षक काव्यात्मक-आकर्षक हैं। नामकरण की इस प्रक्रिया और उस अवधि विशेष की मन:स्थिति के बारे में कुछ कहना चाहेंगे आप?

हाँ, मुझमें कविता के प्रति जो सहज आकर्षण है, वह शीर्षक को प्रभावित करता है। 'कुछ चन्दन की, कुछ कपूर की' शीर्षक धर्मवीर भारती की कविता पर है। इसी तरह अन्य संग्रहों पर काव्य पंक्तियों की छाया है। पर पुस्तक के कथ्य का भी संकेत है। हाँ, रिपोर्ताज कम लिखे। बांग्लादेश के उस खास दौर में लिखे। संस्मरण और रेखाचित्र हमें प्रिय लगते हैं।

क्या कभी आपको ऐसा भी लगा कि कवि रूप में अधिक सफल न होने ने आपको आलोचना की ओर मोड़ दिया? अपने आलोचक की प्रवृत्ति, सोच और दृष्टि के बारे में आप किस तरह सोचते हैं?

हमारे तो लेखन की शुरुआत ही कर्तव्य से जुड़ी है। आलोचना हमारे कार्य का ही विस्तार है। अध्यापन के समय जिन बड़ी कृतियों से प्रभावित हुआ, उनके मूल्यांकन की चेष्टा की। उपन्यास, कहानी लिखे नहीं, कविता कम लिखी। कवि तो हम खुद को मानते ही नहीं हैं। किसी विधा में मैंने प्रयास किया हो और असफल रहा हूँ और फिर आलोचना की हो, ऐसा नहीं है। मैंने आलोचना ही पहले लिखी है, संस्मरण बाद में लिखे हैं। मैं अपने को बड़ा आलोचक नहीं, मूलत: अध्यापक मानता हूँ और उसके विस्तार रूप के लिए यह कर्म किया है। अच्छा अध्यापक वह है, जो अपने विषय को समझे, समझा सके। 'मालविकाग्निमित्र'

में एक श्लोक है—कुछ बड़े ज्ञानी होते हैं खुद, लेकिन अपने ज्ञान के संक्रमण में—समझाने में सक्षम नहीं होते। दूसरे ज्ञानी नहीं होते, पर समझा देते हैं। सबसे बड़ा वह—जो ज्ञानी भी है और समझा भी सकता है। ऐसा ही व्यक्ति 'धुरि प्रतिष्ठा' का अधिकारी है। आलोचना में हम यही तो करते हैं—कृति के मर्म को जानें—फिर उसके मर्म को स्पष्ट करें। समझा दिया-मर्म उद्घाटित कर दिया—तब है अच्छी आलोचना।

मैं वाग्वीर हूँ किन्तु लेखनी भीरु हूँ। जब विश्वविद्यालय में पढ़ना शुरू किया तो सभा-समितियों में, आयोजनों में बोलना शुरू किया। जिनके कोंचते रहने के कारण मैंने लिखना शुरू किया, उनमें—नामवर सिंह, धर्मवीर भारती, रामविलासजी, अज्ञेयजी प्रमुख हैं। और भी बहुत लोग हैं। मेरे अध्यापक कल्याणमल लोढ़ा हैं। इन सबने दबाव डालकर लिखवाया। इन सभी का मैं कृतज्ञ हूँ। लिखने में मुझे जो असुविधा होती है, वह यह कि जिन विषयों को जितना जानना चाहिए, यदि मैं नहीं जानता हूँ तो जानने की कोशिश में लिखना छूट जाता है।

शुरू-शुरू में लिखने-बोलने की तरफ आकृष्ट होने के दिनों के बारे में जब शास्त्री जी से पूछा तो उन्होंने बताया—

बड़ा धार्मिक-आस्तिक परिवार था हमारा। सात वर्ष की उम्र में यज्ञोपवीत हुआ—हम संस्कारित हुए। विद्वानों व घरवालों के द्वारा शुद्ध उच्चारण करवाया जाता था। बिना पूजा किए बचपन से ही हम भोजन नहीं करते। सन्तों-महात्माओं का घर पर नियमित आगमन होता रहता था। परिवार ब्रह्मानन्द सरस्वती का शिष्य रहा। करपात्री जी का भी प्रभाव रहा। महेश योगी से भी पहले से परिवार का परिचय था। अखंडानन्द जी का मैं दीक्षित शिष्य हूँ। चौंसठ-पैंसठ में दीक्षा ली थी। उनसे बहुत कुछ सीखा। दीक्षा से पहले मेरे जीवन में विकृतियाँ थीं, बाद में उन्हें सुधारा। संकोच होता था, पर गुरुजी को कविताएँ सुनाता था। वे मुझसे अपने प्रवचन से पूर्व बुलवाया करते थे। मैं पन्द्रह मिनट गद्‌गद्, भावुक अन्दाज़ में बोला करता। धर्म पर बोलने की प्रेरणा उन्होंने मुझे दी। पिता पं. गांगेय नरोत्तम शास्त्री। वे संस्कृत के विद्वान, हिन्दी के कवि, काशी विश्वविद्यालय में अध्यापक।...नहीं, हमारा जन्म कलकत्ते में हुआ। पिता का अध्ययन-अध्यापन का संस्कार। माँ विदुषी थीं—भजन, गीता, श्लोक याद करने-गाने में बेहद रुचि। परीक्षाओं में हम प्रथम आते रहे...। हाँ, बमबारी के समय बनारस भागकर गये थे हम लोग।...हमारे अध्यापक ने एक बार कहा कि कोई लेख लिखकर लाओ? मौनी अमावस्या थी। हम माँ को नहलाने ले गये थे। मौनी अमावस्या पर ही लिख दिया लेख। अध्यापक ने बीस में से अठारह अंक दिये। पहली बार लगा

कि लिख सकते हैं। उन दिनों यूँ ही बोलते रहते। कविताएँ याद रहतीं, सो खूब सुनाते। बनारस तीन वर्ष रहे—इकतालीस के अन्त में आये, चवालीस में चले गये। वहीं निरालाजी, बच्चनजी, जानकीवल्लभ शास्त्री, नेपालीजी को देखा-सुना। कवि सम्मेलन होते रहते थे, खूब कवि आते थे। काशी के उन तीन वर्षों का बड़ा प्रभाव रहा हम पर। कविता के प्रति सहज रूप से प्रेम हुआ। हमारी स्मरण-शक्ति बहुत अच्छी है। हमने घंटों-घंटों कविताएँ सुनायी हैं। उस साहित्यिक परिवेश में हम रचे-बसे थे। अन्तरमहाविद्यालयी प्रतियोगिता में प्रथम आये। इंटर में वाद-विवाद प्रतियोगिता में दो बार प्रथम आये। हमें लगा कि हम बोल सकते हैं। विश्वविद्यालय में प्रोफेसर हुए तो बोलने लगे, बोलने को बुलाया जाने लगा। कलकत्ते में 'अनामिका' में काम किया भारतीय संस्कृति संसद और भारतीय भाषा परिषद में बड़ा काम किया। कलकत्ते की सभी सभा-समितियों में हमें बुलाया जाता। पहली बड़ी अखिल भारतीय गोष्ठी में उनसठ-साठ के आसपास बोले। शिक्षायतन में आयोजन था। द्विवेदीजी-अज्ञेय जी थे वहाँ। पुष्पाजी बोला करती थीं उस जगह। हमने व्यक्तिवादिता और अतिशय सामाजिकता—दोनों का विरोध किया। दोनों को चौंकाया। तब लगा कि हम बोल सकते हैं। हमारे बोलने से लोग असहमत हो सकते हैं, पर हँसकर उड़ा नहीं सकते। पिताजी की एक बात ने प्रभाव डाला। वे कहा करते थे—शतं वदः मा लिख!

मुझे किसका बोलना अच्छा लगा?...हाँ, द्विवेदी जी का व्यक्तव्य अच्छा लगता था। विचार-भाव दोनों का समन्वय होता था उनके बोलने में। विश्वनाथ प्रसाद मिश्र अच्छा बोलते थे। हमें नामवर, भारती दोनों अच्छे वक्ता लगे। महादेवी में एकदम काव्य प्रवाह-सा लगता था। बहुत अच्छा बोलती थीं।

—आपने सम्पादन और अनुवाद का कार्य भी किया है। आज के सम्पादकों में पहले के सम्पादकों से आप कहाँ और कितना अन्तर पाते हैं? अनुवाद की स्थिति, समस्याओं और सीमाओं को किस रूप में देखते हैं आप?

मैं कुछ बड़े सम्पादकों से प्रभावित हूँ। उनमें अज्ञेयजी, नामवरजी, भारतीजी का नाम लेता हूँ। अज्ञेय जी ने मेरे एक निबन्ध में संशोधन चाहा। मूल और प्रस्तावित संशोधन—दोनों मेरे पास भेजे उन्होंने। मैं बड़ा प्रभावित हुआ इससे। यह उनके बड़प्पन का द्योतक है। नामवर, भारती ये सोचते थे कि कौन उपयुक्त व्यक्ति है, उससे कैसे लिखवाएँ? क्या करें—कैसे तकाजा करें? ये सब वो जानते थे और करते थे। मेरे आरंभिक दौर में इन लोगों ने कई लेख लिखवाए। सम्पादक को अपने लेखक-मंडल का ज्ञान होना चाहिए। कौन, कैसा लिख सकता है, उसे पता होना चाहिए। लेखकों से अच्छा सम्बन्ध रखना चाहिए। बहुत से लेखक

संकोच करते हैं—उनसे कहने और आग्रह करने का भाव आना चाहिए। ये सम्पादक की जिम्मेदारी है। ऐसा बड़े सम्पादकों ने सदैव किया है। भारतेन्दु, बालमुकुन्द गुप्त आदि सभी ने अपने आसपास लेखक-मंडल बनाया। उनकी क्षमता, योग्यता का उपयोग किया। मैंने जब पत्रिका या कुछ पुस्तकों का सम्पादन किया तो इस बात का ख़याल रखा। अच्छा सम्पादक वही हो सकता है जिसका लेखक-मंडल व्यापक हो। वह लेखकों की विशेषताएँ जाने-समझे और उनसे काम करवा ले।

अनुवाद—एक तो होता है शाब्दिक—उसे मैं कम महत्त्व देता हूँ। अनुवाद में अनुसर्जना होनी चाहिए—ट्रांसक्रिएशन। ख़ास तौर से कविताओं में। गद्य में अनुवाद सरल है। कविताओं में कही बातों से ज़्यादा अनकही बातें होती हैं। उन अनकही को कैसे उतारें? शब्दों के अनुवाद भर से अनुवाद अधूरा होगा। कविता के अनुवाद में ज़्यादा छूट मिलनी चाहिए। वह अक्सर उतना सन्तोषजनक नहीं होता। कहावत है कि मूल सीधा कालीन है और अनुवाद उलटा कालीन है—पर उलटने में वह शोभा नहीं। शाब्दिक अनुवाद में कई बार ऐसी शोभाहीनता हो जाती है।

कहा जाता है कि अध्यापक-बुद्धिजीवी-साहित्यकार को राजनीति के क्षेत्र में जाना प्रायः फबता-फलता नहीं है। आपके बारे में यह कथन सही नहीं है। पर फिर भी यह बताएँ कि अध्यापकों-साहित्यकारों के राजनीति में आने के बारे में आप किस तरह सोचते हैं।

—मैं भीतर से यह मानता रहा हूँ कि अध्यापक को सक्रिय राजनीति में नहीं आना चाहिए। फिर भी मैं आया। मेरा स्वभाव है कि व्यक्तिगत या राष्ट्रीय स्तर पर बड़ी चुनौती आये तो योग्य प्रत्युत्तर देना चाहिए। उत्तर न देने पर हम काम से पिछड़ जाते हैं। चीन से हारने पर मुझे बड़ी तकलीफ़ हुई। एन.सी.सी. को तब सरकार ने अनिवार्य किया था। अपेक्षा थी कि अध्यापक उसमें जायें। मैंने देखा लोग तैयार नहीं थे। मैंने नाम दे दिया। मैं वहाँ कमांडर रहा तिरेसठ से पैंसठ तक। फिर जब बांग्लादेश से एक करोड़ शरणार्थी इधर आये तो कलकत्ता विश्वविद्यालय में बांग्लादेश कार्य-समिति बनी। मुझे सदस्य बनाया गया। मैं वहाँ सामान लेकर गया कैम्प्स में। शिविर में मुक्ति-योद्धाओं को देखा। उन पर एक रचना लिखी तो फिर 'धर्मयुग' ने पकड़ लिया। बांग्लादेश के उन दिनों पर तीन किताबें हैं मेरी। रिपोर्ताज और कविताओं के संकलन है। आपातकाल लगा तो मैंने लिखकर-बोलकर विरोध किया। जनता पार्टी बनी तो उसका समर्थन किया। मुझे जबरदस्ती चुनाव में खड़ा कर दिया गया। यह मेरे स्वभाव का अंग है कि काम दे दिया गया है तो उसे निभाना चाहिए। मैं अब भी यह मानता हूँ कि

राजनीति का जो संघर्षशील रूप था—देने का, सेवा का जो भाव था, अब दूर तक तिरोहित है।

पन्त की कविता 'ताज' इस समय याद आकर आपसे यह पूछने के लिए प्रेरित कर रही है कि आपने उच्चतम स्तरों की चमक-दमक, उत्साह-उल्लास को करीब से देखा—जिया है और क्षुधातुर, नग्न, लाचार लोगों की लाचारगियों को भी निकट से जाना समझा है। इन दोनों के बीच के इतने बड़े अन्तर पर सोचते हुए आपके मन में क्या विचार आते हैं?

—हमारे मन में यह भाव हमेशा रहता है। याद करते हैं बराबर कि आज राज्यपाल हैं, कल नहीं रहेंगे। एक ज़िम्मेदारी है, निभानी है। जितना करना चाहिए, सहजता से करते हैं। अहंकार के कारण इस व्यवस्था के दुरुपयोग का भाव कभी नहीं आया। लोग आते हैं, उन्हें सुनते हैं, सहानुभूति देते हैं। हमारे हाथ में कुछ नहीं है और पद पर रहते पद की मर्यादा का निर्वाह करना है। चाहते हैं कि कार्यकाल पूरा कर चदरिया जस की तस रख दें। शान-शौकत कम हो जाए। लोक-जीवन में सहज रूप से मिलने की सम्भावना हो तो अच्छा लगेगा।

एक संस्मरण में मन्नू जी ने आपके दीवार तोड़ ठहाकों का ज़िक्र किया है? आपके वे ठहाके आज कितने और कैसे हैं?

हाँ, हम बहुत ज़ोर के ठहाके लगाते थे...अब कम हो गया है। जब कभी भीतर से आती है हँसी तो अब भी...एक तो ज़िम्मेदारी बहुत बढ़ गयी है। कामों का दबाव। मन सहज-मुक्त नहीं हो पाता। हम नकली हँसी-नहीं हँस सकते। कलकत्ते में 'अनामिका' में एक नाटक खेला जाना था। उसमें एक पात्र को ज़ोर से हँसना था। कहा गया कि हमें हँसाकर हँसी रिकार्ड कर ली जाये। बहुत कोशिश की, पर हँसी नहीं निकली। फरमाइशी हँसी हम कैसे हँसें?

एकाकीपन भी क्या कभी परेशान करता है आपको?

हम निकम्मे नहीं रहते। कुछ न कुछ काम करते रहते हैं। खालीपन रहेगा तो बोझ बनेगा। गीता में है न—निकम्मे मत बैठो—अच्छे काम करो। अच्छे काम भी निष्काम भाव से करो। वैसे भी परिवार के लोग—बच्चे आ जाते हैं। बच्चे हमसे खूब तर्क करते हैं घर में...उनसे हारकर हम खुश होते हैं।

ऐसा कोई क्षण जिसने आपको सर्वाधिक खुशी दी हो?

जब हमारी बेटी को पीएच.डी. मिली तो हमें बहुत अच्छा लगा। वह प्रथम आयी, अच्छा तब भी लगा—पर उतना नहीं जितना पीएच.डी. के मिलने पर। हाँ, यही लगा कि हमें नहीं मिली तो हमारी बेटी को तो मिली...।

ऐसी कोई घटना जिसने बेहद विचलित किया हो?

परिवार में कई मृत्यु हुईं। कई मित्रों की मृत्यु हुईं। तकलीफ़ होती है जिनसे

लम्बा सम्बन्ध रहा हो, उनकी मृत्यु होती है तो। मन को समझाते रहते हैं।

आपके नाम के साथ जुड़े शास्त्री वाले हिस्से से लगता है कि आपने शास्त्री की परीक्षा भी पास की थी। इसी तरह आपके मूल प्रदेश के बारे में भी...?

नहीं, शास्त्री की परीक्षा नहीं पास की। शास्त्री वाला हिस्सा पिता का दिया हुआ है। इसी के साथ शुरू में नाम लिखा गया था स्कूल में। हम लोग मूलत: जम्मू के हैं—डोगरा ब्राह्मण हैं। हमारे पूर्वज पाँच पीढ़ी पहले बनारस आ गये थे। पिताजी का जन्म बनारस का है। पिताजी बाद में कलकत्ते चले गये। मैं वहीं जन्मा। हाँ, ससुराल जम्मू में ही है। एक बंगाली मित्र ने एक व्याख्यान के बाद मुझसे पूछा था कि आप कहाँ के रहने वाले हैं? तो मैंने उन्हें तब यह उत्तर दिया था—मैं बंगाल में जन्मा, पला-बढ़ा, वहाँ साहित्य पढ़ा, वहाँ की भावुकता मिली—अत: मैं कह सकता हूँ कि मेरा मन बंगाली है। मेरे पिता, पितामह, प्रपितामह काशी में संस्कृत पढ़ते थे। मेरे आचार-विचार, संस्कार, उच्चारण पर काशी की छाप है—अत: मैं मानता हूँ कि मेरा बुद्धितत्त्व काशी का है। मेरे पूर्वज जम्मू से आये इसलिए डोगरा भी हूँ। वह आन-बान-शान, सीना तानकर चलना, छाती पर वार करना और छाती पर झेलना—डोगरा कमर के नीचे वार नहीं करता—यह मैंने जम्मू से पाया। मैं मानता हूँ कि मेरा चित्त और चित्तेश्वरी—ये दोनों जम्मू की देन हैं। और अहंकार सारे भारतवर्ष का है। अब आप ही बताइए कि मैं अपने [illegible] कहाँ का कहूँ? यह सुनकर उन्होंने कहा कि आप बंगाली हो गये हैं। मैंने पूछा कैसे? तो बोले कि 'क्या बिना बंगाली हुए कोई ऐसी लच्छेदार बातें कर सकता है?' उनके कहने पर मुझे अकबर इलाहाबादी की एक पंक्ति याद हो आयी—'बात बंगाली की सुन, बंगालिनों के बाल देख...।'

उसके बाद की उनकी हँसी ने मेरी निगाह को अपनी ओर खींचा था। वह ठहाका नहीं था—थी हँसी ही—पर थी दिल से निकली लम्बी उम्र वाली हँसी—शुभ्र, निष्कलुष, उज्ज्वल-सी। शात-कुंभी-स्वर्ण-पीत से कुर्ते की वह आभा...चश्मे के शीशों के ऊपर, मस्तक के मध्य पर के गोल टीके की वह विभा—वह दमक...भावना-विचार और चिन्तन के संगम हुए उनके उस चेहरे का वह आभामंडल...और हँसी से हिलडुल शिखर की ओट लिए उनकी ग्रन्थित-सुबन्धित वह शिखा...। शास्त्री जी को भले ही ज़रा देर पहले अकबर इलाहाबादी की याद आयी थी—पर मेरे मस्तिष्क में अचानक तेजी से कहीं कौटिल्य-चाणक्य की भी याद कौंधी थी।

डॉ. रघुवंश

नवम्बर के पहले दिन की वह कम ठंडी-सी एक सुबह थी। सीधी-तनी मुद्रा में, धीमे-धीमे किन्तु स्फूर्तिमय और ऊर्जायुक्त कदमों के साथ डॉ. रघुवंश उस कमरे में प्रविष्ट हुए। कुर्ता, पायजामा, मैरून कलर की पूरी बाहों का स्वेटर और गले में पड़ा, सामने की ओर लटका एक मफलर! खड़े-खड़े कुहनियों की सहायता से मफलर के एक सिरे को गले में डालने की कोशिश की गयी है। दो-तीन बार की कोशिशों के बाद मफलर को गले में इच्छित स्थिति में लपेट लिया गया है। सोफे पर बैठते ही अन्दर सुनाते तेज़ आवाज़ में कहा गया है—'राजू, मेरे लिए पानी, भैया के लिए चाय-वाय!' ज़रा देर बाद ही दस-बारह साल का एक लड़का हाथ में गिलास लिये कमरे में आया है। मैं जब तक कुछ जान-समझ पाऊँ, उसने दाहिने हाथ में पकड़े पानी भरे ग्लास को रघुवंश जी के होठों से लगा दिया। घूँट-घूँट, धीरे-धीरे बड़े आश्वस्त-भाव के साथ रघुवंश जी पानी पी रहे हैं! उन पलों में चकित और मुग्ध भाव से मैं नन्हे-मुन्ने हाथों के उस कमाल को देखे जा रहा था जिसने कुछ समय के लिए रघुवंश जी को जैसे अबोध बच्चा बना दिया था।

आप अध्यापन के साथ-साथ आलोचना-कर्म से भी जुड़े रहे हैं। आज की आलोचना की क्या भूमिका पाते हैं आप?

जब मैं काम कर रहा था, मेरी यह मान्यता विकसित हुई कि रचनात्मक साहित्य को व्याख्या करके नहीं समझाया जा सकता। अता-पता बता देना अलग बात है। उसे आप सम्प्रेषण, रसबोध, संवेदनशीलता, सौन्दर्य-बोध, जो भी कहें—आप क्या बताएँगे आखिर? एक कहानी पढ़ने में जो अनुभव होता है, उसे कैसे व्यक्त करेंगे?

व्याख्या या आलोचना यदि गुण-दोषों का विवेचन करती है—तो उसमें आप ग्रहण क्या कर रहे हैं? बस, ऊपरी विधान को ग्रहण कर रहे हैं। निषेधात्मक पक्ष है वहाँ। परिणाम यह होगा कि रस तो उसमें कहीं नहीं मिलेगा। पढ़ाने में

भले ही इससे सहायता ले सकें, पर वास्तविक रचना का सम्प्रेषण इससे नहीं हो रहा है। क्लास में पढ़ाना-समझाना है या व्यापक पाठक वर्ग को बताना है कि कौन-सी कमियाँ रह गयी हैं जो रसास्वादन में बाधा पैदा करती हैं, तो पढ़ाते समय आप देख सकते हैं उन बाधाओं को...!

क्या हर प्रकार के साहित्य के बारे में यही कठिनाई है? अगर आलोचना का काम सम्प्रेषण है तो इसमें सृजनधर्मिता भी तो होगी?

हाँ, हम इसे यों कहें कि सारा साहित्य, जितना लिखा जाता है, उसमें कसौटी पर खरा उतरने वाला बहुत कम होता है। बहुत-सा साहित्य—उपन्यास, कहानियाँ आदि—इसलिए लिखा जाता है कि बाज़ार में आना है। थकान दूर करने या मनोरंजन के लिए। जैसे चमत्कारिक कहानियाँ, जैसे आज के चैनलों द्वारा परोसी जानेवाली चीज़ें—जो आपके मन को घेरे रहती हैं। हाँ, तो मेरा कहना यह है कि मान लिया जाए कि रचना की आलोचना भी हो सकती है—पर रचना का वास्तविक उद्देश्य उसके सम्प्रेषण में है। इसीलिए आलोचना को भी सृजनात्मक होना चाहिए। सृजनात्मक आलोचना अपने-आप में सम्पूर्ण रचना है— रिक्रिएशन में स्वयं रसबोध भी है और फिर उसकी व्याख्या भी। उसकी प्रामाणिकता यह है कि आलोचक भी रसग्राही होगा। मैं मानता हूँ कि हर पाठक अपने ढंग से रचना का आस्वादन करता है, पर रचना के 'उस' अर्थ तक नहीं पहुँचता। इसलिए मैं इसे रचनात्मक व्याख्या या पुनर्सृजन कहता हूँ। सब आलोचक ही कहलाते हैं—पर सब अर्थ-व्याप्ति से केवल गुण-दोष दर्शन ही नहीं करते—रस-ग्रहण कर व्याख्या भी करते हैं।

आपके श्रेष्ठ साहित्य किसे कहेंगे?

श्रेष्ठ सृजनात्मक साहित्य का मानदंड है—अपने युग का साक्ष्य प्रस्तुत करना। जैसे ऐतिहासिक कहानियों में आपको इतिहास में प्रवेश करना होगा—नहीं कर पाएँगे तो नहीं लिख पाएँगे! आप कल्पना करते हैं, जनरलाइज करते हैं, तब आज से साम्य देखते हैं—तब वह रचना घटित होती है।

साक्षी होने का अर्थ...?

जी, साक्षी होने का अर्थ है कि रचनाकार अपने युग-बोध को सम्प्रेषित करता है।... यहाँ दो चीज़ें अलग-अलग समझें—एक ऐतिहासिक परिस्थिति और दूसरी मानवीय परिस्थिति! आप किसी इतिहास को उठा लें, वह तथ्य बताएगा। पर उपन्यास या कविता यह ग्रहण करती है कि किसी काल में पारस्परिक सम्बन्धों के बीच किस प्रकार की संवेदनाएँ थीं। ऐतिहासिक परिस्थिति, घटनाक्रम, पात्रों को, मुख्यतः उन पात्रों को ले पाता है जो इतिहास को गति देनेवाले पात्र हैं। इसीलिए इतिहास में राजवंश के पात्र हैं। यूरोप में राजवंशों की यह परम्परा काफी

पुरानी है—सो वहाँ अच्छे इतिहास लिखे गये। पर भारत में तो वह परम्परा रही नहीं या नगण्य रही। यहाँ राजतन्त्र उस तरह प्रभावित नहीं रहा। अब आज आप देख रहे हैं—आज की अर्थव्यवस्था दावा करती है कि राज का काम है सुरक्षा करना, बाकी सब हमारा है। आज आप स्वास्थ्य-शिक्षा को देख लें—कैसा ज़बर्दस्त निजीकरण है। इन मुद्दों को कितने सतही ढंग से उठाया जा रहा है—अर्थात यहाँ अर्थतन्त्र प्रभावित करता है। इतिहास अपने चलाने वाली शक्तियों के चारों तरफ घूमता है। अब जैसे अगर आप भारत का इतिहास लिखेंगे तो आपको लोक का इतिहास लिखना होगा। तो—यही कि ऐतिहासिक परिस्थितियाँ तथ्यों के आधार पर और इतिहास को गति देनेवालों के इर्द-गिर्द घूमती हैं, जबकि मनुष्य सम्बन्धों में रहता है। वास्तव में सम्बन्धों का इतिहास है समाज। वह संवेदनाओं के आधार पर चलता है, बुद्धि के आधार पर नहीं। सम्बन्धों को आप देख लें—तीन आदमी हों तो उनमें ही कितने तरह के सम्बन्ध स्थापित होंगे—फिर जब पूरा समाज है तो अनगिनत सम्बन्ध। अत: जो रचना मानवीय सम्बन्धों को सम्प्रेषित करेगी, वही श्रेष्ठ होगी। जैसे हमारे यहाँ पार्टीशन हुआ—उन घटनाओं, परिस्थितियों पर बहुत लोगों ने लिखा। पर ग़ौर करें तो केवल वही सार्थक लगेगा जो उसके पीछे के कारणों को भी व्यंजित करेगा—अन्यथा आप सिर्फ उस स्थिति विशेष की संवेदनाओं को ही चित्रित करेंगे। पर उस दु:ख के कारण के बिना वह श्रेष्ठता कहाँ सम्भव है? कार्य-कारण सम्बन्ध, यदि आप व्यापक जीवन की दृष्टि से भी—चित्रित करेंगे, तब भी रचना अच्छी होगी। हाँ, उपन्यास ज़्यादा दूर तक जा सकता है।

इन बातों को थोड़ा विस्तार से और सम्भव हो तो उदाहरण से भी जानना चाहता हूँ?

दो अलग-अलग बातों को जोड़ें—एक साक्ष्य, एक समग्र ग्रहण। दोनों एक-दूसरे से सम्बन्धित। पूरा युग-जीवन देखिए—मानवीय सम्बन्धों की जो स्थिति है...खानपान रहन-सहन, संवेदनाओं, दूरियों, नज़दीकियों के आधार पर परिवर्तन आएँगे। उससे आपसदारी, भावनाओं पर भी असर पड़ेगा। हमारे देखते ही देखते तीन तरह के जीवन बदल गये। साक्ष्य से आपको युग के बारे में ज्ञात होता है। जो क्लासिकल राइटर हैं, उन्हें देखें!...यूनान में वीरता का बड़ा महत्त्व था। वहाँ की ट्रेजेडीज़ में दिखाया गया कि यह हीरोइज़्म कितना ट्रेजिक है और सामाजिक जीवन या जो अतिरंजनाएँ हैं, वे कितनी कॉमिक हैं। यह सब ड्रामा में दिखाया गया—जो आज भी सम्प्रेष्य है। शेक्सपीयर के ड्रामा की यही स्थिति है। 'स्टेट इज़ द गेट' और 'बिवेयर पिटी'—दोनों चर्च के ऊपर व्यंग्य हैं पर अपने देश की स्थिति और युग के बोध को भी व्यक्त करते हैं। इसलिए प्रभावी और व्यापक हैं।

चाय आयी तो लटकते मफलर को कुहनी से गले में लपेटने की कोशिश करते वे उठ खड़े हुए—मैं आता हूँ अभी! आप चाय लें...! हाँ-हाँ, तिरासी वर्ष हो गये...वृद्ध नहीं तो क्या हूँ मैं? *लौटे हैं तो एक मोटी-सी किताब साथ लाये हैं। चाय पीते-पीते मैं सुन रहा हूँ*—हाँ, अठासी में था शिमला...चार भक्तिकालीन कवियों पर मैंने काम किया था वहाँ...दो पर आ गया है। हाँ, निन्यानबे से दो हज़ार चार तक—लगभग पाँच वर्ष स्मृति भंग! याद ही ग़ायब.... देशकाल का बोध समाप्त था। धीरे-धीरे लौटी फिर स्मृति।

मेज़ पर रखी उस पुस्तक को देखता हूँ। वह उनकी अभी आयी पुस्तक है—'पश्चिमी संस्कृति' के बारे में है।

अँगुलियों की पूरी जल्दबाजी के साथ मैं पुस्तक को उलट-पुलट रहा हूँ। कूदती-फलाँगती दृष्टि के साथ यहाँ-वहाँ देखने-पढ़ने लगता हूँ। किताब का शीर्षक है—'पश्चिमी भौतिक संस्कृति का उत्थान और पतन...!' मैं पुस्तक के अन्त में उनके चित्र के साथ छपी कुछ सूचनाओं को ध्यान से पढ़ रहा हूँ—जन्म-30 जून, 1921। कृतियाँ—'छायातप', 'तन्तुजाल', 'अर्थहीन', 'वह अलग व्यक्ति', 'हरी घाटी', 'मानवपुत्र ईसा' (ईसा की जीवनी), 'जेल और स्वतन्त्रता', 'प्रकृति और काव्य', 'नाट्यकला-साहित्य का नया परिप्रेक्ष्य'...और फिर सम्पादन...और फिर यह कि 1981 में सेवानिवृत्त...और यह भी कि दोनों हाथों से अपंग...यहाँ आकर मैं रुक गया हूँ। इस हिस्से को एकाधिक बार पढ़ा है—यानी कि इसके बावजूद यह इतना सब—और भी बहुत कुछ!

रघुवंशजी बोलने लगते हैं—डॉ. लोहिया से मैं कहता था—आपका लोकतन्त्र छद्म है...! आज कहाँ है लोकतन्त्र में लोक? भ्रष्टाचार की बात छोड़ भी दें तो लोकतन्त्र चलाने वाली व्यवस्था कहाँ है?...मैं बीमार था तब इसी पर काम किया था।...इन्दिरा जी जब हटीं तो मैं जेल में था...मुझे मालूम था कि होना कुछ भी नहीं है। यूरोप में भी यही हुआ।...प्रवृत्ति ही यह है...।

कलाइयों की ताक़त पर अँगुलियों के सहारे जिस ख़ास तरह से वे अपनी उस पुस्तक के पृष्ठ पलट रहे हैं—उसने मुझे लगभग पच्चीस वर्ष पहले के एक ख़ास दिन की याद दिला दी है—दिल्ली विश्वविद्यालय के हिन्दी विभाग में वे कुछ इसी तरह मेरे शोध प्रबन्ध को उलट-पुलटकर देख रहे थे और मैं सहमा-सकुचा-सा उनके प्रश्नों के उत्तर दे रहा था! पर आज...! भूमिका में से कुछ पंक्तियाँ पढ़कर सुना रहे हैं—सुनाते-सुनाते समझाने लगे हैं—मनुष्य है क्या? जो सबसे अधिक पराक्रमी—यानी बुद्धि के आधार पर, या आत्मा जिसकी अधिक

प्रखर हो...तो कुछ तो मानदंड होगा—उसी से निर्णय करना पड़ेगा। पहले मनुष्य की खोज करनी होगी। तय करना होगा कि हमें किस प्रकार के समाज की रचना करनी है।...समाजवादी परिश्रमी थे, पर पैटर्न ठीक से नहीं दे सके। अगर आपने उत्तेजित कर जनता से क्रान्ति करा भी दी—तो क्या हुआ? क्या जनता ने समझा कि किसलिए क्रान्ति करनी है? मनुष्य में तो वैरायटी है—वैविध्य है। आत्मा, बुद्धि आदि स्तरों पर सब कैसे समान होंगे?

उनकी चिन्ता विचारों को सम्प्रेषित करने की है। उनमें विचारक का अहम नहीं है। इसलिए, जब मैंने उनकी विशाल पुस्तक, उसमें व्यक्त विचारों की सराहना की तो सहसा उन्होंने कहा—

जी, इस पुस्तक का मैं संयोजक हूँ—मेरा चिन्तन नहीं है यह! चिन्तन कर रहा हूँ मैं भी यहाँ, पर दूसरों के चिन्तन और विचारों का...। यह मेरी प्रतिबद्धता है—भूमिका में यह स्वीकार किया है मैंने...।

राजू आकर उन्हें फिर कुछ पिला गया है—शायद फलों का रस! पर उनका ध्यान जैसे उधर नहीं है, वे कहे जा रहे हैं—व्यापक अर्थ में, साधारण में नहीं—यह अनुभव करने की क्षमता जिसे कह लें—सहानुभूति!...प्रस्तुत रचना शिक्षित-दीक्षित समाज के लिए नहीं है। वह सत्ता के साथ अपने सम्बन्ध की चिन्ताओं में संलग्न है। मानवीय परिस्थिति के प्रति वह चिन्तित नहीं है। पश्चिम के चिन्तकों ने बहुत चिन्तन किया है इन विषयों पर—जीवन-स्थितियों, पर्यावरण आदि पर। उनके साथ हैं हम। विश्वास है कि हर देश में ऐसा एक वर्ग है! मुझमें बहुत क्षमता नहीं है, फिर भी जितना बन पड़ता है विचार पहुँचाने की कोशिश करता हूँ।

नहीं-नहीं...हम केवल इसके प्रचारक हैं। यश की कामना नहीं है। हमारी तर्क शैली है कि बाबा, जब चले जाएँगे तो क्या ले जाएँगे?

मेरी आँखों के भाव जैसे उन्होंने पढ़ लिये। तुरन्त बोले— नहीं, यह आदर्शवाद नहीं है...नेपोलियन या बहुत से ऐसे लोग क्या ले गये?...हाँ...हमें जो मिला, लिखने में मिला। चार लोगों ने पढ़ लिया, बता दिया कि अच्छा है, तो खुश हो लिए। और क्या—चिन्तकों के पच्चीस सौ वर्षों के चिन्तन को यहाँ हमने दे दिया! देख लो! ठीक लगे तो ठीक—नहीं तो सोचो बैठकर। प्रयोग अपने-आप में होता है—होने लगता है तो रूप ग्रहण करने लगता है...।

ख़ामोश-से उन कुछ क्षणों में यह अचानक हुआ कि मैं रघुवंश जी के हाथों की अपंगता के बारे में कुछ सवाल कर बैठा। मैं चौंका यह देखकर कि वे अभी तक अन्य विषयों पर जिस गति, जिस भाव-से बोलते रहे थे, पल भर को भी

रुके बिना वे उसी प्रवाह में बताने लगे—

शारीरिक अपंगता के बारे में जानने की बहुत उत्सुकता रही है लोगों में। एक विशेष बात यह कि इस बारे में मैं बहुत सजग नहीं रहा। घर वाले तो इसका ज़िक्र करते ही नहीं थे, पर खास बात यह कि इसके बारे में छोटे-छोटे मेरे सहपाठियों ने भी कभी उल्लेख नहीं किया। *रघुवंशजी की गति कुछ मन्द हुई है, जैसे कुछ याद किया जा रहा हो। आवाज अपेक्षाकृत धीमी हुई—* मैं दो जन्मों में जिया हूँ। चौरानबे के बाद मेरा पुनर्जन्म ही हुआ है। कैसे लिखता हूँ मैं...मेरे लिखने का प्रसंग भी रोचक है—आठ वर्ष की उम्र तक मैं केवल पढ़ता था—केवल घर पर। माँ पढ़ाती थीं। 'रामचरितमानस' पढ़ने लगा था। बचे समय में घूमता रहता था। मेरे पिताजी उर्दू की शेरो-शायरी में रुचि रखते थे। सत्तावन के गदर में मेरे बाबा—ठाकुर मेहरबान सिंह—(हम, कायस्थ हैं, पर तब रजवाड़े थे—बाबा ठाकुर मेहरबान सिंह ही कहलाते थे।) पिताजी पैदा हुए तभी से वे लापता हो गये थे। अंग्रेजों ने सजा देने के लिए उन्हें खूब तलाशा। अपने तीन-चार विश्वसनीय लोगों के साथ नानी पिताजी को गोद में अपने साथ ले आयी। पिता के नाना नानकपन्थी थे। गुरुग्रन्थ साहब का पाठ करते थे। इसीलिए हमारा परिवार शाकाहारी रहा। फिर मेरे भाई लोग आर्यसमाजी हो गये।''

एक संघर्षशील और समृद्ध, संस्कारवान व्यक्ति के सामने होने के बोध के साथ विस्मित मैं सिर्फ यह सवाल कर सका—

आपको बचपन इस तरह हू-ब-हू याद है!

हाँ, (*अपनी रौ में*) तो एक दिन—जब मैं छोटा था, पिताजी के कुछ दोस्त घर आये थे। वे उनके पास बैठक में चले गये। हाँ, मैं वही बता रहा हूँ जो मुझे बाद में बताया गया...हाँ, तो उस दिन मैंने यूँ ही कुछ लिखा था पैर से। आड़ी-तिरछी लकीरें ही रही होंगी। मैं शान्त बहुत रहता था...

धीमी-सी हँसी हँसे हैं—

शरारत करने लायक ही नहीं था...। मैं झाँककर देख रहा था। पिता आये, उन्होंने माताजी को पुकारा-खींची गयी लकीरों को उन्हें दिखाते हुए पूछा—'ये क्या किया है?' उत्तर मिला—'बबुआ ने किया है...।' मुझसे पूछा गया कि ये कैसे बनाई है? मैंने बता दिया कि पैर से। तब से लिखाई शुरू।

हाँ, हाथ से तो मेज़ पर...केवल दस्तख़त करता हूँ या हाज़िरी लेता था! बस दो-एक वाक्य—दोनों अँगुलियों के बीच पेन पकड़कर! पैर से लम्बा, देर तक लिख सकता हूँ! हाँ, इसके लिए बड़ा संघर्ष करता रहा। (*सोचते हुए-से कुछ रुक कर बोले*) भारतीय दार्शनिकों ने ज्ञान, इच्छा, कर्म—तीनों को माना

है। क्रिया का अर्थ केवल हाथ से काम करना नहीं है। मानसिक रूप से काम करते में भी आप सक्रिय हैं। हम तो पैर से भी लिखते हैं। क्या इसे श्रम कहेंगे या बौद्धिक कर्म? इसे हम बौद्धिक कर्म कहते हैं।

क्या आप टाइपिस्ट से काम नहीं कराते?

जी, मेरे पास टाइपिस्ट भी रहा। मेरा ढंग दूसरा है—पहले सबकुछ पूरा सोच लेना चाहता हूँ, फिर लिखता हूँ। अभ्यास की बात है। चिन्तन-प्रक्रिया से मेरे पैर का लेखन जुड़ा है। मेरा पेन और चिन्तन प्रक्रिया एक-दूसरे से ऐसे सम्बन्धित हैं कि मैं अद्‍भुत अनुभव करता हूँ...विचित्र एक्सपीरियंस है यह! टाइपिस्ट को अपने विचार उस तरह डिक्टेट नहीं करा पाता। व्यावहिक बातें डिक्टेट करा दूँगा—पर इस दौर में सोच नहीं सकता।

अपने विद्यार्थी जीवन के बारे में कुछ...?

बचपन से अलग रहने की आदत थी। बच्चों के साथ खेलने भेजा जाता था। बहुत सारे खेल, खेल नहीं सकता था या फिसड्डी रहता था। हॉकी खेल नहीं सकता था—पर फुटबॉल खेल सकता था—मगर उतना तेज नहीं दौड़ सकता था। सो अकेला पड़ जाता था। सोचने की आदत उसी में पड़ी। अकेलेपन से। मैं तालाब के किनारे चला जाता खेलने...रेत के टीले थे वहाँ—बैठा सोचता रहता, सोचता रहता! शायद इसीलिए यह ज़्यादा सोचने की आदत पड़ी...।

क्लास में मेरी सीट स्वत: दाहिनी ओर बन गयी। इसके लिए मुझे कहना नहीं पड़ा। सब खुद समझते थे कि लड़का दाहिने पैर से लिखता है तो वहीं बैठे। औरों की सीट बदलती रहती थी। अद्‍भुत अनुभव है यह—मेरी ऊँची क्लास तक मेरे साथियों ने मुझे बहुत अच्छी तरह रखा। कभी अपने कानों से उन्हें अपने बारे में कुछ ग़लत कहते नहीं सुना। इतने आत्मविश्वास से यह सब इसीलिए कह रहा हूँ कि अगर कोई ठेस लगी होती तो याद रहती!

लिखने के शुरूआती दौर और कविता के लिखने के बारे में पूछा तो कहने लगे— साहित्य में मेरे आने का रहस्य विचित्र है। तमाम चीजों में मेरी रुचि थी, पर लिट्रेचर में कुछ खास रुचि नहीं थी। क्योंकि आठ वर्ष की उम्र में सुना कि कविता लिखकर बिगड़ जाओगे। फिर भी पता नहीं भीतर का कैसा खिंचाव था कि बहुत कविताएँ लिखीं। सत्यप्रकाश मिश्र को मालूम है—अभी पिछले दिनों भी बोलकर लिखाईं। बहुत लिखता था मैं स्वान्त: सुखाय—मौखिक कविता लिखता था। अँग्रेज़ी में थी एक—'ओ डिज़ाइनर...!' एक तरंग रही। मेरा कोई साथी नहीं... कोई महत्त्व की बात नहीं! मैं मानता हूँ आज मेरी वही मनोवृत्ति है—सब स्वान्त: सुखाय।

आपने कहानियाँ भी लिखीं?

हाँ, पहली कहानी बीस वर्ष की अवस्था में लिखी—अनछपी है वह। सन् चालीस में पहली कहानी छपी—अख़बार का नाम याद नहीं आ रहा। इलाचन्द्र जोशी के सम्पादन में। रामस्वरूप चतुर्वेदी ने उल्लेख किया है उसका! बाद में काफी कहानियाँ छपीं। 'छायातप' नाम से कहानियों का संग्रह आया। कविता का आनन्द अलग, पर कहानी मेरी विधा है।

यानी सृजन का क्षेत्र स्वयं चुना?

विचित्र है यह संयोग...जब पढ़ने लगा तो सामने यह प्रश्न आता था कि क्या करोगे? घर में यह प्रश्न पहले से ही था। मुख से बोलना है, सो वकालत कर सकते हैं। इलाहाबाद में नाम लिखवाने आये तो अँग्रेज़ी साहित्य ले लिया। अँग्रेज़ी माध्यम-थोड़ा लिख पाता था और भाषा सामान्य थी इसलिए द्वितीय श्रेणी में पास होता था। सो मैंने एम.ए. में हिन्दी में दाखिला ले लिया। कम छात्र होते थे उन दिनों एम.ए. में। प्रीवियस में फर्स्ट डिवीजन और सेकंड पोजीशन के अंक आ गये। स्कॉलरशिप का भी लालच रहा। अगले वर्ष फर्स्ट आ गया। फिर बहुत सुविधा रही। फिर किसी तरह मेरा परिचय महादेवी जी से हो गया। विश्वविद्यालय में भी मैं आत्मविश्वास से भरा था—राजनीति मूल का आदमी था—सो नौकरी की चिन्ता नहीं थी। यहाँ नहीं तो कहीं और हो जायेगी। मेरी रिसर्च पूरी हुई थी तब—पी.डी. टंडन आये थे वहाँ। उन्होंने मुझमें काफी रुचि ली, चिन्ता दिखाई और आश्वस्त भी किया। भरोसा था इलाहाबाद विश्वविद्यालय में हो जाऊँगा और हो ही गया! यह महत्त्वाकांक्षा तो थी—प्रोफेसर न होना ह्यूमीलिएशन लगता था—पर पद का लोभ नहीं था।

आपकी राजनीति में रुचि भी रही है?

मैंने बताया न कि मैं सोचता बहुत रहता था। बहुत युवा था तब। नरेन्द्र देव के पास गया। श्रीराम वर्मा मेरे गहरे दोस्त थे। उनके मौसेरे भाई थे एक—खद्दर पहनते थे चर्खा चलाते थे, नरेन्द्र देव के शिष्य थे। हम लोगों में बातें होती रहतीं। राज किसका होगा? कौन राजा होगा? लोकतन्त्र में क्या लोक राजा होगा? खूब तर्क-वितर्क होते। मैंने यूरोप का इतिहास पढ़ लिया था। एक दिन एक साथी ने नरेन्द्र देव जी से ही मेरे इस प्रश्न का उत्तर देने के लिए कहा। हम झेंप गये। बहुत-सी बातें कही थी उन्होंने तब। यह आज भी याद है—'याद रखो, गाँधी राज-सत्ता के लिए नहीं लड़ रहे हैं, वे आदमी के लिए लड़ रहे हैं।' एक सूत्र था वह। तब मैं कुछ नहीं समझा था, पर बाद में जब राजनीति की बातें समझने लगा तो अर्थ खुला...!

आपकी मुख्य विधा आलोचना है और चिन्तन-शोध वगैरह...। तब आप रचनात्मक लेखन की ओर कैसे आये?

मेरे मन में कुछ बातें बहुत हांट करती रहती थीं...इसलिए मैंने बहुत तरह

की चीजें लिखीं—कहानी, उपन्यास, यात्रा, संस्मरण, नाटक आदि!

पर इसमें आपको वैसी ख्याति...

साहित्य में बड़ा आदमी बनने का हमारा कोई दावा नहीं है। नामवरजी, चतुर्वेदीजी बड़े हैं—बड़ा काम है उनका—पर हमें भी लोग जानते हैं। मैंने इसीलिए 'तन्तुजाल' लिखा था—शेड्स हैं 'छायातप' में भी। हाँ, मैं भी व्याख्याकार या आलोचक हूँ। अपने कहने से मैं अपने को नहीं मानता, आप कहेंगे तो मानूँगा, दस लोग कहेंगे तब मानूँगा। मैं अपने लेखन के बारे में खुद कुछ नहीं कहना चाहता। हमने एक दायित्व की तरह यह काम कर दिया—इससे अधिक कुछ नहीं। अब रास्ता आप निकाल लेंगे। जो रास्ता मैं निकालूँ, वही सही है—ऐसा नहीं है। यूटोपिया हम कब चाहते हैं? हम तो रास्ता चाहते हैं, बस!

सुबह तय समय से अधिक देर तक बातें होती रही थीं। शाम को दोबारा आने का आग्रह मैंने किया था। शाम छह बजे जब मैं फिर रघुवंशजी के पास पहुँचा तो जैसे वे मेरी प्रतीक्षा ही कर रहे थे। बिलकुल अनथके-से, उत्साह से भरे। समाज, देश, अर्थव्यवस्था, राजनीति जैसे विषयों पर बार-बार उनका घूम-फिर कर आना बता रहा था कि इस सब पर कहने-बताने के लिए उनके पास बहुत कुछ है और वे अपने चिन्तन को लोगों तक पहुँचाने के लिए आतुर-व्याकुल भी कम नहीं हैं। उन बातों के बीच एक भावुक-से, आत्मीय हिस्से में मैंने रघुवंशजी से अपने किसी बड़े सुख, दुःख, क्रोध या मलाल के अनुभव को याद कर बताने का निवेदन किया था। सोचने में आत्मलीन-से कुछ देर तक चुप-चुप उन्होंने अतीत के पृष्ठों को उल्टा-पल्टा था। ऐसे जैसे भूले-से कुछ को दोबारा से खोज रहे हों—

मुश्किल है...! सुख का अलग-अलग तरह से, अलग-अलग लोगों के लिए अलग-अलग अर्थ है। मुझे एक शान्ति, एक उल्लास या उत्साह, या कहिए फीलिंग ऑफ हैप्पीनेस फादर कामिल बुल्के के साथ के समय रही। आस्थापरक और वैचारिक दृष्टि से उनके और हमारे बीच बड़ा अन्तर था, पर दोनों के बीच एक विशेष प्रकार का आन्तरिक सम्बन्ध सूत्र था। बहुत लम्बे थे वे। मैं उन्हें दादा कहता था। हम दोनों में अनेक अन्तर थे। फिर भी हम जुड़े थे। आन्तरिकता अथवा दया का भाव... मुक्त भाव-से, मेरे दोनों हाथ पकड़कर वे ऐसे खुश होते कि...खुशी मुझे भी होती थी...। रामकथा वाला उनका शोध हमारे यहाँ का है। उनके साथ भी महीने-डेढ़ महीने मैं, जहाँ वे अध्यापक थे, वहाँ रहा हूँ। वे क्षण सुख के थे। फादर थे वे—उनमें कट्टरता बिलकुल नहीं थी। वे जब इलाहाबाद विश्वविद्यालय आये थे, तब मैं विद्यार्थी था। उन्होंने एक बार सन्त के बारे में एक प्रश्न किया था। वह प्रश्न और वह उत्तर आज भी याद है मुझे। उनका प्रश्न सुनकर मुझे लगा कि संस्कार कितना गहरा होता है! इतना बड़ा मनुष्य भी अपने संस्कार से

इस तरह बँधा है कि यह विश्वास नहीं कर सकता कि दूसरा किसी और तरह विश्वास कर सकता है। मैंने कहा था—मैं अपना यह सौभाग्य मानता हूँ कि मैं ऐसे परिवेश में पला हूँ। मुझमें संस्कार है कि मैं दूसरे के विश्वास पर विश्वास कर सकता हूँ...।

किसी दुःखद क्षण के बारे में कुछ...?

दुःख का क्षण...मेरे माता-पिता की मृत्यु ऐसे समय में हुई जब मैं बारह-चौदह वर्ष का था। वे बहुत बूढ़े थे तब। छह भाई थे हम और दो बहनें। सब मिलाकर पिता की तीन शादियाँ हुईं। आठ वर्ष की अवस्था में भाई के साथ शहर चला आया। माँ-बाप गाँव में रहते थे। उन लोगों के बारे में अधिक जागरूक नहीं रहा। मैं जिद करके शहर आया था। माँ चिन्तित रहती थी—वहाँ कैसे काम करेगा? इन लोगों की मृत्यु पर हो सकता था दुःख...। महादेवी बहुत प्यार करती थीं...बुल्के भी। पर तब भी उस प्रकार का शॉक नहीं लगा, जितना माता-पिता की मृत्यु पर। वे बिलकुल जर्जर हो चुके थे।''

आजकल आप क्या पढ़-लिख रहे हैं?

पढ़ना...मेरे लिए बिलकुल कठिन हो गया है। जो भी समय दे पाता हूँ, वह अपनी पुस्तक 'यूरोप के वर्तमान उत्तराधिकार' को देता हूँ। अब अर्थव्यवस्था के विकास पर लिख रहा हूँ...। दिन भर में लिखता तो आधा ही पेज हूँ, पर इन्वाल्व तो होता ही हूँ...। मैं लेटकर पढ़ नहीं सकता, मेज़ पर बैठकर ही पढ़ सकता हूँ! जब जैसे कुछ अन्तराल था उसमें अपने चिन्तन पर लिखा—उस पर, जो मैं निजी ढंग से सोचता रहता हूँ। अपने जीवन की व्यवस्था के बारे में व्यक्ति कितना अनजान होता है! अपढ़ ही नहीं, पढ़ा-लिखा भी सच में यह देखकर अच्छा नहीं लगता। स्वास्थ्य, सुविधा, शिक्षा की व्यवस्था हो जाए तो ग़रीबी दूर हो।

आवाज़ में कुछ तपन-चुभन-सी महसूस हुई। चेहरा उठाकर उनकी ओर देखा तो वहाँ आवेश और झुँझलाहट की उपस्थिति साफ़-साफ़ दिखाई दी। विश्व और देश की अर्थव्यवस्था, बाज़ारीकरण आदि पर जिस अधिकार और विस्तार के साथ रघुवंशजी बातें कर रहे थे, उसे देख मुझे आश्चर्य हो रहा था—मैंने उन्हें सिर्फ छू-भर दिया था कि देश की वर्तमान आर्थिक नीति आपको ठीक दिशा में जाती दिखाई दे रही है... तो एक क्षण रुक कर बोले—

मानूँगा कि इनमें सुधार होना चाहिए—पर इस अर्थव्यवस्था में कैसे हो सकता है? भारत ही नहीं, और भी देश हैं ऐसे! लन्दन के बड़े-बड़े अर्थशास्त्री और मैनेजर यहाँ दौरा कर रहे हैं... यहाँ या वहाँ का बड़ा आदमी क्या यह होने देगा?... अमेरिका क्या होने देगा? ...महज निम्न मध्यवर्ग के लिए सुधार? मिडिल इकोनॉमी, मिडिल टेक्नोलॉजी, मिडिल इंडस्ट्री...। बड़े आदमी कितने इग्नोरेंट हैं! राज्य की

व्यवस्था के बारे में राजनीति पर हिन्दी का विद्वान क्या और कितना जानता है?

लोकतन्त्र में यह विवशता है... इंडस्ट्रियलाइजेशन, लिबरलाइजेशन वाले लोग हैं। अब हो भी यही सकता है। अब आप इससे बाहर जा नहीं सकते। जो बाहर हो रहा है—जो दबाव है, वह सब इतना रोज़ है कि नकारना मुश्किल है। रूस को विवश होकर निजीकरण स्वीकार करना पड़ रहा है। चीन ने स्वीकार कर लिया है। अब ऐसे में हम आसानी से सुझाव नहीं दे सकते—इसलिए अब हमसे विरक्ति होती है।... पाँच वर्ष की प्लानिंग करके आप कोयला आदि खर्च करते हैं... जबकि आपकी परम्परा शताब्दियों तक की बातें बताती-करती है...बड़े विरोधाभास हैं। मैं तो व्यवहार का आदमी हूँ। जीवन का व्यवहार संवेदनाओं का है, पर उनका व्यवहार बाज़ार का है। दोनों का जुड़ाव, सामंजस्य हो, यही जीवन है।... फिर भी कम्प्यूटर, आधुनिक टेक्नोलॉजी आ जायेगी तो दृश्यबोध, ऐन्द्रिक स्पर्श तो नहीं होगा न...।

चर्चा उनके विवाह, दाम्पत्य-जीवन और पत्नी से सम्बन्धित कुछ ख़ास अनुभवों-सन्दर्भों की ओर मुड़ गयी। ज्योंही मैंने पूछा—'कृतज्ञता का भाव किसके लिए आता है आपके मन में?' तुरन्त उत्तर मिला—

सबसे पहले अपनी पत्नी के लिए।

ख़ामोशी का इतना लम्बा अन्तराल बातचीत के पूरे दौरे में पहली बार आया है। झुका चेहरा, दूर फर्श की ओर देखती निगाहें—आवाज़ भी इतनी धीमी, भारी-भारी पैरों चलती पहली बार सुनाई दी। कृतज्ञता के भारी बोझ तले जैसे उसकी देह दबी जा रही हो, उसके पैर लचक-लड़खड़ा रहे हों—

उन्होंने कभी यह महसूस नहीं किया कि मैं ऐसे व्यक्ति के साथ हूँ!... सबको स्नेह... सब नॉर्मल! मैं मानता हूँ-हाँ, एक प्रकार का खास-सा स्नेह पति-पत्नी में होता है।... पचास वर्षों का हो गया हमारा दाम्पत्य जीवन—पर आज भी पत्नी के बिना एकदम अकेला होता हूँ। आज भी—इन्हें देखिए—साँस-दम फूलता है... मगर घर की, गृहस्थी की पूरी चिन्ता है... त्याग-सेवा...!

बढ़ते अँधेरे का दबाव और उनकी थकान की चिन्ता हावी न होने लगती तो न मैं रुकता न वे ही मुझे रुकने के लिए कहते। चलते-चलते यह चमत्कार भी हुआ कि अचानक मेरे मन में जनमी एक आकांक्षा अपने पूरे बाल-हठ के साथ उनके सामने थी—'लिखते हुए आपका एक फोटोग्राफ चाहता हूँ...!' वे तुरन्त राजी हो गये। उसी कमरे में अधिक रोशनी करने के लिए खुद कुछ बल्ब जलाये हैं, दिशा देखकर छोटे-से एक मूढ़े पर बैठे हैं...फिर मेज़ पर काग़ज़ ठीक से रखा है... और अब दोनों हाथों की मदद से उस पर लिखा है... प्रेमकुमार...! अब अन्दर के अपने कमरे में गये हैं... बिस्तर पर बैठे हैं, छोटे-छोटे दो तकिए

पैर के इस-उस ओर लगाये हैं—ख़ास तरह से... और अब वे हाथ के सहयोग से दाहिने पैर की अँगुलियों में पैन पकड़े लिख रहे हैं...! अद्‌भुत रोमांचक, स्फूर्तिदायक था उस समय डॉ. रघुवंश को बेहद तन्मय मुद्रा में तेजी से लिखते हुए देखना...।

मेरे मना करने के बावजूद वे मुख्य दरवाजे तक आये हैं। दरवाज़ा मैंने बन्द कर देना चाहा तो उन्होंने रोका है मुझे—'नहीं, मैं बन्द कर लूँगा...।' मेरे देखते-देखते दरवाज़ा बन्द किया गया है—बड़ी फुर्ती से, बड़ी तेज़ी से... और आवाज़ के साथ।

प्रभाष जोशी

उस घर में कदम रखते ही ज़रा देर पहले वाला मन पर का वह दबाव और संकोच एकदम उड़नछू हो चुका था। उनकी पत्नी का वह सरल, सौम्य, स्नेहपूर्ण व्यवहार, पुत्रवधू का आतिथ्यभाव और आचरण की सभ्यता की नगरदुर्लभ खूबसूरत-सी वह शिष्टता और नाती-नातिन के संस्कारित बचपन की निर्मल, सुन्दर, मीठी-सी अभिव्यक्तियाँ! नये या परायेपन का दूर तक ज़रा-सा भी कोई चिह्न नहीं। बच्चे इतने कुछ सुनाने को उतावले कि मम्मी-दादी के रोकने-टोकने के बावजूद फिर-फिर शुरू। मज़ेदार-सी उन बातों के बीच उस कमरे के कुछ हिस्सों ने ध्यान खींचा, अनेक रूपों-आकारों में जगह-जगह रखीं गणेश की कई प्रतिमाएँ, गाँधी के चित्र, फोटोग्राफ्स, अनेक स्मृति चिह्न! वह कक्ष, घर, घर के लोग सब जैसे एक अलग-खास से संस्कार से संस्कारित! जी, मैं प्रभाष जोशी के घर, उनके परिवार की बात कर रहा हूँ।

बेआवाज़, नामालूम ढंग से चलकर जोशी जी कमरे तक आये और हम लोगों की बातों में शामिल हो गये। लगा कि घर का मुखिया चुपके से आकर बच्चों में मिल गया है। नाती माधव थोड़े-से प्यार, खुशामद से जल्दी ही मान गया, पर नातिन मूमल की बातों का ज़खीरा अभी ख़त्म नहीं हुआ था। जैसे-तैसे ज़रा देर को अन्दर गयी, पर बीच-बीच में आकर सुनती बतियाती, खेलती रही। एकान्त मिला तो जोशीजी पुष्कर में अपने गिरने चोट लगने की बात बताने लगे—"असह्य दर्द है, रात भर नींद नहीं आयी।" आशंका हुई कहीं बातचीत टल न जाये।

मैंने उनके नाम के जोशी वाले हिस्से के आधार पर पहाड़ से उनके रिश्ते के बारे में जानना चाहा था। उम्मीद नहीं थी कि ज़रा-सी यह चाह जोशीजी और जोशियों के अतीत और खानदान का लम्बा सिजरा ही खोलकर मेरे सामने रख देगी—

जोशी, जितने काल गणना वाले ज्योतिषी थे, वे ही जोशी हुए। ज्योतिषी

का घिसा रूप जोशी। जम्मू कश्मीर वाले कहलाते हैं, जुत्थी। कुछ सदियों पहले हम राजस्थान के भगोरिया गाँव से उखड़े और मालवा गये। वहाँ भी हम गुजरात से आये होंगे। क्योंकि हमारा गोत्र गुर्जर गौड़ है। इसका अर्थ है कि हम वहाँ से रहे। कुलमाता का हमने बताया ही, हमारे भैरूँ (रक्षक) महीपपुर में हैं। उज्जैन के पास एक गाँव है कठाई—वहाँ से महीपपुर गये होंगे। शंकाराचार्य के कारण गुजरात, राजस्थान, मालवा में बहुत लोगों का आना-जाना हुआ। बद्रीकाश्रम की स्थापना के बाद बहुत से लोग दक्षिण से वहाँ गये। वे पहाड़ी होकर रह गये। गुजरात के लोकगीतों में मालवा का बहुत ज़िक्र है और वहाँ का यहाँ के गीतों में। साँझ का एक गीत है 'चाँद गयौ गुजरात-हिरनी का बड़ा-बड़ा दाँत।' हिरनी मतलब, सप्तऋषि। बड़े-बड़े दाँत कि छोरा-छोरी डर जाए। मालवा में रात गुजरने लगती तो लोग मानते थे कि चाँद गुजरात चला गया है। गुजरात का प्रसिद्ध लोकगीत है—'मेंहदी तो ला जो मालवा की...।' तो इन लोगों की संस्कृति में एक-दूसरे के साथ जुड़ाव दर्शाती बहुत-सी बातें हैं, स्मृतियाँ हैं। आपको पता है कि गुजरात में छोटे कच्छ में मीठे पानी की जो एकमात्र बावड़ी है, वह राजा मुंज की बनवाई हुई है? काशीवास की परम्परा बहुत पुरानी है। आप देखेंगे कि बनारस में देश के हर प्रान्त के लोगों का एक-एक मोहल्ला है। अपने देश में अपने-अपने मोहल्ले बनाकर रहने की बड़ी लम्बी परम्परा है। तमिल, महाराष्ट्रियन, गुजराती आदि लोग बनारस आये और बसते गये। पन्त, जोशी लोग भी आये। वहाँ जोशी भी बहुत हैं। इनमें से अधिकांश के प्रव्रजन का श्रेय शंकाराचार्य को है। एक बार रंगनाथ मिश्र जो उड़िया हैं और उड़िया लगते हैं, विमान में मिले। बताने लगे कि वे लोग उत्तर प्रदेश के मिश्र हैं, बाद में पूजा-पाठ करने के लिए जगन्नाथ पुरी चले गये। आप देखिए कि मध्य प्रदेश में राजनीति करने वाले सारे शुक्ल—रविशंकर शुक्ल, श्यामाचरण शुक्ल, विद्याचरण शुक्ल, उन्नाव (उत्तर प्रदेश) से वहाँ गये। वैसे भी हमारी बोली मालवी और गुजराती में बहुत सारे शब्द समान हैं। पणिक्कर ने लिखा है कि गजनी जब लूटकर वापस आ रहा था तो धार के भोज ने वहाँ अपनी सेना रवाना की थी। तो वह घूमकर राजस्थान से लौट गया। मेवाती लोगों को तभी कन्वर्ट किया गया। मेवातियों में राजपूत-पराम्पराएँ भी उतनी ही हैं जितनी कि यहाँ हैं। उत्तर प्रदेश में बहुत से राजपूत धार से गये हैं। मिर्जापुर के एक सांसद के दादाजी ने हमें बताया कि वे लोग धार से मिर्जापुर गये। बड़ी दीर्घ परम्परा है प्रव्रजन की। और यह केवल दंगों के कारण नहीं है। आप देखिए पंजाब में एक मालवा है, एक गुजरात भी है। अलेक्जेंडर से लड़ने जब मालवा के मल्ल लोग गये, तो वहीं रह गये। गूजर लोग गये, गुंजरावाला में बस गये। तब आज की तरह रोज़ का आना-जाना तो था नहीं। हालाँकि इसी चीज़ को

कुछ लोग इसका उल्टा भी कहते हैं कि पंजाब से लोग गुजरात और मालवा आये हैं। महाभारत में भी ऐसे वर्णन मिलते हैं। गान्धार-अब कन्धार है। उसके पास अफगानिस्तान रहा और यहाँ मन्दसौर है। दोनों जगह अनेक बुनियादी आदतों में भी आप साम्य पाएँगे। आप देखें तो यह सब दो हज़ार साल पहले से दिखता है। अब जैसे सारस्वत ब्राह्मण हैं—सरस्वती के आसपास रहने वाले और नार्मदीय-नर्मदा के किनारे रहने वाले। यानी ये लोग नदियों से अपनी पहचान बनाने वाले रहे। मेरा मानना है कि अपने देश का समाज स्थिर कभी नहीं रहा। यहाँ आपस में जो लेन-देन, आना-जाना रहा है, वह अद्‌भुत है। टी.एन. अत्रे हमारे इन्दौर वाले घर में आकर रहे। मेरे पिता के पूजा-पाठ को देखकर कहते कि यहाँ के कर्मकांड में आधा भाग दक्षिण का है। आपने ध्यान दिया इस पर?

हमारे यहाँ मंगल कार्य में गेहूँ नहीं अक्षत 'चावल' का इस्तेमाल होता है। यदि हम गेहूँ खाने वाले रहे होते तो गेहूँ का प्रयोग होता। उसके बाद केला, कुमकुम, मांगलिक कार्यों में इस्तेमाल होने वाली और चीज़ें। सारे मांगलिक, धार्मिक, सामाजिक कार्यों में श्रीफल का उपयोग होता है। सब दक्षिण का। गेहूँ भी इधर बाद में आया। गन्दुम का बिगड़ा रूप है और यह अरेबिक शब्द है। हमारे यहाँ लक्ष्मी को कहा गया है कि वह धान (धन-धान्य में निवास करती है।) किसी भी ऐसे कार्य से इसीलिए गेहूँ का सम्बन्ध नहीं। उत्तर में बार-बार के आक्रमणों के कारण हुए प्रवजन की वजह से यह लेन-देन चलता रहा। आर.आर. दिवाकर जो बिहार के राज्यपाल रहे थे—ने अपनी पुस्तक 'बिहार : शूद्र एजेज' में पुराण का एक श्लोक दिया है। वह श्लोक कहता है—उस कबीले के लोगों की आग ने गंडक नदी को पार करने से मना कर दिया। तब कबीले ने आग वहीं स्थापित कर दी। वे तैरकर नदी की दूसरी तरफ गये जब वे उस ओर के समाज में मिलजुल गये तो बाद में फिर आग लेने उस किनारे आये। मोटे तौर पर माना जाता है कि वेद पंजाब के हिस्से में लिखे गये, जबकि उपनिषद् पूर्व में—बिहार, उत्तर प्रदेश के घने जंगलों में लिखे गये। जैसे यह माना जाता है कि महाभारत उत्तर में लिखा गया, पर रामायण पूर्व में लिखी गयी। यह मज़ेदार बात देखिए आप। माना जाता है कि विक्रमादित्य ने शकों को पराजित किया और विक्रम सम्वत स्थापित किया। फिर वे दक्षिण में गए तो शक सम्वत चलाया और वही ज्यादा वैज्ञानिक माना गया। मिहिरभट्ट शक थे। शाकंभरी देवी की पूजा करते हैं हम सब—वह राजस्थान में स्थापित हैं। दुनिया में एकमात्र उदाहरण है यह कि पराजितों ने सम्वत चलाया और विजेताओं ने उसे अपने सम्वत से अधिक सम्मान के साथ स्वीकार किया। अशोक विदिशा में थे, वहीं से विवाह करके गये थे, उसी के बाद पाटलिपुत्र में सम्राट हुए थे। साँची का जो स्तूप है, उनके

पुत्र महेन्द्र और पुत्री के श्रीलंका जाने का प्रतीक है। स्मृति है। आज भी साँची में श्रीलंकाई बौद्ध बड़ी संख्या में हैं। श्रीलंका की मूल समस्या भारत के दो प्रान्तों की समस्या है, उड़ीसा और तमिल की। सिंहली सब उड़ीसा से हैं। अशोक ने कलिंग का जो युद्ध लड़ा था, तो कलिंग के ही लोग तो थे जो वहाँ गये। वे सब उड़ीसा और आन्ध्र के लोग थे। वहाँ उन्होंने बिना साम्राज्य स्थापित किये अपनी भारतीयता और संस्कृति को प्रचारित-प्रसारित किया। उड़ीसा में आज भी सबसे बड़ा त्योहार पूर्णिमा को समुद्र में दीये छोड़ने का मनाया जाता है। भाव यही है कि नाविक रास्ता न भूले। यह तभी का है जब ये प्रव्रजन हुआ था। यह दीर्घ परम्परा रही है और ये हमारी सांस्कृतिक एकता का कारण है। नागरजी ने अकादमी के अपने एक भाषण में कहा था, 'इस देश की एकता को लेकर आप नाहक परेशान होते हैं। आपको पता है इस एकता का कारण क्या है? वह कारण है लड्डू। देश के किसी हिस्से में चले जाइए, आपको लड्डू मिलेगा।' *लड्डू की बात याद करके खूब हँसे जा रहे हैं*—दरअसल यह देश प्रशासनिक और राजनीतिक एकता में एक हुआ देश नहीं है—यह दरअसल सांस्कृतिक-सामाजिक लेन-देन से एक हुआ देश है।

बात निकली कहाँ से थी, पहुँच कहाँ गयी। बात की गेंद को इधर-उधर घुमाती-उछालती उनके शब्दों की हॉकी हर बार उसे गोल तक पहुँचाती रही।

मैंने जोशीजी से लिखने-पढ़ने की दुनिया में आने-बसने के कारण और प्रेरणा के बारे में कुछ बताने का आग्रह किया। कुछ खोजती-सी उनकी आँखों ने चश्मे के पीछे से दरवाजे के पार आकाश की ओर देखना शुरू किया—

दरअसल मैं कविता के कारण लिखने-पढ़ने की ओर गया। और मूलतः इसका कारण मेरी माँ है। मेरी माँ—जिसने तेरह बच्चों को जन्म दिया। उनमें से तीन की मृत्यु हो गयी, दस जीवित रहे। उनका विवाह आठ वर्ष की उम्र में हो गया था। वे तब काफी छोटी थी, तभी मेरी दादी ने अपने आख़िरी बच्चे यानी मेरे काका को उनकी गोद में रख दिया था। यह सोचकर कि शायद उनके भाग्य से वे जीवित रह जाएँ। उन्हें तब से मातृत्व मिल गया था, जब खुद उनकी उम्र माँ बनने की भी नहीं थी। मेरी इस माँ को टीबी थी। वह बड़ी हुई, बच्चे हुए—पर टीबी रही आयी। तब टीबी का इलाज नहीं था। उन हालात में मेरी माँ ने खुद को स्वस्थ रखने का अद्‌भुत तरीका निकाला। कभी स्कूल नहीं गयीं, नाम के अलावा कुछ लिख नहीं सकती थीं, पर देख-देखकर सब सीखा। 'भागवत' और 'सुखसागर' पढ़ती थीं। अपने भक्ति काव्य का काफी कुछ कंठस्थ है उन्हें। सूर, तुलसी, मीरा का बहुत सारा काव्य। बहुत से पुराण पढ़ रखे थे उन्होंने। वे अकसर बेहोश हो जाती थीं। जब वे बेहोश हो जातीं, हम उनके तलवों में घी

मलते। होश आते ही वह भागवत मँगातीं। उसका एक अध्याय पढ़तीं। फिर रोते-रोते भजन गातीं और स्वस्थ हो जातीं। फिर सारे काम करतीं। यानी आज जो काम इंजेक्शन करता है या जो लाभ हम अस्पताल की इमरजेन्सी में जाकर लेते हैं, मेरी माँ वो भजन गाकर कर लेतीं। अब उनकी उम्र बानवे वर्ष है। अब भी लगातार यात्राएँ करती हैं। कल यहाँ आएँगी और फिर शिवरात्रि को हरिद्वार जाएँगी। हाँ, तो कविता-कथा मनुष्य की आत्मा और स्वास्थ्य के साथ क्या कर सकती है, इसका जीता-जागता उदाहरण मैंने माँ में देखा। तो मैंने कविता-कथा की जीवनदायी शक्ति का संस्कार अपनी जीवनदायी माँ से ही प्राप्त किया। इसका लेना-देना पढ़ने से नहीं है, मूल जैविकता से है। माँ से ज्यादा जैविक सम्बन्ध का और कोई है ही नहीं। इसीलिए साहित्य से मेरा वैसा औपचारिक सम्बन्ध नहीं है जैसा कि औपचारिक कवि-कर्म करने वाले साहित्यकार का होना चाहिए। जब मैं प्राइमरी क्लास में था, तब मैंने प्रेमचन्द की एक कहानी पढ़ी। वह कुत्तों पर है। उसे पढ़कर मुझे कुत्तों से लगाव हो गया। हमारे परिवार में कुत्ता पालना सम्भव नहीं था। पर मैं पिल्ले को पकड़ लाता, ठंड में उसे ढँककर रखता, उसकी हिफ़ाज़त करता। इसी तरह बैल की एक कहानी है शरतबाबू की—'महिष'। उसका भी असर रहा। सबके बावजूद साहित्य मैंने कभी बाकायदा पढ़ा हो या लिखने-पढ़ने की कोई ट्रेंनिग पायी हो, यह याद नहीं। मैं तो शुरू में विद्यार्थी भी गणित और विज्ञान का रहा और सत्रह-अठारह वर्ष की उम्र में एक गाँव में काम करने चला गया था। वह आजादी से पहले का दशक था। पिताजी इंजीनियर बनाना चाहते थे। आज भी साहित्य के प्रति मेरा जो दृष्टिकोण है, वह 'फार्मल ग्राउंडिंग' का नहीं है। मैंने संसार का श्रेष्ठ साहित्य उसी गाँव में मित्रों से किताब ले-लेकर पढ़ा। हैमिंग्वे पढ़ना है तो पहले उपन्यास 'द सन आल्सो राइज़िज' से लेकर 'द ओल्डमैन एण्ड द सी' तक पढ़ना है। उस गाँव से बीस कि.मी. पैदल चलकर हफ्ते भर बाद इन्दौर आता था और लौटते में चेखव, टॉल्सटॉय, दोस्तोव्हस्की, तुर्गनेव, शेक्सपियर आदि की एक-एक कृति अपने साथ ले आता था।

—जी, वहाँ बिलकुल अपरिचित उस गाँव में गाँधी, विनोबा का काम करने यूँ ही चला गया था। वह गाँव सुनवानी महाकाल शिप्रा से दो-ढाई कि.मी. दूर पड़ता था। बावन-तिरेपन में वह आजादी का पहला दशक था। दरअसल उस वक्त के लड़कों की, उस पीढ़ी की एक बुनियादी दुविधा थी। एक तो यह कि देश को नेहरू के सपने का आधुनिक-औद्योगिक राष्ट्र बनाना है और दूसरी तरफ गाँधी-विनोबा का असर था। 1951 में तब भू-दान शुरू हुआ था। उस आन्दोलन के समय मेरी उम्र ग्यारह वर्ष थी। माँ के वैष्णव असर के कारण बिना गाँधी को

पढ़े भी गाँधी से एक प्रकार का जैविक लगाव था। गाँधी क ा पूरे इतिहास में कोई स्थान है तो वह इसलिए भी है कि वह एक व्यक्ति है जिसने भक्ति को एक राजनीतिक हथियार में परिवर्तित कर दिया। स्वतन्त्रता आन्दोलन और भक्ति आन्दोलन को आप देखें। भक्तिकाल में जैसे शोषितों-पीड़ितों को ईश्वर से जोड़कर उन्हें जो उचित महत्त्व और सम्मान दिया गया, वैसे ही गाँधी ने व्यक्ति को उठाकर देशभक्ति से जोड़ा। गाँधी के तरीकों को भी आप भक्तिकाल के सन्तों जैसे पाएँगे। प्रतीक के नाते कहें तो यह कि पिता की चाहत थी कि इंजीनियर बनकर मैं औद्योगिक देश बनाने के संकल्प में लगूँ, पर माँ से प्रेरणा ग्राम सेवा की मिली। कॉलेज और इन्दौर छोड़कर गाँव आते समय हुए सामाजिक विरोध का मुकाबला मैं माँ के कारण ही कर सका। वे तब भी प्रेरणा और सहायक के नाते मेरे साथ थीं। तो संसार का शास्त्रीय साहित्य—वे चाहे फ्रेंच मास्टर्स हों या अँग्रेज़ी की परम्परा में शेक्सपियर से इलियट तक या जर्मन साहित्य, मैंने कॉलिज में विद्यार्थी की तरह नहीं, उस गाँव में ग्राम सेवक की तरह रहकर पढ़ा। इस तरह साहित्य से मेरा सम्बन्ध कोई लेखकीय कर्म करने, नौकरी प्राप्त करने या विद्वान माने जाने के लिए नहीं, बल्कि एक समृद्ध बौद्धिक जीवन जीने के लिए रहा। वहीं रहते जो कविताएँ कहानियाँ लिखीं, वो 'नयी दुनिया' में छपीं। सन् साठ, चूँकि वह अन्तोन चेखव की शताब्दी का काल था, तब मैंने उनके छोटे-से एक उपन्यास 'थ्री ईयर्स' का अनुवाद किया था जो 'नयी दुनिया' में धारावाहिक छपा था।

गाँव के बारे में तब का आपका सपना... ?

मेरा सपना था कि गाँव में रहूँगा, ग्राम विकास के कार्य करूँगा और साहित्य लिखूँगा। मेरा यह सपना कभी नहीं था कि मैं पत्रकार बनूँगा। न तो मैं अपने जो लेखक लोग होते हैं, वैसा जीवन बिताना चाहता था, न ग्राम सेवा के जरिये राजनीति करना चाहता था। मैं ग्राम सेवा और लिखना दोनों को अपना जीवन मानकर चलना चाहता था। यह भी कभी नहीं सोचा था कि लिखने से जीवन चलेगा। इच्छा थी कि पाँच-दस एकड़ ज़मीन लेकर, उस पर खेती करके, ग्रामीण जीवन बिताते हुए 'ग्राम स्वराज' का काम करूँ और लिखकर अपने जीवन के अर्थ खोजूँ।

मेरे मित्र सरोज कुमार ने 'नई दुनिया' में पच्चीस साल पहले की रचना वाला जो कॉलम चलता था, उसमें वह कविता छापी 'एक किरण माँगी है मैंने भोर से' जो सत्रह-अठारह की उम्र में लिखी थी। विनोबा की रिपोर्टिंग के उन दिनों मैं सुबह तीन बजे, विनोबा जहाँ ठहरे थे, वहाँ पहुँचता, वे जहाँ-जहाँ जाते, उनके साथ पैदल जाता, नोट्स हथेली पर लेता था, छह बजे तक वहाँ रहता।

फिर 'नई दुनिया' में आकर पूरे चार पृष्ठ खुद लिखता। देवेन्द्र भाई ने यह सब देखा था कि कैसे काम करता हूँ। राहुल वारपुतेजी बहुत खुश हुए। फिर मैं साहित्य सम्पादक हो गया था वहाँ। आप देखिए कि मैं मार्च में इन्दौर आया हुआ था। राहुलजी से मिलने गया। उनसे पूछा, 'मैं पत्रकारिता का काम करूँ क्या?' बोले, 'ठीक है कि तुम लिखते हो, पर पत्रकारिता नहीं जानते। कहीं सीखने जाओगे तो काफी फीस लगेगी। हम तुमसे कोई फीस नहीं लेंगे, लेकिन तनख्वाह भी नहीं देंगे।' मैं मार्च साठ में राहुलजी से मिला। सीखना चल रहा था कि जुलाई साठ में विनोबा वहाँ आये। उनकी रिपोर्टिंग का अवसर मुझे मिला। विनोबा को पढ़ा था, ग्राम स्वराज का काम किया था। रिपोर्टिंग का यह ऐसा अवसर था कि लिखने-पढ़ने का जो अनुभव था, वह काम आया, गाँव को समझने-देखने का अवसर मिला। एक माह बाद जब विनोबा इन्दौर छोड़कर जा रहे थे, तब मैंने अपने डिस्पैच का शीर्षक दिया था—'अब गंगा पाट बदल देगी।' सचमुच वे ऋषि पुरुष थे। तो यह ऐसा अवसर था कि इसे आप 'बिल्ली के भाग से छींका टूटना' भी कह सकते हैं।

आठ-दस कहानियाँ छपी होंगी तब। हाँ, जब वहाँ काम करने लगा तब भी, उससे पहले भी। दिल्ली आने से पहले तीन अंकों का एक नाटक लिखा था 'ययाति।' ययाति की कथा भागवत में आती है, बचपन में माँ से सुनता था। योजनाएँ?... देखिए...अभी तो मैं...एक तो यह कि चम्बल में साठ-सत्तर में डाकुओं का जो आत्मसमर्पण हुआ था, उसमें एक में मैं दर्शक रहा और एक में समर्पण कराने वालों में से मैं एक था। जे.पी. ने मुझे वहाँ भिजवाया था। अहिंसा के इस प्रयोग ने डकैती नाम की संस्था को काल बाह्य कर दिया और अब वहाँ डकैती नहीं, अपहरण होते हैं। इस प्रयोग पर मैं एक पुस्तक लिख रहा हूँ। एक पुस्तक मैं रामनाथ गोयनका के साथ बिताये अठारह साल पर लिखना चाहता हूँ। फिर मैं राम का संघावतार लिखना चाहता हूँ। जी, जिस राम को संघ परिवार प्रक्षेपित करना चाहता है, उसका जन्म बाईस-तेईस दिसम्बर उनचास की रात बाबरी मस्जिद की गुम्बद के नीचे हुआ था, रामनवमी के दिन नहीं। आप देखिए कि प्रतिशोध राम का अवगुण कभी नहीं रहा। ऋग्वेद से लेकर आज तक राम कहीं भी और कभी भी प्रतिशोध के भगवान नहीं हैं।

इस सबके साथ आजकल मैं गाँधी और उनसे जुड़े साहित्य का अध्ययन भी कर रहा हूँ। एकमात्र गाँधी हैं ऐसे, जिनका इंग्लैंड और अफ्रीका में जाकर भारत बनाने का जो सपना बना, वह खाँटी भारतीय सपना है। गाँधी ने जिस तरह अपने को डी-क्लास किया, वैसा तो इस देश के बड़े से बड़े कम्युनिस्ट नेता ने भी नहीं किया। जबकि वर्गहीन समाज का सपना साम्यवादी सपना है। जिस

तरह गाँधी ने इस देश के आख़िरी आदमी के साथ अपना तादात्म्य स्थापित किया और अपनी अहिंसक, सर्वग्राही प्रक्रिया से गरीब से गरीब, वंचित से वंचित और पूरी तरह साधनहीन व्यक्ति को आन्दोलन में लगाया, वैसा दुनिया के किसी भी परिवर्तन में नहीं हुआ। आप देखें कि लेनिन के साथ कितने लोग थे? माओ के लांग मार्च में कितने लोग थे? गाँधी ने 1894 में दक्षिण अफ्रीका से लेकर 1948 तक भारत में—यानी लगभग चौवन साल तक सब आन्दोलनों में जितने लोगों को शामिल किया, इतिहास के किसी और आन्दोलन या पुनर्जागरण में उतने लोग नहीं आये। किसी भी देश की व्यवस्था में आख़िरी आदमी का जो दाय, जो प्रतिभाग गाँधी ने पैदा किया वह नहीं दिखता। भारत में इसीलिए राज कर पाना मुश्किल है क्योंकि यहाँ आख़िरी से आख़िरी आदमी को भी अपनी भागीदारी, अपना दाय चाहिए। यह गाँधी के पराक्रम से पैदा हुआ। गाँधी के इस भारतीय सपने को पश्चिमी-यूरोपीय हुए दिमाग ने कभी स्वीकार नहीं किया। क्योंकि अपने देश के लोग, पढ़े लिखे लोग यूरोप को भारत से श्रेष्ठ मानते हैं, इसलिए यूरोपीय मॉडलों के सामने वे किसी भारतीय व्यवस्था को स्वीकार नहीं करते। पूँजीवादी हों या साम्यवादी, दोनों ही अपने मूल में पश्चिमी-यूरोपीय विचार हैं। आख़िरी आदमी की भागीदारी पैदा करने वाले गाँधी ने इन दोनों ही व्यवस्थाओं को ख़ारिज किया। इस नाते भगवान बुद्ध के बाद गाँधी भारत के सबसे बड़े नेता थे, जिन्होंने नयी भारतीय अस्मिता की रचना यहाँ। मिट्टी-पानी और हवा से की थी। वह सपना अब भी किसी के अपनाए जाने का रास्ता देख रहा है। मैं गाँधी पर इन धारणाओं के आधार पर एक पुस्तक लिखना चाहता हूँ। और उसके बाद लिखूँगा—'ओटत रहे कपास' आत्मकथा जो कि पचास साल की मेरी गवाही की कहानी होगी। मैं आजादी की भोर में चेतने वाला व्यक्ति हूँ जिसने कम से कम तीन बड़े परिवर्तनों को बहुत नजदीक से देखा है—नेहरू के जमाने के इन्दिरा गाँधी के गरीबी हटाओ के, जे.पी.के सम्पूर्ण क्रान्ति के और विश्वनाथ प्रताप सिंह के सामाजिक न्याय के...। बाबरी मस्जिद के मामले में पड़ने के कारण मैंने संघ सम्प्रदाय के लोगों को भी बहुत नज़दीक से देखा है। भूमंडलीकरण तक की यह कहानी एक भारतीय के कपास ओटने की कहानी की तरह मैं लिखना चाहता हूँ।

इरादतन मैंने रामनाथ गोयनकाजी के साथ गुजारे गये दौर की उन्हें याद दिलाई है। उनसे जुड़ने, साथ रहने के अनुभवों को जानने की जिज्ञासा प्रकट की है। हिचक-संकोच जैसा कोई भाव नहीं। बचने, दबाने, छुपाने या टाल जाने जैसी कोई होशियारी नहीं। याद करने जैसी कोई कसरत नहीं। तुरन्त बताना शुरू—

मैंने बताया कि जे.पी. ने मुझे चम्बल घाटी में बागियों के समर्पण के काम

में लगाया था उसके पूरा होने के बाद जे.पी. इन्दिरा गाँधी की तानाशाही की प्रवृत्तियों से चिन्तित रहने लगे थे। सन् 72 की गर्मियों में उन्होंने देश भर के बुद्धिजीवियों की एक बैठक बुलायी। इस बैठक का इन्तजाम रामनाथ गोयनका ने कर्नाटक की 'टिप्प गुंडनहल्ली' नाम की एक ठंडी जगह पर किया था। उस दौरान रामनाथजी से मेरा परिचय हुआ। इसी बैठक से यह निकलकर आया था कि जे.पी. एक साप्ताहिक निकालेंगे। 'एवरीमेंस' नाम से निकले इस साप्ताहिक को इंडियन एक्सप्रेस छापता था। अज्ञेयजी इसके सम्पादक हुए थे। बाद में यह साप्ताहिक ज्यादा प्रोफेशनल सम्पादकों के पास गया। गाँधी शान्ति प्रतिष्ठान में होते हुए मैं इस अंग्रेज़ी साप्ताहिक के निकालने में सहयोग करता था। फिर तय हुआ कि वैसा ही एक साप्ताहिक हिन्दी में निकाला जाये।

रामनाथजी जब दिल्ली होते तो कनॉट प्लेस के हनुमान जी और काली बाड़ी की दुर्गा के दर्शन करने जाना उनका रोज का रूटीन होता था। उस दिन अपनी उस छोटी-सी फिएट को वे खुद चला रहे थे। मुझे आगे बिठाया और पूछा कि साप्ताहिक निकालने के बारे में मैंने क्या तय किया? मैंने कहा कि मैं आ तो जाता हूँ, लेकिन मेरी आत्मा में एक टॉमस बैकिट है, और इसलिए बात बनेगी नहीं। उन्होंने पूछा कि ये बैकिट कौन है? मैंने टॉमस बैकिट और हेनरी के बारे में विस्तार से उन्हें बताया। प्रसिद्ध नाटक 'मर्डर इन द कैथेड्रल' जो उसी पर है, की कहानी विस्तार से सुनायी। उसमें यह है कि पहले बैकिट चर्च पर अधिकार करने में हेनरी की मदद करता है। पर जब बैकिट को आर्कविशप बनाया जाता है तो वह हेनरी के विरुद्ध विद्रोह कर देता है। आखिर में हेनरी को उसे कैथेड्रल में मरवाना पड़ता है। कहानी सुनकर रामनाथजी ने मुझ पर धौल जमायी और कहा, 'बस ये ही, अरे, मैं खिलाड़ी हूँ... निपट लेंगे।' उसके बाद से उनके निधन तक—यानी 1991 तब उनसे मेरे सम्बन्ध रहे। पूरे अठारह साल। रामनाथजी बहुत विकट आदमी थे। उनसे निबाह बहुत मुश्किल था। लेकिन मैं अपने को उनसे बचा ले गया, क्योंकि मैं उनसे कोई उम्मीद नहीं रखता था। रामनाथ गोयनका चूँकि आज़ादी के आन्दोलन के कार्यकर्त्ता और खुद अपने को बनाने वाले आदमी थे, इसलिए उनकी साथी से तो पट जाती थी, नौकर से नहीं पट सकती थी। मैंने उन्हें कभी नहीं कहा कि मुझे तनख़्वाह क्या चाहिए, कभी नहीं कहा कि पद क्या चाहिए। खुद उन्होंने भी मुझे वे सुख, वे सुविधाएँ कभी नहीं दीं, जो वे दूसरे सम्पादकों को दिया करते थे। मुझे लगा कि उनके साथ बराबरी से रहने का यही एक सबसे अच्छा फार्मूला था।

हिन्दी वाले माने जाते रहे हैं आप। लेकिन अँग्रेजी के कई अखबारों के लिए आपका काम करना, सम्पादन करना, कैसे हुआ...कैसा रहा?

'एवरीमेंस' तो अँग्रेजी में ही निकलता था और रामनाथ जी जानते थे कि मैं उसमें मदद करता हूँ। फिर जब 1977 में इन्दिराजी ने चुनाव की घोषणा की तो गोयनकाजी मुझे एक इलेक्शन सेल बनाने के लिए गाँधी प्रतिष्ठान से उठा लाये। उस सेल में हम देश भर के अख़बारों को मॉनीटर करते थे और सामग्री बनाकर 'इंडियन एक्सप्रेस' को देते थे। चुनाव समाप्त हुए। जनता पार्टी की सरकार बनी। फिर दिसम्बर, 77 में एक्सप्रेस के प्रकाशनों के काम से मैं रामनाथ जी के साथ अहमदाबाद गया। जब हम अहमदाबाद से मुम्बई वाली उड़ान से आ रहे थे तो उन्होंने चंडीगढ़ संस्करण की दुर्गति के बारे में बात की और एकदम से कहा, 'जोशी तुम उसको क्यों नहीं सँभाल सकते?'

फिर जैसी कि उनकी आदत थी—गीता में है—हत्वा प्राप्स्यसे स्वर्गम् जित्वा वा मोक्षसे महीम'...हारोगे तो स्वर्ग मिलेगा, जीतोगे तो दुनिया पर राज करोगे। मैं सोचता रहा...क्योंकि चंडीगढ़ के काम में मुलगाँवकार, अजीत भट्टाचार्यजी, कुलदीप नैयर तीनों ही अपने हाथ जला चुके थे। लेकिन मुम्बई के हवाई अड्डे पर उतरने के बाद रामनाथजी ने जो श्लोक कहा था, उसके बाद का मैंने पढ़ दिया। 'सुखे दुखे समेकृत्वा लाभालाभौ जया जयौ।' चंडीगढ़, दिल्ली और अहमदाबाद—इस तरह कोई छह-सात साल मैंने अँग्रेज़ी के अखबारों में काम किया। रामनाथजी मुझे हिन्दी का दैनिक निकालने के लिए लाए थे। दस साल एप्रेंटिसगिरी के बाद 1983 में 'जनसत्ता' निकालने का मौका मिला।

तब और आज की पत्रकारिता में आये अन्तर...?

मैं देश में कहीं भी जाता हूँ तो नये और जवान पत्रकार मुझसे मिलने आते हैं और वे कुछ इस भाव से बात करते हैं जैसे सम्पादक के वर्चस्व के सबसे अच्छे वर्षों का मैं आखिरी नमूना हूँ। वे बिना बोले भी ये बताने की कोशिश करते हैं कि पत्रकारिता का अच्छा समय मेरे साथ बीत गया। एक बार 'इंडियन एक्सप्रेस' के युवा मालिक विवेक गोयनका ने भी मुझसे कहा था—'यू आर द लास्ट ऑफ द सुपर एडिटर्स...।' यह सब सुनकर मैं एक अजीब से अवसाद से भर जाता हूँ। मुझे अगर मौके मिले तो इसका कारण कि मैंने एक महान अखबार के मालिक के साथ काम किया। रामनाथजी में 'चौथे स्तम्भ' की स्वतन्त्रता और शक्ति लगभग मूर्तिमान थी। वे नहीं होते तो क्या आपातकाल में कोई सम्पादक इन्दिरा गाँधी से निपट लेता? अब ऐसे मालिकों का जमाना आ गया है जो अपने अख़बारों को मुनाफा कमाने का औजार और अपने प्रतिष्ठान को संस्थान नहीं, परचून की दुकान की तरह चलाते हैं। ऐसे में वहाँ जाकर काम करने वाला या तो पत्रकारिता छोड़ देगा या पत्रकारीय स्वातन्त्र्य गौरव को अपनी जेब में रखकर चुपचाप नौकरी करेगा।

आज इलेक्ट्रॉनिक मीडिया का जो हाल है... ?

इलेक्ट्रॉनिक मीडिया को अपने देश में आये दरअसल अभी पन्द्रह साल हुए हैं। यह माध्यम ही ऐसा है जो गम्भीर विचार और बहस के बजाय मनोरंजन और खेल के ज्यादा मुफीद बैठता है। आप उस पर सचिन तेंदुलकर को बल्लेबाजी करते हुए तो देख सकते हैं, भीमसेन जोशी को गाना गाते हुए नहीं सुन सकते हैं। एक्शन के लिए यह सबसे अच्छा माध्यम है। विचार को, बहस को नाटकीय एक्शन में बदल देना हर किसी के वश की बात नहीं है। *अँगुलियों पर चुप-चुप कुछ गिना गया है*—हाँ, सोलह दिन—गाँधी ने नमक कानून तोड़ने के सोलह दिन को गजब सीरियल में बदल दिया था। जब तक आप में यह प्रतिभा न हो तब तक टीवी मनोरंजन का ही माध्यम रहेगा। भारत चूँकि स्मृति और श्रुति का देश है इसलिए टीवी उसको ज़्यादा शोभा देना चाहिए। जिस देश में वाचिक परम्परा है—उसमें लिखित परम्परा..लेकिन अभी अपने देश में टीवी का भारतीय जीनियस से जुड़ाव नहीं हुआ है। जब यह होगा तो टीवी भी बहुत अर्थवान माध्यम हो जाएगा। टीवी की दिक्कत यह है कि वह चलाचली का माध्यम है और उसका यह चरित्र बदलना नहीं है। चलाचली में आप ठहरने वाली बात कैसे बना पाएँ, यही आपकी प्रतिभा की परीक्षा होगी। सही मायने में भारत में अभी टीवी का युग आया नहीं है। जैसे-जैसे तकनीक का विकास होगा, टीवी के रचनात्मक पहलू भी हमारे सामने आएँगे। जब हम नकल करते हैं तो हमेशा वह भदेस होती है। जब हम अपना कुछ स्वयं बनाते हैं तो उसमें हमारी अस्मिता आती है।

आज की इन स्थितियों में बुद्धिजीवियों की भूमिका को लेकर आपके मन में क्या भाव आते हैं?

आप पाते हैं कि आजादी मिलने तक हमारे देश के बुद्धिजीवियों, सृजनशील कलाकारों और नेताओं में कोई फर्क नहीं था। बड़े से बड़ा लेखक बड़े से बड़ा नेता अपने को लगभग समानधर्मा मानता था। रवीन्द्रनाथ टैगोर ने मीरा बेन को एक गज़ब का पत्र लिखा है। आप जानते हैं कि राष्ट्र और शिक्षा पर गुरुदेव और महात्मा गाँधी में बहुत मतभेद थे और वे उन्होंने खुलकर देश के सामने प्रकट किए। रवीन्द्रनाथ मानते थे कि वे सृजन के आनन्द में रहने वाले आदमी हैं। मीरा बेन को लिखे उस पत्र में रवीन्द्र ने लिखा—'मैं तो सृजन में आनन्द पाने वाला व्यक्ति हूँ और मेरे लिए वही दुनिया की सबसे बड़ी चीज़ हैं। लेकिन कोई भी सृजन तपस्या के बिना नहीं हो सकता। गाँधीजी इस देश की तपस्या हैं।' कितने बड़े लोग थे वे। हम क्या कर रहे हैं? *आवाज़ में रो पड़ने जैसी एक चाह सुनाई दी है*—जब पहली बार पढ़ा यह पत्र तो मैं आधे घंटे रोया था। हिन्दी में ही

आप देखें कि माखनलाल चतुर्वेदी, मैथिलीशरण गुप्त, रामवृक्ष बेनीपुरी, प्रेमचन्द, प्रसाद, महादेवी, निराला, दिनकर तक का हिन्दी इलाके के बड़े से बड़े नेताओं में गजब का सम्मान था और हिन्दी इलाके के पुनर्जागरण में इन हिन्दी रचनाकारों का योगदान किसी तुर्रम खाँ नेता से कम नहीं थ। बासठ के चीन युद्ध के बाद दिनकर ने नेहरू पर जो कविताएँ लिखीं, वह प्रमाण हैं कि हमारे सबसे बड़े नेता को हमारा सबसे बड़ा कवि किस नजर से देखता था। जबकि आप जानते हैं कि दिनकर और नेहरू की मित्रता थी आपस में। यह आजादी के बाद के वर्षों में हुआ कि राजनीति गैंगलीडर्स के हाथ में चली गयी और बुद्धिजीविता नौकरों और मौकापरस्तों के हाथ में। इस कारण राजनेताओं और बुद्धिजीवियों में जो खाई पैदा हुई, वह हमारे हिन्दी इलाके की सांस्कृतिक निर्धनता में साफ दिखाई देती है। यह अपने लिए दुःख का कारण है कि हमारे बुद्धिजीवियों की अपने समाज में कोई खास भूमिका नहीं रही। लेकिन बाजार के जमाने में भाव महत्त्वपूर्ण है, मूल्य नहीं। बाजार विचार पर नहीं चलता और इसलिए आज दुनिया में सभी जगह विचार के लोग हाशिये पर हैं और दुनिया के साथ चलने वाले बाज़ार में हाँक लगा रहे हैं।

लिखने के लिए विषय आदि के बारे में रुचि-अरुचि जैसी कोई बात... ?

मुझे नहीं लगता कि मैंने कभी अरुचि में कुछ लिखा है। सौभाग्य से मैंने वही लिखा जो मैं लिखना चाहता था और जिसके लिए प्रयत्न नहीं करना पड़ा। मैं कहीं से भी बात शुरू करके कहीं भी ले आता हूँ...। अगर आपको कोई बात कहनी ही है और इसलिए कहनी है कि अन्दर भी दबाव है, बाहर भी दबाव है, तब कोई और चीज कहाँ आड़े आती है? मान लें—बारह बजे दफ्तर से फोन आता है कि राजीव गाँधी की हत्या कर दी गयी—तो आप बैठकर उस पर दुःख मनाने या स्तब्ध रह जाने की सुविधा में नहीं रह सकते! आपको सीधे दफ्तर जाना होगा और पहले पेज़ के लिए सम्पादकीय लिखना होगा। यह अनुशासन सिर्फ पत्रकारीय लेखन में ही नहीं, दूसरा जो भी लेखन करना हो, सब जगह काम आता है। अगर अन्दर या बाहर से अनिवार्यता है तो आप और भी लेखन करते ही हैं। मैंने ढाई घंटे की फ्लाइट पर आर्टिकल पूरा किया है, रेल में लिखा है, सौ जनों के बीच में बैठकर लिखा है और बीच रात में बीहड़ सुनसान में, लिखा है। मुझे लगता है कि मूड बनाने जैसी बातें कविता और साहित्य के रोमानी दौर में पैदा हुई हैं। ये उस आन्तरिक अनुशासन की बात नहीं है जिसके बिना लिखना सम्भव ही न हो। चेखव, हैमिंग्वे जैसे एक-एक शब्द की जगह और अनिवार्यता समझने वाले लेखक निश्चित करके एक दिन में एक हज़ार, दो हज़ार, चार हज़ार

शब्द लिखते थे। मुझे लगता है कि इस तरह का अनुशासन लिखते-लिखते आ जाता है। प्रेरणा?...हाँ, प्रेरणा के लिए फिर भी पाँच से दस प्रतिशत गुंजाइश रहती है। और यह होता भी है कि जब आप प्रेरित भी हों तो अच्छा भी लिखा जाता है। लेकिन प्रेरणा के ऐसे क्षण में भी यदि आपमें अनुशासन न हो तो प्रेरणा के उस अनमोल क्षण को आप ठीक से बाँध नहीं पाएँगे...!

पत्रकारिता और साहित्य के लेखन में आप कहाँ, क्या अन्तर पाते हैं?

पत्रकारिता और साहित्य की बहस बेमानी है। पत्रकारिता करते वक्त आप तथ्य को प्रामाणिक मानते हैं, साहित्य लिखते वक्त आप अनुभूति को प्रामाणिक मानते हैं। साहित्य अनजान की खोज है, पत्रकारिता सहज दृश्य का उद्घाटन है। ये बिलकुल भिन्न विधाएँ हैं। इसलिए साहित्य लिखकर कोई बहुत ऊँचा नहीं हो जाता और पत्रकारिता करके कोई झाड़ू नहीं लगा रहा होता। यह दरअसल उस महारत का सवाल है कि आप अपनी विधा को कितना अच्छा समझते हैं और उसमें कितने अच्छे अभिव्यक्त हो सकते हैं। जिन भवानी बाबू ने इतनी सहज कविता लिखी, उनका गद्य हमेशा मुझे दुरूह लगता रहा है और हजारी प्रसाद द्विवेदी के निबन्ध कविता जैसे भी पार जाते हैं। पत्रकारिता स्थूल का शास्त्र है, कविता और संगीत शून्य का शास्त्र है।

उत्तेजना, दुःख, अफ़सोस या खुशी से जुड़ी ऐसी कोई याद...?

बहुत ईमानदारी से कहूँ तो मुझे हमेशा यह लगता रहा है कि मुझे अपने जीवन का सबसे अर्थवान काम तो अब करना है। यह लगने के कारण हमेशा भविष्य मेरे सामने रहता है। इस कारण मुझे उपलब्धि का सुख नहीं मिलता। मुझे लगता है कि सफलता और विफलता के लिए आप नहीं जी रहे हैं, आप सार्थकता के लिए जी रहे हैं।

अब मैंने प्रभाष जी से उनकी पसन्दों, उनके शौक आदि को लेकर कुछ सवाल किए हैं—

मुझे सफेद खादी के उजले कपड़े अच्छे लगते हैं। उन्हें पहनकर मुझे लगता है जैसे मैं कुछ पवित्र हो गया हूँ। करीने से अच्छी तरह प्रेस करना मुझे अच्छा लगता है। *पानी के गिलासों के साथ जोशीजी की पत्नी आयी हैं। गिलास रखकर पीछे रखी एक कुर्सी पर बैठ गयी हैं। बैठते-बैठते कहा गया है—*"मैं सुन रही हूँ कि क्या सच, क्या झूठ बोल रहे हैं।"

वैसे पहले भी बीच-बीच में उनकी पत्नी कोई-न-कोई टिप्पणी करती रही थीं, पर इस बार जैसे चुटकी ली गयी है—'क्या फ़र्क़ है चिढ़ने में और गुस्से में?' *चेहरे पर किसी सन्त जैसी वह मुस्कराहट आयी जो किसी शिष्य के द्वारा*

पूछे गये आसान बेतुके से सवाल का उत्तर देते समय दिखती है—'बहुत फ़र्क़ है। इससे अच्छा है गुस्सा कर लेना।' *एक झटके में—खुद अप्रभावित...। हँसते-हँसते दोनों में कुछ देर तक नोंक-झोंक-सी चलती रही।*

...मैं निरीश्वरवादी नहीं हूँ, लेकिन आजतक मैं किसी मन्दिर में जाकर, अपना आपा खोकर लोट-पोट नहीं हुआ। मैंने आपसे भक्ति की इतनी बातें की... मेरी भक्ति किसी व्यक्ति, वस्तु, परिस्थिति पर केन्द्रित नहीं होती। मैं बहुत विह्वल, भावुक होकर रो सकता हूँ, लेकिन किसी प्रस्तुत अवस्था से नहीं।

सबसे खूबसूरत व मूल्यवान रिश्ता...? बहते पानी की तरह की एक हँसी वहाँ बही। हाथ से पत्नी की ओर इशारा किया गया। मेरे मन में छिपे एक चोर ने जैसे अपने हाथ-पैर हिलाये—तो क्या जोशीजी से अब अन्य बहुत से सामान्य पतियों जैसी चुतराई भरे वाक्य सुनने को मिलेंगे? पर नहीं पहला वाक्य सुनते ही वह चोर पता नहीं कहाँ अन्तर्धान हो गया—ये बैठी हैं...। ये दो-तीन महीने को कानपुर चली गयीं तो मुझे लगता रहा कि मैं घर पर विधुर की तरह रह रहा हूँ। प्रेम जताने से ही व्यक्त नहीं होता। सिर्फ सोहबत भी शक्ति देती है। अपने यहाँ कहा गया है कि गुरु से अलग से सीखने की ज़रूरत नहीं, गुरु के साथ भी रहो तो बहुत-सा सीख जाओगे। इस अर्थ में साथ रहना, बिना कुछ बोले बताये भी अपने को व्यक्त करता है।

आपके इस ऐसे वैवाहिक जीवन का राज...?

वैवाहिक जीवन का सबसे बड़ा सूत्र यह है कि इसमें आप तारीफ़ और बुराई नहीं कर सकते। एक ख़ुदगर्ज़ पति और एक मूर्ख पत्नी ही एक-दूसरे की तारीफ़ करते हैं। यह सम्बन्ध एक-दूसरे की तारीफ़ करने का नहीं है। जितने आप एक-दूसरे के सुख से नहीं जुड़े हुए, उतने एक दूसरे को दिए जाने वाले घावों से जुड़े हुए हैं। इसलिए मैंने एक आशीर्वाद निकाल रखा है। जब किसी के विवाह में जाता हूँ तो वधू को कहता हूँ—ए स्टेअर ए डे, कीप्स द एडवोकेट अवे...। यह ध्यान रहा तो आपका कभी तलाक नहीं होगा...। हाँ, इनके सामने ही कह रहा हूँ, मैं शादी करने वाला नहीं था। मेरी माँ को लोग कहते कि तुम्हारा लड़का बिगड़ गया है—साधू ह्वै गयौ। 'नई दुनिया' में काम करने लगा था तब। इनके पिता ने कहा कि शादी कर लो। मेरे पिता ने पूछा—मैंने बिना देखे-पूछे 'हाँ' कर दी।... कारण? कारण यह कि प्रेम करें, खूब परख लें, बीस-पच्चीस साल साथ रह लें—फिर भी तलाक। अगर इतने के बाद यह सब, तो विवाह तो एक अँधेरे कुएँ में छलाँग ही है न? तो जो होगा, उसे सहिए, उसे निकालिए...। *वाक्य पूरा होने से पहले ही पत्नी की तरफ से जैसे ताना-उलाहना दिया गया—*

''बिना पूछे हाँ कर दी... ये देखने नहीं आये... मुझे रिजेक्ट करने का मौका मिलना चाहिए था...। गर्दन झुकी है। ख़ामोश हँसी... हँसते-हँसते धैर्यपूर्वक सुना है सब। बिना उधर देखे बहादुरों के-से अन्दाज़ में कहा गया है—''हाँ, नहीं आये...उसी को तो झेल रहे हैं... ग़लती तो वही थी...।''

और फिर उन दोनों की वे समवेत, अतिदीर्घ, निर्विकार चहकती-महकती-सी खिलखिलाहटें...।

सुशीला डोभाल

विद्यार्थी जीवन से ही मेरे मन में मोहन राकेश के रचनाकार के प्रति प्रशंसा का भाव रहा है। उनके कुछ पात्रों के प्रति सम्मोहन से उन दिनों मन को महीनों मुक्ति नहीं मिला करती थी। बाद में उनकी व्यक्तिगत ज़िन्दगी के बारे में कुछ और पढ़-जान कर, राकेश जी की ज़िन्दगी में आये लोगों से मिलने, बातें करने की अक्सर चाह होती रही है। 'चन्द सतरें और' की किस्तें 'सारिका' में पढ़ते समय अनीता औलक से मिलने को बहुत मन हुआ था, पर सम्भव न हुआ। कई बार के असम्भव को इस बार मैं अलग तरह से सम्भव होते देखना चाहता था। इसीलिए देहरादून जाना हुआ तो मैंने राकेश जी की पूर्व पत्नी सुशीला डोभाल जी से मिलने की कोशिश की। जिस कॉलेज में मौखिकी की परीक्षा लेने गया था, वहाँ की हिन्दी विभागाध्यक्ष डॉ. कनक शुक्ला के आत्मीय सहयोग से देर रात फोन करके मिलने का समय ले पाना सम्भव हुआ। डॉ. शुक्ला सुशीला जी के व्यक्तित्व के कई पक्षों की प्रशंसा करती रहती थीं। उन्होंने ही मुझे वहाँ के एक प्रतिष्ठित एडवोकेट डोभाल जी से सुशीला जी के बाद में विवाह कर लेने की बातें बताई थीं। उनसे यह जानना सुखद था कि देहरादून में सुशीला जी का उनके व्यक्तित्व और सामाजिक कार्यों के चलते अद्‌भुत सम्मान है। मुझे ज्ञात था कि वे देहरादून के प्रतिष्ठित कन्या महाविद्यालय की प्राचार्य रही हैं और उन्होंने गढ़वाल विश्वविद्यालय के कार्यवाहक कुलपति के रूप में कुछ दिनों कार्य करके सम्मान पाया है। फोन पर मैंने उनके अध्यापन काल के अलीगढ़ से जुड़े हिस्से का स्मरण कराते हुए अपनी इच्छा बताई थी, 'वर्षों से मेरा आपसे मिलने का मन है। आपने बहुत पहले शुरू में टी.आर. कॉलेज, अलीगढ़ में भी कुछ दिन पढ़ाया था। मैं अलीगढ़ से आया हूँ।'

'हाँ, हाँ! आप आ जाइए! ठीक है, कल मौखिकी कराकर लौटते समय पाँच बजे।'

उन्होंने ज़रा भी देर नहीं लगायी, ज़रा भी टाला नहीं। मीठी, आकर्षक, स्नेहपूर्ण, उत्साहित आवाज़। फोन रखने से पहले वे पहुँचने का तरीका और घर का रास्ता बताना नहीं भूली थीं।

इसके बाद से मोहन राकेश की पत्नी रही एक शख्सियत से मिलने की खुशी और उत्साह ने मन में विचित्र प्रकार के आवेग और आतंक को भरना शुरू कर दिया था। भवन की भव्यता ने आतंक व संकोच में अपनी तरह से वृद्धि की थी। देहरादून के अति श्रेष्ठ हिस्से में, क्रॉस रोड से सटी खड़ी दो मंज़िला आलीशान इमारत पर नवनीत डोभाल की नेम प्लेट लगी थी। घंटी बजाने पर दरवाज़ा दो प्यारे बच्चों ने खोला था। सोफे पर बैठकर उनके आने का इन्तजार करते समय तक आतंक व संकोच की गिरफ़्त ढीली नहीं हुई थी।

वे मुस्कुराते हुए कमरे में प्रविष्ट हुईं। 'बैठिए! बैठिए!! अरे, पंखा नहीं चलाया?' बैठते ही पानी और चाय का आदेश। 'आप इधर बैठिए! यहाँ धूप आ रही है।' खुद उठकर पर्दा खींच दिया। आत्मीय, स्नेहपूर्ण अन्दाज़ में जल्दी-जल्दी बोले जा रहे मधुर-मधुर शब्द! उन्हें देखते-सुनते हुए मैं अपनी बात कहने का अवसर तलाश रहा था। धवल वस्त्र, श्वेत केश। आकर्षक, स्वस्थ-सुव्यवस्थित, शालीन व्यक्तित्व। लकदक नहीं, आभूषण नहीं! कानों में कुंडल नहीं, पैरों में बिछुए नहीं। चेहरे की आभा बढ़ाता हुआ गोल्डन फ्रेम का चश्मा। भीतर के किसी तेज़ से जैसे सारी देह रोशन थी, दमक रही थी। उम्र का बोझ और आतंक कहीं दूर तक नहीं। उन्होंने अपनी तरफ से ही डी.ए.वी कॉलेज के हिन्दी विभाग के बारे में पूछना शुरू कर दिया। मुझसे घर-परिवार-बच्चों के बारे में कई सवाल किये। मैं उनके बोले हर शब्द को लिख लेने के लिए आतुर था। बड़ी हिचक के साथ मैंने कुछ प्रश्न करने और उन्हीं बातों को लिखने की अनुमति माँगी। 'क्यों? क्या करेंगे आप?' के बाद आश्वस्त होने की-सी मुद्रा में उन्होंने कहा था, 'ठीक है।' तरह-तरह के सवालों का मस्तिष्क में जमघट लगा था।

अपनी व्यस्तताओं और अनुभवों के बारे में कुछ बताइए।

सुबह दस-ग्यारह तक अति व्यस्त होती हूँ। नहाना, कुछ व्यायाम और फिर बच्चों के काम। शाम को शैक्षणिक व अन्य सामाजिक कार्यों की व्यस्तता। सुबह-शाम नातियों के साथ टीवी देखना। आध्यात्मिक पुस्तकें पढ़ना। नातियों के ही इतने काम होते हैं कि पूछिए मत! मैं अब सुख शान्ति से जीना चाहती हूँ और बच्चों के माध्यम से सुख से जीती हूँ।...नहीं, नहीं—यह मोह नहीं है। अपने को बच्चों के साथ बाँट देना है। आप क़हीं तो बँटेंगे, व्यस्त होंगे न! कुछ तो करेंगे न! बिना दबाव-तनाव के सुख पाने के लिए बच्चों के साथ जीना एक अच्छा तरीका है। हाँ, यह कार थोड़े दिनों पहले ली है। नहीं, यह अनिवार्यता

नहीं है। एक अध्यापक को इन सब चीज़ों के पीछे दौड़ने की ज़रूरत नहीं है।

क्या आप इन दिनों साहित्य की पुस्तकें या पत्रिकाएँ पढ़ती हैं?

अब मैं और तरह का साहित्य पढ़ रही हूँ। शान्ति के लिए उपनिषद्, गीता, महाभारत पढ़ती हूँ। कविता-कहानी बहुत दिनों से नहीं पढ़ी। हिन्दी की कोई अच्छी पत्रिका इन दिनों नहीं दिखती। 'हंस' के कुछ अंक देखे, अच्छे नहीं लगे। 'नवनीत', 'सारिका', 'धर्मयुग' जैसी पत्रिकाएँ कहाँ निकल रही हैं अब! 'कादम्बिनी' को देख लें, तन्त्र-मन्त्र से भरी रहती है। क्या कहें, अब साहित्य का वह स्तर नहीं है। उस दौर में जब धर्मवीर भारती थे, राकेश थे और राजेन्द्र भी रहे, तब तक अच्छा था। कहानी के बारे में बता रही हूँ। राजेन्द्र से अपेक्षाएँ थीं। मन्नू बहुत अच्छा लिखती थीं। आपको पता है, जब राकेश 'सारिका' के सम्पादक थे, उसका सम्पादन बहुत अच्छा था। रूप बहुत अच्छा था। अच्छी पत्रिकाओं में ले आये थे वे उसे। बाद में गिरती गयी। हिन्दी की सारी अच्छी पत्रिकाएँ धीरे-धीरे बन्द हो गयीं। उस समय की पत्रिकाएँ घर की अनिवार्यता थीं। अब 'इंडिया टुडे' या 'रीडर्स डाइजेस्ट' जैसी भी नहीं हैं।

साहित्य का शौक आपको कब से लगा? आपको साहित्य से जोड़ने में क्या मोहन राकेश की भी कुछ भूमिका रही? राकेश जी के साथ आपकी शादी के निर्णय में उनकी रचनाओं और उनकी प्रसिद्धि का भी क्या कुछ हाथ रहा है?

साहित्य का शौक तो मुझे बचपन से था। मैं इलाहाबाद में पढ़ी। माता-पिता पढ़ने वाले थे। 'साप्ताहिक हिन्दुस्तान', 'धर्मयुग' आदि पत्रिकाएँ जो घर में उपलब्ध थीं, पढ़ लेती थी। कई कहानियाँ उन दिनों पढ़ीं। बहुत शौकीन नहीं रही, पर पढ़ा। मैं शादी से पहले उनके सम्पर्क में नहीं आयी थी। मेरी तो 'अरेंज्ड मैरिज' हुई थी। तब वे जालन्धर में थे और मैं इलाहाबाद में थी। पिताजी से किसी ने ज़िक्र किया था उनके बारे में। पिताजी व हमारे कुछ अन्य पारिवारिक मित्र उनके रचनाकार के प्रशंसक थे। शादी से पहले मैंने उनकी कुछ कहानियाँ पढ़ी थीं। एक 'नवनीत' में छपी थी तब, वह पढ़ी थी। दरअसल राकेश बहुत मेहनत से लिखने वाले, बहुत पढ़ने वाले, दूसरी भाषाओं के साहित्य में रुचि रखने वाले तथा खरीदकर किताबें पढ़ने वाले साहित्यकार थे।

बहुत संकोच और सम्मान से यह प्रश्न पूछ रहा हूँ। राकेश जी से अलग होते समय की आपकी मनःस्थिति के बारे में कुछ जानने का मन है। उनकी मृत्यु के इतने वर्षों बाद आज आप उस अलग होने पर किस तरह सोचती हैं? एकान्त के किन्हीं क्षणों में क्या कभी अपने और उनके मूल्यांकन का ख़याल आपको आया?

इस प्रश्न को सुनकर उनमें एकाएक कई परिवर्तन तेजी से होते दिखे। पहले एक संकोच, एक लज्जा का-सा भाव चेहरे पर आया। अजीब-सा भोला बचपन

और परिपक्वता की दमक की अभिव्यक्ति—दोनों एक साथ। तेज़ी से उठकर कमरे के शो केस का शीशा हटाकर, उसमें रखी कुछ पुस्तकों में से किसी पुस्तक को वह तलाशने लगी थीं। मोहन राकेश की सम्पूर्ण कहानियों के मोटे संकलन को हाथ में लेकर वे फिर से मेरे सामने थीं। साफ़ था कि तब वे अपने अतीत में डूब-उतर रही थीं। संग्रह को उलट-पुलटकर राकेश की कहानियों के शीर्षक तलाशते-बताते हुए वह कमरे में पूरी तरह उपस्थित नहीं लग रही थीं। उन कहानियों और उनके रचनाकार के साथ शायद उन्होंने अपना करीबी सम्बन्ध और मौन संवाद स्थापित कर लिया था। बहुत शीघ्र ही सहज, सामान्य और संवेदनशील होकर वह बताने लगी थीं—

...बहुत बार, कई लोग पूछ चुके हैं राकेश के बारे में मुझसे। पर इस तरह नहीं पूछा किसी ने। लिखने के लिए भी कई लोगों ने कहा है। लोकभारती वालों ने तथा राजेन्द्र ने कई बार ज़िद की लिखने की। पर मुझे ठीक नहीं लगा कि उनकी मृत्यु के बाद मैं उन पर कुछ लिखूँ। वे ज़िन्दा रहते तो मैं लिखती। अब प्रतिवाद कौन करेगा? सही-गलत पर सहमति-असहमति कौन व्यक्त करेगा? ऐसे नहीं लिखना चाहिए। लिखने की अपनी कुछ मर्यादा होती है। देखिए, हमारा अलगाव 'पर्सनैलिटी का क्लैश' (व्यक्तियों का द्वन्द्व) था। कोई कटुता नहीं थी। बस, जैसे दो बुद्धिमान लोग अलग हों अच्छे ढंग से, वैसे अलग हुए। सम्मान के साथ अलग हुए। उन्होंने कहा, मैं साथ नहीं रह सकता, अलग रहना चाहता हूँ। मैंने कहा, ठीक है और हम अलग हो गये।

इतना लम्बा समय बीत चुकने के बाद आज आप अलग होने के लिए किसे अधिक दोषी ठहराना चाहेंगी? खुद को या राकेश जी को?

छोड़िए इसे, क्या बताऊँ! देखिए साहित्यकार का सबसे सबल पक्ष यह होना चाहिए कि वह अपने को समाज का अंग माने। सबका मन समझे, जाने। राकेश बहुत मूडी आदमी थे। उसके पीछे उनका बचपन और उनके अभाव थे। बाप की मृत्यु पहले हो चुकी थी। माँ से बहुत लगाव था उन्हें। आर्थिक तंगी रही। उनका मानवीय पक्ष सशक्त था और वे संवेदनशील—अति संवेदनशील थे। मैं थोड़ी दबंग हूँ। झुकने वालों में से मैं नहीं हूँ। आर्य समाजी परिवार में पली मैं स्वतन्त्र प्रकृति की हूँ। वे साहित्यकार व्यक्ति रहे। थोड़ा जो फ़र्क़ रहा, वह ढंग का रहा। उस समय असन्तोष या नापसन्दगी जैसा कुछ नहीं लगा। अब सोचने पर लगता है, उनकी कुछ अपेक्षाएँ रही होंगी, जो पूरी नहीं हुई होंगी। मनोवैज्ञानिक ढंग से सोचें तो पुरुष यह बर्दाश्त नहीं करता कि स्त्री बराबर की प्रतिभाशाली हो। उसकी तारीफ वह कहाँ सह पाता है! साहित्यकार मानता है कि वह समाज का प्रतिष्ठित व्यक्ति है, उसे अलग न माने-जाने पर क्षोभ होता है। उन्होंने कहा,

मैं अलग रहना चाहता हूँ। अब अधिक लादकर नहीं रख सकता सम्बन्धों को। मैंने भी निर्णय ले लिया। एक ही ज़िन्दगी मिली है जीने को। मैं इसे ख़राब नहीं कर सकती। अनुमान कीजिए, आज से पैंतालीस-छियालीस साल पहले—सन् छप्पन के समाज का। तीस-इकतीस साल की उम्र। छोटा-सा बेटा साथ में। अजनबी शहर में अकेले रहने के लिए आ गयी थी मैं। बेटे की छप्पन की पैदाइश। अट्ठावन में प्रिंसीपल बनी। आ गयी अकेली, जरा से बेटे को साथ लेकर। उस स्थिति में एक औरत का अकेले रहना तब कैसा रहा होगा, आप सोचिए! दोष किसे दिया जाए, किसे न दिया जाए, यह तय करना मुश्किल है। पर हाँ, अश्क का बहुत ख़राब हाथ रहा हमारे उस दौर में।

अलग होने के बाद क्या फिर कभी किसी तरफ से जुड़ने की इच्छा व्यक्त की गयी या ऐसी कोई कोशिश हुई? 'यदि यह न होता तो ऐसा होता' की दृष्टि से आपने कभी कुछ उसके बाद सोचा?

कभी उस निर्णय पर उन्होंने पछतावा नहीं किया। यह ठीक है, जब एक बार अलग हो गये, तो हो गये। ऐसा तो नहीं है कि मन नहीं हुआ। मन तो हुआ पर ऐसा कभी नहीं हुआ कि मैंने दुख की प्रतिक्रिया व्यक्त की हो। हाँ, आज यह तो होता है कि सोचते हैं कि ये होता, तो वो न होता। फिर प्रश्न उठता है कि क्या न होता तो क्या होता? शायद मैं सर्विस न करती तो यह बात न आती। अश्क के साथ व्यक्तिगत बातें न होती तो यह बात न होती। कई लोगों को बड़ा आनन्द आता है इस तरह की चीजें कराने में। अश्क बड़ा मजा लेते थे ऐसे अवसरों पर। बड़े साहित्यकार थे। अच्छाइयाँ भी थीं। अच्छा लिखते थे। व्यक्तिगत आचरण के स्तर पर... (कुछ रुकती हैं, तुरन्त ध्यान आया है कुछ। कहती हैं—नहीं अब अश्क नहीं हैं इसलिए उनके बारे में भी कोई ऐसी बात नहीं)। कुछ अच्छी सलाह देनेवाले व्यक्ति होने चाहिए आसपास।

अलग होने के बाद आप लोग फिर कभी एक-दूसरे से मिले या नहीं? यदि मिले तो परस्पर किस तरह का व्यवहार किया? आपके बेटे ने इस सब पर कैसे अपनी प्रतिक्रिया व्यक्त की?

हाँ, बाद में मिले। 'आधे-अधूरे' का जब देहरादून में मंचन हुआ, तो उन्होंने टिकट भिजवाये थे। जाने को मन भी हुआ था। बच्चे के बारे में बातें की। मुझसे पूछा कि आप कैसी हैं? सम्मान का भाव दिखाया था उन्होंने। लोग कहते हैं कि उन्होंने अपनी जो डायरी प्रकाशित करायी, उसमें मेरे बारे में कुछ लिखा है। आपने पढ़ी है क्या? क्या लिखा है? अच्छा, हाँ, तब ठीक है। ऐसा कुछ नहीं है न मेरे बारे में? बच्चे से वे मिलते रहते थे। दून स्कूल में भी और कभी-कभी बीच में भी। बच्चे को कोई लगाव नहीं है। बोलता ही नहीं था। कभी

बात नहीं की उसने। इस विषय पर आज भी कुछ नहीं कहता-बोलता। 'इंट्रोवर्ट' है। स्वाभाविक था उसके लिए ऐसा होना। अब दो बेटे हैं उसके। वह प्रैक्टिस करता है। यहाँ मैं और वह साथ रहते हैं।

आपने मोहन राकेश जैसे बड़े लेखक की पत्नी होने के गौरव को भी जिया होगा। आप उनकी कई रचनाओं की साक्षी और श्रोता बनी होंगी। सम्भव है कुछ रचनाओं के लिखने के तुरन्त बाद उन्होंने आपकी प्रतिक्रिया भी चाही हो। इन दृष्टियों से राकेश जी की रचनाओं और रचनाकार-व्यक्तित्त्व के बारे में आपके अनुभव और विचार क्या हैं?

अपने बेटे को समर्पित उपन्यास 'अँधेरे बन्द कमरे' की प्रथम प्रति उन्होंने भिजवाई थी। ठीक है, पर बहुत अच्छा उपन्यास नहीं है वह। उनकी कहानियाँ अच्छी हैं। नाटक बहुत अच्छे हैं। कितने ही मंचन हुए हैं उनके! 'आषाढ का एक दिन' और 'आधे अधूरे' बहुत अच्छे नाटक हैं। (अन्य उपन्यासों की सूचना दिये जाने पर कहती हैं—मैंने नहीं पढ़े। मैं उनके एक ही उपन्यास से परिचित हूँ। क्या नाम हैं उनके?) उस वक्त राकेश इतने बड़े साहित्यकार नहीं हुए थे। पर नाम था उस वक्त भी उनका। तब गर्व हुआ होगा। शुरू और बाद में फर्क रहा। ठीक है, उनकी पत्नी होने का गर्व था, पर और कई चीजों का दुख है। बहुत बार उनके लेखन की मैं साक्षी रही। अनेक बार पहली श्रोता रही। आपने उनका 'लहरों का राजहंस' पढ़ा है? 'उसकी रोटी' (हाथ में लगे संग्रह के पृष्ठों को उलट-पुलटकर कहानी तलाश रही हैं) बड़ी मार्मिक कहानी है। याद आ रही हैं कुछ अच्छी कहानियाँ—'मलबे का मालिक', 'एक और जिन्दगी', 'कटी हुई पतंगें', 'फौलाद का आकाश...।' यह पूछे जाने पर कि 'एक और जिन्दगी' के बार में लोग यह कहते हैं कि राकेश ने इसमें अलग होने वाले दौर के एक सच का चित्रण किया है, वे कहती हैं—इसमें बस थोड़ा-बहुत साम्य है। पूरा सच नहीं है।

'कहानी लिखते समय कितना काटना-छाँटना। बहुत बार लिखना! बाप रे! कैसा याद आ रहा है सब!' (इसी उछाह और उमंग में वे राकेश के साथ के कश्मीर के दिनों को याद करती हैं, शिमला की याद करती हैं। यादें बता रही थीं कि राकेश को आज भी वे अपने से एकदम अलग नहीं कर पायी हैं। उस समय वे खुद राकेश के एकदम करीब हो गयी लगी थीं। 'एक नाम याद नहीं आ रहा। बड़ी अच्छी कहानी थी (संग्रह को बार-बार पलट रही हैं)। 'बिन्दी' वहाँ की थी। बहुत अच्छा चित्रण था। मैं सहमति-असहमति भी व्यक्त करती थी। असहमति पर वे कभी अच्छी तरह, तो कभी बुरी तरह प्रतिक्रिया व्यक्त करते। कई बार बदलाव भी किये उन्होंने।

क्या राकेश जी के घर के बाहर के तनावों को भी उस दौरान आपने जिया या उन तनावों का कोई असर घर की जिन्दगी पर भी पड़ा?

घर से बाहर के तनावों की मेरे साथ वह स्थिति नहीं आयी, जिससे कि बुरे असर झेलने पड़े हों। शादी हुई तो वे शिमला में थे। पचास में शादी हुई। बावन में आगरा आ गयी। छप्पन में अलग हो गये। साथ कम रहा। ज़्यादा अलग रहना भी कारण होता है कई बार अलग होने का। शादी के एक साल बाद उन्होंने सर्विस छोड़ दी। सर्विस कहीं टिककर नहीं की उन्होंने। किसी के नीचे काम करना स्वभाव में नहीं था उनके। मुझे सर्विस करनी ही थी। आय के स्रोत स्थायी न होना भी कारण होता है ऐसी स्थितियों का।''

मोहन राकेश 'नयी कहानी' आन्दोलन के केन्द्र में रहे थे। उस दौर, 'नयी कहानी' और राकेश जी के समकालीन अन्य रचनाकारों के अनेक अनुभव और सच आपके पास होंगे। इन बिन्दुओं से आपका कुछ कहना निस्सन्देह महत्त्वपूर्ण और उपयोगी होगा। आपका क्या कहना है?

देखिए, यदि साहित्यकार नॉर्मल आदमी होकर नहीं जीएगा, तो भुगतेगा। समाज से आप अपने को अलग मानें तो मानें। आप समाज से अलग उसे कुछ देने के लिए हैं। समाज की अपनी प्रक्रिया है। उसमें आप रहेंगे। कोई कुछ कहे, प्रेमचन्द मुझे आज भी इसीलिए अच्छे लगते हैं। उनकी समाज को देन है। नयी कहानी, नयी कविता...आपकी समाज को देन क्या है? आप पहले कुछ स्थापित तो करें। प्रसाद, पन्त, निराला के सामने ये नये कवि कहाँ टिकेंगे? 'बीती विभावरी जाग री', या 'हाँ, मैंने दुख पाला है, मैं दुख से शृंगार करूँगी' जैसी पंक्तियों को पढ़कर उदात्त भाव तो आते हैं न! आपके यहाँ एक शब्द आता है—उदात्तीकरण। नयी कहानी ने तो ठीक इसका उल्टा किया।

मोहन राकेश सीधे-सादे थे। तिकड़मी नहीं थे। गोटियाँ बिछाने वाले नहीं थे। कमलेश्वर से मेरा ज़्यादा सम्पर्क नहीं रहा। हम ज़्यादा नहीं मिले। राजेन्द्र आगरा के हैं, उनसे ज़्यादा मिले। राजेन्द्र, मोहन राकेश को बर्दाश्त नहीं कर पाये। उनकी महानता और साहित्य में मिले स्थान को देखकर राजेन्द्र को कष्ट होता था। नामवर की उन दिनों मैंने कोई चर्चा नहीं सुनी थी। मेरा उनसे परिचय भी नहीं है। राकेश ने 'सारिका' की नौकरी छोड़ी क्यों? कमलेश्वर ने, भारती ने निभाया 'धर्मयुग' के उसी वर्ग के साथ। मन्नू जी अच्छा लिखती हैं। मुझे उनकी कहानियाँ पसन्द हैं।

आपने 'आपका बंटी' तो पढ़ा ही होगा। अकसर कहा गया है कि उस उपन्यास में राकेश जी के पत्नी और बच्चे से अलग होने की ज़िन्दगी के हिस्से को आधार बनाया गया है। आपकी दृष्टि में इसमें कितना सच है?

'आपका बंटी' पढ़ा है। पर उसका मेरी ज़िन्दगी से सम्बन्ध नहीं है। मैं तब तक मन्नू से मिली नहीं थी। उनकी मुझसे कभी बात नहीं हुई। हाँ, राजेन्द्र से बातें हुई हों, तो अलग है। मैं राजेन्द्र से मन्नू की शादी से पहले मिली थी।

अपने और आज के समय में नारी की जिन्दगी में आये अन्तर को आप किस तरह देखती हैं? आज की नारी के बारे में आपकी सोच, आपकी आकांक्षा क्या है?

नारी के लिए काम के इतने मौके मेरे समय में नहीं थे। तब टीचर भी ईसाई महिला बनती थी। आज मूल्यों में बड़ा बदलाव आया है। आज उसके लिए कार्य के बहुत क्षेत्र हैं। बहुत अवसर हैं। आधुनिकता के नाम पर जो कुछ दूसरे अवसर साथ आ रहे हैं, उन्हें अलग कर दें, तो सही ढंग से जीने के काफी अवसर हैं। पायलट, होटल मैनेजमेंट, कम्प्यूटर, रिसर्च, तकनीक, घुड़सवारी—कितने क्षेत्र उसके सामने हैं। पता है, आई.ए.एस. में लड़कियों का बैठना जब मान्य हुआ, तब मैंने एम.ए. किया। अब व्यक्तिगत स्वतन्त्रता और व्यक्तित्त्व को निखारने के लिए नारी के सामने बहुत अवसर हैं। आज स्त्री, परिवार और समाज दोनों को ज्यादा दे सकती है। पहले बच्चे की ज़िन्दगी बनाने में माँ की भूमिका नहीं होती थी। अब है। वह क्या बने, इस बारे में वह निर्णय लेती है, पहल करती है। यदि टीवी आदि में दिखाए जा रहे मॉडल की तरह के अन्य किस्म की ज़िन्दगी बिताने वाले कई अवसरों का प्रलोभन छोड़ दें, तो वह पहले से काफी बेहतर स्थिति में है। महिलाओं को मर्यादित जीवन जीकर समाज को कुछ देना चाहिए।

इतना कहकर उन्होंने घड़ी देखी। बोलीं—मैंने किसी को समय दिया है। अभी तैयार होना है। अब बस! बहुत हो गया न!' मुझे तो अभी और भी बातें करनी थीं पर लाचारी थी। वहाँ से चलने से पहले मेरे हाथ स्वतः उनके पैरों की ओर बढ़ गये थे।...

❑ ❑ ❑

णाणं पयासयं

वीर नि.सं. 2470

भारतीय ज्ञानपीठ

ई.सन 1944